高等院校精品课系列教材

保险学

（第三版）

钟　明　主编

上海财经大学出版社

图书在版编目(CIP)数据

保险学/钟明主编．—3版．—上海：上海财经大学出版社，2015.3
（高等院校精品课系列教材）
ISBN 978-7-5642-2142-3/F·2142

Ⅰ.①保… Ⅱ.①钟… Ⅲ.①保险学-高等学校-教材 Ⅳ.①F840

中国版本图书馆 CIP 数据核字(2015)第064084号

□组　　稿　李宇彤
□责任编辑　李宇彤
□封面设计　钱宇辰

BAOXIANXUE
保　险　学
（第三版）
钟　明　主编

上海财经大学出版社出版发行
（上海市中山北一路369号　邮编200083）
网　　址：http://www.sufep.com
电子邮箱：webmaster@sufep.com
全国新华书店经销
上海新文印刷厂有限公司印刷装订
2015年3月第3版　2022年6月第6次印刷

787mm×1092mm　1/16　16.5印张　422千字
印数：41 001—42 000　定价：35.00元

第三版前言

《保险学》(第二版)出版又过去了4年,在这4年中,中国保险业发生了巨大的变化,全行业原保险保费收入从2010年的14 528.97亿元增长到2014年的20 234.81亿元,突破了2万亿元大关,全行业总资产规模由2010年的50 481亿元扩大到2014年的101 591.47亿元,突破了10万亿元大关。中国保险业一跃成为全球第三,递进了三个位次,仅位列美国、日本之后。2014年,保险新"国十条"的出台,为保险行业提出了国家层面的发展方略,翻开了加快保险业发展的新篇章。为了适应保险业发展的新变化,尤其是随着网络保险的兴起以及第二代偿付能力监管体系的推动实施,需要对《保险学》(第二版)进行适当的修改。

《保险学》(第三版)在继续保留原有教材风格和特点的基础上,进行了一些修改。一是根据保险实务的发展和变化修改了原有教材中不相适应的部分,增加或者删除了一些相关内容,使教材内容尽可能紧跟保险实务的变化;二是对原有教材中的文字和表述做了一些微调,使文字和表述更为严谨、准确;三是根据保险市场的发展和保险监管的重大变革修改了原有教材中不相适应的部分,更新了相关的保险数据,增加了保险经营管理的相关指标体系,简略介绍了第二代偿付能力监管体系的内容。

《保险学》(第三版)由钟明主编,并负责全书框架的构建和总纂。具体各章的编写分工如下:第一章、第九章由李社环老师负责编写;第二章,第五章的第三、四、五、六节,第六章的第三、四、五节由魏巧琴老师负责编写;第三章、第四章由钟明老师负责编写;第五章的第一、二节,第六章的第一、二节由赵学林老师负责编写;第七章、第八章由周芳老师负责编写;第十章由朱文革老师负责编写。

《保险学》(第三版)是保险系老师共同努力的成果,但受水平所限,教材中的不足和错误之处在所难免,敬请读者批评指正。

钟　明

2015年1月

目　录

第三版前言 (1)

第一章　风险管理 (1)
第一节　风险的含义与类型 (1)
第二节　风险管理的内容与程序 (4)
第三节　风险分析的方法和要素 (7)
第四节　风险融资的方法及其优劣比较 (13)
第五节　风险控制 (19)
第六节　风险管理决策 (22)
复习思考题 (27)

第二章　保险概述 (29)
第一节　保险的要素和特征 (29)
第二节　保险的职能和作用 (32)
第三节　保险的分类 (35)
第四节　保险基金 (38)
复习思考题 (42)

第三章　保险合同 (43)
第一节　保险合同概述 (43)
第二节　保险合同的民事法律关系 (48)
第三节　保险合同的订立、变更和终止 (55)
第四节　保险合同的履行 (65)
第五节　保险合同的争议处理 (69)
复习思考题 (71)

第四章　保险基本原则 (72)
第一节　最大诚信原则 (72)
第二节　保险利益原则 (75)
第三节　损失补偿原则 (80)
第四节　代位求偿原则 (85)

第五节 重复保险分摊原则 (88)
第六节 近因原则 (90)
复习思考题 (91)

第五章 保险产品 (93)
第一节 财产损失保险 (93)
第二节 责任保险和信用保证保险 (107)
第三节 人寿保险 (112)
第四节 人寿意外伤害保险 (121)
第五节 健康保险 (124)
第六节 团体保险 (127)
复习思考题 (129)

第六章 保险合同条款 (130)
第一节 财产保险合同的常见条款 (130)
第二节 财产保险合同的扩展条款 (133)
第三节 人身保险合同的常见条款 (134)
第四节 人寿保险合同的选择性条款 (138)
第五节 健康保险合同的常见条款 (140)
复习思考题 (141)

第七章 保险经营与管理 (142)
第一节 保险经营管理的特点与原则 (142)
第二节 保险营销 (144)
第三节 保险承保 (151)
第四节 保险理赔 (155)
第五节 保险投资 (159)
第六节 保险防灾防损 (164)
第七节 再保险 (166)
第八节 保险经营管理的财务评价指标体系 (172)
复习思考题 (178)

第八章 保险市场及其监管 (180)
第一节 保障市场概述 (180)
第二节 保险市场的组织形式 (188)
第三节 保险市场的供给与需求 (193)
第四节 保险市场的监管 (199)
复习思考题 (213)

第九章 保险经济学 (215)
第一节 保险经济学概述 (215)
第二节 效用函数与风险偏好 (218)
第三节 风险决策准则与保险购买决策 (222)
第四节 个人保险需求行为分析 (226)
第五节 企业的保险需求 (230)
复习思考题 (234)

第十章 保险精算 (237)
第一节 精算和精算师职业 (237)
第二节 寿险精算原理 (241)
第三节 非寿险精算原理 (252)
复习思考题 (255)

参考文献 (256)

第一章

风险管理

第一节　风险的含义与类型

一、风险的含义

在现实社会经济生活中，风险这个词已经耳濡目染。我们经常能听到人们谈论投资风险、就业风险、信用风险、人身风险、财产风险、生存风险、市场风险等，与风险有关的新生词语或新鲜事物比比皆是，如风险资本、风险投资、风险薪金等。那么，究竟什么是风险？不同的人可能有不同的回答，不同的人对风险有不同的理解。

有些教材把风险定义为“损失的不确定性”，有些定义为“风险是遭受损失的可能性”，甚至有些人认为“风险就是危险”。这些定义都有一定的局限性，不能完全反映现代风险管理的基本思想和核心内容。本教材将采用下面的定义：

风险是指未来结果的潜在差异。如果一个事件未来一定时期内可能发生的结果只有一个，我们认为该事件没有风险；如果未来结果不止一个，可能有多个，则认为它具有风险。也就是说，事件可能发生的结果间存在差异，则这一事件隐含风险，差异越大，则风险越大。

假设在未来的一年内，上海地区可能发生地震，也可能不发生地震，那么上海地区未来一年内发生地震这一事件至少有两种可能的结果，我们就说上海面临地震的风险。如果未来发生地震，建筑物可能被损毁，也可能完好无损。也就是说，在一次地震事件中，建筑物的未来结果至少有两个，即被损毁或完好无损，我们可以说建筑物面临因地震而损毁的风险。

持有某种股票的投资者未来的财富状态可能是变化的。如果所持有的股票价格上涨，他（她）的财富将增加。股票价格涨幅越大，他（她）的财富增长就越多；股票价格下跌，他（她）的财富会减少，经济状况会恶化。投资者未来的投资结果可能有各种各样的状态，或者说投资者的财富面临风险。这是一种投资风险。

总之，风险是指在给定的情况下和特定的时期内，那些可能发生的结果之间存在差异。如果仅有一个结果是可能的，则这种差异为0，从而风险为0；如果有多种结果是可能的，则风险不为0，差异越大，则风险越大。

二、风险的类型

为了便于分析和研究风险的规律与特点，通常需要将众多的风险进行分类。分析的角度不同、研究的目的不同，就会有不同的风险分类。下面介绍一些一般的分类和典型企业的风险类型。

（一）纯粹风险和投机风险

传统的风险管理教材通常会区分两大类风险：纯粹风险和投机风险。

纯粹风险是指只带来损失机会的风险。如果你遭遇火灾，你的房屋、家产可能被损毁，家人可能遭受伤害，火灾不会给你带来收益或经济利益，因此火灾是一种纯粹风险。类似地，交通事故、地震、洪灾、违约、犯罪、操作失误等也是纯粹风险。企业经营过程中经常要面临这类风险。

投机风险是指既可带来损失也可带来收益的可能性。如利率、汇率、金融产品价格（如股票价格）和商品价格等的变化给企业财务状况所带来的影响就是投机风险，或者说利率风险、汇率风险、价格风险都是投机风险。例如，债券投资者的资产——债券的价值，因利率上升而下降或者因利率降低而增加。也就是说，利率下降会带来额外收益，利率上升会遭受损失。债券投资者面临的利率风险就是投机风险。同样，股票投资的风险主要也是投机风险。一般而言，企业在融资和证券投资过程中所遇到的风险主要是投机风险，特别是金融风险所面临的主要是投机风险。

纯粹风险往往是一种静态风险，其期望损失相对稳定。或者说，在经济条件或自然环境不变的情况下，其期望损失不变，损失波动特点不变。例如，人身风险主要取决于人的平均寿命和社会环境，在短期内，平均寿命和社会环境相对稳定，人身风险的期望值（如死亡概率），在短时期内变化不大或基本不变。纯粹风险往往服从大数定律或中心极限定理。大数定律是传统保险定价的基础，保险公司所承保的风险往往是纯粹风险，或者说可保风险往往是纯粹风险。

投机风险一般是动态风险，但赌博例外。动态风险的损失期望值或收益期望值随经济环境变化而变化，随着时间改变而改变，大数定律不能刻画投机风险的特点和规律，因此投机风险不符合传统保险的可保条件。虽然现在保险市场也涉足投机风险领域，开发的新型保险产品与投机风险（主要是金融风险）相联系，然而，纯粹风险永远是保险公司最重要的承保对象。

（二）可分散风险和不可分散风险

风险的可分散化是风险管理中非常重要的概念，不论是采用保险来对付风险还是通过金融市场来转移风险，风险的分散化都是要考虑的根本方面。

可分散风险具有这样的特点，不同风险单位组合在一起以后可以减少风险的不确定性，或者说面临风险的个人或组织联合起来分担风险时能降低风险损失的程度。不可分散风险则不会因面临风险的个人或组织联合起来分担风险而减少风险，或降低风险损失的程度。

在研究金融风险时，我们经常采用系统风险和非系统风险作为不可分散风险和可分散风险的另一种描述。各种股票的收益可能是相互关联的，但未必是完全正相关的；在一些股票价格上涨的同时，另一些股票价格正好下跌。因此，当一个投资者同时持有多种股票时，其股票组合价值的波动性往往会低于单一股票的波动性。这种能够通过持有多种股票（或称多样化组合）来降低风险程度的风险，就是非系统风险或可分散风险。系统风险是不能通过多样化股票组合来减少的，这类风险受制于一些影响整个股票市场的因素，比如宏观经济政策、利率政策以及整个国家的经济环境等。

区分可分散风险和不可分散风险（或非系统风险和系统风险），对于研究保险市场和金融市场都是非常必要的。对于保险而言，它不但影响风险分担、购买保险的必要性，也涉及风险分担机制的建立、保险价格的确定。

(三)纯粹风险的类型

纯粹风险是保险学研究的最主要的风险类型。按照风险所导致的损失结果来分类,纯粹风险可分为人身风险、财产风险、责任风险。

1. 人身风险

人身风险是指导致人员死亡或伤残的可能性,也指由于丧失工作能力导致经济困难的可能性。例如,因各种原因导致死亡或伤残,年老、疾病和失业导致收入减少的可能性等,都属于人身风险。

2. 财产风险

财产风险是指财产遭受损毁、灭失或者贬值的可能性。财产风险所导致的损失可分为直接损失和间接损失两大类。直接损失主要是指因财产被破坏、损毁或者被征收而导致的损失,例如,建筑物因火灾烧毁部分的经济价值就是直接损失。间接损失是直接损失导致的间接后果,如建筑物在火灾中被烧毁后所导致的租金损失;企业因停工、停产所导致的收入减少;为尽快恢复生产和营业所导致的加急费用和额外经营成本;等等。

财产风险不但导致直接损失,同时也导致间接损失,而且通常情况下所导致的间接损失比直接损失要大得多。

3. 责任风险

责任风险是当一个人或一个组织或企业因疏忽或过失造成他人人身或财产损失时,按照相关法律规范的要求,必须承担损害赔偿责任的可能性。

(四)企业风险类型

企业风险来自于那些导致企业价值变化的因素,企业风险类型取决于企业经营特点、所处的环境和时期。例如,美国货币监理署将美国银行潜在的风险划分为9种类型:

(1)信贷风险。由于借款人不能根据合同约定按期偿付利息和本金而导致贷款银行经济受损的风险。

(2)利率风险。由于利率变动导致资产价值变动的风险。

(3)流动性风险。由于银行不能按时偿付债务产生的风险,如存款人出现过度提款需求时,银行资产不能及时变现或变现时造成资产价值损失所带来的损失的可能性。

(4)价格风险。由于金融产品交易中价格变化所导致资产价值改变而产生的风险,如外汇交易、股票交易等都有潜在价格风险。

(5)外币换算风险。由于银行财务报表从一种货币换算到另一种货币时产生的风险,一般存在于跨国银行海外分行账户换算时。

(6)交易风险。由于日常交易操作差错、被骗,或者没有能力提供某些金融业务等而产生的风险。

(7)法律风险。由于违法违规、不遵守职业道德或银行内部纪律和程序等而形成的风险。

(8)战略风险。由于银行的长期计划或目标设计不当、决策错误或对行业变化反应迟缓等而形成的风险。

(9)信誉风险。由于银行在公众和社会中的负面形象以致银行难以建立新客户或维持既有客户而形成的风险。

第二节　风险管理的内容与程序

一、风险管理的起源

管理风险的方法自古就有。原始社会的人们知道如何通过挖掘洞穴、轮流站岗等方式来防范被野兽伤害的风险。商品经济产生以后，人们学会将风险转移给他人，并产生了保险。早在公元1384年就出现了最早的具有现代保单形式的保单；1424年在热那亚出现了第一家海上保险公司，随后通过保险公司来管理风险就成为越来越正规和通用的手段。然而，这些管理风险的方法往往只注重人身安全和财产安全，不能从根本上防范重大灾害，减少重大风险损失。

风险管理作为一门系统性的管理科学还只有几十年的历史，普遍认为它起源于20世纪50年代的美国。促成风险管理科学产生的因素是多方面的，其中发生在20世纪50年代左右的几起重大事件是直接的推动力。1948年美国钢铁工人与厂方因退休金和团体人寿保险问题未能妥善处理，导致钢铁工人罢工达半年之久，给美国经济造成了极其严重的影响。1953年8月12日美国通用汽车公司自动变速装置厂发生一场火灾，导致房屋、机器设备及其原材料损毁所造成的直接经济损失达300万美元。由于该厂是唯一一家供应通用汽车公司所有汽车及卡车自动变速装置零件的厂家，因而导致通用汽车公司汽车及卡车制造停顿3～6个月。除此之外，还造成通用汽车公司卫星工厂、玻璃厂、钢铁厂以及其他股份公司生产业务停顿，导致间接经济损失高达5 000万美元。这还只是美国当时15起重大火灾之一。

这些事件促使人们探索系统而科学的方法来有效防范和抑制重大事故的发生，减少风险事故给人们带来的灾难性后果。这便导致了20世纪50～60年代学术界和职业界关于风险管理科学的系统性研究和探索。

二、风险管理的演进过程

从理论发展以及所涉及的核心内容来看，风险管理科学大体上经历了三个发展阶段：可保风险管理阶段→可保风险管理与金融风险管理并存阶段→整体风险管理阶段（见图1－1）。

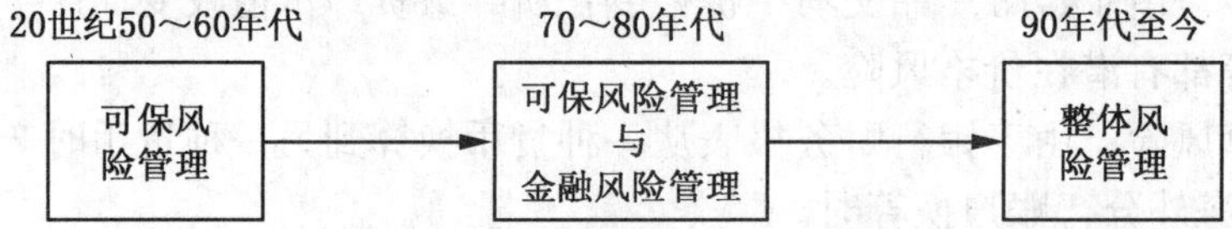

图1－1　风险管理科学演进过程

（一）可保风险管理阶段

在这一阶段风险管理研究的主要对象是可保风险，其重要发现是：保险并不是对付风险损失的唯一途径，存在许多其他的风险管理的方法，而且有些风险管理的措施，如损失预防措施，对于一些复杂的问题比保险更为有效。保险以外的风险管理方法有以下几种：

(1)风险转移。通过购买保险或签订合同方式将风险损失转移给保险公司或合同的对方。

(2)风险自留。企业不购买保险，自己承担风险损失。为此，企业可以有计划地设立风险基金，用以弥补事故发生后的经济损失；企业也可以设立专门的部门或子公司（如专业自保公司），通过内部定价，像购买保险一样向这种专业自保公司缴纳准备金，风险损失将由专业自保公司来承担。

(3)风险控制。企业通过采取预防措施来防范风险损失的发生或减少事故发生后的损失程度。例如，通过安装自动喷淋设备和预警器来控制火灾风险的损失；通过加强检查和安全措施来防范偷盗和犯罪等。

如何科学地运用各种可能的风险管理手段来防范、控制和管理企业的财产风险、责任风险和人身风险，使企业最大限度地减少损失，则是可保风险管理要研究的内容。

(二)可保风险管理与金融风险管理并存

20世纪60年代以后，随着马科维茨(Markowitz)资产组合理论的推广与应用，用以规避和转移金融风险的衍生工具不断出现，金融风险管理的理论和方法以独立于保险风险管理理论的方式迅速发展，在实践中不断深入。

70～80年代，金融风险管理与可保风险管理从管理的风险对象、管理的方法和措施以及所基于的理论基本上是不同的，是独立发展的。这一时期，保险人是管理纯粹风险的专家，往往缺乏对投机风险和金融风险管理的技术与经验，而精通金融风险管理的专家往往不懂纯粹风险和可保风险管理的技巧。

(三)整体风险管理

到了20世纪90年代，风险管理科学进一步升华，纯粹风险与投机风险经常交织在一起，相互影响，整体风险管理应运而生。

在整体风险管理的思维框架下，需要兼顾纯粹风险(主要为可保风险)和投机风险(主要为金融风险)的相互影响或相关关系，企业风险管理逐渐抛弃以前地窖式的管理方式，开始以整个企业的经营和管理活动为对象，综合考察企业所面临的所有风险，包括纯粹风险、金融风险、经营风险、政治风险等，以实现企业价值最大化目标。

三、风险管理科学的含义与内容

(一)风险管理的含义

在不同发展阶段，风险管理有不同的含义。在20世纪60年代左右，风险管理是指保险管理，因为风险管理的主要内容就是如何有效应对纯粹风险，如何在保险和风险自留之间进行合理选择。随着风险管理理论的发展和应用的深入，风险管理也有了新的含义。

本书中，我们把风险管理定义为一门管理科学，企业或组织用以系统、全面、科学地分析和评价所面临的各种不确定性和风险因素及其影响，并在此基础上合理采取各种管理风险的方法和措施，有效地防范和控制不确定性和风险可能引起的各种损失后果。

风险管理不只是一种专门的方法，它是一种全面的管理职能。就像企业管理是一门科学一样，具有自己的理论、方法和过程，它注重系统性、全面性和科学性。风险管理也不只是保险管理，保险只是风险管理采用的重要方法和职能之一。

(二)风险管理的过程和要素

尽管不同组织和企业在风险管理实践中可能存在很大差异，但风险管理的基本程序和关键要素基本上是相同的。这些基本程序和关键要素就是：计划与目标的确定；风险识别；风险衡量；风险融资；风险控制；风险管理决策；考核与评价。我们称这些要素为风险管理的基本要素，它们构成了风险管理的基本过程，但是它们并不是风险管理的独立阶段。事实上，这些要素和环节是相互联系的，有一定的先后顺序，又相互渗透、相互促进(见图1－2)。

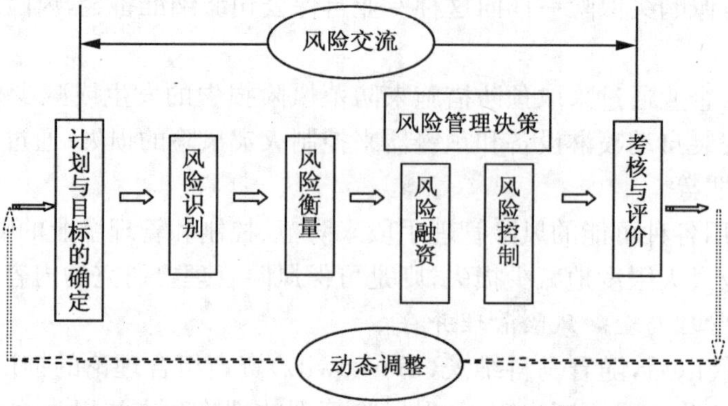

图 1—2　风险管理的过程和要素

(1)计划与目标的确定。企业风险管理的第一个环节就是制定风险管理的计划,确定风险管理的任务和目标。企业风险管理过程需要组织间任务明确、分工协调、目的和目标清晰一致。目标提供了风险管理的基准,不同的目标将对应不同的风险管理措施和方案,会出现不同的风险管理效果。

(2)风险识别。这是认识和发现造成一个组织(企业、机构或个人)各种损失的存在性或潜在隐患的过程。风险识别首先要确定组织何时何地将会遭遇何种风险,其次要确定导致这些风险的因素或原因是什么,另外还要对所识别的风险对组织的危害性有一个初步的认识。

(3)风险衡量。风险衡量与风险识别没有明确的划分界限,但风险衡量侧重于风险损失或收入程度的评价和估算。风险衡量往往使用定量指标来反映风险的大小,例如,用损失频率来说明风险发生的经常性,用损失价值来反映损失的程度,用损失的波动性来反映损失的可预测性。

我们经常用风险分析来表示风险识别和风险衡量这两种相互关联的风险管理行为。风险分析是风险管理过程中最为重要的环节。只有当组织面临的风险和不确定性得到充分的分析,才能真正把握风险的潜在性和特点,企业在风险管理决策时才能减少失误和偏差,实施时才能做到有的放矢。

(4)风险融资。它关注的是一旦风险损失发生了,由谁来承担经济损失后果会更有效。因此,风险融资行为提供了对风险损失进行赔偿的手段和资助计划,以减少风险损失的不利影响。

(5)风险控制。这是与风险融资相对应的风险管理职能。面对损失的可能性,风险控制强调避免、防止,减少损失后果。

(6)风险管理决策。风险融资方式的选择和风险控制措施的确定一般属于管理决策层的工作和职责,这一环节就称为风险管理决策。合理的、科学的风险管理决策不但需要决策者技术上的能力,而且需要决策者行政职务方面的权威,需要兼顾组织内部和外部的资源与条件。

(7)考核与评价。主要是对风险管理计划的合理性和实施过程的有效性进行评价,以便根据环境的变化和效果的好坏进行适当修正,以改善风险管理水平。

风险交流就是通过一种信息传导机制将有关风险管理方面的重要信息(包括风险的隐患、危害性、防范与控制措施等)在相关人员(如组织内上下级之间、专家技术人员与其他职员、内部职员与外部客户等)之间进行传递、交流,以达到协调一致、共同控制风险的目的。科学的风险交流机制应该是一种交互式的过程，应渗透到风险管理过程中的每个环节。

科学的风险管理过程不是一成不变的，是动态的过程。组织应根据环境的改变和风险管理效果的评价结果及时进行调整和修改，以取得最佳的风险管理效果。

在这些风险管理环节中，风险分析、风险控制、风险融资和风险管理决策又是最基本和最核心的部分，本章将给予重点介绍。

第三节　风险分析的方法和要素

风险分析主要由风险识别和风险衡量两个风险管理环节来实现，主要分析风险形成的原因和机制，分析损失的构成及其影响，分析风险损失发生的频率及幅度（如损失之严重性）。风险分析是有效控制风险的前提和基础。

一、风险识别的目的和要素

（一）风险识别的目的

风险识别就是认识和发现风险暴露的过程。具体地说，风险识别是认识和发现造成一个组织（企业、机构）或个人各种损失的存在性或潜在的隐患，并通过一定的程序和方法，系统、全面地分析产生风险损失的原因，估算风险损失对组织影响的程度和危害性大小的过程。

风险识别应实现以下基本目的和目标：

(1)发现潜在的风险隐患，使组织能及时采取措施，防患于未然；

(2)充分认识和了解造成风险隐患的原因和过程，便于组织采取适当的技术和手段防范风险损失发生或降低损失的程度；

(3)认识和初步判断这些风险隐患将对组织造成的影响，便于组织决策是否应该采取措施来对付这些风险，或者采取恰当的、有效的措施来控制风险。

（二）风险识别的要素

风险识别实际上是发现风险源和认识风险因素的过程。

风险源（sources of risk）是指那些导致风险结果的直接原因，或者说是导致企业意外损失的因素和来源。风险因素（risk factors）是指促成风险损失发生的环境和条件。

假设一场森林大火摧毁了某企业的部分厂房和设备，那么该企业所遭受的财产损失的风险源是火灾，而风险因素可能是因气候干燥导致的自然起火，也可能是犯罪分子故意纵火，或者是野炊的人没有完全熄灭火星导致大火蔓延，或者是无意失火，如随意丢弃未熄灭的烟蒂以及其他原因。

风险因素可以是自然的、机械的，也可以是人为的。电脑在过热或过冷的环境中可能会丧失机能；一些机械操作，如电焊、钻孔，在易燃气体和物质达到一定浓度时会发生爆炸。这些就是自然的或机械的风险因素。

人为因素是指促成风险损失发生和发展的风险因素与人的言、行、举止相关联，是由于某些人的主观意愿或客观行为导致了意外事故的发生。导致风险损失发生的人为因素是最为常见的。人为因素的研究非常重要，而且越来越重要，是风险管理关注的重要方面。

风险的人为因素主要来自于“三无”：

(1)无知（lack of awareness）。导致意外事故，或促成不必要的损失恶化的根本原因是由于某些人缺乏相关知识，不能意识到风险的潜在性，或者风险发生时不知道如何处置或控制。

缺乏教育、缺乏文化知识是“无知”的重要原因，但“无知”的人并非一定缺乏文化。一些企业不能对自身资源进行有效配置，使得不能人尽其能、物尽其用，而是任人唯亲，就会使得那些有知识的人在不适当的岗位上变得“无知”。

(2)无能(lack of capability)。由于缺乏权利、权威和职责，或由于自身管理的魄力和能力不够，有些人即使能及时发现潜在的问题，也无能为力及时改变明明知道是错误的决策，控制预料中的风险损失。

(3)无劲(lack of motivation)。因待遇不公而生怨气，因制度不规范、不明确而丧失积极性等所造成的对工作的消极态度就属于“无劲”。“无劲”的人可能认为自己没有得到公正的待遇而闹情绪，不愿自觉地去认识工作中的风险，不愿为组织和企业防范意外损失，甚至对风险隐患视而不见，导致风险损失的发生。

风险源和风险因素是导致风险损失发生的缺一不可的两个条件。因此控制了风险源或阻止了风险因素，就可能抑制风险损失的发生。只有充分认识了风险源和风险因素，才能有效地采取控制风险损失发生或抑制损失恶化的方法和措施。

二、风险识别的方法和技术

风险识别的关键是要能系统、全面、科学、及时、有效地发现风险的潜在性，不错过任何一个严重危害组织的风险点。不同的研究目的、不同的思维角度，对应不同的风险识别途径和方法，不过一般都是使用“树杈式”的分析思路——从树干到树枝再到树梢的分析途径，以免顾此失彼、杂乱无章。下面通过介绍在美国广泛使用的风险清单来说明这种“树杈式”的分析思路。

(一)风险清单及其类型

风险清单开始出现在美国，主要是针对可保风险和纯粹风险的识别和分析。风险清单分为两类：一类为资产暴露清单，罗列了企业可能遭受潜在风险损失的资产类别；另一类为损失暴露清单，罗列了资产遭受损失的原因——风险源，以及促使资产损失发生的风险因素。在美国，各保险公司、保险出版社、美国管理协会保险和雇员福利分会，以及风险与保险管理学会都制定并公布这类标准化的风险识别清单，供所有企业和机构参考。一些保险公司或大型企业也根据自己经营的特点和所处的环境来编制适合自身需要的风险清单。

1. 资产暴露清单

资产暴露清单以企业所有可能遭受潜在风险损失的资产为考察对象。企业具有各种各样的资产，名目繁多。随意地清点，容易导致杂乱无章、顾此失彼。规范化的资产暴露清单按照一定的归类方法，将企业主要的资产进行系统、全面、规范的分类和排列。不论企业的资产多么繁杂，都可以划分为两大类：有形资产和无形资产。许许多多的有形资产又可以划分为三个子类：不动产、动产和其他资产。不能归类到不动产和动产类别中、能给企业带来价值的其他事物或财产都可以放在“其他资产”中。我们可以按照一定规则将每一子类中的资产进行排列。例如，对于不动产，一种排列方法就是按照不动产在三维空间中所处的水平位置进行分类，如按照从空中到地面再到地下的顺序排列，可以将不动产划分为三小类：建筑、地皮、地下财产。

实际上，这种清单遵循的就是一种树杈结构分析规则(见图1—3)。

2. 损失暴露清单

企业除了要清楚哪些资产将面临潜在的风险损失，导致企业价值的下降，还应该了解损失的来源和促成损失发生的主要原因和后果。损失暴露清单就是对造成企业各种损失的直接因

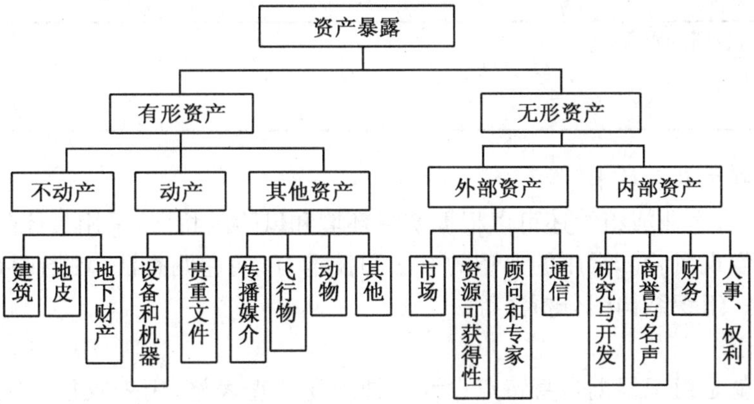

图 1—3　资产暴露清单树形图

素、间接因素等按照一定的规则和分析框架罗列，以帮助企业及时采取有效措施防范损失的发生，或采取必要的手段，即使损失不可避免地发生了，其损失的严重性也能得到一定的控制。表 1—1 就是一种规范的损失暴露清单。

表 1—1　损失暴露清单

A. 直接损失暴露
　1. 不可控制和不可预测的一般损失暴露
　　(1)电能干扰——闪电、太阳黑子活动、电力波动、磁带去磁
　　(2)降落物体——飞行器、陨石、导弹
　　(3)地质运动——地震、火山、山体滑坡、雪崩
　　……
　2. 可控制和不可预测的一般损失暴露
　　(1)玻璃和其他易碎物品破碎
　　(2)故障——部件或润滑油的故障等
　　(3)碰撞——水上交通工具、陆上交通工具、空中交通工具
　　……
　3. 一般的财务风险
　　(1)雇员的欺诈行为——造假、挪用公款、盗窃
　　(2)征用——国有化、查封、充公
　　……
B. 间接的或引致的损失风险
　1. 所有直接损失暴露对下列各种人的影响
　　(1)供应商
　　(2)消费者
　　(3)公用设施
　　(4)运输——职工和财产
　　(5)雇员
　2. 额外费用——租金、通信、产品
　　……
C. 第三方责任(补偿性和惩罚性损失)
　1. 飞行责任

续表

2. 广告商和出版商的责任
3. 机动车责任
4. 合同责任

(二)风险识别工具和技术

在实际操作中,企业或组织还可以根据实际环境和风险的特点,采用具体的风险识别工具和技术来识别和发现风险。常用的典型的方法和技术有:问卷调查法、现场调查法、财务报表分析法、流程图法、组织结构图分析法等。

1. 问卷调查法

问卷调查法就是组织根据自身特点设计一种问卷调查表格,用来收集和统计有关与风险相关的信息,以达到发现潜在风险的目的。这一方法的特点是:形式多样、灵活方便、简单易行。调查对象可以是本企业职工,也可以是消费者或顾客,或者是专门针对专家的。调查方式可以采用邮寄,也可以当面填写,或者通过 E-mail、Internet 传送。问卷调查法的缺点是需要各级领导和被调查者认真负责、协调一致,否则偏差大,不能及时地发现潜在风险。

2. 现场调查法

现场调查法是指风险经理或有关专业人士通过实地考察来发现问题和潜在风险。现场调查法最大的特点是真实性和准确性,不但能有效发现问题,还能及时解决问题;可以与一线员工进行面对面的交流,既可以掌握第一手风险信息资料,又可以给员工提供风险意识和控制技术方面的指导,并且便于与基层单位建立风险管理的良好关系;经常可以发现一些用其他方法容易忽视的风险和问题。不过现场调查法要求考察人员逐地、逐件地去观察,耗时耗力且成本高,尤其是对大中型企业来说,考察时间漫长,不利于及时发现问题。

3. 财务报表分析法

财务报表分析法主要是通过分析组织和企业的资产负债表、损益表、营业报表及补充记录(实地调查表或法律文件等)来识别潜在风险。财务报表分析法所具有的优势有:(1)财务报表记录了一个组织几乎所有有形资产的类型、价值大小,以及经营过程中几乎所有的收支状况和应收应付账款,既系统又全面;(2)财务报表中的术语和内容对一般经理和财务人员来说都非常熟悉,容易使他们接受;(3)财务报表还包括了所有金融资产的记录,以及反映经营活动成本、收益的记录;(4)可以通过对企业现金流的分析和测试来预测、评价企业未来面临的风险。

4. 流程图法

流程图法是根据组织或企业经营活动的种类和顺序来发现其瓶颈因素和导致营业中断或重大损失的事件。

5. 组织结构图分析法

组织结构图分析法是通过分析企业各个分支机构以及企业人员之间的关系来发现来自不同部门的风险源和风险因素。

以上方法各具特点,适合一定的环境。实践中需要利用它们的特点,综合运用、取长补短,才能真正实现风险识别的目标并达到防范风险的目的。

三、风险衡量的方法

对于纯粹风险的管理来说,风险衡量就是评估组织在一定时期内(如一年)发生风险损失的频率以及损失的严重性,也即衡量风险的大小,从而评价这种风险对组织财务负担或经营活动的影响程度及其重要性。

风险衡量是风险管理过程中非常重要的一环，也是反映风险管理科学性的重要方面。一个组织可能面临千千万万种风险，没有精力和财力去关注面临的所有风险，对付和控制那些对组织关系重大、影响恶劣的风险才是关键。风险衡量的作用和目的也就是要让组织掌握各类重要风险以及这些风险影响的级别，以便能让组织做到“心中有数”，舍轻就重，适度有序地管理所面临的风险。

（一）风险大小的构成

对纯粹风险来说，损失频率、损失幅度和损失的波动性是构成风险大小的三个基本方面。因此，风险衡量主要就是衡量或测度损失频率、损失幅度和损失的波动性。

1. 损失频率

损失频率测度的是单位时间内（如一年或一个月）风险事件发生的平均次数。例如，某个企业的历史数据表明该企业平均每两年发生一次火灾，那么，该企业面对火灾风险的损失频率为 0.5，即每年 0.5 次。损失频率有时也表示一组风险单位可能遭受风险损失的比率。例如，一家餐饮公司有 50 家饮食店，历史数据表明该公司平均每年有 5 家饮食店发生火灾，那么，每家饮食店在一年中火灾风险的损失频率为 10%。

2. 损失幅度

损失幅度测度的是损失价值的大小或损失价值的严重程度。一般情况下，损失幅度是指每次损失发生所导致的货币价值的大小。例如，一次火灾导致 100 万元的经济损失比一次火灾造成 1 万元的经济损失的损失程度大得多。有时，损失幅度是指期望损失，是损失频率与平均损失价值的乘积。这时，损失幅度反映的是一定时期内风险损失价值的平均程度。

平均每年的预期损失金额＝损失频率×平均每次损失金额

损失幅度是一个相对概念，100 万元的火灾损失对于像沃尔玛这样的巨型企业来说可能是个小数目，但对于一家资产价值只有 100 多万元的小企业来说，可能就是灭顶之灾。

3. 损失的波动性

损失的波动性测度的是可能发生的损失之间的差异，经常用概率统计中的方差、半方差、标准差和变异系数来反映。

一般而言，损失的严重性和损失的波动性是比损失频率更重要、更值得关注的方面。如果损失的程度是可预见的，损失的波动性较小，那么防范风险的准备可能会充分一些，组织面临的意外损失的严重性会相对较小；当波动幅度很大，如一时期与另一时期的损失价值差异很大，损失程度的不确定性就很大，说明组织面临的风险很大。

实际中，风险损失遵从这样的一般规则：损失幅度小则损失频率高，损失幅度大则损失频率低。以飞机、火车、汽车发生交通事故为例，飞机失事的频率最低，然而一旦发生飞行事故，机毁人亡，后果最为严重；汽车事故在交通事故中是常见的，但损失程度不一，一般都是部分财产损失和人身伤亡。对于火车，不论是出事的频率还是严重性，都位于前两者之间。

（二）风险衡量方法

风险衡量的方法有许多种，有凭经验、主观臆断的定性评价方法，也有基于数据、数学模型的定量分析和测度方法。下面只简单介绍一些定量测度方法。

如何衡量风险的大小呢？用概率统计的语言来说，风险损失就是一个随机变量。因此，理论上，频率（或概率）、期望值以及方差（或标准差）等统计指标可用以测度风险损失发生的经常性、平均损失程度以及损失价值波动性等风险要素，随机模型和概率分布可以用来描述风险损失的具体特征。实际中，人们可以根据具体的环境和给定的信息数据条件设计特定的指标来反映风险的特点。但不论什么情形，基本思想都是使用特定概率统计指标来衡量风险事故发生的频率、影响程度及可预测性。下面介绍这些最常用、最基本的指标和测度方法。

1. 损失概率

损失概率用以描述风险损失发生可能性的大小，一般反映了风险的客观特性，它取决于事故内在的客观因素。按照大数定律，概率是事件发生频率当观测次数或样本点个数无限增加时的极限值。实际中要获得概率往往比较困难，一般将频率作为概率的近似值。

所谓大数定律，就是通过独立实验可发现一些随机事件出现的频率随着实验次数的增加会越来越接近于一个不变数。这种现象就称为大数法则或大数定律。

实际中很难获得这个不变数，因此当样本数据很大时，可将频率作为概率的近似。当我们搜集到大量数据时，为了了解这些数据的一般特点，可以将它们按一定的等级进行分类，然后计算每一类数据的个数或出现的次数，将之称为这一组的频数，每组频数占数据总数的比率称为频率。

2. 期望值

损失期望值是用以反映风险损失价值平均水平的指标。

如果某种风险损失只有 N 种可能状态，每种状态以一定概率出现，如表 1—2 所示，那么这一风险的损失期望值为：

$$\overline{X}=E(\xi)=\sum_{i=1}^{N}p_iX_i$$

式中，p_i 是损失值为 X_i 的概率，满足 $p_i\geqslant 0$ 且 $p_1+p_2+\cdots+p_N=1$。

表 1—2　　随机变量 ξ 的概率分布

损失状态	X_1	X_2	…	X_N
状态概率	p_1	p_2	…	p_N

3. 方差和标准差

方差和标准差是用来衡量风险大小最经常使用的指标，因为方差和标准差反映的是变量取值分散的程度，或实际结果与预期结果偏离的程度，或反映损失数据的波动性程度。如前所述，在损失频率相同和平均损失价值相同的情况下，损失值波动越大，或损失值偏离平均值越远，则风险程度越大。

如表 1—2 所示的损失概率分布，损失的方差定义为：

$$\mathrm{var}=\sigma^2=\sum_{i=1}^{N}p_i(X_i-\overline{X})^2$$

标准差的计算公式为：

$$\sigma=\sqrt{\sum_{i=1}^{N}p_i(X_i-\overline{X})^2}$$

实际中，我们很难获得风险损失这一随机变量的概率分布，因而很难求得风险损失的期望值和方差。在不知道概率分布的情形下，我们如何来衡量风险损失的程度和波动性呢？如果我们能获得风险损失的一组充分多的样本数据，我们可以用这组样本数据的平均值和样本方差来取代期望值和方差，用样本标准差来取代标准差。

如果$\{X_i\}$为一组损失观测值，N 是观测值个数，令$\overline{X}$是这一组观测值的算术平均值，则相应的样本方差为：

$$\text{var}=S^2=\frac{1}{N-1}\times\sum_{i=1}^{N}(X_i-\overline{X})^2$$

样本标准差为：

$$S=\sqrt{\frac{1}{N-1}\times\sum_{i=1}^{N}(X_i-\overline{X})^2}$$

第四节　风险融资的方法及其优劣比较

风险融资是对发生的损失进行赔偿的手段和资助计划，用以减少不确定性和风险损失对组织的影响，提供组织损失的经济补偿。风险是不可消灭的，一般是不可完全控制的，即使一些风险可以完全控制，组织也不可能控制所有的风险。因此，一旦风险损失发生了，由谁来承担经济损失最为合适？或者采用什么样的补偿方式能提高风险管理的效率？风险融资方法及其优化组合为这类问题提供了部分答案。

一、风险融资的方法与类型

不同风险类型具有不同的风险融资方法。比如对于投机风险，特别是对于金融风险，可利用衍生证券工具进行套期保值，可通过资产多样化分散风险，也可借助保险转移风险损失。对于纯粹风险，风险融资方法又具有自身的特色和差异。为了与本教材其他内容一致，我们重点介绍纯粹风险的风险融资方法。

风险融资方法大体上可以分为两大类：风险自留和风险转移。所谓风险自留，就是风险暴露所带来经济损失或事件的不确定性导致经济负担由组织自己承担。而风险转移指的是当风险损失发生后，由面临风险的组织以外的某个机构承担风险损失的财务后果或为该组织提供经济补偿。

风险融资方法分类具体见图 1－4。

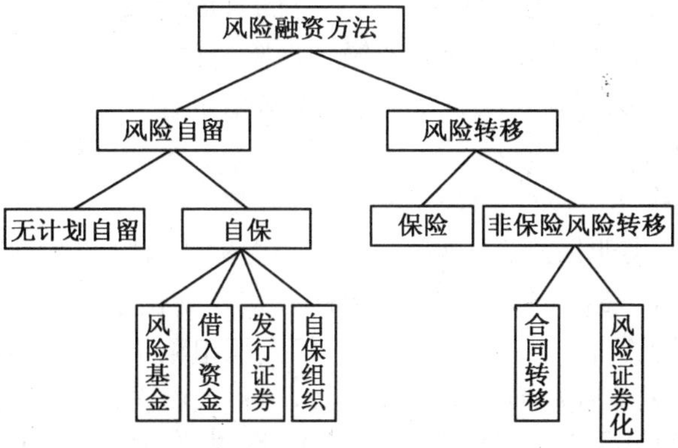

图 1－4　风险融资方法分类

(一)风险自留

根据在风险损失发生之前组织是否建立了为风险损失承担经济负担的计划和准备，风险自留可以分为两大类：无计划的风险自留和有计划的风险自留，或称自保。

1. 无计划的风险自留

如果组织没有意识到风险的存在，或者认为损失后果不会很严重，组织的短期流动资金能够应付，不需要建立特殊的规划和准备，这时组织实际上就采用了无计划的风险自留方式。

2. 有计划的风险自留

一个具有良好风险意识的组织，一般都会有许多风险融资的计划和备用方法。尤其是对一些重大风险隐患，当保险不可行或不合算时，建立一些专门的风险自留计划是必要的和明智的。哪些是重大风险隐患，应基于风险分析、风险衡量的结果，同时，也与组织所处的工作和经营环境以及组织的经济状态及发展规划有关。

有计划的风险自留大体上可以划分为两大类：一类是事前的融资计划，另一类是事后的融资计划。为某种风险建立专项风险基金或非基金制准备金都属于事前的融资计划，因为这是在风险损失发生之前就已经准备好了的补偿资金，是用作以后支付风险损失的资金。例如，我国商业银行的“专项拨备”就是为不良贷款建立的专项风险基金；保险公司建立的总准备金、从事证券业务的金融机构建立的一般风险准备金，都属于非基金制准备金，都是事前的融资计划。事后的融资计划也有许多，例如：为支付风险损失，在事前从银行获得的信用额度、事前与证券发行机构签订好发行新证券融资的合同、在国际上普遍使用的或有资本等，都是事后的融资计划。允许发行新证券融资的合同规定，当企业风险损失发生之后，企业可通过发行新债券或新股票等从资本市场获得资金，以减少损失和不利影响。

风险自留是企业最常见的风险融资方式，即支付风险损失的资金来自企业自身，当然不排除企业向外部借贷融资。企业采用风险自留来筹措风险损失赔付资金的方式可以多种多样，除了建立风险准备金和事后的外部融资之外，还可以在企业内部或与其他企业共同建立某些专门的组织机构来实现自我保险。例如，国际上发展日益兴旺的专业自保公司、美国普遍存在的风险自留组织等，都是帮助企业实现风险自留的组织形式。

(二)风险转移

我们可以将风险转移划分为三大类：保险、非保险合同转移和风险证券化。

1. 保险

保险是保险人(或承保人)与投保人双方签订的合同协议。按照这一协议，保险人承诺将承担未来损失的经济后果，作为给投保人所缴纳保险费的回报。一直以来，保险是最重要的风险转移方式，组织通过购买保险，使自己的支付成本稳定在一定水平，保险公司将承担未来损失的不确定的经济后果。

2. 非保险合同转移

在风险管理中有两类非保险合同转移方式，一类称为风险控制型合同转移方式，另一类称为风险融资型合同转移方式。非保险合同转移方式经常出现在租赁、承包、转让等交易活动中。例如，在一个房屋租赁合同中，如果规定承租人承担租赁期间房屋和屋内设施的损坏赔偿责任，那么这就是一个风险融资型合同转移方式，出租人将自己所面临的房屋和租出设施受损的风险转移给了合同的另一方——承租人。同样，在房屋租赁合同中，如果规定承租人自己承担租赁期间自己所有的一切物品的损失后果，那么对于出租人来说，这就是一个风险控制型风险转移合同。

3. 风险证券化

传统的保险是一个风险汇聚过程，风险从各个风险承受主体通过保险合同转移给保险公司，保险公司成为风险池，汇聚了许许多多独立的风险。非保险合同转移方式一般是双边合同，风险从其中的一方转移到另一方。现在，国际上出现了一种新型的风险转移方式，风险通过证券（股票或债券或衍生证券工具）从企业或从保险公司转移并分散到金融市场上千千万万个投资者。这种新型的风险转移方式称为风险证券化。

二、风险融资方法之优劣比较

各种风险融资方法具有自身的特点，有自身适应的风险对象或应用范围。为了比较的方便，这里只分析、比较保险和风险自留两种风险融资方法的特点和优劣。

（一）风险自留的好处

与保险相比较，风险自留主要有以下特点和优势：

1. 节省附加保费

购买保险除了要承担风险的预期损失之外，还要承担额外费用即附加保费。附加保费的构成非常广。首先，附加保费涵盖了相关的各种费用。保险公司从计划接受风险转移到保单终止过程中，需要支付大量的经营管理费用，这些费用包括保险公司的展业费用、保险中介费用、管理费用，以及一旦出现保险诉讼时的法律诉讼费用、律师费用等。其次，附加保费还需允许保险公司获得一定的营业利润。另外，附加保费还应保证保险公司由于承担了风险而应获得的额外风险补偿。附加保费还包括了保险公司各种赋税费用的转嫁。由于信息的不对称性，附加保费可能远远超出正常的加成比率。例如，据报道，国际上财产和责任保险平均的额外费用是保险费的30%～40%。通能一太平国际业务顾问公司的统计结果表明，长期来看，通过专业自保公司的风险自留形式可节省风险融资成本10%～20%。

2. 可增加额外收益

如果企业选择购买保险，在保单签订时就需要将风险保障基金以保费形式转移给保险公司，只有可保损失发生以后，企业才可以索赔的方式重新获得这些风险保障基金，当然这时还可能有额外的补偿。在这一期间，企业不能支配、更不能运用这些资金。如果保险期内没有发生可保事故，企业将永远失去这笔风险保障基金。然而，如果企业采用风险自留，将欲买保险的费用建立风险准备金账户，那么在风险损失发生之前，企业可灵活运用这些风险自留基金来获得投资收益。

不过，我们在这里所阐述的风险自留可运用保障基金来增加额外收益时忽略了保险的保障功能，没有考虑到风险自留带来的投资收益是否能抵消一旦风险损失发生时所带来的财务冲击。显然在风险损失严重时是不能抵消的，只能说按期望损失评价风险自留保险基金可带来额外的投资收益。

3. 可避免道德风险和逆向选择风险

这里所指的道德风险是多方面的。投保人缺乏诚信，隐瞒自己的真实风险水平或有意掩盖风险隐患，导致保险公司保单定价偏低；或者购买保险后对保险标的不积极采取风险防范和管控措施，使损失几率增加或损失程度加重，从而导致保险赔付增加；或者出险后，投保人弄虚作假，使实际赔付高于实际损失；等等，这些都属于道德风险。国际上，保险业因受欺诈导致的损失，高的可达保费收入的50%，平均也在10%～30%。这部分损失保险公司主要通过提高保险费率摊在保户头上，从而增加了投保人的保费支出。

如果企业选择风险自留或自保，那么企业自己要承担风险损失，自己承担由风险事件引起的一切费用成本；另外，同一公司的内部，各部门员工之间信息比较对称，相互关系密切，因此内部人员没有意愿欺骗，也难以懈怠责任。而且通过加强教育培训，降低事故发生率，减少风险损失，不但可以节省这部分额外保费支出，还可以降低损失程度，节约损失费用。

4. 减小由于保险市场不稳定带来的财务冲击

保险市场也像金融市场一样存在周期，保险价格随着保险环境的改变而波动。保险价格的波动必然带来组织保险成本的波动，导致对组织财务状况的冲击。美国在20世纪70～80年代初，责任保险的费率相对较低，金融市场投资收益比较乐观，保险公司能获得较好的承保利益。随着责任索赔诉讼案件的大幅度增加，以及80年代中期美国金融市场不稳定带来的投资收益的波动，保险公司责任保险的能力大大减弱，有些保险公司不得不退出责任保险市场，而继续经营责任保险业务的公司不得不提高保险费率来维持经营的稳定性。实际上，责任保险费率上升了数倍甚至10倍以上。2001年，美国“9・11”恐怖事件之后，世界范围内的保险费率又出现了大幅度的上涨。

保险费率的非预期上涨，一方面增加了企业非预期的现金支出，影响到企业正常的经营活动，以及企业与外界的商业往来客户的关系；另一方面使企业的财务预算不稳定，影响到企业对未来收益和支出的合理预期，从而影响到企业的战略决策行为和经营行为。出于这些考虑，国际上，一些企业采取风险自留，以期减少现金流量的不确定性。当然，采取风险自留又将增加风险损失支出的不确定性。因此，最终决策依赖于风险经理或相关决策人员对于保费现金流的稳定性和风险损失支出的稳定性的权衡以及其他考虑。

5. 有利于企业的整体风险管理

风险自留有利于企业的整体风险管理，优化风险管理效果，这比节约保费更为根本。整体风险管理是最新发展的一种企业风险管理的思想，它是一套连续、系统、综合的风险管理过程，利用这套思想，企业可以综合考虑所面临的所有风险，充分利用不同风险相互影响、此消彼长的特点，不仅能控制有损企业价值的风险，而且还能可实现企业价值创造。

（二）风险自留的成本与代价

以上看到了风险自留的优点。根据这些优点，企业可能会减少保险的需求，倾向于自保。然而，任何事物都有正反两面。相对于保险来说，风险自留也有许多局限性和不利的方面，给企业带来额外的成本和代价，这些正好是我们放弃自保而选择购买保险的动机。

1. 风险自留的代价

显然，企业增加风险自留额度将增加风险暴露的程度；风险暴露的增加可能会给企业产生许多负面影响。首先，增加风险自留会增加企业财务的不稳定性。损失是不确定的，如果企业自己来承担风险损失，企业的现金流将随损失支出的波动而波动，变得更加不确定，严重时可能导致企业出现财务危机。也就是说，增加风险自留将导致企业财务危机概率的增加。相比之下，如果采取保险，风险管理费用的支出可能就是稳定的保费支出，损失将由保险公司承担，企业的现金流相对会稳定些。其次，风险自留可使企业在外界的声誉降低，使信用级别下降。企业的外部关联经济主体，如债权人、原材料供应商、产品销售商、顾客等，往往在乎企业的风险状况，除非具有充分的保障，否则他们会认为保险能够增加企业的安全感，而自留风险会降低企业的风险保障。例如，如果企业需要向外部融资，债权人可能会提高融资成本，并且提出比较苛刻的其他条件，如要求有抵押品，并且对抵押品有质量上的要求和使用上的限制。另外，增加风险自留可能使企业不得不放弃一些好的投资机会，还可能使企业减少税盾的好处。

2. 影响风险自留选择的因素

当然，在其他条件不变的情况下，增加风险自留带来的负面影响将随组织或企业的性质和特点的不同而有所差异。

(1)股权的集中度。如果一家公司是由少数几个股东合伙经营,每个股东的投资份额占去自己财产相当大的部分,那么公司经营的闪失或严重的风险损失也将会给他们的财产和财富造成严重影响。相比之下,一个上市公司的资产分散于众多的投资者,所以公司的风险损失也将由众多的投资者来承担,给每个投资者带来的损失可能只是其财富的很小部分。显然,前者更担心公司的严重风险损失,偏向于购买保险来转移风险。

(2)企业的规模。一个大规模的公司与小规模的公司相比,前者应更偏向于风险自留。首先,规模大的公司往往存在大量的独立风险单位,便于风险分散化,利用大数法则也能比较准确地预测风险的平均损失,能比较合理地建立风险准备金。其次,规模大的公司人力资源比较齐备,也具有相当的经济实力来分担技术人才、相关技术设备方面的经济负担,容易满足公司风险管理对于技术和管理方面的要求。另外,大公司比小公司更容易利用现金流来为任一确定规模的风险损失进行融资,也能以较低的成本获得外部资金来为风险损失融资,以减少风险损失的影响。

(3)同质风险单位的数量与分布状况。未必所有的大型公司都适合风险自留。如果这家公司属于高科技公司,技术设备相当集中,如卫星发射、石油传输等公司,购买保险可能是更明智的选择,而大中型出租汽车公司的车损险则适合风险自留的融资方式。

(4)财务杠杆。财务杠杆是指公司债务与股权的比率,该比率越大,则认为财务杠杆越高。财务杠杆越高,公司陷入财务危机的可能性越大。也就是说,一个主要靠借贷资金来维持经营的企业相比那些以权益资金为主的公司来说,财务风险更大些。财务杠杆的高低反映着财务危机的敏感度。因此,对于财务杠杆高的公司来说,选择自己承担风险损失导致财务危机的可能性要比财务杠杆低的公司更大些,所以,财务杠杆高的公司更应偏向于购买保险。

(5)投资机会。一般具有很好投资机会的企业偏向于购买保险,风险损失发生后,保险赔付也许能够保证投资计划继续进行。

实际上,影响企业风险融资行为的因素还很多,比如,风险损失与现金流的相关性以及产品特点等。

三、风险融资策略

如何选择和安排风险融资措施,使得风险管理成本较低、风险管理的效果又较好,这一问题很难明确回答。对于同一种风险,如火灾,一个企业选择保险可能是最佳选择,另一个企业采用风险自留也可能是最好的方案,或者还有的企业会将部分损失由自己承担,而将另外部分损失购买保险。

(一)风险融资的一般原则

虽然对于这一问题尚没有一个统一的答案,但也有一些可参照的一般原则。

一个原则是基于风险发生损失的频率和程度,或者基于损失发生的经常性和损失发生后损失价值的大小来确定是采用保险还是风险自留,或者选择其他方法。如表1—3所示,损失频率低、损失程度小的风险,其总体影响是很小的,这类风险不会给组织带来大的财务负担,适合采用风险自留的风险融资方式。损失频率高而损失程度小的风险也适合于风险自留,这类风险不会给组织造成现金流量的很大变化和影响,而且容易把握和合理预测。只有那些损失频率低但损失程度大的风险才适合购买保险或采取其他风险转移的手段。对于损失频率高、损失程度也大的风险,如生活在火山多发地区或地震多发地区的人们所面临的自然灾害风险,保险公司不会愿意承保,组织也会承受不起。因此对付这类风险的最好方法就是风险回避,如搬迁到安全地区、停止具有这类潜在风险的作业和经营。

表1—3　风险融资方式与损失频率和损失程度的关系

损失频率	低	高	低	高
损失程度	小	小	大	大
风险	很小	小	大	很大
企业决策	风险自留	风险自留	投保或转移	风险回避

这些道理不言自明。由此,我们能很容易明白为什么在我国某些保险公司推出的自行车偷盗保险很快就夭折了,为什么许多保险公司承保的车辆贷款保证保险难以为继而纷纷退出该保险市场了。

我们需要说明的是,损失频率的高低、损失程度的大小以及风险的大小还依赖于组织的经济状况和所处的环境。一年一次100万美元的火灾损失对于美国微软公司来说简直就是九牛一毛,损失程度非常小;然而一年一次100万元的火灾损失对于夫妻百货商店来说就可能是灭顶之灾了。

(二)风险自留的原则

我们看到了风险自留与保险各自的优势和局限性,各自具有不同的风险管理成本和效益。理性的组织和企业应该在风险管理成本和收益之间进行权衡,从而选择适合自身的风险融资方案。考虑到这种权衡关系,最佳风险自留决策的基本指导原则是:将那些可以合理预测损失的风险进行自留,将那些不能合理预测、可能导致严重损失的风险进行保险。

这一指导原则与风险融资的一般原则大体上是一致的。只有那些损失频率低的才是难以预测的,损失程度大的当然是损失严重的。因此只有损失频率低、损失程度大的风险适合购买保险。但有些时候,损失频率低、损失程度大并不是购买保险的充分条件。也就是说,一个企业不经常发生某种风险损失,即使损失发生,损失非常严重,也未必一定要通过保险来转移风险。只要损失是可以合理预测的,企业自己承担风险损失就可能是更为理性的。

损失可以合理预测,并非指损失水平是确定的,而是可以适度把握它,可以用一定的时间和财务安排来消化它。损失是否可以合理预测、是否适合保险,依赖于企业的规模、企业的经济状况以及外部筹资的成本,也依赖于相关的数据信息等许多因素。下面关于BP公司风险自留政策的案例可以用来说明这些道理。

BP(British Petroleum)是一家巨型跨国石油公司,其业务涉及石油和天然气的勘探、提取、精炼和销售。在1991年之前,BP遵循一般规则,对损失在1 000万～5亿美元的损失购买了保险(5亿美元以上的损失因为保险市场能力有限,不能通过保险来转移)。沃顿(Wharton)商学院教授尼尔·多尔蒂(Neil Doherty)和罗切斯特大学(University of Rochester)教授小克利福德·W.史密斯(Clifford W. Smith, Jr.)在对BP公司的经济环境和风险管理策略进行了分析后,要求BP公司改变保险策略。新的策略规定当地经理拥有购买不超过1 000万美元损失的保险的自主权;1 000万～5亿美元损失采取风险自留;5亿美元以上由于保险市场能力有限仍然不能投保,结果也由公司自保。这种策略看似与前面的原则相违背。事实上,两位教授的结论是基于下面的分析结果:1987～1991年,BP的会计利润平均每年为20亿美元,标准差大约为10亿美元;1991年资产超过500亿美元;在过去的10年中,BP公司为1 000万～5亿美元的损失购买保险的保费超过了11.5亿美元,但只收到了2.5亿美元的索赔支付,因此赔付率只有21.7%，赔付金额只有会计利润的1.25%，是资产价值的0.5%。其实，风险管理的成本应远大于保费支出的11.5亿美元，因为大额损失索赔案容易引起与保险公司的保险纠纷，带来交易成本和诉讼费用，同样还需要支付其他风险管理费用；另外，相对于BP这样一个巨型企业来说，保险公司在提供安全和损失控制方面并没有任何优势。

第五节 风险控制

风险控制这个概念经常是对于纯粹风险而言的。对于投机风险来说，收益与风险相随相伴，控制了风险也将控制收益，投资者可以根据自身对风险的偏好和承受能力选择风险程度，通过买卖活动来转移自己不愿意承受的风险。因此，在这一节中，我们主要介绍纯粹风险的控制方法和技术。

一、风险控制的含义

风险控制就是为规避风险、防范风险、减少或控制风险的损失频率(frequency)和损失程度(severity)所采用的技术、工具、过程和行为。

风险控制的目的就是要改变企业或组织的风险暴露状况，通过风险规避来避免某种风险的损失，通过防范风险来减少风险损失发生的频率，降低损失幅度，从而减小其影响程度。如果通过某些风险控制方法减少了损失发生的频率，或者降低了所发生损失的严重性，就认为这种风险得到了一定的控制。损失频率和损失幅度减少得越多，风险就得到了越多的控制。

通过风险管理，一家电冰箱生产厂的电冰箱不合格率从一年前的万分之五下降到了现在的万分之四，我们说电冰箱不合格的风险得到了一定的控制；如果在这一年中不合格率从万分之五下降到了万分之三，那么就得到了更好的控制。

与风险转移相比，风险控制更有意义。通过风险转移，风险暴露者将风险带来的经济后果转由他人承担，自己将会松懈防范风险和控制风险损失的责任心。比如，购买了火灾险，防范火灾的投入成本就会减少；投保了车损险，驾驶汽车的谨慎程度可能会降低。总之，风险转移方式一般不能降低风险损失发生的频率，更不能减少社会的风险损失总量。

二、风险控制的方法

风险控制的方法大体上可以分为风险规避和损失控制两大类。

(一)风险规避

风险规避就是放弃或回避某种具有重大潜在风险损失的活动或行为来避免这种风险损失对组织或个人的不利影响。比如说为了避免在飞机事故中丧生的风险，就放弃乘坐飞机；为了不让噪音和污染危害健康，就搬离城市居住到偏远山区……

要注意的是，风险规避是一种消极的方法。事实上，在企业经营生产活动中，高风险往往潜藏着高收益。如果企业采用风险规避方法来对付一种风险，虽然能避免这种风险的损失，但同时也丧失了相应的经营活动可能带来的潜在收益。另外，风险是不可消灭的，当企业通过放弃一种经营生产活动回避了这种风险，新的经营活动又可能面临新的风险。因此，企业对付风险的关键是如何去控制所面对的风险，风险规避总是最后的、在不得已的情况下才作出的选择。选择风险规避只有在下面的条件下才是有意义的：权衡风险的潜在损失和相应的潜在收益之后，规避风险更为经济划算；潜在的风险损失不可估量，而且损失发生的可能性非常大。

(二)损失控制

损失控制方法就是通过采取一定的技术、措施和方法来降低损失频率和损失程度。根据所控制的是损失频率还是预期的损失程度,损失控制又可以分为损失预防和损失减少。

1. 损失预防

损失预防就是在风险事故发生之前,通过采用防范措施来防止或减少风险损失的发生,或者说抑制损失发生的次数或频率的措施和管理活动。例如,出租汽车公司经常、定期地为所有出租车进行检修,对出租车司机加强安全责任教育,以减少公司出租车交通事故次数的行为就是损失预防行为。住房安装防盗门、装上铁架防护窗,就是防范偷盗风险的损失预防措施。

损失预防的具体措施与企业经营特点密不可分,然而,有效的损失预防措施一定需要系统、全面、科学的考虑。对于生产型企业而言,任何减少次品率的措施都是损失预防措施。有效的次品损失预防过程渗透到每个经营环节,从产品设计、产品加工、产品销售到售后服务的每个环节。对于保险公司这样的服务型企业,任何防止欺诈索赔的措施都是欺诈风险的损失预防措施。有效的欺诈损失预防应贯穿于整个保险流程,从险种开发设计、保单销售、承保、核保到核赔全过程。

2. 损失减少

损失减少行为的目的是当损失不可避免地发生了,如何减少损失程度,或者如何能使损失的经济价值尽量地小些。损失减少就是为风险事故发生之后所做的准备或措施。为此,损失减少措施又可以分为两类,即损前措施(pre-loss measures)和损后措施(post-loss measures)。顾名思义,损前措施就是在风险损失发生之前就已经安排好的防范措施,以减少受损标的的数量或损失程度。例如,建筑物在建筑施工过程中设置防护网,既可以避免施工人员不幸摔落而伤亡,又可以避免当重物坠落时不会直接损毁财物或伤及过路人的生命,至少可以起到一定的缓冲作用,降低损失的程度。这就是一种损前措施。损后措施主要是指损失发生后对生命和财产的紧急救护措施,为维护自己名誉、地位和经济状况所实行的法律救助和宣传措施,以抑制损失的进一步扩大或事态的恶化。

3. 风险分离

“不要把所有鸡蛋放在一只篮子里”。这一谚语反映了风险分离的实质。在实际中,风险分离方法有许多范例。例如,银行贷款所遵循的一般原则是:单一贷款人的贷款比率不能过大,如我国规定单一贷款人的授信额度不能超过银行资本金的25%,以防范贷款集中度过大的风险。我国保险监管条例规定,保险公司的单一资产占总资产的比率不能高于10%,这是用来防范保险资产的集中度风险。公司对计算机信息数据实行拷贝和异地存放是另一种风险分离的例子。

4. 风险集中或风险结合法

在一些场合,或者对于某些风险类型,需要采取与风险分离相反的损失控制措施,我们称为风险集中或风险结合法。比如企业并购、重组、联营就是风险结合的范例。在前一节关于风险融资方法介绍的过程中,我们曾做过分析,大规模公司比小规模公司具有更多的独立风险单位,更有利于风险损失的自然规避和合理预测,更有利于降低风险管理的成本,而且大规模公司比小规模公司具有更强的风险承受能力。因此,对于企业整体风险而言,风险集中也是一种风险损失控制的有效方法。小公司也可以通过风险自留集团等互助保险方式实现风险结合。

特别的风险和损失需要特别的风险控制方法和措施。相同的风险暴露在不同的环境下也需要不同的风险控制方法。在一定情形下是好的风险控制方法,而在另外情景下可能会增加损失发生的频率，增大损失程度。例如，携带氧气罐在缺氧区域工作能减少因缺氧而死亡的风险，但在高温、高压的环境下也许会增加火灾风险。

5. 风险控制下合同转移

风险控制下合同转移就是通过合同约定，转让人有权要求受让人从事特定的活动时承担相应的风险。

这类合同经常出现在租赁和产品买卖过程中。比如在房屋租赁中，房东或出租人与承租人签订的租用合同规定，在租用过程中房屋内设施（主要指承租人的物品）因火灾或偷盗等导致的损失由承租人承担，就是一种风险控制下合同转移。在商品买卖过程中签订的买卖合同常属于这类合同转移方式，即合同的条款一般将风险从卖者转移给了买者。

风险控制下合同转移有别于风险融资下的合同转移。例如甲方将房产及家具，或机器、设备、汽车等出租给乙方时，与乙方签订合同：乙方承担租赁过程中这些租用财产受到损毁的风险损失，那么甲方采用了风险融资下的合同转移。如果在租赁过程中，乙方为这些租用财产购买了财产保险，那么乙方也采用了风险融资下的合同转移。

值得注意的是，不是所有风险都可以通过合同来转移的，例如，涉及人权、人的生存方面的风险就是例外。我们从下面的案例中不难看出非保险形式的合同转移的局限性。2001 年 1 月 4 日，《今日说法》专题报道了一个“10 岁女孩替父亲打赢官司”的故事：女孩的父亲在一家建筑包工头手下施工时因意外受伤导致下身瘫痪，要求赔偿 20 万元人民币。此前包工头曾与其父亲签订了风险自担的合同，因而拒绝赔偿。女孩向法院提起诉讼并替父亲打赢了这场官司，结果法院判定包工头赔偿 7.8 万元人民币。可见，企业希望通过非保险合同将工伤事故风险转移给当事人员是行不通的。

三、风险控制实践

（一）人为因素所导致风险的控制

在本章，我们已经将人为风险因素归为了三类，即“无知”、“无能”和“无劲”。一个人“无知”主要来源于缺乏必要的基础知识和相关的工作经验，或就职岗位错位；“无能”则体现在自身管理的魄力和能力不够，或因为权利、权威与职责不相称；“无劲”主要来自怨气和仇恨。

控制“人的过失行为”应从三种人为风险因素着手。表 1—4 给出了一些针对性措施，具体应用时应根据环境以及企业的文化和氛围采取不同措施。

表 1—4　　人为风险因素的控制方法

基本风险因素	以人为本的对策
无知	建立有效的宣传教育、技术培训、专业培养、继续教育制度
无能	完善任人唯贤、互助协调、双向交流的制度和机制
无劲	健全激励、奖惩和员工福利制度，建设良好的企业文化，营造和谐的工作氛围

实践中有许多从人为因素着手进行损失控制的经验。例如，德国奔驰公司对其多年来事故预防方面的经验和教训进行总结，从事故原因分析，至少有 80％是人的原因（包括未被识别和人为失误）造成的。公司对产品质量的控制坚持以人为本的价值观，倡导安全第一的企业文化，通过培训教育，全面提高管理人员和工人的安全素质。为了提高管理人员的意识与能力，公司投入大量资金对所有从事安全工作的管理人员和技术人员建立了周密的培训计划和严格

的考核制度，从整体上提高了公司的安全管理水平，其成效是显著的：奔驰公司的每万小时事故发生率由1988年的44.3件下降到2001年的16.1件，每百万工作小时事故损失工时数从1985年的457小时降至2001年的175小时。由于风险得到控制，事故被有效预防，奔驰公司由此而获得了超过安全投入数十倍的经济效益。

（二）物质因素所产生风险的损失控制

在20世纪70年代，哈顿（William Haddon, Jr.）提出了一种理论，被称为能量破坏性释放原理。该理论强调引起损失的物质因素，提倡重视机械或物的因素管理，创造一个更为安全的物质环境。关于物质因素，更具体地说，就是导致事故的基本原因是能量失控。因此，防范事故产生、减少伤害的关键是控制相关的能量，或减少能量释放过程造成的伤害。为此，他提出了10种策略，其中每种策略都可以抑制或阻碍某类事故发生。这10种策略在工程风险管理中得到广泛应用，具体是：

（1）防止能量的聚集。例如，禁止员工爬到危险的高度；限制汽车超速行驶。

（2）减少已聚集的可能引发事故的能量。减少已爬到危险高处的人数，降低车速。

（3）防止已聚集能量的释放。在高空作业的周围安装防护栏杆；车道两边安装防护栏杆或围墙。

（4）减慢能量释放的速度。如在建筑过程中安装防护网以缓解坠落时的速度。

（5）从时间和空间上把释放的能量与易损对象隔离开。如用围墙或栏杆将房屋拆迁工地与行人区域隔离。

（6）用物质屏障使能量与易损对象隔离。如要求在有毒物质区域工作的职员穿防护服装、戴防护罩。

（7）改变接触面的物质，以减少伤害。如浴室或工作场地使用防滑地板。

（8）加强与易损对象对所释放能量的抗护能力。如对易燃经营的环境使用防火材料。

（9）减轻发生事故的损害。如设置及时、快速救护的机制或应急措施。

（10）事故后的恢复或复原措施。如对伤残人员的恢复措施，或对被损毁的机器、设备和建筑物的修复。

哈顿的能量破坏性释放原理显然主要适用于事故原因主要来自物体冲击和作用，而非人为因素的情形。控制损失的方法也主要是控制物质能量在释放过程中带来的危害。如更换物质以改变能量释放的形态，减少损害；将人与物质隔离，防范人员受到伤害；规范有序地管理物质，如保持干净的环境、谨慎处理废品、定期清洗或上油等，以保证机器正常运转，减少事故发生的概率。

第六节 风险管理决策

科学的风险管理的另一个重要环节就是风险管理决策。所谓风险管理决策，就是根据企业风险管理的目标和总体方针，通过分析企业所处的环境和条件，选择风险管理的技术和方法的活动与过程。更具体地说，对于一种或一组特定的风险，企业一般面临多种可行的风险管理方案，从中选择一种符合给定条件的最佳方案就是风险管理决策的核心内容。方案选择错误，决策失误，成本代价接踵而至；决策正确，事半功倍。

如何决策？这是一个非常复杂的问题。风险管理决策时需要考虑许多因素，如组织所处的环境、时期以及对风险的承受能力。即使在相同的环境和时期，不同的决策者也会有不同的风险管理决策，因为不同的决策者具有不同的心理因素，对风险具有不同的偏好程度，对组织所面临的风险程度具有不同的认识。下面主要介绍风险管理决策的一般过程和基本准则。

一、风险管理决策的基本要素

（一）基本要素

在进行风险管理决策之前首先应考虑以下基本要素：

1. 目标

也就是要确定风险管理决策所基于的目标，即所选择的风险管理方案是要满足以收益最大，还是以损失最小，或成本最低，或者满足政策法规的约束。

2. 策略

决策者至少面临两个以上可行的风险管理方案和决策变量，如果只有一种方案是可行的，那就别无选择，也就不存在风险管理决策的必要。

3. 状态

存在决策者无法加以控制的两个以上的自然状态，即组织所面临的损失是随机的或不确定的；否则，决策是无必要的。

（二）特别要素

给定了明确目标及一定的条件和环境之后，风险管理决策需要特别考虑的是成本、收益和风险。实际上，风险管理决策就是对成本与收益的权衡，再加上对风险因素的调整。更具体地说，我们在进行风险管理决策时还必须考虑以下几个方面：

(1)每种方案所对应的成本、收益和风险；

(2)其他决策方案所对应的成本、收益和风险；

(3)决策所基于的信息的完整性和不确定性。

（三）成本、收益和风险

对于风险管理而言，成本和收益是相对的，控制了成本相当于增加了收益；风险反映了成本控制的不确定性或收益的不确定性。因此，这里着重分析风险成本的构成，由此可以看出风险管理决策应考虑的重要方面。

我们以企业纯粹风险为例简要分析风险成本。如图 1—5 所示，与风险管理相关的成本大体上可分为五大类：(1)预期损失成本；(2)风险融资成本；(3)损失控制成本；(4)心理成本；(5)残余不确定性成本。

预期损失成本是指特定风险事故发生后所导致的损失，其中包含直接损失和间接损失两大类。直接损失是由于风险事故发生后直接导致风险标的损毁的经济价值；间接损失则是直接损失所导致的经济后果和影响。例如，美国 2001 年“9·11”事件所导致的世贸大楼坍塌、内部财产损毁、大量人员伤亡等损失就是直接损失；而企业因“9·11”事件导致的经营中断、利润减少、市场萎缩、额外费用增加、企业信用与商誉下降等所带来的经济收益的减少则属于间接损失。

风险融资成本就是采用风险融资措施而需要支付的代价和成本，包括自保时资金的机会成本、购买保险的保费、签订非保险合同来转移风险时的交易成本和采用套期保值手段需要支付的交易费用等。

损失控制成本是指当企业或个人采用损失控制措施时，因购置必要的设备、需要支付风险管理人员的工资，或在建立一些外部紧急融资准备时所需要付出的额外费用。例如，防范火灾

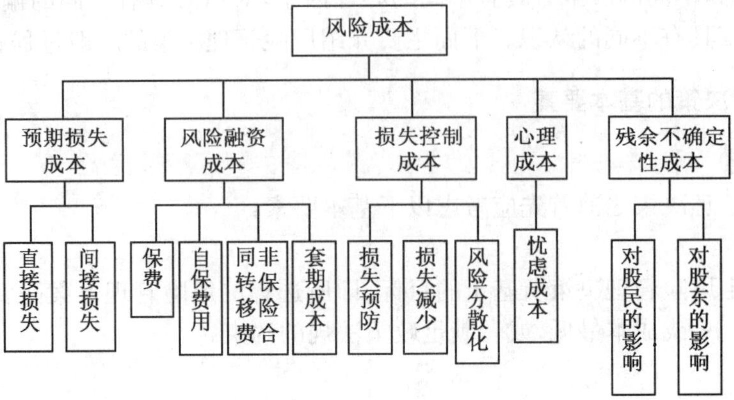

图 1—5　风险成本的构成

所安装的自动灭火装置的购置费用、调试费用、维护费用，以及其他管理费用、巡岗人员的工资支出和火灾发生后的救助费用。

心理成本主要是指忧虑成本，是由于对风险的恐惧和担心而导致企业或个人经济收益减少的部分。

即使通过损失控制、保险和其他风险融资方式，组织和个人财产的不确定性仍然不能完全排除，这些残留的不确定性仍然会给组织和个人带来不利影响。例如，股东可能要求更高的投资回报，债权人可能要求更高的融资价格。这些额外的成本就是残余不确定性成本。

二、风险管理决策的基本过程

风险管理决策的过程实际上就是对相关信息数据进行搜集、整理、分析、预测、判断的过程。这里，判断就是在不同的风险管理方案中进行选择。选择要基于对数据信息分析和预测的结果，需要对收益和成本进行权衡，再依据一定的判断准则来取舍。图 1－6 给出了风险管理决策的基本过程，它是一个循环往复、不断修正的过程。

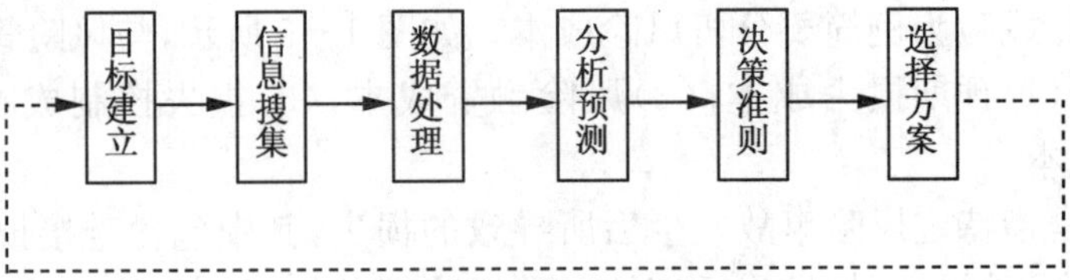

图 1—6　风险管理决策过程

三、风险管理决策准则

在进行风险管理方案选择时需要一定的准则作为选择标准。一般来说，不同的风险适合不同的风险决策准则。下面将给出两种风险类型的一般决策准则。

(一)风险类型

我们在风险管理决策过程中所面临的风险及其相关因素通常可以划分为以下两种类型。

1. 风险型

风险型意味着未来损失的状态不止一个，但各种状态发生的概率是已知的，而且对应每种风险管理方案的未来损失状态结果的概率事先是知道的。但是无论决策者采取哪种风险管理方案都会有一定的风险，决策准则只是要使这种潜在风险最小，或者使所选择的方案对应的期望损失最小。

2. 不确定型

这类情景表示的是所面临的未来损失不仅存在多种状态，而且这些状态出现的可能性是不知道的，或者发生的概率无法确定。

(二)风险型决策准则

风险型的决策一般使用期望值准则：先计算每种风险管理方案相应的期望损失，然后比较这些方案的期望损失的大小，最后选择期望损失最小的风险管理方案作为最佳方案(如表1—5所示)。

表 1—5　　风险型决策准则的目标

目　标	期望值准则
收益最大	期望收益最大
损失最小	期望损失最小

(三)不确定型决策准则

现实中我们所面临的风险主要是不确定型风险，因此不确定型决策准则尤其重要。下面介绍一些最为基本的不确定型决策准则。

1. 悲观法则(或称最大最小决策准则、瓦尔德决策法则)

该法则的基本思想是：决策者由于害怕决策失误造成较大损失，对客观情况总抱着比较悲观的态度，把结果估计得很不利、很保守。也就是说，“凡事从坏处着想，朝好处努力”，希望从中找到一个较好的方案，因此称为最大最小决策准则。

2. 乐观法则(或称最小最大决策准则)

与悲观法则相反，乐观法则的决策者比较乐观，凡事看到好的一面，然后尽量控制坏的结果，采取的是“大中取大”的最优决策法。

【例 1】　假设某企业的一间生产厂房有火灾隐患。由于厂房内是易燃物品，火灾的结果基本有两种可能：没有任何损失；全部损毁。风险经理正为管理这种火灾风险征集管理方案，最终获得了三种备选方案：(1)不采取任何风险管理措施，不购买火灾保险，也不安装灭火设施。这实际上是一种无计划的风险自留。(2)采取一些防火防损的安全措施，仍不购买保险。(3)购买保险但不采取其他安全防范措施。经分析，这三种方案具有如表 1—6 所示的损失状态和成本支出。那么，该风险经理会选择哪种方案？

表 1—6　　三种风险管理方案的成本与损失状态

方　案	可能结果(万元)	
	发生火灾的损失	不发生火灾的损失
(1)自留风险但不采取安全措施	可保损失 100 因未投保导致的间接损失 5 合计 105	0

续表

方　案	可能结果(万元)		
	发生火灾的损失		不发生火灾的损失
(2)自留风险且采取安全措施	可保损失 因未投保导致的间接损失 安全措施成本 合计	100 5 2 107	2
(3)购买保险	保费	3	3

由于没有给出火灾发生的概率,因此这种决策属于不确定型决策,可以采用不确定型决策准则。如果该风险经理处事谨慎,那么利用悲观决策法则较为合适。按照悲观法则,该风险经理从坏处着想,认为火灾会导致损失,也即厂房将处于全损状态,然后再选择使损失和控制风险的成本最小的管理方案。由表1—6可知,方案(1)、(2)、(3)的损失和控制风险的成本之和分别为105万元、107万元、3万元。风险经理将选择(3),即购买保险。实际上这也反映了一个一般规律,即保守的或风险厌恶型的人倾向于购买保险。

如果该风险经理是一个乐观派,遇事经常看到好的一面,那么采用乐观决策法则更为合适。按照乐观法则,该风险经理认为火灾不会发生,火灾损失将为零,然后再选择使损失和控制风险的成本最小的管理方案。由表1—6可知,当不发生火灾时,方案(1)、(2)、(3)的损失和控制风险的成本之和分别为0、2万元、3万元。因此乐观型的风险经理将选择方案(1),即不采取任何风险管理措施,一切顺其自然。现实中,乐观派很少主张买保险。

【例2】 在例1中如果我们事先知道三种方案的火灾发生概率,例如,方案(1)和方案(3)因火灾导致全损的概率均为3%,方案(2)的概率为0.5%(安全措施降低了火灾发生的频率),那么,该风险经理应如何选择呢?

在这样的环境和条件下的决策属于风险型决策,可以采用风险型决策法则选择管理方案,如使用最常用的期望值准则。首先分别计算出三种方案所对应的期望损失和成本,然后选择期望损失和成本最小的方案。容易获得:

方案(1)的期望损失为:105×3%+0×97%=3.15(万元);

方案(2)的期望损失为:107×0.5%+2×99.5%=2.525(万元);

方案(3)的期望损失为:3万元。

因此,按照期望值准则,方案(2)是最佳管理方案。

悲观法则和乐观法则给出了两种极端情形下的决策准则,对介于两者之间的决策者可使用其他折中的法则,如乐观系数法则、均等法则、遗憾法则等。

四、其他风险管理决策原理和方法

实践中还有许多风险管理决策的方法。

(一)现金流量分析法

现金流量分析法的基本思想来源于财务管理中的投资决策分析法。不同的风险管理方案将对应不同的收入现金流和支出现金流,从而对应不同的净现金流。对于一定的贴现率(贴现率的选择依赖于投资回报率、风险水平以及资金成本等因素),又将导致不同的净现值和内部收益率。决策的准则是:选择使净现值或内部收益率最大的风险管理方案。

（二）期望效用理论

这一理论和方法是经济学中的效用理论在风险管理中的直接应用。同样的损失水平对于不同企业的影响程度是不同的；不同的企业对于同样的收益水平的感受也是不同的。或者说，相同的收益和损失将给不同的企业带来不同的效用，因而会有不同的决策结果。不同的风险管理方案会带来不同的风险损失状态和收益水平，因而给企业带来不同的效用。企业决策者应选择使自身取得最大效用的风险管理方案。基于这一理论，风险厌恶型的决策者比风险偏好型的决策者更乐于购买保险。大多数人是风险厌恶型的，这也是商业保险得以生存和发展的原因。

（三）风险管理决策理论的最新发展

自 1961 年 Karl H. Borch 将 Von Neumann 和 Morgenstern 创立的期望效用理论引入保险经济学以来，各个保险领域的研究都是在期望效用理论框架下进行的。期望效用理论需要用到苛刻的假设条件，即假设保险人和被保险人的风险偏好满足"独立性公理"（即单个风险是相互独立的），保险人和被保险人的风险偏好是独立的，两者分别存在唯一效用函数或效用函数族。但是，随着人们对"独立性公理"的质疑，风险和不确定性决策理论在 20 世纪 80 年代又得到了突飞猛进的发展，人们先后建立了对偶理论（Yaari' Dual Theory）、预期效用理论（Anticipated Utility Theory）和序效用理论（Rank-dependent Utility Theory）。决策理论的发展与完善的重要贡献是使巨灾保险研究获得了突破，为解决巨灾风险保险相关问题提供了广阔的空间。

复习思考题

1. 以下的描述正确吗？为什么？

（1）风险就是危险。

（2）风险就是损失的不确定性。

2. 试就下列情形描述企业的直接损失和间接损失。

（1）一次爆炸事故导致企业一间主要的生产厂房坍塌。

（2）企业生产过程中有毒化学物质污染了邻近居民的生产和生活环境并引起了法律诉讼。

3. 阐述构成风险大小的主要方面。

4. 下面是某一企业仓库发生火灾的损失概率分布：

金额（元）	概率
0	0.9
500	0.06
1 000	0.03
10 000	0.008
50 000	0.001
100 000	0.001

（1）损失金额为正的概率是多少？

（2）损失额超过 1 000 元的概率是多少？

（3）如果发生损失，损失额为 1 000 元或大于 1 000 元的概率是多少？

（4）期望损失是多少？

(5)损失方差是多少?

5. 在题4中,如果企业准备购买保险,你认为保险费至少为多少?

6. 在题4中,假设该企业的资产只有10万元,你认为火灾损失是否会给企业造成严重影响?为什么?

7. 试比较分析保险与风险自留的优势和劣势。

8. 为什么说风险自留是不可避免的?

9. 列出飞机场应对飞机失事风险的损失预防和损失减少措施。驱赶鸟群是损失预防还是损失减少措施?

10. 什么是忧虑成本?它如何对风险管理决策产生影响?

11. 某仓储公司的财产保险是基于重置价值的,每一事故免赔额为5 000元,公司可以在仓储中安装自动喷洒头,初始成本为10 000元,喷洒头能维持5年(实际上能维持更长时间),每年的维护费用是1 000元,从安装之日起在头4年的每年年末支付。如果仓储公司安装了这种喷洒头,在5年中它可以在每年年末计税时,以折旧(非现金性支出)的形式从利润中扣减安装价格的1/5。如果没有这种喷洒头,公司相信自己每年为少于免赔额的损失支付的期望现金流大约是1 000元,保费每年为10 000元。安装这种喷洒头后,公司相信自己每年为少于免赔额的损失支付的期望现金流会降低到500元,保费每年为7 000元。对于这个决策,仓储公司的资本机会成本为10%。自留损失在每年年末支付,可以从纳税收入中扣减。保费在每年年初支付,在支付时也可以从纳税收入中扣减,税率为34%。仓储公司是否应该安装这种喷洒头?(通过计算安装喷洒头项目的净现值来支持你的答案。)

12. 假设某企业对一生产工地因火灾和偷盗而遭受经济损失的风险拟订了4套管理方案。对应每种管理方案,风险损失都为三种概率不变的状态,其损失值分布如下表所示:

状态 / 概率 / 损失值 / 方案	N_1	N_2	N_n
	20%	50%	30%
S_1	2	6	7
S_2	0	5	11
S_3	1	9	3
S_4	5	3	6

试利用期望决策准则确定最佳的管理方案。

第二章

保险概述

第一节　保险的要素和特征

一、保险的定义

现代保险的含义可以从两个方面来诠释。一是从经济的角度来诠释：保险是一种经济补偿制度，是分摊意外事故损失的一种财务安排。保险集合了大量同质的风险，运用概率论和大数法则，正确估算损失概率和损失金额，并据此确定保险费率，通过向投保人收取保险费，建立保险基金，用以补偿被保险人所遭受的损失。二是从法律的角度来诠释：保险是一种合同行为，保险经济关系是通过保险双方订立保险合同来确立的。根据保险合同的约定，投保人承担交付保险费的义务，保险人在保险事故发生时履行保险赔偿或给付的义务。

《中华人民共和国保险法》（以下简称《保险法》）第二条将保险定义为："本法所称保险，是指投保人根据合同约定，向保险人支付保险费，保险人对于合同约定的可能发生的事故因其发生所造成的财产损失承担赔偿保险金责任，或者当被保险人死亡、伤残、疾病或者达到合同约定的年龄、期限时承担给付保险金责任的商业保险行为。"

二、保险的要素

保险的要素是进行保险经济活动应具备的基本条件。现代商业保险的要素包括可保风险的存在、大量同质风险的集合与分散、保险费率的厘定、保险基金的建立和保险合同的订立。

（一）可保风险的存在

可保风险是指符合保险人承保条件的风险。构成可保风险的条件有以下几个方面：

1. 风险必须是大量的、同质的

大量的、同质的风险要求大量性质相近、价值相近的保险标的面临同样的风险，保险公司可以根据保险统计数据，运用概率论和大数法则预测损失的概率，准确地厘定保险费率。

2. 风险发生具有不确定性

风险的不确定性要求被保险人在投保时不知道风险将来是否一定会发生，更不知道风险发生后会造成多大的损失。如果风险的发生是预知的，其造成的损失也是事先可以确定的，则不能成为可保风险。

3. 风险不能使大量同类标的同时遭受损失

虽然可保风险必须是大量的，而且大量同类标的均有遭受损失的可能，但是大量同类标的的不能同时发生损失，否则损失幅度过于巨大，使保险公司在财务上无力承受，保险损失分摊的职能也就无法履行。

4. 风险必须具有可预测性

保险的经营依赖于费率的准确厘定，而费率厘定的依据是风险发生的概率以及风险导致标的损失的概率，风险的可预测性使保险公司根据以往长期大量的损失统计资料，预测损失发生的概率，从而合理、准确地厘定费率。

(二)大量同质风险的集合与分散

保险的经营过程实质上是风险的集合与分散的过程。保险人通过保险将众多投保人所面临的分散性风险集合起来，当保险责任范围内的损失发生时，又将少数人发生的风险损失由全体投保人共同分摊。保险风险的集合与分散应具备以下两个前提条件：

1. 大量风险的集合

保险不是保险人个人的善举，而是众多投保人的互助行为。保险人实现互助的方法是集合多数人的保费，补偿少数人的损失。因此大量风险的集合，一方面是基于风险分散的技术要求，另一方面是概率论和大数法则在保险经营中得以运用的前提。

2. 同质风险的集合

同质风险是指在种类、品质、性能、价值等方面大体相近的风险单位。只有集合大量同质的风险，才能真正发挥保险的互助合作性。如果风险不同质，风险损失发生的概率就不相同，风险无法进行集合与分散，如果对不同质风险进行集合与分散，就会影响保险公司的稳健经营。

(三)保险费率的厘定

作为保险人承担投保人风险的代价，投保人必须向保险人支付保险费。保险人收取的保险费不是凭主观意愿随便收取的，而是根据损失概率和损失程度确定的保险费率计收的。保险人依据历史的损失统计资料，运用大数法则，比较精确地预测损失发生的概率和损失程度，从而确定损失的大小。这种科学的方法能使保险人收取的保险费与保险人承担的赔偿责任相一致，体现保险费的公平合理。为了防止各保险公司间保险费率的恶性竞争，一些国家规定由保险同业公会厘定保险费率，或者由国家保险监管机构审定保险费率。

(四)保险基金的建立

保险人将收取的保险费集合起来，建立保险基金，并加以妥善管理和运用，作为保险人履行赔偿或给付义务的准备。保险基金是保险赔偿和给付的基础，也是保险公司财务稳定的经济基础。

(五)保险合同的订立

保险是投保人与保险人之间的商品交换关系，这种经济关系需要有关法律关系对其进行保护和约束，即通过订立保险合同明确双方的权利和义务，并依照保险合同的规定履行各自的权利和义务，否则保险经济关系难以成立。

三、保险的特征

保险作为一种对付风险的经济补偿制度，其功能和做法上与救济、赌博、储蓄等经济活动和行为有相似之处，但是它们之间也存在本质的区别，这也是保险的特征所在。

(一)保险与救济

保险与救济都是对灾害事故造成的损失给予补偿的经济制度，但是两者在经营主体、保障对象和资金来源上有着明显的不同。

(1)保险提供保障的主体是商业保险公司;救济则以国家为主体,是一种社会行为。

(2)保险的保障对象是满足承保条件的特定的被保险人;社会救济的对象主要是无力谋生的老、弱、病、残等社会弱势群体。

(3)保险是双方的法律行为,按照保险合同的规定,投保人交付保险费,保险人履行赔偿或者给付保险金的义务。所以保险赔偿或者给付的范围、金额和对象都受保险合同的约束,并受到法律的保护。而救济是单方面的法律行为,是救济者对受害者的无偿赠与,没有法律上的义务。因此,救济的形式、数额和对象都不受任何限制。

(二)保险与赌博

从表面上看,保险与赌博在金钱上的得失同样取决于偶然事件的发生与否,有相似之处。被保险人缴付的保险费与其获得的赔偿并不保持等价交换关系,有赖于偶然因素。比如,有的被保险人长年缴付保险费而没有得到一点赔偿,似乎吃了亏;而个别被保险人刚缴付保费就获得巨额赔偿,碰了好运气。其实,这只是从单个被保险人角度来看的结果,保险费和保险金是不相等的,确实存在一定的偶然性;但是从保险的整体来看,保险费和保险金是一致的,保险与赌博在事实上有着本质区别。

(1)保险的目的在于通过被保险人的互助共济,减少灾害事故造成的损失,被保险人只能获得损失补偿,不能因保险额外获利;而赌博的目的在于侥幸获利,以小博大。

(2)保险以被保险人对保险标的具有保险利益为前提条件,要求保险标的受损必须与被保险人的经济利益有直接关系;而赌博是个人意愿,没有保险利益要求。

(3)保险的数理基础是概率论和大数法则,保险费是依照科学的方法合理计算出来的,从理论上讲,保险费的收取和保险金的支付是相等的;而赌博完全依靠偶然机会,是冒险碰运气的行为。

(4)保险是转移和减少纯粹风险的一种办法,而赌博则会产生和增加新的投机性风险。

(三)保险与储蓄

保险与储蓄都体现了有备无患的思想,在保障经济生活的安定方面是相似的,尤其是人寿保险中的生存保险和年金保险,带有长期储蓄的性质,但是两者构成的方法和作用不完全相同。

(1)储蓄是一种个人自助行为,储蓄者依靠自己个人的本息累积增值;而保险是一种互助合作的行为,必须依靠多数投保单位和个人的互助共济才能实现,体现了"我为人人,人人为我"的保险宗旨。

(2)储蓄采取存取自由的原则;而保险是一种合同行为,除非投保人中途退保领取退保金,否则保险人只有在保险事故发生时或保险期满时才支付保险金。

(3)储蓄是自留风险行为;而保险却实现了风险的转移,投保人通过交付保险费的方式将风险转移给了保险公司。

(4)储蓄的用途很广,既可以作为灾害事故的损失补偿,也可以用作教育费、养老金等支出;保险金的用途一般是特定的,仅用于保险责任范围内的损失补偿和保险事件出现时的保险金给付。

通过保险与救济、赌博、储蓄的比较,可以看出,保险具有以下五个特征:

1. 经济性

保险是一种经济保障活动。保险经济保障活动是整个国民经济活动的一个有机组成部分,其保障的对象是财产和人身,它们直接或间接属于社会生产中的生产资料和劳动力两大经济要素；其保障的手段都以货币的形式进行补偿或给付。

2. 商品性

在商品经济条件下，保险是一种特殊的服务性商品，体现了投保人和保险人之间的一种交换的商品经济关系。

3. 互助性

保险是通过保险人向众多投保人收取保险费，建立保险基金，应对少数被保险人面临的风险损失，体现了其“一人为众，众为一人”的互助特征。

4. 法律性

从法律角度看，保险是一种合同行为。保险合同是保险双方建立保险关系的形式，也是保险双方当事人履行权利和义务的法律依据。

5. 科学性

现代保险以大数法则和概率论等科学的数理理论为基础，保险费率的厘定和保险准备金的计提都是建立在科学精算基础上的。

第二节　保险的职能和作用

一、保险的职能

保险的职能是指保险的内在固有的功能，它是由保险的本质和内容决定的。保险的职能有基本职能和派生职能之分。

(一)保险的基本职能

保险的基本职能是指保险在一切经济条件下均具有的职能。保险的基本职能是分担风险和补偿损失，这两个职能是相辅相成的，补偿损失是保险的最终目的，分担风险是保险处理风险事故的技术方法，是补偿损失的一种手段。分担风险和补偿损失的关系体现了保险机制运行过程中手段和目的的统一。

1. 分担风险

保险公司通过向众多的投保人收取保险费来建立保险基金，当少数被保险人遭受损失时，用保险基金进行补偿。也就是说，少数人面临的风险通过保险的风险集合与分散，由大家共同分担，从整体上提高了人们对风险的承受能力。

2. 补偿损失

补偿损失是保险最根本的职能。当保险责任范围内的保险事故发生造成损失时，保险人按照保险合同的规定，及时、准确、迅速、合理地进行损失补偿。这种补偿既包括对被保险人因自然灾害或意外事故造成的经济损失的补偿，也包括对被保险人依法应对第三者承担的经济赔偿责任的补偿，还包括对商业信用中违约行为造成的经济损失的补偿。因此，补偿损失职能主要就财产和责任保险而言。

对于人身保险，由于人的生命和身体的价值难以用货币来计价，在保险合同约定的保险事故发生或者达到约定的年龄或期限时，保险人按约定的保额进行保险金给付。因此，人身保险的损失补偿一般称为保险金给付。

(二)保险的派生职能

保险的派生职能是在保险固有的基本职能的基础上，随着社会生产力的发展和保险分配关系的发展而产生的。保险的派生职能有风险管理职能、投资职能和社会管理职能。

1. 风险管理职能

保险企业作为集合与分散风险的专业管理机构,其自身的特点决定了在业务经营过程中所面临的风险远远大于其他企业。从自身经营的稳定性出发,风险管理成了保险的一个重要的派生职能。许多保险公司非常重视风险管理,设置了风险管理专职部门或机构,专门从事风险评估、损失控制、事故调查、灾损分析和防灾培训等工作。随着保险业的发展和保险市场竞争的不断加剧,保险公司承保的标的越来越复杂,承保的保额越来越高,承保的范围越来越广,许多保险公司不断加大投资规模,招募专业技术人才,配备精良的仪器设备,努力通过高水平的风险管理工作来保障业务经营的稳定和发展。越来越多的投保人在投保时不仅要比较保险公司提出的保险费率和保险计划书,而且还要把保险公司能够提供哪些安全技术服务作为是否投保的考虑条件。由此看来,完善的风险管理和高水平的安全技术服务逐渐成为一项新的保险业务竞争手段。

2. 投资职能

保险费收取与保险金赔付之间存在的时间差和数量差,为保险投资提供了可能。为了保证将来保险金的赔付和增强保险公司的偿付能力,保险公司必须对保险资金进行投资运作并保证保险资金的保值与增值。因此,保险投资是保险公司又一重要的派生职能。随着保险承保能力日趋过剩、保险竞争日益加剧以及资本市场的不断完善,保险投资不仅是推动保险业前进的车轮,也是弥补承保业务亏损、维持保险业继续经营的生命线。因此,保险投资与保险业的发展已经融为一体,承保业务和投资业务的并驾齐驱已成为保险业发展的一种潮流。在西方资本市场上,保险公司尤其是人寿保险公司既是中长期资金的主要供应者,又是重要的机构投资者。保险投资管理水平的高低已成为保险市场竞争的强有力的手段。

3. 社会管理职能

保险的社会管理职能不同于国家对社会的直接管理,它是通过保险内在的特性,促进经济社会的协调以及社会各领域的正常运转和有序发展。保险的社会管理职能是在保险业逐步发展成熟并在社会发展中的地位不断提高之后衍生出来的一项职能。保险的社会管理职能具体体现在社会保障管理、社会风险管理、社会关系管理、社会信用管理四个方面。

(1)社会保障管理。商业保险是社会保障体系的重要组成部分,在完善社会保障体系方面发挥着重要作用。商业保险一方面可以扩大社会保障的覆盖面,另一方面可以提高社会保障的水平,缓解政府在社会保障方面的压力,为维护社会稳定和保障人民安居乐业作出积极的贡献。

(2)社会风险管理。保险公司利用积累的风险损失资料和专业的风险管理技术,为全社会风险管理提供有力的支持。同时,保险公司还可以直接配合公安消防、交通安全、防汛防洪等部门,实现对风险的控制和管理。

(3)社会关系管理。保险公司介入灾害事故处理的全过程,可以提高事故处理效率,减少当事人可能出现的各种纠纷,为维护政府、企业和个人之间正常有序的社会关系创造有利条件,减少社会摩擦,提高社会运行的效率。

(4)社会信用管理。最大诚信原则是保险经营的基本原则,保险公司经营的产品实际上是一种以信用为基础、以法律为保障的承诺,在培养和增强社会的诚信意识方面具有潜移默化的作用。同时,保险公司经营过程中可以收集企业和个人的履约行为记录,为社会信用体系的建立和管理提供重要的信息资料来源,实现社会信用资源的共享。

二、保险的作用

保险的作用和保险的职能是两个既互相区别又互相联系的概念。保险的作用是保险职能在履行过程中的具体体现。保险的作用主要表现在宏观和微观两个方面。

(一)保险的宏观作用

保险的宏观作用是指保险对全社会以及国民经济在总体上所产生的经济效益。

1. 有利于保障社会再生产的正常进行和国民经济的持续稳定发展

社会再生产过程由生产、分配、交换和消费四个环节组成,它们在时间上是连续的,在空间上是均衡的。但是,再生产过程的这种连续性和均衡性难免会因遭受各种灾害事故而被迫中断和失衡。保险的经济补偿能及时迅速地帮助受灾单位尽快恢复正常的生产经营,保证社会再生产过程的连续性和稳定性,保证国民经济向既定目标持续、稳定、健康地发展。

2. 有利于科学技术的推广与应用

科技进步已成为经济发展中最重要的推动力,但是任何一项科学技术的产生和应用,不仅可以带来巨大的物质财富,而且还会带来新的风险。保险为科学技术推广和应用在遭受风险事故时提供经济保障,加快了新技术的开发运用。比如,航空航天技术的应用,如果没有飞机保险、卫星保险,其生产和经营各方面都将受到很大的限制。

3. 有利于对外经济贸易和国际交往,促进国际收支平衡

保险是对外经济贸易和国际经济交往中必不可少的环节。保险业务尤其是涉外保险业务的发展,不仅可以有力地促进对外经济贸易,使国际经济交往得到保障,而且可以带来巨额的无形贸易净收入,成为国家积累外汇资金的重要来源,对平衡一国的国际收支起着积极的作用。

4. 有利于社会的安定

对社会总体来说,灾害事故的发生具有必然性。保险通过分散风险和及时的经济补偿,解除了人们的后顾之忧,为稳定社会秩序、安定人民生活起到了积极的作用。

(二)保险的微观作用

保险的微观作用是指保险作为经济单位、家庭和个人风险管理的财务处理手段所产生的经济效益。

1. 有利于企业及时恢复生产经营

无论何种性质的企业,在生产经营和流通过程中,都可能遭受自然灾害和意外事故的损害而造成经济损失,其中重大的损失甚至会影响企业的正常运转。企业如果参加了保险,一旦遭遇保险责任范围内的保险事故造成损失,就可以按照保险合同规定,及时取得赔偿,迅速恢复生产经营,保证企业生产和流通连续不断地进行。此外,保险还有利于企业加强财务管理和风险管理,促进企业间的公平竞争。

2. 有利于安定人民生活

保险公司通过向社会成员提供家庭财产保险,当被保险人遭受各种自然灾害或意外事故时,保险公司及时的经济补偿可以帮助被保险人重建家园,安定被保险人的生活。保险公司通过向社会成员提供的人寿保险、人身意外伤害保险、健康保险等人身保险险种,一方面解除了被保险人的后顾之忧,让被保险人安心工作和生活;另一方面在被保险人发生衰老、伤残、疾病、死亡等保险事故后,被保险人或其受益人可以从保险公司领取一笔保险金,以保证家庭生活的稳定。

3. 有利于促进个人或家庭消费的均衡

保险,尤其是人身保险,不是对已经存在的社会财富损失的补偿,更多的则是体现了储蓄的性质,即将现在的财富积累下来以满足未来经济上的需要;但是人身保险的定期交费和按照合同规定给付保险金,使得人身保险比储蓄更好地解决了收入与消费之间的不均衡问题。因为人的收入在整个生命周期内波动幅度是比较大的,一般在青壮年时期收入最高,而人的一生都需要消费,为了保证年老时不因各种人身风险而影响个人和家庭的消费,就必须在年轻时利用收入的一部分交付保险费,购买养老金保险和其他人寿保险以及健康保险,在年老、伤残、患病时从保险公司领取保险金,从而实现个人和家庭消费的均衡。

4. 有利于提高企业和个人的信用

在市场经济条件下,企业和个人都有遭受责任风险和信用风险的可能。通过购买责任保险或信用保证保险,可以提高企业和个人的履约能力和信用,进而改善融资条件。

第三节 保险的分类

随着社会生产发展和科技进步,人们的保险需求不断扩张,保险险种也日益丰富。根据不同的分类标准,保险可分为以下不同类型。

一、按保险政策分类

按照保险政策分类,保险可以分为法定保险和自愿保险、社会保险和商业保险、普通保险和政策保险。

(一)法定保险和自愿保险

法定保险又称强制保险,是国家对一定的对象以法律、法令或条例规定其必须投保的一种保险。法定保险的保险关系产生于国家法律的强制性,而不是投保人与保险人之间的合同行为。法定保险的实施方式有两种:一是保险对象与保险人均由法律限定;二是保险对象由法律限定,但是保险人可以由投保人自己选择。目前,国内实行的法定保险有社会保险、汽车第三者责任保险。

自愿保险又称为任意保险,是指保险双方当事人通过签订保险合同,或者需要保险保障的人自愿组合、实施的一种保险。自愿保险的保险关系产生于投保人与保险人在自愿基础上订立的保险合同关系。投保人可以自行决定是否投保、向谁投保、中途退保,也可以自由选择保障范围、保险期限和保障程度。当然,保险人也可以自愿决定承保还是拒保,如果承保,采用正常承保还是条件承保。

(二)社会保险和商业保险

社会保险是国家通过立法,以保险的形式,对劳动者因年老、疾病、伤残、死亡、生育、丧失劳动能力和失业时引起的生活困难给予补偿的一种经济制度。社会保险本质上是一种社会保障制度,它与社会福利、社会救济、社会优抚共同组成了社会保障体系,被称为稳定社会的"安全网"。社会保险的主要项目分为养老保险、医疗保险、生育保险、工伤保险和失业保险。社会保险具有强制性、互济互助性、保障对象的特定性、保障水平的基本性等特点。

商业保险是指投保人根据合同约定,向保险人支付保险费,保险人对于合同约定的可能发生的事故因其发生所造成的财产损失承担赔偿保险金责任,或者当被保险人死亡、伤残、疾病或者达到合同约定的年龄、期限时承担给付保险金责任的商业保险行为。商业保险以大数法则和概率统计为数理基础，运用保险精算技术和方法，实现风险的集中与分散。商业保险具有营利性、个体平等性和自愿性的特点。

（三）普通保险和政策保险

普通保险是基于个人或经济单位风险保障的需要，经过自由选择而形成保险关系的一种保险。如家庭财产保险、企业财产保险、个人寿险、团体寿险等。

政策保险是国家为了政策上的目的，运用普通保险的技术而开办的一种保险。如社会保险、农业保险、进出口信用保险和存款保险等。

二、按业务承保方式分类

按业务承保方式分类，保险可分为原保险、再保险、重复保险和共同保险。

（一）原保险

原保险是指投保人与保险人直接签订保险合同而建立保险关系的一种保险。在原保险关系中，投保人将风险转移给保险人，当保险标的遭遇到保险责任范围内的事故造成损失时，或者当被保险人死亡、伤残、疾病或者达到合同约定的年龄、期限时，由保险人直接对被保险人承担赔偿或给付责任。

（二）再保险

再保险是保险人将其承担的保险责任以分保形式部分地转移给其他保险人的一种保险。再保险反映的是原保险人与再保险人之间的关系，体现了风险的纵向分担。再保险的目的为：一是扩大承保能力，增加保险业务量；二是控制保险责任，保证经营稳定。由此可见，原保险是再保险的基础和前提，再保险是原保险的后盾和支柱。在保险实务中，原保险人又称为分出公司，接受再保险业务的保险人称为分入公司或再保险人。由于保险人对再保险的需求往往会超越国界，需要在国际保险市场和再保险市场上寻求再保险保障，因此，再保险是保险业中最具国际化的保险业务，也是应对全球性巨灾事故的一种风险管理方法。

（三）重复保险

重复保险是指投保人对同一保险标的、同一保险利益、同一保险事故分别向两个以上保险人订立保险合同，而且总的保险金额超过保险标的物的保险价值的保险。在财产保险中，重复保险的投保人应该将重复保险的有关情况通知各保险人。当保险事故发生时，各保险人的赔偿金额总和不得超过保险价值。除合同另有约定外，各保险人按照其保险金额与保险金额总和的比例承担赔偿责任。在人身保险中允许投保人重复保险，而且在保险事故发生时，各保险人都必须定额给付，不得有所增减。

（四）共同保险

共同保险在财产保险和健康保险中含义不完全相同。在财产保险业务中，共同保险是指保险人对同一保险标的、同一保险利益、同一保险事故与两个或者两个以上保险人订立同一个保险合同的保险。共同保险反映的是各保险人与投保人之间的直接的法律关系，体现了风险的横向分担，当保险事故发生时，由各保险人对自己承担的风险履行赔偿责任。

在健康保险业务中，共同保险是指保险人和被保险人共同分担保险标的的损失。例如，医疗保险规定，被保险人自负20％的医疗费用，保险公司负责报销其余80％的医疗费用。

三、按风险管理的对象分类

按风险管理的对象分类，保险业务可分为财产保险、人身保险、责任保险和信用保险。

（一）财产保险

财产保险是保险人对被保险人的财产及其有关利益在发生保险责任范围内的灾害事故而遭受经济损失时给予补偿的保险。财产保险中的财产既包括一切动产、不动产、固定的或流动的财产以及在制的或制成的有形财产，还包括运费、预期利润等无形财产。

（二）人身保险

人身保险是以人的身体或生命作为保险标的，当被保险人在保险期内发生死亡、伤残、疾病、年老等保险事故或者生存至保险合同约定年龄或期限时，由保险人向被保险人或者指定的受益人给付保险金的保险。

（三）责任保险

责任保险是以被保险人对第三者依法应负的民事赔偿责任为保险标的的保险。责任保险承保的民事责任主要包括侵权的民事责任（即侵权责任）和违反合同的民事责任（即合同责任或违约责任）。

（四）信用保险

信用保险是指权利人向保险人投保债务人的信用风险的一种保险，当债务人不履行义务时，由保险人承担赔偿责任。

四、按经营主体分类

按经营主体分类，保险可分为国营保险和私营保险。

（一）国营保险

国营保险是由国家或政府投资设立的保险经营组织经营的保险。国营保险既可以由政府机构直接经营，也可以通过国家法规或法令要求规定由某个团体来经营。在西方国家，对于社会保险、政治风险保险、犯罪保险、罢工险以及一些私营保险公司不愿承保的巨灾风险，如地震保险、洪水保险等，往往由国营保险经营。国有独资保险公司是一种典型的国营保险组织形式。在我国，中国人民保险公司、中国人寿保险公司、中国再保险公司等属于国有独资保险公司。

（二）私营保险

私营保险是指由私人投资设立的保险经营组织经营的保险。在保险业发达的国家，90％的保险经营组织是私营保险组织。私营保险的组织形式有股份保险公司、相互保险公司、保险合作社和个人经营的保险。股份有限公司和相互保险公司是两种典型的私营保险组织，其中，保险股份有限责任公司是现代保险公司制度下最典型的一种组织形式。

五、按保险经营性质分类

按保险经营性质分类，保险分为营利保险和非营利保险。

（一）营利保险

营利保险是指保险组织以追求利润为目的而经营的保险。保险经营者按照利润最大化原则开展保险业务。商业保险都是营利保险。

（二）非营利保险

非营利保险是不以营利为目的的保险业务的统称，主要由非营利机构经营。按照经营主体的不同，非营利保险可分为社会保险、政策保险、相互保险和合作保险。

第四节 保险基金

从社会总生产的分配和社会生产持续进行的角度看，保险是经济保障的一种形式，保险基金是补偿灾害事故损失的一种资金后备，是社会后备基金的一种形式，有着独特的运动规律。

一、社会后备基金的形式

社会后备基金是指国民收入中用于防止社会再生产过程的中断、保持国民经济的平衡以及应付意外事件、自然灾害等而储备的资金，包括使用价值形态的物资后备和价值形态的货币后备。社会后备基金可以划分为各种保障形式的后备基金。

（一）集中形式的后备基金

集中形式的后备基金是国家通过财政预算对国民收入再分配实现的，并且由国家管理和支配的实物形态和货币形态的后备基金。集中形式的后备基金是通过税收等非保险的方法筹集，不能随便动用，不能对个别单位和个人遭受的灾害事故损失进行经济补偿，专门用于应付意外支出和国民经济计划执行中的特殊需要，如特大自然灾害的救济、外敌入侵、国民经济计划的失误等。

（二）互助形式的后备基金

互助形式的后备基金是由一些具有共同要求和面临同样风险的人自愿组织起来，以预缴损失补偿分摊金的方式建立起来的一种后备基金。如古埃及建造金字塔时石匠中的互助基金组织。

（三）保险形式的后备基金

保险形式的后备基金简称保险基金，由保险公司和其他保险组织，通过向参加保险的单位和个人收取保险费的办法建立的专门用于补偿被保险人遭受灾害事故的损失或满足被保险人给付要求的货币形态的后备基金。

（四）自保形式的后备基金

自保形式的后备基金是由企业或经济组织为保证经营过程的连续性和稳定性而建立的自行弥补损失的一种后备基金，有货币形态和实物形态两种。自保形式的后备基金具有自主性和灵活性的特点，但是在当今社会化大生产条件下，一个经济单位若完全采用这种基金来应付企业所面临的风险是不科学的，也不能达到有效补偿的目的。这是因为：一是基金积累规模受到企业自身财力的限制，不足以应付较大灾害事故，尤其是巨灾事故造成的损失；二是风险事故发生的不确定性使个别企业无法在微观上把握其规律，使后备基金不能体现大数法则而失去科学性和稳定性。由此可见，自保形式的后备基金只适合小额损失补偿。目前，在国际上，自保形式的后备基金的主要组织形式是专业自保公司。

（五）社会保障形式的后备基金

社会保障形式的后备基金是指由国家为保障生活有困难的社会成员的基本生活需要，采用法律强制手段通过国民收入的分配和再分配形成的一种消费基金。社会保障形式的后备基金主要用于社会保险、社会福利和社会救济等方面的支出，具有强制性、社会性和保障的基本性等特点。

二、保险基金的运动规律

保险基金是社会后备基金的重要形式，体现了保险人和投保人之间的以等价交换为原则的商品经济关系。保险基金的运动有别于财政基金和信贷基金，它是一种根据保险合同有条件返还的基金。保险基金的运动大体上经过以下三个阶段。

（一）保险费收取

保险费率即保险商品的价格，是保险人向投保人收取保险费的依据，也是保险人承担赔偿和给付责任的费用代价。保险精算人员依据不同风险单位和保险公司的业务费用支出厘定保险费率。例如，在财产保险中，精算师根据灾害事故发生的概率来厘定费率；在人寿保险中，精算师根据预定的死亡率、预定的利息率和预定的营业费用率来厘定费率，然后再向投保的单位和个人收取保险费，将社会上分散的各投保单位和个人缴付的少量保险费汇集成数额可观的保险基金。保险费收取是保险基金运动的第一个阶段。

（二）准备金的积累和投资运用

保险费是预付的，保险赔偿或给付责任要在整个保险期限内履行，加上保险责任范围内的自然灾害和意外事故发生的随机性、历年赔付率的波动性和巨灾损失的可能性等因素，保险公司要提存各种准备金。由于保险费收取与赔偿或给付之间存在着时间差和数量差，保险公司将暂时闲置的大量准备金进行投资运用，使它不断增值，以保证将来保险金的赔付，增强保险公司的偿付能力，促进保险业务的持续稳定发展。因此，准备金的积累和投资运用是保险基金运动的重要一环，也是保险基本职能实现的重要保证。

（三）经济补偿或给付

经济补偿或给付是保险基金运动的终点，也是保险基本职能的体现。当保险责任范围内的保险事故造成财产损失或者被保险人因死亡、伤残、疾病或达到了保险合同约定的年龄、期限时，保险人要承担经济补偿或给付的责任。由此可见，经济补偿或给付体现了保险基金的返还性，但它是一种以经济补偿或给付为目的的有条件的返还。

三、保险基金的特点

（一）社会性

保险是通过收取保险费的方式集中社会上的分散资金建立保险基金，当保险责任范围内的自然灾害和意外事故造成损失时给予经济补偿的一种经济保障制度，风险通过这种经济保险制度在全社会范围内分散。因此，保险责任准备金主要来源于社会上不同保户缴纳的保险费，具有广泛的社会性，成为全社会共同的应变后备资金，属于全社会共同利益的一部分。对这部分资金的运用也要体现社会性原则，做到取之于民、用之于民。

（二）增值性

在保险经营过程中，一方面，由于保险责任范围内的自然灾害和意外事故发生具有随机性，从某一时点来看，保险费的收取不会立即用于保险金的赔偿或给付，两者之间存在着时间差；另一方面，保险责任范围内的自然灾害和意外事故造成的损失程度具有不同的预计性，因此从某一时点来看，收取保险费的总额不可能正好等于赔偿或给付数量的总额，两者之间存在着数量差。由于时间差和数量差的存在，使保险公司的一部分资金沉淀下来成为闲置资金。为保证将来保险金的赔付，这部分闲置资金具有保值和增值的内在要求，保险公司可通过保险投资来实现这种内在要求。

（三）返还性

为了保证保险公司履行经济补偿或给付的义务，确保保险公司的偿付能力，保险公司应按规定从保费收入中提存各种准备金。这些准备金是保险公司的负债，它是以将来保险事故的发生为契机，随时用于偿付给被保险人的资金。由于保险经营的负债性，保险基金是一种返还性的基金。

四、保险准备金

保险基金是保险公司赔偿和给付的基础，从保险公司财务管理的角度看，保险基金的主要形式是保险准备金。保险准备金有法定责任准备金和任意准备金两种，不论何种形式的准备金，在保险公司的资产负债表上都表现为保险公司的负债。

(一)法定责任准备金

法定责任准备金是指保险企业依据法律的规定从当年的保费收入中计提，用于将来保险金赔付的资金。我国《保险法》规定，保险公司应当根据保障被保险人利益、保证偿付能力的原则，提取各种责任准备金。法定责任准备金有未到期责任准备金、未决赔款准备金、法定公积金和保险保障基金。

1. 未到期责任准备金

由于保费的收取总是早于未来义务的履行，加之保险年度与会计核算年度不吻合，对会计核算年度内收取的保费不能全部作为当年收入处理，而应按权责发生制原则将部分保费以责任准备金的方式提存起来，作为未来履行赔偿或给付责任的资金准备，这种资金准备称为未到期责任准备金。

未到期责任准备金是保险公司资产负债表中的一个重要科目，分为产险未到期责任准备金和寿险未到期责任准备金。虽然产险未到期责任准备金和寿险未到期责任准备金提存的目的都是为了履行下一年度和以后年度保险公司的未了责任，但是由于财产保险和人寿保险本身的特性决定了产险未到期责任准备金和寿险未到期责任准备金各自的特殊性。

财产保险属于补偿性的保险业务，承保财产及有关利益因各种自然灾害和意外事故所造成的损失。财产保险的保险期限较短，一般不超过一年，保费采用趸缴或续保缴付方式，因此产险的未到期责任准备金一般表现为短期备用状态，只能做一些短期投资，而且在投资中对资金的流动性要求比较高。

人寿保险是以被保险人的生命作为保险标的的定额保险。由于人寿保险承保的是被保险人的生、老、病、死这一自然规律，保险期限很长，使寿险未到期责任准备金处于长期备用状态，可做一些中长期的保险投资，尤其可以投资于流动性较差的不动产。

正因为产险未到期责任准备金和寿险未到期责任准备金各自的特殊性，保险企业对准备金管理要实行专项管理、独立核算，这也是世界各国对产险和寿险业务分业经营的主要原因。即使是一些综合性保险公司，对产险和寿险责任准备金也都是分立账户、专项管理、独立核算、互不调剂，以真正保障被保险人的利益。

2. 未决赔款准备金

未决赔款准备金是用于赔付所有已经发生但尚未赔付的损失金额，它包括两种情况：已经报告但尚未支付的索赔和已经发生但尚未报告的索赔。为准确核算保险公司当年的损益，应根据已报告未决赔款和已发生但尚未报告未决赔款的预计数以提存未决赔款准备金的方式从当年保费收入中扣除，保证以后年度这部分赔款的资金需要。因此，未决赔款准备金包括已报告未决赔款准备金和已发生未报告未决赔款准备金(即 INBR 准备金)两种。

由于财产保险的承保风险发生的随机性很大，未决赔款准备金成了财产保险资产负债表中的最大负债，而非产险的未到期责任准备金。人寿保险承保的风险小而且分散，再加上费率的厘定和准备金提存都建立在科学的精算基础上，有一套规范和系统的计算方法，这在很大程度上决定了人寿保险的未到期责任准备金是保险负债中最大的负债，而未决赔款准备金相对较小。

3. 法定公积金

保险公积金是指保险公司为满足保险经营业务的发展需要而保留的盈余，它由资本公积金和盈余公积金两部分构成，是保单所有者权益的重要组成部分。根据《保险法》的规定：保险公司分配当年税后利润时，应当依法提取法定公积金。保险公司的公积金用于弥补保险公司的亏损、扩大保险公司业务规模经营或转为增加公司的资本金。

4. 保险保障基金

为了保障被保险人的利益、支持保险公司稳健经营，保险公司应根据保险监管机构的规定提存保险保障基金，用于抵付破产、资不抵债的保险公司保单项下应履行的义务。从国际保险市场来看，保险保障基金的筹集方法有两种：一种是事先筹集，即按保险法律法规规定各家保险公司从每年保费收入中按一定比例提存，交给保险监管机构集中管理，统筹使用；另一种是事后筹集，即发生破产事故后，由保险市场上其他所有保险公司按比例分摊破产保险公司应赔偿或给付给被保险人的债务。

根据《保险保障基金管理办法》第十四条规定，对经营的财产保险业务或者人身保险业务缴纳保险保障基金；缴纳保险保障基金的保险业务纳入保险保障基金救助范围。

(1)非投资型财产保险按照保费收入的0.8%缴纳；投资型财产保险，有保证收益的，按照业务收入的0.08%缴纳，无保证收益的，按照业务收入的0.05%缴纳。

(2)有保证收益的人寿保险按照业务收入的0.15%缴纳；无保证收益的人寿保险按照业务收入的0.05%缴纳；

(3)短期健康保险按照保费收入的0.8%缴纳；长期健康保险按照保费收入的0.15%缴纳。

(4)非投资型意外伤害保险按照保费收入的0.8%缴纳；投资型意外伤害保险，有保证收益的，按照业务收入的0.08%缴纳，无保证收益的，按照业务收入的0.05%缴纳。

(二)任意准备金

任意准备金是保险公司根据自身的特殊需要从当年的税后利润中计提的资金。任意准备金有任意公积金和总准备金两种。

1. 任意公积金

盈余公积金包括法定公积金和任意公积金，都是在税后利润中提取的。保险公司在税后利润中提取法定公积金后，经股东会议决议，可以提取任意公积金。

2. 总准备金

总准备金又称巨灾准备金，是从保险公司的税后利润中计提的、用于应付特大风险损失的一项专用准备金。总准备金是保险公司偿付能力的重要组成部分。我国保险会计科目中长期使用总准备金概念，后来由于财政部制定的国家财务制度中无总准备金科目，为了与财政部所规定的财务会计制度相统一，从1994年开始，各保险公司的会计报表也作了调整，取消了总准备金科目，代之以公积金科目。各保险公司所有者权益也做了相应调整，列出了盈余公积项，内含保险总准备金。

复习思考题

1. 名词解释

重复保险　　共同保险　　法定公积金　　未到期责任准备金　　总准备金

2. 概述保险的基本要素。

3. 简述保险与赌博、救济、储蓄的区别。

4. 简述保险的基本职能和派生职能。

5. 简述保险在宏观和微观方面的作用。

6. 简述保险基金的运动规律和特点。

7. 什么是保险保障基金？我国《保险保障基金管理办法》的具体规定如何？

8. 列举四种法定的保险准备金。

第三章

保险合同

第一节　保险合同概述

投保人与保险人建立保险关系是通过订立保险合同这一法律行为来实现的。保险合同不仅是双方当事人为建立、变更和终止保险关系而达成的协议，而且是保护当事人享受权利和约束当事人履行义务的法律依据。

一、保险合同的概念

我国《保险法》第十条规定："保险合同是投保人与保险人约定保险权利义务关系的协议。"

保险合同是保险关系双方为实现经济保障目的，明确相互之间权利义务而订立的一种具有法律约束力的协议。一方承诺支付保险费，另一方承诺在约定保险事件发生时，支付赔偿金或保险金。保险合同作为保险关系确立的正式文本和书面凭证，体现了合同双方的意愿和平等互利的关系。

二、保险合同的特征

保险合同是合同的一种形式，具有合同的一般法律特征，即保险合同必须合法，双方当事人必须具有平等的法律地位且意思表示一致；但保险合同又是一种特殊的民商合同，具有独有的法律特征。

（一）保险合同是对价有偿合同

保险合同的有偿性是指投保人为了获得保险合同中约定的经济保障，必须支付相应的保险费。但是保险合同的有偿性又不同于一般的经济合同，不是等价交换。因为投保人交付的保险费并非一定能换取保险人支付赔偿金或保险金，而且投保人交付的保险费与保险人支付的赔偿金或保险金也并非相等。所以，保险交换关系是一种对价交换关系，投保人以支付保险费作为对价换取保险人承担其转移风险的承诺。保险合同的对价有偿性也说明了保险合同是双务合同，投保人有交付保险费的义务，保险人有承担保险风险的义务。另外，保险合同的对价有偿性还说明了保险合同是保障性合同，当约定的保险事件发生时，保险人向被保险人支付赔偿金或保险金，提供的是一种经济保障。

（二）保险合同是射幸合同

保险合同的射幸性是指保险人履行保险赔偿或给付义务是以约定的保险事件发生为前提条件的。很显然，保险合同中约定的保险事件是具有不确定性的，保险事件是否发生、何时发生、发生的结果如何，都是不确定的，具有偶然性。事实上，投保人交付保险费的义务是确定的，而保险人履行保险赔偿或给付义务是不确定的，并且投保人有以小额的保险费博取大额保险金的机会。所以，对保险合同双方来说似乎是在碰运气。这种以偶然事件的发生作为合同当事人履约条件的合同是碰运气的合同，也称射幸合同。保险合同的射幸性就符合这一法律特征。

（三）保险合同是最大诚信合同

保险合同的最大诚信是指保险合同比其他经济合同要求更高程度的诚实和信用。保险合同的权利义务完全建立在诚实信用的基础上，任何一方的不诚实行为都会影响保险合同的效力。保险合同最大诚信的要求主要基于两方面的原因：一方面，保险人在对投保标的做出是否承保和以什么条件承保的决定时，很难全面掌握每一投保标的的具体情况，主要是依据投保人对保险标的的陈述和申报来决定。因此，投保人必须如实申报保险标的的危险状况，不能隐瞒重要事实，更不能以欺骗的手段诱使保险人签订合同，否则就会影响合同订立的公平性和有效性。特别是保险合同的射幸性，要求投保人应该谨慎妥善地管理保险标的，不能因为保了险而任由保险事故发生，更不能为获利而故意制造保险事故，这样会严重损害保险人的利益。另一方面，投保人支付保险费所换取的是保险人一张纸的承诺，这种对被保险人进行赔偿或给付的承诺不是即期的，有的保险期限长达几十年，完全依赖于保险人的信用。同时，保险合同条款专业性很强，许多专业术语和保险条件不为投保人所了解，容易引起投保人的误解和歧义。因此，保险人的诚实和信用也相当重要，必须向投保人如实告知合同保障的范围和条件，不能有欺骗行为，并忠实履行合同义务。

（四）保险合同是属人的合同

保险合同的属人性体现在以财产及其利益为保险标的的合同中。虽然财产保险合同的标的是财产，从表面上来看保险人承保的是财产，而实际上保险人承保的是投保人对财产所具有的经济利益。如果保险财产发生损失，投保人或被保险人遭受经济损失，保险人则按保险条件给予补偿。所以，财产保险合同是对人的合同，与投保人的保险利益有关，同时也与投保人的信誉、品德和行为密切相关，因为投保人的禀性和行为会影响保险标的发生损失的可能性和严重性。也鉴于此，财产保险合同的投保人必须得到保险人的认可，必须符合有关品质、道德和信用的承保标准。根据我国《保险法》第四十九条的规定，如果保险标的发生转让，则保险标的的受让人承继被保险人的权利和义务，但被保险人或者受让人应当及时通知保险人。因保险标的转让导致危险程度显著增加的，保险人自收到通知之日起 30 日内，可以按照合同约定增加保险费或者解除合同。被保险人、受让人未履行规定的通知义务的，因转让导致保险标的危险程度显著增加而发生的保险事故，保险人不承担赔偿保险金的责任。

在以人的寿命或身体为保险标的的合同中，由于保险标的就是被保险人，所以不具有这一特性。

（五）保险合同是附合合同

保险合同的附合性是指保险合同的内容通常是由保险人事先拟订的，投保人只能作出接受或拒绝的选择，没有太大的协商余地去改变合同的条款内容。这一点与其他经济合同大不相同，因为大多数经济合同的内容都是可以协商的，允许双方商谈合同条件。保险合同的附合性是由保险合同的特点所决定的，只有使用格式化的条款，才能将同类风险集合起来，运用大数法则科学合理地厘定保险费率。当然，保险合同的附合性并非排除对保险内容或条件的特别约定，保险人可以根据投保人某些特殊的要求，采用事先准备好的附加条款或特约条款对原保险合同内容或条件作补充和修改。但无论如何，保险合同的基本内容是不会改变的，保险合同还是以附合为主，以特别约定为辅。所以，正因为这一特征，保险合同通常被称为格式合同。

三、保险合同的分类

保险合同的种类很多，通常是根据合同的不同特征和不同作用来分类的。保险合同主要有以下几类。

（一）单一险合同、综合险合同和一切险合同

这是根据合同中所载明的对保险标的承担风险的多少来区分的。在合同中一般都会列明对哪些危险事故承担保险责任，这样既明确了保险人要对哪些危险事故造成的后果承担责任，也明确了被保险人因哪些危险事故导致的损失可以得到补偿，是危险事故发生后合同双方享受权利和履行义务的依据。

1. 单一险合同

单一险合同是指合同中载明仅对一种危险事故承担保险责任。比如：地震保险，合同只对地震引起的损失承担保险责任；盗窃保险，合同只对盗窃行为所致的损失承担保险责任。

2. 综合险合同

综合险合同是指合同中载明对多种不同危险事故承担保险责任。比如火灾保险，合同对火灾、爆炸、暴雨等多种灾害事故引起的损失承担保险责任。

3. 一切险合同

一切险合同是指合同中仅列明除外不保的风险，而不列明保险人承保的具体风险。这意味着除了列明不保的风险外，保险人承担其他一切普通风险责任。例如，海洋运输货物保险的一切险条款，就是对除外责任以外的危险事故造成的损失承担保险责任。需要指出的是，一切险合同并非保险人承担一切风险，而是承担除列明的除外风险以外的其他普通风险，通常不包括道德风险和特殊风险。

（二）定值保险合同和不定值保险合同

这是根据合同中是否载明保险标的的保险价值来区分的。在合同中是否载明保险标的的保险价值，会影响被保险人的保障程度。如果在合同中载明了保险标的的保险价值，那么被保险人的保障程度就确定了。保障程度为保险金额与保险价值之比，不会改变，即使保险标的发生损失时，保险标的的实际市场价值发生变化也不影响被保险人受保障的程度。如果在合同中不载明保险标的的保险价值，那么被保险人的保障程度就不确定了。因为保险标的的实际市场价值会由于价格涨跌、通货膨胀等原因而发生变化，被保险人的保障程度是根据保险标的发生损失时保险金额与保险标的的完好市场价值之比而确定的，市场价值不同，保障程度也就不同。

1. 定值保险合同

定值保险合同是指合同双方事先确定保险标的的保险价值，并载明在合同中。由于保险标的的保险价值已由双方约定，所以投保人投保的保险金额一般与约定的保险价值一致。倘若保险标的发生损失，保险人在保险金额范围内按照保险金额和损失程度赔偿。损失程度是保险标的的实际损失额与保险标的的完好市场价值之比。保险价值的确定，使保险标的损失时的市价与保险价值不一致时，不能视为超额保险或不足额保险。定值合同一般适用于海洋运输货物保险、船舶保险以及难以确定价值的珍贵保险标的的财产保险。海洋运输货物的价格常常在起运港和目的港变化很大，因无法确定的实际价格会影响被保险人的保障程度，所以一般采用定值保险的方式，以避免补偿不足。古玩、名人字画、邮票等珍贵保险标的更是价格

涨落无法预料，需要定值保险。

2. 不定值保险合同

不定值保险合同是指在合同中不载明保险标的的保险价值，只载明保险金额作为赔偿的最高限额。倘若保险标的发生损失，保险人在保险金额范围内按照保险保障程度和实际损失金额予以赔偿。当保险金额低于保险标的发生损失时的完好市场价值时，则视为不足额保险；当保险金额高于保险标的发生损失时的完好市场价值时，则视为超额保险，超额部分无效。

（三）足额保险合同、不足额保险合同和超额保险合同

这是根据合同中保险金额与保险价值的关系来区分的。由于保险金额与保险价值可能是一致的，也可能是不一致的，而不同的情况所支付的保险代价是不一样的。因此，为了维护保险赔偿的公平性，必须依据不同情况确定不同的保险赔偿标准。

1. 足额保险合同

足额保险合同又称全额保险合同，是指保险金额与保险价值相等的合同。这里所指的保险价值，在定值保险单中指合同中载明的保险价值，在不定值保险单中指保险标的发生损失时的完好市场价值。倘若足额保险合同中的保险标的发生损失，保险人在保险金额范围内按保险标的的实际损失赔偿。

2. 不足额保险合同

不足额保险合同又称低额保险合同，是指保险金额小于保险价值的合同。倘若不足额保险合同中的保险标的发生损失，保险人在保险金额范围内按保障程度进行赔偿。

3. 超额保险合同

超额保险合同是指保险金额大于保险价值的合同。倘若超额保险合同中的保险标的发生损失，保险人对超过保险价值部分的保险金额不予赔偿，只作足额保险来对待，除非合同双方另有特别约定。

（四）个别保险合同和集合保险合同，特定保险合同和总括保险合同

这是根据保险标的的不同情况来区分的。保险标的情况不同，保险的承保方式和理赔方式也不同。

1. 个别保险合同

以一人或一物作为保险标的的合同称为个别保险合同，或称单独保险合同。如个人养老保险。

2. 集合保险合同

以多数人或多数物作为保险标的的合同称为集合保险合同，如团体医疗保险、企业财产保险等。

3. 特定保险合同

以特定的物作为保险标的的合同称为特定保险合同。保险人对同一地点、同一所有人所投保的财产，可以分项列明保险金额，发生损失时，保险人对每项财产在其保险金额限额内承担赔偿责任。如我国的家庭财产保险，保险人对保险财产按房屋及附属设备、存放于室内其他家庭财产、代保管或与他人共有财产等分别立项，分项后的保险标的为特定保险标的，并分别列明保险金额。

无论是个别保险合同还是集合保险合同，都可以有特定的保险标的。

4. 总括保险合同

以可变动的多数人或多数物的集体为保险标的的合同称为总括保险合同。保险人对同一

地点、同一所有人的保险标的，不分类别，不分项目，只订出一个总的保险金额。如果发生保险损失，不论受损标的属于哪一类或哪一项，在总保险金额限额内，保险人承担保险责任。例如，上述家庭财产保险的投保人如果投保财产只有一项，即存放在室内的其他财产，而这些财产包括衣服、床上用品、家具、用具、家用电器、文化娱乐用品及其他生活资料，由于财产的流动性很大，投保时的财产状况与损失发生时的财产状况会发生很大变化，所以并不将它们一一列明保险金额，损失发生时，查明保险财产损失的实际情况，按实际损失予以赔偿，而不受特定保险标的的限制，保险标的只是一个总括的概念。

（五）单保险合同和复保险合同

这是根据订立合同的保险人的数量和订立合同的数量来区分的。投保人与单个保险人订立单个保险合同和投保人与多个保险人订立数个保险合同会产生不同的赔偿情况，甚至会产生道德风险。

1. 单保险合同

单保险合同是指投保人就同一保险标的、同一保险利益、同一保险事故与一个或者多个保险人订立一个保险合同。大多数保险合同都是单保险合同。

2. 复保险合同

复保险合同是指投保人就同一保险标的、同一保险利益、同一保险事故分别与两个以上保险人订立保险合同，且保险金额总和超过保险价值。因为数个保险合同同时存在，构成了重复保险，所以复保险合同也称重复保险合同。

对于复保险合同的法律效力，我国《保险法》规定，如果数个保险合同的保险金额总和超过保险标的的价值，则超过部分无效。

（六）补偿性保险合同和定额保险合同

这是根据保险人承担的责任来区分的。

1. 补偿性保险合同

补偿性保险合同是指保险人的责任以补偿被保险人的实际损失为限，并且不超过保险金额。大多数财产保险合同属于补偿性保险合同，因为财产作为保险标的是有价的，遭受保险事故损失是可以确定的，保险人对保险标的损失的赔偿责任是按价补偿，所以称为补偿性保险合同。

2. 定额保险合同

定额保险合同是指保险人的责任以合同中约定的保险金额为准，不得增减。在保险事故或约定的事件出现时，保险人根据保险合同的规定，向被保险人或受益人支付保险金。大多数人寿保险合同属于定额保险合同，因为人的寿命或身体的价值难以确定，也无法确认全部损失或部分损失的标准，而只是通过给付定额保险金的形式，在保险事故或约定事件出现时解决经济保障问题，所以称为定额保险合同。

（七）原保险合同和再保险合同

这是根据订立合同的主体来区分的。原保险合同与再保险合同不仅合同主体当事人不同，合同的保险标的也不同，导致合同的性质也不同。

1. 原保险合同

原保险合同是投保人与保险人之间达成的保险协议。合同主体一方是社会公众，可以是法人，也可以是自然人，另一方是保险人。原保险合同的标的可以是人的寿命或身体，也可以是有形的财产或无形的利益和责任。所以，原保险合同是既有补偿性质的合同，又有给付性质的合同。

2. 再保险合同

再保险合同是保险人(分出公司)与保险人(分入公司)之间达成的分担原保险责任的协议。合同主体双方都是保险人。再保险合同的标的是原保险人承担的合同赔偿或给付责任,因此,再保险合同都是补偿性质的合同。

不同种类的保险合同有其不同的用途,投保人可以根据自己的需要选择合适的保险合同。当然,订立保险合同的类型不同,保险合同双方的权利和义务也就不同了。

第二节 保险合同的民事法律关系

保险关系是一种民事法律关系。保险法、海商法等法律作为民法的特别法,专门用于调整和规范保险关系。民法通则、合同法、公司法等法律的相关规定以及国务院、保监会等政府部门发布的调整保险关系的行政法规和行政规章等也是保险活动应遵守的法律、法规。如果涉及国际保险关系,则还须遵循国际公法、国际私法、国际商法以及国际公约、国际惯例等法律法规中的相关规定。保险合同的民事法律关系由主体、客体和内容三要素组成。

一、保险合同的主体

保险合同的主体是指保险合同所确定的享有权利和承担义务的合同当事人和关系人。

(一)保险合同的当事人

1. 保险人

保险人是指与投保人订立保险合同,并按照合同约定承担赔偿或给付保险金责任的保险公司。保险人又称承保人,通常是经营保险的各种组织。世界各国对保险人的资格都有明确的法律规定,除法律特准的自然人外,一般只允许法人经营。目前,只有英国允许劳合社的承保人可以是自然人。

保险人是保险合同的一方当事人,具有以下法律特征:第一,保险人履行赔偿或给付保险金的义务是由保险合同的约定而产生的,而不是由侵权或者违约行为而产生的。第二,保险人通过收取保险费,建立保险基金,在保险事件发生时依据保险合同履行保险赔偿或给付责任。因此,保险人是保险基金的组织、管理和使用人。第三,保险人是依法成立并经许可经营保险业务的保险公司。

由于保险公司的经营活动涉及社会公众的利益,因此法律还规定经营保险的各种条件,只有符合法律规定的条件并经保险监管机构许可,才能经营保险业务。根据我国现行《保险法》的相关规定,设立保险公司应当经国务院保险监督管理机构的批准,由其颁发经营保险业务的许可证,并在工商行政管理部门办理登记,领取营业执照。设立保险公司的最低注册资本限额为人民币2亿元,且为实缴货币资本,还必须按注册资本总额的20%提取保证金。保险公司不得兼营人身保险业务和财产保险业务,但是,经营财产保险业务的保险公司经保险监管机构批准,可以经营短期健康保险业务和意外伤害保险业务。

2. 投保人

投保人是指与保险人订立保险合同,并按照保险合同负有支付保险费义务的人。投保人又称为要保人,可以是法人,也可以是自然人。

投保人是保险合同的另一方当事人,必须具备以下条件:第一,投保人必须具有相应的权利能力和行为能力。未取得法人资格的组织和无行为能力或无完全行为能力的自然人不能成为保险合同的投保人,否则所订立的保险合同是无效合同。第二,人身保险的投保人在订立保险合同时,应当对被保险人具有保险利益,否则所订立的保险合同是无效的。财产保险的投保人(如果投保人与被保险人是同一人)在订立保险合同时,应当对保险标的具有保险利益。在保险事故发生时,被保险人应当对保险标的具有保险利益,否则不得向保险人请求赔偿保险金。第三,投保人应当承担支付保险费的义务。有些人寿保险合同是以投保人交付保险费为合同生效的前提条件。

(二)保险合同的关系人

1. 被保险人

被保险人是指其财产或者人身受保险合同保障,享有保险金请求权的人。

在财产保险中,投保人可以与被保险人是同一人。如果投保人与被保险人不是同一人,那么财产保险的被保险人必须是保险财产的所有人,或者是财产的经营管理人,或者是与财产有直接利害关系的人,否则不能成为财产保险的被保险人。

在人身保险中,被保险人可以是投保人本人,如果被保险人与投保人不是同一人,则投保人与被保险人存在行政隶属关系或雇佣关系,或者投保人与被保险人存在债权和债务关系,或者投保人与被保险人存在法律认可的继承、赡养、抚养或监护关系,或者投保人与被保险人存在赠与关系,或者投保人是被保险人的配偶、父母、子女或法律所许可的其他人。

2. 受益人

受益人是指人身保险合同中由被保险人或者投保人指定的享有保险金请求权的人。受益人一般见于人身保险合同中,但为了尊重被保险人对于保险标的处置权益的意愿,在一些财产保险合同中也有指定受益人。受益人只享受领取保险金的权利,不承担交付保险费的义务。

受益人通常是由被保险人或投保人指定,并在保险合同中列明。倘若保险合同中未指定受益人,则被保险人的法定继承人视为受益人。我国《保险法》第三十九条规定:“人身保险的受益人由被保险人或者投保人指定。投保人指定受益人时须经被保险人同意。投保人为与其有劳动关系的劳动者投保人身保险,不得指定被保险人及其近亲属以外的人为受益人。被保险人为无民事行为能力人或者限制民事行为能力人的,可以由其监护人指定受益人。”

指定受益人领取的保险金一般不得作为被保险人的遗产,不纳入遗产分配,无须缴纳遗产税,也无须用来清偿被保险人生前的债务。但如果受益人是非指定受益人,则受益人领取的保险金是作为被保险人的遗产,必须首先用来清偿被保险人生前的债务。我国《保险法》第四十二条规定:“被保险人死亡后,有下列情形之一的,保险金作为被保险人的遗产,由保险人依照《中华人民共和国继承法》的规定履行给付保险金的义务:(1)没有指定受益人,或者受益人指定不明无法确定的;(2)受益人先于被保险人死亡,没有其他受益人的;(3)受益人依法丧失受益权或者放弃受益权,没有其他受益人的。受益人与被保险人在同一事件中死亡且不能确定死亡先后顺序的,推定受益人死亡在先。”

受益人可以是特定的受益人,即具体列明受益人的名称;也可以是成员受益人,如指定受益人为父母、子女、法定继承人等。我国《保险法》第四十条规定:“被保险人或者投保人可以指定一人或者数人为受益人。受益人为数人的,被保险人或者投保人可以确定受益顺序和受益份额;未确定受益份额的,受益人按照相等份额享有受益权。”

被保险人对受益人的受益权拥有处分权,即可以指定、变更和撤销受益人。但如果保险合同中指定的受益人是不可撤销的受益人,则受益人是不可变更的。

受益权对受益人而言是一种期待权，一种不确定的权利。只有在被保险人因保险事故的发生而死亡后，受益人的期待权才能转化为债权。

3. 保险代理人

保险代理人是指根据保险人的委托，向保险人收取佣金，并在保险人授权的范围内代为办理保险业务的机构或者个人。我国《保险法》第一百二十六条规定："保险人委托保险代理人代为办理保险业务，应当与保险代理人签订委托代理协议，依法约定双方的权利和义务。"

保险代理人的法律特征主要表现为：第一，保险代理人以保险人的名义进行代理活动，代表保险人的利益；第二，保险代理人在保险人授权范围内做独立的意思表示；第三，保险代理人的保险代理行为视为保险人的民事法律行为，法律后果由保险人承担；第四，保险代理人的保险代理是基于保险人授权的委托代理。

我国《保险法》第一百二十七条规定："保险代理人根据保险人的授权代为办理保险业务的行为，由保险人承担责任。保险代理人没有代理权、超越代理权或者代理权终止后以保险人名义订立合同，使投保人有理由相信其有代理权的，该代理行为有效。保险人可以依法追究越权的保险代理人的责任。"

保险代理人的种类繁多，按照代理合同或授权书所授权代理的业务险种，保险代理人可分为产险代理人和寿险代理人；按照代理合同或授权书所授予的代理业务范围，保险代理人可分为承保代理人、理赔代理人、检验代理人和追偿代理人；按照代理人的归属关系，保险代理人可分为独立代理人和专属代理人；按照代理人的代理权限范围，保险代理人可分为普通代理人和总代理人；代理人的职业性质，保险代理人可分为专业代理人和兼业代理人。根据我国《保险法》，将保险代理人分为专业代理人、兼业代理人和个人代理人三种。

根据我国《保险法》规定，设立保险专业代理机构应当经保险监管机构批准，由其颁发经营保险代理业务的许可证，并在工商行政管理部门办理登记，领取营业执照。保险专业代理机构的注册资本最低限额适用《中华人民共和国公司法》的规定，但保险监管机构可以根据其业务范围和经营规模调整其注册资本的最低限额。根据我国2013年《保险专业代理机构监管规定》第五条规定，保险专业代理机构的组织形式为有限责任公司和股份有限公司。第七条规定，设立保险专业代理机构，其注册资本的最低限额为人民币5 000万元，中国保监会另有规定的除外。保险专业代理机构的注册资本必须为实缴货币资本。第三十八条规定，保险代理机构应当自办理工商登记之日起20日内投保职业责任保险或者缴存保证金。保险专业代理公司投保职业责任保险的，应当确保该保险持续有效。保险专业代理公司缴存保证金的，应当按注册资本的5%缴存保证金。我国保险兼业代理人的认定资格由被代理的保险公司报送保险监管机构核准，由保险监管机构对经核准取得保险兼业代理资格的单位颁发保险兼业代理许可证。

我国个人保险代理人和保险代理机构的代理从业人员应当具备保险监管机构规定的资格条件，取得保险监管机构颁发的资格证书，并由被代理的保险公司或者保险专业代理机构核发保险代理从业人员执业证书，方可从事保险代理业务。我国《保险法》第一百二十五条规定："个人保险代理人在代为办理人寿保险业务时，不得同时接受两个以上保险人的委托。"

4. 保险经纪人

保险经纪人是基于投保人的利益，为投保人与保险人订立保险合同提供中介服务，并依法收取佣金的单位。目前，我国保险经纪人为法人，分为有限责任公司和股份有限公司两种组织形式。

保险经纪人是投保人的代理人，受投保人的委托，代表投保人的利益与保险人订立保险合同。不仅如此，保险经纪人还为投保人或者被保险人代办续保、交付保险费和索赔等保险事宜。当保险人接受保险经纪人安排的业务以后，由保险人向保险经纪人支付佣金。但是保险经纪人是独立于保险人的中介人，保险经纪人的行为对保险人不具法律约束力，其行为所产生的法律后果由其自己承担。我国《保险法》第一百二十八条规定："保险经纪人因过错给投保人、被保险人造成损失的，依法承担赔偿责任。"

大多数国家都允许个人保险经纪人可以从事保险经纪活动，但必须获得执业资格，并交纳保证金或者投保职业责任保险。根据我国《保险法》的规定，设立保险经纪公司应当具备保险监管机构规定的条件，取得保险监管机构颁发的经营保险经纪业务的许可证，向工商行政管理机关办理登记，领取营业执照。根据我国 2013 年《保险经纪机构监管规定》第六条规定，除中国保监会另有规定外，设立保险经纪机构的组织形式分为有限责任公司和股份有限公司两种。第八条规定，设立保险经纪机构的注册资本金最低限额为 5 000 万元人民币，中国保监会另有规定的除外。保险经纪公司的注册资本必须为实缴货币资本。保险经纪公司应当自办理工商登记之日起 20 日内投保职业责任保险或者缴存保证金。保险经纪公司投保职业责任保险的，应当确保该保险持续有效。保险经纪公司缴存保证金的，应当按注册资本的 5%缴存保证金。保险经纪从业人员应当具备保险监管机构规定的资格条件，取得保险监管机构颁发的资格证书。获得资格证书的个人必须经保险经纪公司聘用，由其核发保险经纪从业人员执业证书，才能从事保险经纪业务。

保险经纪人大致可分为直接保险经纪人和再保险经纪人、寿险经纪人和非寿险经纪人、大型经纪公司和小型经纪公司，还有专门的劳合社经纪人。

我国《保险法》第一百三十一条对保险代理人和保险经纪人的职业操守做了规定，保险代理人、保险经纪人及其从业人员在办理保险业务活动中不得有下列行为：(1)欺骗保险人、投保人、被保险人或者受益人；(2)隐瞒与保险合同有关的重要情况；(3)阻碍投保人履行本法规定的如实告知义务，或者诱导其不履行本法规定的如实告知义务；(4)给予或者承诺给予投保人、被保险人或者受益人保险合同约定以外的利益；(5)利用行政权力、职务或者职业便利以及其他不正当手段强迫、引诱或者限制投保人订立保险合同；(6)伪造、擅自变更保险合同，或者为保险合同当事人提供虚假证明材料；(7)挪用、截留、侵占保险费或者保险金；(8)利用业务便利为其他机构或者个人牟取不正当利益；(9)串通投保人、被保险人或者受益人，骗取保险金；(10)泄露在业务活动中知悉的保险人、投保人、被保险人的商业秘密。

5. 保险公估人

保险公估人是指接受保险合同当事人的委托，专门从事保险标的的评估、勘察、鉴定、估损、理算等业务的单位。

保险公估人具有三种职能：第一，保险公估人具有评估职能。保险公估人通过对保险标的的估价、风险估评、查勘、检验、估损及理算等工作，做出保险标的市场价值、风险性质、风险程度、损失原因、损失程度等评估报告，以助于保险人快速、科学地处理保险案件。第二，保险公估人具有公证职能。由于保险公估人具有丰富的专业知识和技能，且是保险合同当事人之外的第三方，所以对保险标的的公估结论具有权威性和公正性。第三，保险公估人具有中介职能。保险公估人是独立于保险合同当事人之外的第三方，既可以受保险人的委托，也可以受投保人或被保险人的委托，从事公估经营活动，为保险关系当事人提供中介服务。

保险公估人的酬金一般由委托人支付。但也有一些国家的法律规定，无论是由保险合同当事人哪一方委托公估,公估费用均由保险人承担。保险公估人因工作过错而给委托人造成损失的,由保险公估人承担赔偿责任。

保险公估人可分为不同的类型,主要有核保公估人和理赔公估人,保险型公估人、技术型公估人和综合型公估人,雇佣公估人和独立公估人,受托于保险人的公估人和受托于被保险人的公估人,财产保险公估人、工程保险公估人、责任保险公估人、海上保险公估人和汽车保险公估人等。

根据我国2013年《保险公估机构监管规定》第七条规定,我国保险公估机构的组织形式分为有限责任公司、股份有限公司和合伙企业三种。第九条规定,保险公估公司的注册资本或者出资额不得少于200万元人民币,且必须为实缴货币资本。保险公估机构在获得保险监管机构的保险公估业务许可证后,向工商行政管理部门办理登记,领取营业执照。保险公估从业人员应当具备保险监管机构规定的资格条件,取得保险公估从业人员资格证书,并由所聘保险公估公司核发保险公估从业人员执业证书,方可从事保险公估业务。

二、保险合同的客体

保险合同的客体是指保险合同双方权利义务所共同指向的对象,即双方当事人要求保险保障和提供保险保障的目标,是明确保险人要在哪些客体上发生保险事故承担责任,这一客体称为保险标的。我国《保险法》第十二条规定,人身保险是以人的寿命和身体为保险标的的保险;财产保险是以财产及其有关利益为保险标的的保险。

不过保险合同所真正保障的对象并不是保险标的本身,因为保险并不能保证保险标的投保后就不发生保险事故,而是保证被保险人因保险标的受损所遭受的经济损失可以得到补偿。所以,保险合同实际保障的是被保险人对保险标的所拥有的经济利益,即保险利益。因此保险利益才是保险合同的真正客体,而保险标的只是保险利益的载体。由此可见,被保险人对保险标的具有合法的利益成为合同客体的有效条件之一。

三、保险合同的内容

保险合同的内容是对保险合同当事人双方具体权利义务的规定,也就是保险人与投保人或者被保险人之间达成的有关对于保险标的及其利益予以保障事项的条款。合同的内容是双方履行合同义务和承担法律责任的依据,也是决定合同合法性和有效性的依据。

(一)保险合同内容的构成

保险合同的内容主要由五个部分构成。

1. 声明事项

声明事项是保险合同的第一部分。声明事项是对保险标的基本情况的陈述和对保险标的保险事项的一般约定。在财产保险合同中,声明事项主要包括保险人的名称和住所,投保人、被保险人的名称和住所,保险财产的名称,保险财产的地址,保险的险种,以何种价值承保,保险金额、保险费率、保险费以及支付方法,保险期间和保险责任开始时间,保险单的编号和出单日期,等等。在人身保险合同中,声明事项主要包括被保险人的姓名和住所,被保险人的性别、年龄和职业,保险的种类,保险金额、保险费以及支付方法,受益人的姓名或指定方法,保险金给付办法,保险期间和保险责任的开始时间,保险单编号和出单日期,等等。声明事项中的内容是保险人进行承保选择和决定保险费率的依据。

2. 保险责任

保险责任是保险合同的核心部分。保险责任是保险人对被保险人予以赔偿或给付的承诺。有关保险人的承诺有两种形式：一种是列明保险责任范围，在保险单中指出哪些损失原因导致的哪些损失属于保险人赔偿或给付的范围。保险人通常将列明的保险责任范围分为基本保险责任范围和附加保险责任范围。如我国的家庭财产保险单将火灾、暴雨等自然灾害和意外事故列为保险人的基本保险责任范围，将盗窃风险列为附加保险责任范围。另一种是一切险保险责任范围，在一切险保险单中只列明除外的损失原因及损失，其他普通的损失原因及损失都属于保险责任范围。如人寿保险单通常是属于一切险保险责任范围的保险合同，除了自杀和战争这两种原因造成的死亡外，所有其他原因造成的死亡都属于保险责任范围。

3. 除外责任

除外责任主要是规定哪些损失原因、哪些损失或哪些标的不属于保险责任范围。如大多数财产保险单将战争、核辐射等风险列为除外不可保的损失原因，将折旧、磨损等列为除外不可保的损失，将货币、有价证券等列为除外不可保财产。除外责任通常是针对一些巨灾风险、道德风险和特殊风险，这样可以有效地控制保险人的责任。除外责任的表示方式有两种：一种是采用列举的方式，在除外条款中列明保险人不负有赔偿或给付责任的范围；另一种是采用不列举的方式，凡是未列入保险责任范围的，都属于除外责任。

4. 条件事项

条件事项主要是规定被保险人的义务。保险合同是有条件的合同，规定被保险人义务是为了维护保险合同的公平，防范道德风险，并保证保险费率的科学性和合理性。投保人或被保险人只有履行了合同规定的义务，保险人才承担合同规定的保险赔偿或给付责任，否则保险人可以拒绝承担保险责任或者有权解除保险合同。投保人或被保险人的义务一般包括交清保险费、保险标的危险程度增加通知、防灾防损措施实施、保险事故通知和保险标的施救等。

5. 其他事项

其他事项是处理保险人和投保人或被保险人之间关系的一些事宜。比如规定合同双方执行合同的程序、代位求偿权的行使、保险单的转让、保险费交付的宽限期、共同保险的比例、免赔额的大小和争议处理等问题。

(二)保险合同的基本条款和特约条款

保险合同的内容通常是以保险条款的形式体现的。从条款的拟订角度看，保险合同的内容由基本条款和特约条款构成。

1. 基本条款

基本条款是标准保险合同的基本内容，一般由保险人拟订。我国《保险法》用列举方式将基本条款直接规定为保险合同中不可缺少的法定条款。根据我国《保险法》第十八条规定，保险合同的基本条款包括以下事项：

(1)保险人的名称和住所。保险人作为保险风险和责任的承担者，明确其名称和住所，就是为了明确责任人，并因其不同的住所产生不同的法律规范。保险人的名称必须与保险监管部门和工商行政管理机关批准与登记的名称一致。保险人的住所为保险公司或分支机构的主营业场所所在地。

(2)投保人、被保险人的姓名或者名称、住所，以及人身保险的受益人的姓名或者名称、住所。明确保险合同的当事人和关系人，就可以确定保险合同各方的权利义务。明确保险合同当事人和关系人的住所，则可以明确保险合同的履行地点和合同纠纷的诉讼管辖权。

(3)保险标的。明确保险标的就是确定保险的对象，判断投保人是否具有保险利益，并为确定保险价值、保险金额及赔偿金额提供依据，同时也可以确定诉讼管辖权。

(4)保险责任和责任免除。明确保险责任和责任免除就是确定保险人承担风险和责任的范围，以免保险人承担过度的责任，也为被保险人提出索赔提供了依据。

(5)保险期间和保险责任开始时间。明确保险期间就是确定保险的有效期，这是保险人承担保险风险和责任的时间限制，可以按年、月、日计算，也可以按一个工程期、一个航程期或一个生长期计算。保险责任开始时间一般由保险合同双方在合同中约定。

(6)保险金额。明确保险金额就是为了确定保险人承担赔偿或给付保险金的最高限额。保险金额可以由投保人根据保险标的的实际价值确定，也可以由投保人和保险人根据保险标的的实际价值协商确定。

(7)保险费及其支付办法。明确保险费及其支付方式，就是确定投保人的缴费义务。投保人不履行缴费义务往往会影响保险合同的效力。保险费的多少与保险费率、保险金额以及保险期限有关。保险费的支付办法可以由保险合同的当事人在保险合同中约定，可以一次支付，也可以分期支付。

(8)保险金赔偿或给付办法。明确保险金赔偿或给付办法，就是确定保险人的赔偿或给付义务。保险人承担保险赔偿或给付责任的具体办法可以由保险合同当事人在保险合同中依法约定。通常情况下，在财产保险合同中按实际损失计算赔偿金额，在人身保险合同中按约定的金额给付保险金。但特别约定的，也可用修复、置换和重置等方式予以赔偿。

(9)违约责任和争议处理。明确违约责任和争议处理，就是确定保险合同双方因违约所承担的法律后果。违约一般要支付违约金或者赔偿金。明确争议处理的方法就是确定争议的解决途径。

(10)订立合同的年、月、日。保险合同的内容会因不同的保险标的、不同的保险险种而有所不同，但其基本构成部分差异不大。合同的内容关系到双方利益的约定，而合同的基本保险责任和除外责任通常是保险人事先确定的。因此，我国《保险法》规定，订立保险合同，采用保险人提供的格式条款的，保险人向投保人提供的投保单应当附格式条款，保险人应当向投保人说明合同的内容。对保险合同中免除保险人责任的条款，保险人在订立合同时应当在投保单、保险单或者其他保险凭证上做出足以引起投保人注意的提示，并对该条款的内容以书面或者口头形式向投保人做出明确说明；未作提示或者明确说明的，该条款不产生效力。

2. 特约条款

特约条款是保险合同双方根据特殊的需要所做的特殊的约定，一般包括附加条款和保证条款两种。

(1)附加条款。附加条款是保险合同当事人在基本条款的基础上另行约定的补充条款。附加条款通常是对基本条款的扩充、修改或变更。附加条款主要采用两种形式：一是在保险单的空白处作批注，批注的内容相对较为简单；二是在保险单上加贴批单或特约附加，批单或特约附加的内容相对较为复杂。批单或特约附加是保险合同的组成部分。

(2)保证条款。保证条款是投保人或被保险人履约的一种承诺。保证条款规定了投保人或被保险人的义务，倘若投保人或被保险人不能履行义务，保险人有权解除保险合同，或者不履行赔偿或给付保险金义务。保证条款通常由法律规定或保险同业协会制定，具有一定的规范性，以避免保险合同中过度地规定投保人或被保险人的义务，使合同显失公平。我国《保险法》第十九条规定："采用保险人提供的格式条款订立的保险合同中的下列条款无效：免除保险人依法应承担的义务或者加重投保人、被保险人责任的；排除投保人、被保险人或者受益人依法享有的权利的。”

第三节　保险合同的订立、变更和终止

一、保险合同的订立

保险合同的订立是保险人和投保人意思表示一致的法律行为。保险合同的订立过程是当事人双方就合同内容协商达成协议的过程。

根据我国《保险法》第十一条规定：“订立保险合同，应当协商一致，遵循公平原则确定各方的权利和义务。除法律、行政法规规定必须保险的外，保险合同自愿订立。”

为了体现公平互利、协商一致、自愿订立的原则，保险合同的订立通常经过要约和承诺两个过程。

（一）保险合同订立的程序

1. 投保人的要约

投保人的要约表现为投保人向保险人提出保险的要求，即投保。通常来说，投保人填写由保险人事先拟订的投保单，并将投保单提交给保险人的行为被视为是订立保险合同的要约行为，投保人是要约人，保险人是被要约人。投保是订立保险合同的前提条件。

2. 保险人的承诺

保险人的承诺表现为保险人向投保人表示愿意按照投保的内容与其订立合同，即承保。通常来说，保险人接受投保人填具的投保单，并在投保单上签章的行为被视为是订立保险合同的承诺行为。保险人的承诺行为还表现为：保险人出具保险费收据；保险人出具暂保单、保险凭证和保险单等凭证；保险人采用其他书面协议形式。保险人是承诺人，即承保人。

（二）保险合同的成立与生效

保险合同的成立是指投保人与保险人就保险合同条款达成协议。

保险合同的生效是指保险合同对当事人双方发生约束力，即保险合同条款产生法律效力。

一般来说，经过投保人的要约和保险人的承诺，保险合同即告成立。根据我国《保险法》第十三条的规定，投保人提出保险要求，经保险人同意承保，保险合同成立。依法成立的保险合同，自成立时生效。投保人和保险人可以对合同的效力约定附条件或者附期限。

保险合同成立的时间通常为保险人承诺的时间。在订立保险合同时，投保人提出的投保申请，有的保险人是即时承诺，有的保险人是限期承诺。即时承诺是指在要约中没有订明承诺的期限，保险人应及时表示承诺，一旦保险人承诺，合同即告成立。限期承诺是指在要约中订明一个承诺期限，在期限内表示承诺，合同就告成立，过期承诺，投保人可以拒绝。对于限期承诺的承诺时间标准各国规定不同，大陆法系的国家是以投保人收到保险人承诺时邮局签发的邮戳时间为合同成立的时间，英美法系的国家以保险人发出承诺时邮局签发的邮戳时间为合同成立的时间。

在保险实务中，保险合同多为附生效条件、附生效时间的合同，这意味着保险合同成立并非立即生效。保险合同生效的条件和时间一般由双方约定，只有符合了双方约定的条件和时间，保险合同才生效。如以航程作为保险期限的海上保险合同，必须在航程开始后，合同才生效。大多数人寿保险合同是以交付首期保险费为合同生效的条件，有的则须体检合格后，寿险合同才生效，还有的必须正式签发保险单，寿险合同才生效。我国财产保险合同普遍推行“零

时起保制”，即合同生效的时间为“起保日”的零时。所以，保险合同生效时间是根据双方约定的某些条件的实现而确定的。

（三）保险合同的有效和无效

1. 保险合同的有效

保险合同的有效是指保险合同是由双方当事人依法订立，并受国家法律保护。只有符合法律规定的条件，订立的保险合同才有效；否则，保险合同即使订立，也是无效合同。订立保险合同的法律要求主要包括以下四个方面：

（1）订立保险合同的主体必须合意。这里的主体必须合意包含两层意思：一是订立合同是当事人双方的意愿；二是合同的订立是当事人双方真实意思表示一致的结果。一方要约，投保人提出投保的申请，另一方承诺，保险人予以承保，合同才能成立。

根据《合同法》的有关规定，采取欺诈、胁迫等手段所签订的合同为无效合同。如果投保人或保险人故意告知对方虚假情况，或者故意隐瞒真实情况，以诱使对方作出错误的意思表示，属于欺诈行为。如果投保人或保险人以给对方的人身、名誉、财产或其他利益造成损害为要挟，迫使对方做出违背真实意愿的意思表示，属于胁迫行为。另外，因重大误解订立的保险合同，当事人一方有权要求变更或撤销保险合同。所以，投保人与保险人订立保险合同，应当遵循公平互利、协商一致、自愿订立的原则，任何违背当事人意愿所订立的保险合同都是无效的。

（2）订立保险合同的客体必须合法。由于保险合同的客体是投保人对保险标的所拥有的法律上承认的利益，所以，保险合同所保障的对象必须是合法的利益。如果保险合同所保障的利益是非法的，违反国家法律和政策，违反国家利益和公共利益，那么订立的保险合同是无效合同，不具法律效力。举例来说，投保人是不能为其偷盗得来的汽车投保机动车辆保险的，即使签订了机动车辆保险合同，该保险合同也是无效的。因为如果偷窃得来的汽车在行驶过程中遭遇保险事故而受损，偷车人可以从保险人那里获得赔偿，那么保险就保障了偷车人的非法利益。很明显，保险合同是不能保障这种非法利益的，只能保障合法的利益。所以，保险合同的订立必须客体合法。

（3）订立保险合同的当事人必须具有法定资格。首先，作为订立保险合同当事人一方的保险人必须具有法定资格。这就是说，保险人必须是取得有关国家法定资格的合法经营者。根据我国《保险法》的规定，保险人必须具备保险监管机构规定的条件，经保险监督管理机构批准颁发经营保险业务许可证，还须向工商行政管理机关办理登记，领取营业执照，才算是具有法定资格的保险人。不符合有关国家法律规定条件的，就不具有保险人的法定资格，不能成为保险合同的当事人，当然由其订立的保险合同也是无效的。其次，作为订立保险合同当事人另一方的投保人也必须具有法定资格。投保人的法定资格通常是指投保人必须具有权利能力和行为能力，并对保险标的具有保险利益。未取得法人资格的组织、无行为能力和限制行为能力的人、对保险标的不具有保险利益的单位和个人，都不能成为保险合同的当事人。

（4）订立保险合同的形式必须合法。虽然对保险合同是要式合同还是非要式合同有不同的争议，但是如果合同中有特别的约定将保险合同认定为要式合同，那么合同的订立必须采用法律规定的形式。由于保险合同内容复杂，保险条款多种多样，保险合同的订立还是以法律规定的书面形式为妥，这样才能得到法律更好的保护。如果合同中没有明确认定保险合同为要式合同，则只要保险合同双方就保险条件达成协议，双方意思表示一致，合同即告成立。至于保险单的签发只是保险人应该履行的义务，而不是作为保险合同成立或生效的前提条件。

保险合同的订立不仅要符合法律规定的有效条件，还要符合合同中双方约定的生效条件。

毫无疑问，有效合同是保险合同生效的前提条件。

2. 保险合同的无效

保险合同的无效是指保险合同从订立时起，由于违反法定的或合同约定的事项，不具备合同成立的有效条件，因而合同自始不发生法律效力，合同不受国家法律保护。

根据保险合同无效的原因可分为法定无效和约定无效。如果保险合同的订立不符合法律规定的要求，那么保险合同的无效属于法定无效。根据我国《保险法》规定，在以下情况下可以确认为无效合同：保险合同的当事人不具有行为能力；保险合同违反国家利益和社会公共利益；未成年人父母以外的人为无民事行为能力人投保以死亡为保险金给付条件的保险合同；以死亡为给付保险金条件的保险合同，投保人未经被保险人书面同意并认可保险金额。如果保险合同的订立不符合双方约定的有效条件，那么保险合同的无效属于约定无效。例如保险合同双方约定，倘若保险合同是由代理人订立而事先不做说明的，合同无效。

根据保险合同无效的性质可分为绝对无效和相对无效。如果保险合同的订立不符合法律规定的要求，那么保险合同的无效属于绝对无效，自合同订立时起就不发生法律效力。相对无效是指因当事人双方产生重大误解和显失公平等引起的保险合同无效。如果要认定保险合同是相对无效，则首先必须由有关利害关系人提出认定要求，然后必须由人民法院或仲裁机构做出认定，经认定为相对无效的保险合同自始无效。

根据保险合同无效的程度可分为全部无效和部分无效。全部无效是指保险合同违反国家法律规定被确认为无效合同后，不得继续履行，保险合同从订立时起就全部不发生效力。部分无效是指保险合同因无效的原因而涉及合同效力一部分无效，其余部分仍然有效。如有的国家保险法规定，重复保险分为善意的重复保险和恶意的重复保险。恶意的重复保险从合同订立时起就全部不发生效力；善意的重复保险，其超额部分无效，即保险总金额超过保险标的实际价值的那部分无效，与保险标的的价值相符的那部分继续有效。我国《保险法》明确规定，保险金额不得超过保险价值，超过保险价值的，超过部分无效。但对重复保险没有善意和恶意之分，只规定各保险人赔偿保险金的总和不得超过保险价值。

无效保险合同的确认通常是由人民法院和仲裁机构根据我国有关法律、行政法规和司法解释作出的。由于无效保险合同是自始不产生法律效力的，因此，合同双方没有承担合同责任的义务，即使投保人已经交付了保险费，或者保险人已经支付了赔款或保险金，投保人也有权要求保险人返还已交的保险费，保险人则有权要求被保险人返还已支付的赔款或保险金，如同保险合同从未订立过。如果当事人一方有过失造成另一方的损失，则要承担相应的赔偿责任。

无效保险合同的法律后果是：(1)返还财产。保险合同被确认无效后，当事人双方应将合同恢复到订约时的状态，即保险人应将收取的保险费退还给投保人；发生保险金赔偿或给付的，被保险人应将保险金返还给保险人。(2)赔偿损失。无效合同的当事人因过错给对方造成损失的，应由责任方承担赔偿责任。(3)追缴财产。对于违反国家利益和社会公共利益的保险合同，应当追缴财产，收归国库。

(四)保险合同订立的凭证

我国《保险法》第十三条规定，保险人应当及时向投保人签发保险单或者其他保险凭证，保险单或者保险凭证应当载明当事人双方约定的合同内容。当事人也可以约定采用其他书面形式载明合同内容。所以，保险合同订立的凭证很重要，一般采用书面形式，以证实保险合同关系的确立，并以此作为双方当事人履行合同的依据。保险合同订立的凭证主要有以下几种：

1. 投保单

投保单是投保人向保险人申请订立保险合同的书面要约。根据惯例，投保单是由保险人事先准备好的，投保人在申请保险时填写，保险人根据投保单签发保险单。投保单中列明了保险人需要了解的保险标的主要情况的项目以及保险的条件，投保人必须如实填写。由于保险人是通过投保单了解保险标的的风险状况，并决定是否承保和承保的条件，因此，投保人在投保单上所填写内容的真实性很重要，如果投保人填写不实或故意隐瞒、欺骗，则会影响保险合同的效力。通常情况下，投保单只是投保人申请订立保险合同的书面凭证，而非合同的正式文本，不能作为保险合同订立的凭证。但是投保单一经保险人接受并签章以后，往往成为保险合同的组成部分之一，有时甚至起到了临时保险单的作用。倘若在特殊情况下，投保单被视作临时保单，则投保单具有暂保单的法律效力。保险人在投保单上签章承保后要及时出具保险单。

2. 暂保单

暂保单又称临时保单，是正式保险单签发之前由保险人或保险代理人出具的临时保险合同凭证。暂保单的内容比较简单，一般只载明保险合同的一些重要事项以及保险单以外的特别保险条件。有关保险合同当事人的权利和义务，都以保险单的规定为准。暂保单一般在两种情况下使用：一种是保险公司的分支机构在接受投保时须请示总公司审批，或在某些保险条件尚未全部谈妥时而预先开立的同意保险的证明；另一种是保险代理人在争取到业务而尚未向保险人办妥保险单之前临时出具的保险凭证。暂保单的法律效力与正式保险单相同，但有效期较短，一般为 30 天。当保险单出立时，暂保单自动失效。保险合同的任何一方也可以在保险单出立前终止暂保单的效力，但应事先通知对方。

3. 保险单

保险单是保险合同成立以后，保险人签发给投保人或被保险人的正式书面凭证。保险单是投保人与保险人之间确立保险合同关系的证明。保险单明确完整地记载了保险合同双方当事人的权利和义务，是合同双方履约的依据。在人寿保险中，由于有的保险单具有现金价值，因此，保险单有时还起到了有价证券的作用。很显然，保险单是具有法律效力的，保险合同双方当事人都要受其约束。

4. 保险凭证

保险凭证又称小保单，是保险人签发给投保人或被保险人，证明保险合同已经订立的一种书面凭证。保险凭证与保险单具有同等的法律效力，只是一种简化了的保险单。保险凭证上只列明保险标的和保险条件的主要事项，不印保险条款，但是保险凭证上没有列明的保险内容，均以同险种的保险单的内容为准。在海洋运输货物保险中，流动保险、总括保险和预约保险通常都通过签发保险凭证来证明保险关系的确立。另外，在团体保险中也使用保险凭证，除投保单位有主保险单之外，对参加团体保险的个人再分别签发保险凭证。

保险合同订立的凭证还可以是合同双方认可的其他书面形式。

二、保险合同的变更

保险合同的变更是指在保险合同有效期内，基于一定的法律事实而改变保险合同主体或内容的法律行为。保险合同依法订立后，具有法律上的约束力，合同当事人任何一方都不得擅自变更合同，否则要承担相应的法律后果。但是保险合同又是合同当事人双方的协议，只要是经过合同双方协商同意的，或者是根据法律规定的，在合同的主体或内容发生变化后，都可以采取一定的形式对合同的主体和内容进行变更。保险合同的变更有狭义和广义之分。狭义变更指保险合同的内容变更，即合同当事人双方权利和义务的变更；广义变更不仅包括保险合同的内容变更，还包括保险合同的主体变更。

（一）保险合同的主体变更

保险合同的主体变更是指保险合同的当事人或关系人的变更。

1. 保险人的变更

保险人的变更主要是指保险公司因分立、合并或者公司章程规定的解散事由出现而变更，或者保险公司因依法撤销、依法宣告破产而变更。前者属于保险公司的任意解散，后者属于保险公司的强制解散。

由于保险公司的解散会给被保险人的保险保障造成影响，尤其是长期的人寿保险业务涉及大量的未了责任。所以，各国的保险法一般都限制保险公司的自行解散。我国《保险法》第八十九条第二款规定："经营有人寿保险业务的保险公司，除因分立、合并或者被依法撤销外，不得解散。"这意味着经营有人寿保险业务的保险公司不得在其公司章程中规定任何自行解散的事由。相对人寿保险业务而言，财产保险业务一般期限较短，未了责任的比重相对较低，我国《保险法》中未明令禁止经营财产保险业务的保险公司的任意解散，但在实际执行中仍有很多限制。我国《保险法》第八十九条第一款规定："保险公司因分立、合并需要解散，或者股东会、股东大会决议解散，或者公司章程规定的解散事由出现，经国务院保险监督管理机构批准后解散。"

很显然，不论何种原因的保险公司的任意解散，都必须得到保险监督管理机构的批准，未经批准的，保险公司不得以任何理由解散。保险公司因分立、合并而解散的，其债权债务由分立或合并后的公司承担，不进行公司法意义上的清算。这意味着保险人发生了变更，由原保险公司变更为分立或合并后的保险公司。

保险公司在经营过程中发生严重违法、违规行为，危害被保险人和公众利益的，可以由保险监督管理部门吊销其经营保险业务的许可证，依法撤销。保险公司一旦出现资不抵债而破产时，公司自然解散。为此，我国《保险法》第一百五十条规定："保险公司因违法经营被依法吊销经营保险业务许可证的，或者偿付能力低于国务院保险监督管理机构规定标准，不予撤销将严重危害保险市场秩序、损害公共利益的，由国务院保险监督管理机构予以撤销并公告，依法及时组织清算组进行清算。"

我国《保险法》第九十条规定："保险公司有《中华人民共和国企业破产法》第二条规定情形的，经国务院保险监督管理机构同意，保险公司或者其债权人可以依法向人民法院申请重整、和解或者破产清算；国务院保险监督管理机构也可以依法向人民法院申请对该保险公司进行重整或者破产清算。"

但不管是保险公司依法撤销，还是依法宣告破产，都会影响到被保险人、受益人的利益。而人寿保险合同期限较长，带有储蓄性和投资性，必须对人寿保险合同的效力维持予以特别的规定，才能有效保护被保险人或者受益人的利益，维护社会安定。我国《保险法》第九十二条规定："经营有人寿保险业务的保险公司被依法撤销或者被依法宣告破产的，其持有的人寿保险合同及责任准备金，必须转让给其他经营有人寿保险业务的保险公司；不能同其他保险公司达成转让协议的，由国务院保险监督管理机构指定经营有人寿保险业务的保险公司接受转让。转让或者由国务院保险监督管理机构指定接受转让前款规定的人寿保险合同及责任准备金的，应当维护被保险人、受益人的合法权益。"

毫无疑问，经营有人寿保险业务的保险公司因依法撤销或者依法宣告破产后，一定会有其他保险公司来接受其持有的人寿保险合同及准备金，相关的被保险人、受益人的保险利益会得到维护，只是保险人的名称会由原保险公司变更为接受其债权债务的新保险公司。不同的是，经营财产保险业务的保险公司被依法撤销或者依法宣告破产后，除非有其他保险公司愿意接受其债权债务，否则其被保险人只能按照清偿顺序参与清算后财产的分配。

2. 投保人、被保险人或受益人的变更

在财产保险合同中，投保人或被保险人的变更通常是因以下几种情况出现而发生变更的：(1)保险标的所有权、经营权发生转移。因买卖、让与、继承等民事法律行为所引起的保险标的的所有权的转移；保险标的是国有财产的，其经营权或法人财产权的转移等，均可导致投保人或被保险人的变更。(2)保险标的用益权的变动。保险标的的承包人、租赁人因承包、租赁合同的订立、变更、终止，致使保险标的的使用权、用益权发生变更，从而导致投保人或被保险人的变更。(3)债权债务关系发生变化。当保险标的是作为抵押物、质押物、留置物时，抵押权、质押权、留置权等会随债权债务关系的消灭而消灭。抵押权人、质押权人和留置权人也因此会失去对保险标的的保险利益，进而导致投保人或被保险人的变更。

当保险标的的所有权、经营权、用益权等发生变更时，被保险人或者受让人应当通知保险人，并办理相应的变更手续。如果被保险人的变更导致危险程度显著增加，保险人可以按照合同约定增加保险费或者解除合同。因为财产保险合同是属人的合同，投保人或被保险人的信誉好坏、风险意识和驾驭风险的能力，与保险人承担风险的大小有直接的关系，保险合同不是其标的的附属物，不能任意随保险标的所有权、经营权、用益权的转移而转移，保险人有权根据风险的变化作是否继续承保的选择。例如，被保险人将已经保险的房屋出售转让给新的房屋主，被保险人或者受让人应及时通知保险人。若因房屋出售导致其危险程度显著增加的，保险人可以按照合同约定增加保险费或者解除合同。若被保险人、受让人未履行规定的通知义务的，因转让导致保险标的危险程度显著增加而发生的保险事故，保险人不承担赔偿保险金的责任。又例如在船舶保险合同中，一般都订有船舶出售或转让的通知条款，规定船舶在出售或转让前应及时书面通知保险人关于船舶产权转让情况，如果船舶产权的受让人即新的船舶所有人同意仍由原保险人承保，并经原保险人同意，办妥批改手续，那么原船舶保险合同继续有效。否则，船舶保险合同自船舶产权转让之时起失效。但也有例外情况，在货物运输保险合同中，允许保险单可以不经保险人同意而由被保险人背书后随货物所有权转让而转让。这是因为在货物运输过程中，被保险人不能对货物加以控制和管理，被保险人的变更不影响保险标的的风险大小。同时也是为国际运输货物贸易提供便利条件，不致因保险单批改手续繁琐而影响货物所有权的转让。

在人身保险合同中，投保人、受益人可以变更。投保人的变更通常是因为被保险人或受益人为了保证保险合同的价值，在不改变被保险人或受益人的基础上，希望通过变更投保人来继续履行交付保险费的义务。投保人的变更须征得被保险人的同意并通知保险人，经保险人核实批注后，方可变更。受益人的变更通常是因为被保险人重新指定受益人，或者被保险人撤销原有的受益人。我国《保险法》第四十一条规定："被保险人或者投保人可以变更受益人并书面通知保险人，保险人收到受益人变更的书面通知后，应当在保险单或者其他保险凭证上批注或者附贴批单。投保人变更受益人时须经被保险人同意。"

在个人的人身保险合同中不存在被保险人的变更问题，因为变更被保险人意味着变更保险标的，而个人的风险状况是有区别的，如果投保人要变更被保险人，则需要订立新的个人人身保险合同。但团体的人身保险合同允许可以变更被保险人，因为团体中的被保险人会因各种情况而发生变化，这些随机的变化并不会影响保险人对整体风险的承担。所以，只要团体人身保险合同的投保人提出变更被保险人的要求，出具相关的证明，保险人批注即可。

根据我国《保险法》第三十四条规定："按照以死亡为给付保险金条件的合同所签发的保险单，未经被保险人书面同意，不得转让或者质押。"这意味着只要被保险人同意，人身保险合同可以转让或者质押。

（二）保险合同的内容变更

保险合同的内容变更是指合同的主体不变更，而保险合同主体的权利义务的变更。保险合同内容变更分为两种情况：一种情况是投保人或被保险人根据自己的需要变更合同的内容；另一种情况是当某些法定或约定事实出现时，投保人或被保险人应当通知保险人，变更合同的内容，否则会产生相应的法律后果。

保险合同的内容变更表现为：保险标的的保险金额增减、保险标的的地域范围变化、保险标的的用途改变或风险程度变化、保险期限的变化、保险责任范围的变化、被保险人的职业变化、交费方式变化等。以海洋运输货物保险为例，合同的内容变更有货物标记、包装、数量、名称的变更，有货物保险金额的变更，有船舶名称、航期、航程、航线的变更，有保险条件即保险险别的变更，有保险期限的变更，等等。

如果保险合同内容的变更是出于投保人或被保险人的需要，则投保人或被保险人应向保险人申请办理批改手续，经保险人同意，必要时增加保险费。变更后的合同内容具有法律效力，合同双方均须按变更后的内容承担责任。如果保险合同内容的变更是由于某些法定或约定事实的出现，且保险标的的危险程度增加，则投保人或被保险人应该按照合同的约定及时通知保险人，经保险人同意并加费后，可以变更保险合同的相关内容。很显然，除非保险合同特别约定，保险合同的内容变更必须经过保险人的同意，否则不发生法律效力，甚至会影响保险合同的效力。

保险合同内容的变更一般采用批注或者批单的形式，可以由保险人在保险单或其他保险凭证上批注，也可以由保险人在保险单上加贴批单，还可以由投保人和保险人订立变更的书面协议，作为合同内容变更的依据。我国《保险法》第二十条规定："投保人和保险人可以协商变更合同的内容。变更保险合同的，应当由保险人在保险单或者其他保险凭证上批注或者附贴批单，或者由投保人和保险人订立变更的书面协议。"

三、保险合同的终止

保险合同的终止是指保险合同在存续期间，因某些法定或约定事由的发生，使合同的效力自终止时起归于消灭。保险合同的效力终止意味着合同所确定的当事人双方权利义务关系的消灭。根据终止的原因不同，保险合同的终止可分为解除终止和自然终止两种。

（一）解除终止

保险合同的解除终止是指保险合同订立以后，在合同有效期内，因当事人一方行使法定或约定的解除权而使保险合同效力提前终止的法律行为。保险合同的解除有两种形式：一是法定解除；二是协议解除。

1. 法定解除

法定解除是指保险合同一方当事人行使法律赋予的解除权而使保险合同效力终止。

我国《保险法》第十五条规定："除本法另有规定或者保险合同另有约定外，保险合同成立后，投保人可以解除合同，保险人不得解除合同。"这是我国《保险法》对保险合同当事人双方解除合同的原则性规定。在保险合同有效期内，投保人通常具有解除合同的权利，而保险人通常不具有解除合同的权利。

对于投保人不得解除合同的情况，我国《保险法》第五十条规定：“货物运输保险合同和运输工具航程保险合同，保险责任开始后，合同当事人不得解除合同。”这是根据货物运输保险和运输工具航程保险具有合同不定期性、保险标的流动性以及运输过程风险性的特点专门规定的。如果投保人订立保险合同后可以任意地解除合同，那么将使保险人面临很大的风险，损害保险人的利益。因此，为了保证合同的公平性，保护保险人的合法利益，明确规定投保人在保险责任开始后，不得解除合同。当然，保险人也是无权解除合同的。

根据我国《保险法》的规定，保险人可以解除保险合同的情况如下：

(1)我国《保险法》第十六条规定，投保人故意或者因重大过失未履行如实告知义务，足以影响保险人决定是否同意承保或者提高保险费率的，保险人有权解除合同。此合同解除权，自保险人知道有解除事由之日起，超过三十日不行使而消灭。自合同成立之日起超过二年的，保险人不得解除合同。保险人在合同订立时已经知道投保人未如实告知情况的，保险人不得解除合同。

(2)我国《保险法》第二十七条规定：“未发生保险事故，被保险人或者受益人谎称发生了保险事故，向保险人提出赔偿或者给付保险金请求的，保险人有权解除合同，并不退还保险费。投保人、被保险人故意制造保险事故的，保险人有权解除合同，不承担赔偿或者给付保险金的责任；除本法第四十三条规定外，不退还保险费。”

(3)我国《保险法》第五十二条规定，在合同有效期内，保险标的的危险程度显著增加的，被保险人应当按照合同约定及时通知保险人，保险人可以按照合同约定增加保险费或者解除合同。

(4)我国《保险法》第五十一条规定，投保人、被保险人未按照约定履行其对保险标的的安全应尽责任的，保险人有权要求增加保险费或者解除合同。

(5)我国《保险法》第四十九条规定，因保险标的转让导致危险程度显著增加的，保险人自收到规定的通知之日起三十日内，可以按照合同约定增加保险费或者解除合同。

(6)我国《保险法》第五十四条规定，投保人申报的被保险人年龄不真实，并且其真实年龄不符合合同约定的年龄限制的，保险人可以解除合同，并按照合同约定退还保险单的现金价值。

(7)我国《保险法》第三十七条规定，自合同效力中止之日起满二年内双方未就合同效力恢复达成协议的，保险人有权解除合同。

(8)我国《保险法》第五十八条规定：“保险标的发生部分损失的，自保险人赔偿之日起三十日内，投保人可以解除合同；除合同另有约定外，保险人也可以解除合同，但应当提前十五日通知投保人。合同解除的，保险人应当将保险标的未受损失部分的保险费，按照合同约定扣除自保险责任开始之日起至合同解除之日止应收的部分后，退还投保人。”

2. 协议解除

协议解除是指保险合同当事人双方经协商同意解除合同的一种法律行为。协议解除又称约定解除。保险合同是当事人双方自愿订立的合同，如果合同双方协商同意，可以在合同自然终止之前协议解除终止。出于对合同双方利益的考虑，也为了便于合同的当事人一方行使约定的解除权，在保险合同中常常载明约定解除的事由和条件。另外，解除协议也应采取书面形式。

通常情况下，保险合同中一般订有被保险人义务条款或者特约条款，当事人双方约定如果一方不履行合同义务，或者特约条款的事由出现，另一方可以行使解除权使合同效力提前终止。如某企业财产保险合同中规定，保险标的必须存放在有防火墙和防火门的建筑内。如果被保险人不能提供有防火墙和防火门的建筑存放保险标的，保险人可以解除合同。这一类情况也被称作违约终止。又如我国船舶战争险条款规定，对于船舶定期保险，保险人有权在任何时候向被保险人发出注销战争险责任的通知，在发出通知后十四天期满时终止战争险责任。如我国简易人身保险条款规定，被保险人缴付保险费一年以上并且保险期已满一年以上，如果不愿意继续保险，可以向保险公司申请退保，并按规定领取退保金。

对于解除权的行使，有的法律条款或合同条款中有解除权时效的规定，当事人只能在规定的时效内行使解除权，逾期则丧失解除权。如我国《保险法》第十六条规定，投保人故意或者因重大过失未履行如实告知义务，足以影响保险人决定是否同意承保或者提高保险费率的，保险人有权解除合同，但此解除权自保险人知道有解除事由之日起，超过三十日不行使而消灭。自合同成立之日起超过二年的，保险人不得解除合同。又如人身保险合同中的不可争议条款规定，从人寿保险合同订立之日起满两年后，除非投保人停缴续期保险费，否则保险人不得以投保人在投保时误告、漏报或隐瞒事实为理由主张合同无效或拒绝给付保险金。这表明保险人行使解除权的时效为两年。

对于保险合同解除终止的法律后果，除了上述保险法明确规定的保险人可以解除保险合同的情形外，我国《保险法》第五十四条规定："保险责任开始前，投保人要求解除合同的，应当按照合同约定向保险人支付手续费，保险人应当退还保险费。保险责任开始后，投保人要求解除合同的，保险人应当将已收取的保险费，按照合同约定扣除自保险责任开始之日起至合同解除之日止应收的部分后，退还投保人。"

（二）自然终止

自然终止是指保险合同双方按照合同的规定履约完毕，合同效力归于消灭。自然终止有以下几种形式：

1. 期满终止

保险合同中规定的保险有效期限已届满，保险合同即告终止。这是保险合同终止原因中最普遍的原因。假如某企业财产保险合同中规定的保险期限为一年，即从 2004 年 1 月 1 日至 2004 年 12 月 31 日，那么保险合同到 2004 年 12 月 31 日 24 时终止，即使在保险合同有效期内，保险人未履行任何赔偿保险金的义务。

2. 履约终止

在保险合同有效期内，保险人履行了赔偿或给付全部保险金的责任，保险合同即告终止。即使保险有效期尚无届满，保险合同也因保险人已经履约完毕而终止。比如某家庭财产保险合同的保险期限为一年，保险责任从 2014 年 1 月 1 日开始至 2014 年 12 月 31 日止，保险金额为 20 万元。2014 年 7 月 2 日被保险家庭不幸遭火灾，家庭财产损失达 35 万元。根据保险合同的规定，保险人赔偿被保险人财产损失 20 万元。当保险人将全部保险金赔偿了被保险人，保险人的赔偿责任已经完全履行，尽管保险期限还未到，但保险合同自然终止。

3. 财产保险合同因保险标的灭失而终止

在财产保险合同中，当保险标的因非保险事故原因而灭失或丧失时，保险合同即告终止。由于保险合同双方权利义务所共同指向的对象——保险标的已不存在，投保人就不再具有保险利益，保险合同的效力自然随即终止。从另一个角度来说，保险标的不存在了，投保人也失去了投保的意义。

4. 人身保险合同因被保险人的死亡而终止

如同财产保险合同一样，人身保险合同的保险标的——被保险人，因非保险事故原因而死亡，保险合同即告终止。保险标的不存在了，保险合同的保障对象也就不存在了，保险合同因此失去了存在的基础，保险合同的效力自然终止。

5. 财产保险合同因保险公司的撤销、破产、解散而终止

当保险公司被撤销、被宣告破产或者解散，法人组织已经解体，经营的保险业务也被彻底停止，财产保险合同自然终止。如果有其他保险公司接受其未了责任，则可避免财产保险合同的终止。

综观保险合同的效力问题，其中有诸多方面值得注意。比如，保险合同无效与保险合同解除有何区别？保险合同解除终止与保险合同自然终止之间又有什么不同？其实，保险合同的无效与保险合同的解除有很大区别。合同的解除是以有效合同为前提条件的，是当事人一方行使法定的或约定的解除权使合同终止的单方面行为；而合同无效的前提是因为合同的无效，不需要任何一方行使解除权，也不受解除权时效的限制，无效合同自始无效。保险合同的解除终止与保险合同的自然终止也有很大不同。首先，终止的原因不一样。解除终止是当事人一方行使法定或约定的解除权而使合同的效力提前终止。自然终止是合同期限届满或履约完毕，或者保险标的已灭失或损毁，或者保险公司已解体、解散或被撤销，保险合同的效力自然终止。其次，终止的法律后果不一样。解除终止的法律后果由于解除的原因不同，有的具有溯及力，即要使合同恢复到订立时的原来状态，保险人退还投保人已缴的保险费，投保人或被保险人退还已获得的保险金。有的则不具有溯及力，解除前的合同关系仍然有效，解除后合同关系消灭，保险人要向投保人退还自合同解除之日起相应的未到期保费。还有的则因为投保人、被保险人或者受益人严重的违法、违约行为，保险人不仅不履行赔偿或给付保险金的义务，而且可以解除保险合同，并不退还保险费。自然终止的法律后果是既往不咎，从终止之日起保险合同的权利义务关系归于消灭。如果保险人已履约完毕或者合同期限届满，保险人不退还保险费，但因保险标的灭失、损毁或者保险人解体、解散、撤销，则保险人退还相应的未到期保费。

四、保险合同的中止和复效

在人寿保险中，对于分期支付保险费的合同一般都规定有投保人缴费的宽限期，在宽限期内，投保人即使未交付保险费，保险人仍按合同规定承担保险责任。但超过宽限期，投保人还未交付保险费的，保险合同的效力中止。在保险合同效力中止期间，保险人不承担赔偿或者给付保险金的责任。保险合同的中止可以理解为保险合同因投保人违反如期缴费义务而引起的暂时失效。

保险合同的中止与保险合同的终止之间最大的区别在于，效力中止的保险合同在约定的期限内，只要双方达成复效的条件，投保人可以要求重新恢复保险合同的效力，而效力终止的保险合同是不可能恢复效力的。人寿保险合同中加入复效条款的理由是，人寿保险合同大多为长期合同，在分期交付保险费的漫长过程中，难免会发生缴费困难的时候，也可能因疏忽而未能按时缴费。如果一旦发生不如期缴费的情况，保险人就有权终止保险合同，对投保人来说无疑是太苛刻了，会造成投保人长期利益的损失。为了保护投保人的长期利益，人寿保险合同中就有了复效条款，专门规定了复效的条件和时间。投保人行使复效的权利，就可以获得比重新投保更多的好处。如果投保人重新投保，那么就会因投保年龄的提高而支付更多的保险费，另外保险单还必须再经过两年后才产生现金价值。但如果投保人选择恢复保险合同效力，则

只需按原来的保险条件补交保险费，再加上相应的利息就可以了，原保险合同的保障依然不变，这样对投保人来说是有利的。从保险人的角度来说，尽管是给了投保人恢复原保险合同效力的机会，但事实上对自己业务的保全也是有利的，否则投保人在不能如期交付保险费而导致保险合同效力“终止”后，或许会选择其他保险人重新投保。

我国《保险法》第三十六条规定：“合同约定分期支付保险费，投保人支付首期保险费后，除合同另有约定外，投保人自保险人催告之日起超过三十日未支付当期保险费，或者超过约定的期限六十日未支付当期保险费的，合同效力中止，或者由保险人按照合同约定的条件减少保险金额。被保险人在前款规定期限内发生保险事故的，保险人应当按照合同约定给付保险金，但可以扣减欠交的保险费。”

我国《保险法》第三十七条规定：“合同效力依照本法第三十六条规定中止的，经保险人与投保人协商并达成协议，在投保人补交保险费后，合同效力恢复。但是，自合同效力中止之日起满二年双方未达成协议的，保险人有权解除合同。保险人依照前款规定解除合同的，应当按照合同约定退还保险单的现金价值。”

第四节 保险合同的履行

保险合同的履行是指保险合同当事人双方依法全面完成合同约定义务的行为。保险合同的履行分为两个方面：一是投保人义务的履行；二是保险人义务的履行。

一、投保人义务的履行

（一）如实告知

如实告知是指投保人在订立保险合同时必须将保险标的的重要事实，以口头或书面的形式向保险人作真实陈述。这是因为保险人在作承保选择以及保险定价时通常是根据投保人对保险标的的陈述来决定的，投保人对保险标的重要事实告知与否以及告知是否如实会影响保险人对风险的判断。所以，如实告知是投保人必须履行的首要义务，这样可以保证保险合同的信息对称，维护保险合同订立的公平公正。如果投保人违反如实告知义务，保险人可以解除合同，甚至可以不承担赔偿或给付保险金责任。

（二）交付保险费

保险合同是双务合同，交付保险费是投保人最基本的义务。财产保险合同成立后，如果投保人不能如期地交付保险费，保险人可以按一般债的关系，以诉讼方式请求投保人交付保险费或者可以解除保险合同，但通常不影响保险合同的效力，除非保险合同中特别约定。但保险人对人寿保险的保险费不得用诉讼方式要求投保人支付，不过投保人不交付保险费会影响合同的效力，有些人寿保险合同将交付保险费作为合同生效的前提条件。我国《保险法》第十四条规定：“保险合同成立后，投保人按照约定交付保险费，保险人按照约定的时间开始承担保险责任。”

（三）维护保险标的的安全

保险合同订立以后，投保人或被保险人应当遵守国家有关消防、安全、生产操作、劳动保护等方面的规定，维护保险标的的安全，不能因为有了保险而放松对保险标的安全的谨慎态度，这样会增加保险标的的危险程度，从而增加保险人的危险负担。所以，保险人有权对保险标的的安全状况进行检查，及时向投保人、被保险人提出消除不安全因素和隐患的书面建议，并经被保险人同意,可以采取安全措施。我国《保险法》第五十一条对投保人、被保险人维护保险标的安全的义务提出了基本要求,如果投保人、被保险人未按照约定履行其对保险标的的安全应尽责任的,保险人有权要求增加保险费或者解除合同。

(四)危险增加通知

保险合同订立以后,由于主观或客观的原因会产生保险标的危险增加的现象,投保人或被保险人应当将危险增加的有关情况及时地通知保险人,使保险人了解危险的真实状况,并根据危险的程度作加收保险费或者解除保险合同的选择。如果投保人或被保险人不履行危险增加通知,对保险人来说是不公平的,不仅使保险人在不知情的情况下承担了过度的风险,而且也破坏了保险的对价平衡,危险程度增加,投保人交付的保险费应该增加。所以,我国《保险法》第五十二条规定:"在合同有效期内,保险标的的危险程度显著增加的,被保险人应当按照合同约定及时通知保险人,保险人可以按照合同约定增加保险费或者解除合同。保险人解除合同的,应当将已收取的保险费,按照合同约定扣除自保险责任开始之日起至合同解除之日止应收的部分后,退还投保人。被保险人未履行前款规定的通知义务的,因保险标的的危险程度显著增加而发生的保险事故,保险人不承担赔偿保险金的责任。"

(五)保险事故发生的通知

投保人、被保险人或者受益人履行保险事故发生通知义务的主要目的是:第一,可以使保险人获得取证的时间,迅速调查事实真相,明确事故责任。第二,可以使保险人及时采取施救措施,避免损失的扩大。第三,可以使保险人有相对充裕的时间准备保险金。所以,保险事故发生后,投保人、被保险人或者受益人可以采用口头或书面的形式及时通知保险人,这也是被保险人或者受益人提出索赔的必要程序。我国《保险法》第二十一条规定:"投保人、被保险人或者受益人知道保险事故发生后,应当及时通知保险人。故意或者因重大过失未及时通知,致使保险事故的性质、原因、损失程度等难以确定的,保险人对无法确定的部分,不承担赔偿或者给付保险金的责任,但保险人通过其他途径已经知道或者应当及时知道保险事故发生的除外。"如有的重大疾病保险条款中规定,由于延误时间,导致必要证据丧失或事故性质、原因无法认定的,应由受益人承担相应的责任。又如有的人身保险条款规定,投保人、被保险人或者受益人应当承担由于通知延误致使保险公司增加的查勘费用。还如有的机动车辆保险条款中规定,投保人、被保险人逾期通知为违约行为,保险人有权拒赔或自书面通知之日解除合同,已赔偿的,保险人有权追回已付保险赔款。在保险实务中,如果投保人、被保险人或者受益人不能及时地履行保险事故发生的通知义务,很可能会因此丧失索赔的权利或者会因此增加费用支出。但大多数情况下,逾期通知不构成根本违约,保险人不能以此为由拒绝承担保险责任。

(六)出险施救

我国《保险法》第五十七条第一款规定:"保险事故发生时,被保险人应当尽力采取必要的措施,防止或者减少损失。"

这意味着投保人或者被保险人不能因为有了保险,就放弃对保险标的施救,而是有义务尽量减少保险标的的损失。确实在许多情形下,投保人或者被保险人处于较有利的施救地位,如果及时采取有效的措施,就可以防止损失的扩大,这样不仅可以减少保险赔款支出,而且可以减少社会财富损失。为了鼓励投保人或被保险人积极履行施救义务,我国《保险法》第五十七条第二款规定:"保险事故发生后,被保险人为防止或者减少保险标的的损失所支付的必要的、合理的费用,由保险人承担;保险人所承担的费用数额在保险标的损失赔偿金额以外另行计算,最高不超过保险金额的数额。"

（七）提供单证

我国《保险法》第二十二条规定："保险事故发生后，按照保险合同请求保险人赔偿或者给付保险金时，投保人、被保险人或者受益人应当向保险人提供其所能提供的与确认保险事故的性质、原因、损失程度等有关的证明和资料。保险人按照合同的约定，认为有关的证明和资料不完整的，应当及时一次性通知投保人、被保险人或者受益人补充提供。"

作为提出索赔要求的一方，投保人、被保险人或者受益人向保险人提供有关的证明和资料是义不容辞的，正所谓谁主张谁举证。这些证明和资料包括保险单或其他保险凭证、已交付保险费的凭证、保险标的的证明、被保险人的身份证明、必要的鉴定结论、损失评估书、索赔请求书等。倘若为确定保险人应当承担的保险责任，以及应当支付的赔偿金额，必须由技术专家或者保险公估机构对保险事故的原因、性质及保险标的损失程度进行调查和认定，那么由此产生的合理费用由保险人承担。我国《保险法》第六十四条规定："保险人、被保险人为查明和确定保险事故的性质、原因和保险标的的损失程度所支付的必要的、合理的费用，由保险人承担。"

如果投保人、被保险人或者受益人不能提供与确认保险事故有关的有效证明和资料，或者提供的证明和资料不真实、不准确、不完整，那么就会影响投保人、被保险人或者受益人的索赔权利，如果有过错，则要承担相应的过错责任。我国《保险法》第二十七条第三款规定："保险事故发生后，投保人、被保险人或者受益人以伪造、变造的有关证明、资料或者其他证据，编造虚假的事故原因或者夸大损失程度的，保险人对其虚报的部分不承担赔偿或者给付保险金的责任。"第二十七条第四款规定："投保人、被保险人或者受益人有前三款规定行为之一，致使保险人支付保险金或者支出费用的，应当退回或者赔偿。"

（八）协助追偿

在财产保险中，如果保险事故的发生涉及第三者责任方，则保险人向被保险人支付赔偿金后，享有代位求偿权，即保险人有权以被保险人的名义向第三者责任方追偿。由于保险人向第三者责任方追偿是以被保险人的名义，所以，被保险人在获得全部保险金的赔偿以后，有义务向保险人提供必要的文件和告知相关重要事实，如提供第三者的侵害事实、受损财产清单、权益转让书等，必要时出庭作证，为保险人向第三者责任方追偿提供一切可能的便利条件。我国《保险法》第六十三条规定："保险人向第三者行使代位请求赔偿的权利时，被保险人应当向保险人提供必要的文件和所知道的有关情况。"

二、保险人义务的履行

（一）承担保险责任

保险人按照法律规定或者合同约定的保险责任承担赔偿或给付保险金义务是保险人最基本的义务。保险人承担保险责任具体表现在以下几个方面：

1. 保险人承担保险责任的范围

保险人承担保险责任的范围包括赔偿或者给付保险金，支付合理的施救费用、争议处理费用和检验费用。

保险人除了要支付保险责任范围内的赔偿金或者保险金外，对于为减少保险损失而支出的合理施救费用，为明确保险责任而支出的争议处理费用，以及为鉴定损失原因和损失程度而支出的检验费用也承担赔偿责任。我国《保险法》对保险人应当承担的保险责任范围都做了相应的规定。

2. 保险人承担保险责任的时限

我国《保险法》第二十三条规定："保险人收到被保险人或者受益人的赔偿或者给付保险金的请求后，应当及时作出核定；情形复杂的，应当在三十日内作出核定，但合同另有约定的除外。保险人应当将核定结果通知被保险人或者受益人；对属于保险责任的，在与被保险人或者受益人达成赔偿或者给付保险金的协议后十日内，履行赔偿或者给付保险金义务。保险合同对赔偿或者给付保险金的期限有约定的，保险人应当按照约定履行赔偿或者给付保险金义务。保险人未及时履行前款规定义务的，除支付保险金外，应当赔偿被保险人或者受益人因此受到的损失。任何单位和个人不得非法干预保险人履行赔偿或者给付保险金的义务，也不得限制被保险人或者受益人取得保险金的权利。"

我国《保险法》第二十四条规定："保险人依照本法第二十三条的规定作出核定后，对不属于保险责任的，应当自作出核定之日起三日内向被保险人或者受益人发出拒绝赔偿或者拒绝给付保险金通知书，并说明理由。"

我国《保险法》第二十五条规定："保险人自收到赔偿或者给付保险金的请求和有关证明、资料之日起六十日内，对其赔偿或者给付保险金的数额不能确定的，应当根据已有证明和资料可以确定的数额先予支付；保险人最终确定赔偿或者给付保险金额的数额后，应当支付相应的差额。"

很显然，根据我国《保险法》的规定，保险人承担保险责任的时限分为三种情况：一是保险合同双方达成赔偿或者给付保险金协议的，保险人在达成协议后的十日内履行赔偿或者给付保险金的义务；二是保险合同对赔偿或者给付保险金有时限约定的，保险人在约定时限内履行赔偿或者给付保险金的义务；三是保险人在收到保险索赔资料之日起六十日内对赔偿或者给付保险金的数额不能确定的，保险人应当根据已有证明和资料可以确定的数额先予支付，保险人最终确定赔偿或者给付保险金额的数额后，应当支付相应的差额。保险人若不能如期履行赔偿或者给付保险金的义务，则要赔偿被保险人或者受益人因此受到的损失。

3. 保险诉讼时效

有关被保险人或者受益人对保险人请求赔偿或者给付保险金的权利是有时效规定的。我国《保险法》第二十六条规定："人寿保险以外的其他保险的被保险人或者受益人，向保险人请求赔偿或者给付保险金的诉讼时效期间为二年，自其知道或者应当知道保险事故发生之日起计算。人寿保险的被保险人或者受益人向保险人请求给付保险金的诉讼时效期间为五年，自其知道或者应当知道保险事故发生之日起计算。"

从我国《保险法》的规定来看，保险诉讼时效是一种权利消灭时效，即被保险人或者受益人在诉讼时效内不行使请求赔偿或者给付保险金的权利，则超过诉讼时效将丧失索赔的权利。

在保险实务中，某些保险险种的保险条款对索赔时限或者保险事故发生通知时限有一些特别的规定，这些特别的规定一般被理解为是保险合同双方约定的一项合同义务。如果被保险人或者受益人违反此项义务，则应当根据合同约定的违约责任承担相应的后果，但并非必然导致保险金请求权的丧失或放弃。此类特别约定不得与保险法或者相关法律关于诉讼时效的强制性规定相抵触，尤其不能违反公平原则。

（二）条款说明

保险合同是附合性合同，保险条款通常是由保险人事先拟订的，投保人只能作接受或不接受的选择。对于这样格式化的条款，由于专业性较强且技术复杂，投保人很难理解其中的意思。为了保证合同的公平和公正，保险人有义务将保险条款解释清楚，使投保人真正了解其购买的保险产品的保障范围，不至于因理解的偏差而得不到预期的保险保障，损害投保人的利益。

我国《保险法》第十七条第一款规定："订立保险合同，采用保险人提供的格式条款的，保险人向投保人提供的投保单应当附格式条款，保险人应当向投保人说明合同的内容。"

毫无疑问，如实告知是保险合同双方当事人都必须履行的义务，保险人也不例外。如果由于保险人没有履行保险条款的说明义务或者说明不实，而引起投保人或者被保险人对保险条款的重大误解或者使合同显失公平，则可能导致保险合同的相对无效，因为诚信是合同成立的基础。关于保险人对保险合同免责条款的说明义务，我国《保险法》第十七条第二款规定："对保险合同中免除保险人责任的条款，保险人在订立合同时应当在投保单、保险单或者其他保险凭证上作出足以引起投保人注意的提示，并对该条款的内容以书面或者口头形式向投保人作出明确说明；未作提示或者明确说明的，该条款不产生效力。"

之所以特别强调保险人对免责条款明确说明义务，主要是因为免责条款关系到投保人的切身利益，投保人应该清楚地知道什么样的风险和损失保险人是不承担责任的，投保人是得不到保障的。投保人什么样的行为是违约的，可能导致保险合同的失效，或者保险人不承担责任。如果在投保人没有搞清楚条款真实内容的情况下，保险人以免责条款为理由而不承担保险责任，很显然对投保人是不公平的。因此，保险人不仅要以书面形式将免责条款列明在保险合同中，而且要对投保人作详尽的说明，使投保人对此条款有足够的重视，并对条款有较为全面准确的认识。倘若保险人不能履行对免责条款的明确说明义务，那么此条款是不发生效力的，保险人不能以此为理由不承担保险责任。

（三）及时签发保险单证

根据我国《保险法》第十三条规定，投保人提出保险要求，经保险人同意承保，保险合同成立。保险人应当及时向投保人签发保险单或者其他保险凭证。保险单或者其他保险凭证应当载明当事人双方约定的合同内容。当事人也可以约定采取其他书面形式载明合同内容。

保险合同成立后，及时签发保险单或者其他保险凭证是保险人的法定义务。因为保险单或者其他保险凭证是保险合同订立的证明，也是履行保险合同的依据，所以，在有些保险条款中对保险人签发保险单证有时限规定，如果保险人不能在约定的时限内签发保险单证，保险人要承担相应的后果。

（四）为投保人、被保险人或再保险分出人保密

保险人或者再保险接受人在办理保险业务的过程中，对投保人、被保险人或者再保险分出人的业务和财务状况负有保密义务。保险人在处理保险业务时，不可避免地会了解到一些投保人、被保险人或再保险分出人的业务和财务情况以及个人隐私，保险人应该对此保密，不能向外透露，否则会损害投保人、被保险人或再保险分出人的利益。维护保险合同双方的利益是维持合同有效性、持续性的前提。

第五节　保险合同的争议处理

在保险合同的履行过程中，保险合同双方会因各种不同的原因而产生争议，但大部分争议的主要根源还是在于保险合同双方对合同条款内容的理解和认识上有歧义。虽然保险合同条款作为保险合同双方履约的依据会尽量追求内容完整、文字准确，但在保险实务操作中情况错综复杂，保险合同条款不可能包罗万象，难免有特殊情况或例外情况，需要对条款作特别的解释。所以，对保险合同条款真实意思的解释成为解决保险合同争议的关键，为此，逐步形成了

保险合同解释的原则。

一、保险合同的解释原则

保险合同的解释通常遵循以下原则：

(一)文义解释

文义解释是指在保险合同中所用一般文字和词语应该按该文字和词语的通常含义，并结合合同的整体内容来解释。在合同中出现的同一个词语，对它的解释应该是同一的。双方有争议的，以权威性工具书或专家的解释为准。在合同中所用的保险专业术语、法律专业术语或者其他行业的专业术语，有立法解释的，以立法解释为准；没有立法解释的，以司法解释、行政解释为准；没有立法、司法或行政解释的，应该以所属行业公认的特定含义、技术标准或者行业习惯来解释。

(二)意图解释

意图解释是指当保险合同条款中出现文义不清、用词混乱和含糊的时候，对保险合同的解释应该尊重当事人双方订约时的真实意思，并根据订约的背景和客观实际情况来分析和推定。如果合同的书面约定和口头约定不一致，以书面约定为准；如果保险单及其他凭证与投保单或其他合同文件不一致，以保险单及其他凭证中载明的内容为准；如果特约条款与基本条款不一致，以特约条款为准；如果保险合同条款内容因记载方式和记载先后不一致，则按批单优于正文、后批注优于先批注、手写优于打印、加贴批注优于正文批注的规则解释。这些规则更能反映合同当事人的真实意图。

(三)解释应有利于非起草人

由于保险合同条款通常是由保险人事先拟订的，保险人对合同条款的内容和含义更了解、更清楚，因此，当保险合同双方对条款内容的合理解释或者合理推定有两种以上，尤其是合同中的用词模棱两可时，法院或仲裁机关应当做出有利于非起草人的解释。我国《保险法》第三十条规定："采用保险人提供的格式条款订立的保险合同，保险人与投保人、被保险人或者受益人对合同条款有争议的，应当按照通常理解予以解释。对合同条款有两种以上解释的，人民法院或者仲裁机构应当做出有利于被保险人和受益人的解释。"

二、保险合同的争议处理

当保险合同双方发生争议时，解决争议的方式主要有协商和解、仲裁和诉讼三种。

(一)协商和解

协商和解是争议双方首选的方式，因为协商解决争议是建立在双方自愿诚信的基础上，充分交换意见，互作让步，达成共同接受的和解协议。这种自行解决争议的方式有许多好处：一是可以省时、省钱、省事，如果采用仲裁或诉讼方式，不仅费用很大，而且耗时较长，会给争议双方带来很多麻烦事，消耗精力。协商和解是在双方自愿的基础上自行解决争议，自然不会产生支付给第三方的费用，也不会经历漫长的时日。二是可以维持双方的友好关系，有利于合同的继续履行。三是处理争议的方式较为灵活，可以具体问题具体分析，实事求是地解决争议。但最大的缺点是和解协议不是终局性的，对合同双方没有约束力。如果协商不成，保险合同双方可以选择仲裁或者诉讼方式解决争议。

(二)仲裁

仲裁是保险合同双方当事人在争议发生前或者争议发生后，愿意把他们之间的争议交由共同认可的第三方进行裁决。仲裁以双方达成的仲裁协议为基础，仲裁机构可以是临时性的，也可以是常设的；仲裁人可以由双方自由指定，也可以由专业仲裁机构的仲裁人承担。仲裁方式不仅有协商和解省时省事、不伤和气的好处，而且费用也较诉讼方式节约，最大的好处是裁决由专业人士做出，具有良好的信誉和公正性，并且注重商业习惯，灵活性较大，有利于维持合同关系的继续。仲裁裁决是终局性的，对合同双方都有约束力。

（三）诉讼

诉讼是保险合同双方通过法院裁判解决争议的方式。诉讼由保险合同当事人一方提出，不需要得到另一方的同意。诉讼必须经过一定的法定程序，并支付相应的诉讼费用。诉讼的好处在于注重以法律为依据、以事实为准绳来处理争议，并且裁判结果对双方有约束力；诉讼的缺点是费时、费力、费钱，不利于双方继续维持合同关系。

复习思考题

1. 名词解释

保险人　投保人　被保险人　受益人　保险代理人　保险经纪人
保险公估人　保险合同　保险金额　定值保险　不定值保险
保险合同无效　自然终止　解除终止　保险合同中止　保险合同复效
保险凭证　附加条款　文义解释

2. 简述保险合同的特点。
3. 定值保险合同与不定值保险合同的区别是什么？
4. 保险合同由哪些部分构成？各部分的主要内容是什么？
5. 保险合同有效的法律要求是什么？
6. 试述各种保险合同订立凭证的用途和法律效力。
7. 我国《保险法》中规定了哪些情形使保险人具有解除保险合同的法定权利？
8. 试述保险合同自然终止的情形。
9. 投保人和保险人应该履行哪些保险合同的义务？
10. 投保人和保险人不履行保险合同义务会产生哪些后果？
11. 试述保险合同的解释原则。
12. 试述保险仲裁的特点。

第四章

保险基本原则

保险基本原则是保险合同当事人双方在订立、变更和履行合同过程中必须遵循的准则。保险关系作为一种民事法律关系，在调整这种关系中非常注重商业习惯，而保险基本原则就是在保险活动中逐渐形成且为人们所公认的保险习惯做法。遵循保险基本原则，有利于维护保险双方的合法权益，保证合同的正常履行。保险基本原则有最大诚信原则、保险利益原则、损失补偿原则、代位求偿原则、重复保险分摊原则和近因原则。

第一节　最大诚信原则

一、最大诚信原则的含义

最大诚信原则是保险基本原则中最重要的原则，它是保险合同关系得以建立和维持的基础。保险合同是诚信合同，合同的订立必须是主体有诚意，合同的履行必须是主体守信用。最大诚信原则的含义可以表述为：保险合同双方在订立和履行保险合同时，必须保证最大限度的诚意和最高度的诚实，双方都应恪守信用，履行合同约定的义务，互不欺骗和隐瞒，否则会影响合同的效力。

从理论上来讲，最大诚信原则对保险人、投保人或被保险人具有同样的要求，但是在实际规定中更主要是针对投保人和被保险人，要求他们更多的诚信。最大诚信原则之所以要求投保人、被保险人更多的诚信，是因为保险合同双方在保险关系中的地位不同。投保人作为转移风险的一方，对保险标的的危险情况最清楚，并且可以在保险合同订立之前了解有关保险合同的情况，特别是保险条款的内容，然后决定是否投保和如何投保。这样，投保人在保险关系中处于主动的地位。保险人是承担风险的一方，对保险标的危险情况的了解除了有限的调查外，主要是根据投保人的陈述和申报来决定是否承保和如何承保。倘若投保人陈述不实或有意隐瞒和欺骗，保险人是很难及时发现的，因而保险人处于相对被动的地位。为了保证保险关系的公平和公正，最大诚信原则对投保人、被保险人的诚信必须有更多的要求和规定。

最大诚信原则对保险人诚信要求的原因是由于保险条款是保险人事先拟订的，具有较强的专业性和技术性，保险人是否诚实地告知保险条款的内容，关系到投保人或被保险人对保险产品和保险条款的选择。另外，保险人是否守信用地履行赔偿或给付保险金的义务，关系到被保险人或受益人的保险保障。

二、最大诚信原则的主要内容

最大诚信原则主要有两方面的要求，这也是最大诚信原则的两条重要法理，它构成了最大诚信原则的内容。

(一)如实告知

1. 如实告知的概念

如实告知又称重要事实的申报。在订立和履行保险合同时,投保人要将与保险标的有关的重要事实如实地向保险人作声明、申报和陈述,这也是投保人的如实告知义务。根据我国《保险法》的有关规定:重要事实是指足以影响保险人决定是否同意承保或者提高保险费率的因素和事实。保险人的告知义务主要表现在对保险条款的说明义务和对免责条款的明确说明义务。根据我国《保险法》的相关规定,如果订立保险合同时,采用的是保险人提供的格式条款,那么保险人应当在投保单后附上格式条款,并向投保人说明合同的内容。保险人就保险标的或者被保险人的有关情况提出询问的,投保人应当如实告知。

2. 如实告知的范围

在如实告知义务的履行中,到底要告知到什么程度才算如实告知呢?国际上有两种告知义务,一种是"无限告知"义务,另一种是"询问回答"义务。根据我国《保险法》第十六条第一款规定:"订立保险合同,保险人就保险标的或者被保险人的有关情况提出询问的,投保人应当如实告知。"这表明我国是采用"询问回答"义务,即保险人需要了解的有关事项,向投保人进行询问,只要求投保人如实回答即可。具体做法是,保险人根据不同的保险险种,列出询问表,通常就列在投保单上,让投保人逐项填写,投保人只要依照表上所提的问题如实填写,就不负其他任何声明义务。凡在表中或投保单上所列事项被推定为重要事项。除了在投保时投保人必须如实告知外,在保险合同履行过程中,投保人或被保险人也必须将重要事实告知保险人,这主要是指保险标的危险增加通知和保险事故发生通知。另外还有续约时的告知义务、合同效力中止后复效时的告知义务、保险合同变更时的告知义务、重复保险告知义务等。

3. 如实告知义务的履行期

履行如实告知义务是有一定期限的,超过规定的期限尚未履行告知行为的就算违反了告知义务。一般来说,如实告知义务的履行期为保险合同订立之前或在订立保险合同时,即从投保人提出投保申请时起到保险合同成立时止。投保人如果在投保单上遗漏了重要事项,可在合同订立时更正,这样不能算作违反如实告知义务。有关危险增加通知、保险事故发生通知和保险合同变更通知的履行期一般在合同中有相应的时间规定,因为不同的保险险种会有不同的告知义务。

4. 如实告知义务的违反

违反如实告知义务的情况主要有四种:一是未申报,也称漏报,指投保人虽然知道事实,但不知道该事实的重要性,或者由于疏忽,将应该告知的事实而未告知保险人;二是作错误的申报,也称误报,指投保人虽然将有关的事实告知了保险人,但是告知不实或者申报不准确,造成保险人对投保信息掌握有误;三是隐瞒,也就是故意不申报,指投保人已经知道事实,也了解事实的重要性,但是故意不将有关事实告知保险人;四是欺骗,也就是故意误报,指投保人对重要事实故意做出错误的申报。

5. 违反如实告知义务的后果

对于违反如实告知义务的行为,保险人会根据性质的严重程度,按照法律的规定或合同的约定,做出相应的处理。根据我国《保险法》第十六条的规定,投保人故意或者因重大过失未履行规定的如实告知义务,足以影响保险人决定是否同意承保或者提高保险费率的,保险人有权解除合同。该合同解除权自保险人知道有解除事由之日起,超过三十日不行使而消灭。自合同成立之日起超过二年的，保险人不得解除合同；发生保险事故的，保险人应当承担赔偿或者给付保险金的责任。投保人故意不履行如实告知义务的，保险人对于合同解除前发生的保险事故，不承担赔偿或者给付保险金的责任，并不退还保险费。投保人因重大过失未履行如实告知义务，对保险事故的发生有严重影响的，保险人对于合同解除前发生的保险事故，不承担赔偿责任或者给付保险金的责任，但应当退还保费。保险人在合同订立时已经知道投保人未如实告知的情况的，保险人不得解除合同；发生保险事故的，保险人应当承担赔偿或者给付保险金的责任。

6. 如实告知义务的免除

在特殊情况下，投保人也可以不履行如实告知义务，这主要指保险人已经知道或者在通常情形下应该知道的事实，或者保险人及其代理人已经声明无须告知的事实，就可以免除投保人的如实告知义务。

(二)保证

保证在保险合同的订立和履行过程中有着十分重要的意义，是保险合同最大诚信原则的内容之一。保证通常经保险合同双方的同意写入合同的内容中，作为一项重要条款，称为保证条款。保证是指保险人要求被保险人保证做或保证不做某事，或者保证某种事态存在或不存在。保证分为明示保证和默示保证两种。

1. 明示保证

明示保证是指以保险条款的形式在保险合同内载明的被保险人应当的作为或不作为的保证。明示保证有承诺保证和确认保证之分。承诺保证是指被保险人保证做或不做某事，不管是现在还是将来。例如，汽车保险条款中订明："被保险人或其雇佣的司机，对被保险的汽车应妥善维护，使其经常处于适宜驾驶的状态，以防止发生事故。"这一条款是对被保险人要求的承诺性保证，被保险人必须一直使汽车处于适宜驾驶的状态，否则，在汽车发生损失时，保险人可以拒绝赔偿，保险人也因此可以解除合同。确认保证是指被保险人保证某种事态现在存在或不存在，或者保证某种事态将来存在或不存在。例如，在人寿保险中，保险人要求投保的被保险人必须身体健康，被保险人在保险单内写明身体健康，这项保证健康的允诺，只要被保险人在签订保险合同时确认是健康的，合同就能成立。至于将来被保险人在保险期间患病，甚至死亡，都不属于违反保证。但如果被保险人在签订保险合同时身体不健康，保险人就可以被保险人违反保证为由，不履行保险金给付责任。

2. 默示保证

默示保证是指习惯上或社会上公认的被保险人应当的作为或不作为的保证。默示保证一般是按照国家法令和有关管理条例以及国际公约对被保险人做出的保证要求，而不需要在保险合同中载明。尽管默示保证没有在保险合同中载明，但它与明示保证一样，被保险人必须遵守，如有违背或破坏默示保证的，保险人有权解除合同，不承担赔偿或给付保险金的责任。默示保证在海上保险中运用较多，如在船舶保险中，保险船舶必须有适航能力是一项默示保证，如果保险船舶不适航，那么保险人不仅在保险事故发生后拒绝赔偿保险金，而且可以视保险合同为无效合同。

根据习惯法，保证是最严格的法律原则，被保险人只有做到有关的保证事项，保险责任才会开始。保证是保险人履行保险责任的前提条件，任何违反保证的行为，都能使保险人解除合同。但在实务操作中，除了海洋运输货物保险还遵循严格的习惯法外，大多数保险合同只按合同中保证条款的规定承担法律后果。

(三)自动弃权和禁止反言

正由于最大诚信原则被更多地用作约束投保人或被保险人的行为规则，自动弃权和禁止反言被用作约束保险人行为的规则，以真正体现保险合同的诚信原则和公平原则。

1. 自动弃权

自动弃权是指合同的一方自愿地放弃其在保险合同中可以主张的某种权利。如果保险人自愿地放弃合同中的某种权利，以后保险人就不能以这种权利被违背为理由拒绝履行保险责任。例如，美国汽车保险的条款中规定，汽车的行驶区域为本国境内，否则保险人不承担赔偿责任，并可以解除合同。但是，被保险人在投保时告诉保险人在合同期间他将驱车去加拿大旅行，而保险人仍与被保险人签订了汽车保险合同，并收取了保险费。那么，一旦被保险人在加拿大的旅行过程中保险汽车发生保险事故受损，保险人就不能以汽车行驶区域超过了合同限制为理由而不承担保险赔偿责任，也不可以解除合同。因为保险人与被保险人签订合同、收取保险费的行为就是保险人对限制汽车行驶区域权利的自动放弃。

2. 禁止反言

禁止反言是指合同的一方既然已经自动地放弃了其在保险合同中可以主张的某种权利，那么就不能反悔，重新主张这种权利。例如，被保险人打电话给汽车保险代理人要求延期缴付保险费，代理人答复他保险公司对逾期保险费的缴付有 10 天的宽限期，而实际上保险公司没有这样的规定。如果被保险人在所谓的宽限期内发生车祸，保险人不能以被保险人没有按时缴付保险费为理由来拒绝赔偿损失。这是因为被保险人相信保险代理人的陈述被推定为合理的行为，如果允许保险人推翻其代理人所作的陈述，那是不公正也是不公平的。保险人应该对其代理人的行为负责，不能随意改变代理人所作的陈述，或承诺去损害被保险人的利益。

自动弃权和禁止反言原则旨在保护被保险人的利益，防止保险人因翻供而造成对被保险人的损害。

第二节　保险利益原则

一、保险利益原则的含义

保险利益原则是保险基本原则中最基础的原则，它是保险合同有效的前提条件。坚持保险利益原则可以防止将保险变为赌博行为，预防道德风险。保险利益是指投保人对保险标的具有法律上承认的利益。保险利益的通俗含义就是投保人对保险标的具有的利害关系，具体表现为，当保险标的安全无损时，被保险人就会因此受益，当保险标的遭受损毁时，被保险人就会受到损害。比如，你拥有一辆汽车，如果汽车完好无损，你不仅可以将汽车用作交通工具，而且可以将汽车出租或出售来获得经济收益。如果汽车被损坏或者遭偷窃，你非但失去了交通工具，更谈不上出租或出售汽车，经济上会受到损失。因此，你对汽车的所有权决定了你与汽车存在经济利益关系，你对汽车具有保险利益。

二、规定保险利益原则的目的

(一)可以防止将保险变为赌博行为

保险与赌博是有本质区别的，保险不是赌博行为。但是如果不遵循保险利益原则，不要求投保人或被保险人对保险标的具有保险利益，保险就可能演变为赌博行为。比如，投保人将与自己毫无利害关系的财产作为保险标的进行投保，并确定自己为被保险人，那么当保险标的发生保险事故而遭受损失时，投保人不会受到任何损失，相反可以得到远远高于所缴保险费的保险赔偿，获得额外的经济利益。如果保险事故没有发生，投保人则丧失所缴的保险费，这无异于下赌注，赌保险事故是否发生，保险变成了一种赌博行为。所以，规定投保人或被保险人在投保时或损失发生时对保险标的具有保险利益，就可以有效防止赌博性质的保险行为，真正保障投保人或被保险人正当的保险利益。

（二）可以减少道德风险

如果投保人或被保险人对保险标的没有利害关系，那么就有可能使怀有不良动机的投保人或被保险人为牟取保险赔款或保险金而故意制造保险事故或纵容保险事故发生，产生道德风险。例如在人寿保险中，一个与被保险人无任何血缘关系、婚姻关系或其他经济利益关系的人为被保险人投保意外伤害保险，并指定自己为受益人，于是他就会希望被保险人遭遇意外死亡，甚至产生谋杀被保险人的动机，以获取保险金。因为如果他不能从保险中获利，他是没有理由专为一个与他毫无关系的人投保而花费保险费的。但如果投保人是被保险人的父母，情形就不一样了，父母为获取保险金而希望自己的子女遭遇不幸或谋杀子女是难以想象的。在财产保险中也是如此，由于投保人或被保险人与保险标的存在利害关系，参加保险是为了获得一种经济保障，即使保险标的因保险事故而遭受损失，被保险人最多也只能得到损失的补偿，而不能额外获利。所以，保险利益的规定可以杜绝以牟取保险金为目的的保险，防止道德风险的产生。

（三）可以衡量赔偿的限度

保险利益是保险人衡量对被保险人经济损失赔偿程度的尺度。也就是说被保险人对保险标的具有多少保险利益，那么保险人赔偿的最高限度不会超过被保险人所具有的保险利益，这一点主要体现在补偿性质的财产保险中。运用保险利益作为保险人赔偿限度的依据，可以防止被保险人获得超过保险利益的赔偿金。举例说明如下：假定一家企业向银行申请贷款100万元，银行为了保证能够收回贷款，要求企业将价值200万元的厂房作为企业贷款的抵押品。而作为抵押品的厂房如果遭受火灾等灾害事故的损失，也会影响银行的贷款收回，因此，银行要求企业必须对抵押的厂房投保，并将银行指定为拥有赔偿优先权的受益人。如果企业投保200万元财产保险的厂房在保险有效期内不幸遭受保险事故而全部损失，那么银行可以获得的保险赔款应该是100万元，而不是200万元，因为银行所具有的保险利益只有100万元，是获取赔款的最高限额。不坚持保险利益原则，就可能引起投保人的不当得利。银行只为企业贷款100万元，却因为保了险，可以获得超过100万元以上的保险赔偿金，那是不公平的。所以，保险利益是衡量被保险人损失限度的标准。

三、保险利益成立的要件

我国《保险法》第十二条第六款规定：“保险利益是指投保人或者被保险人对保险标的具有的法律上承认的利益。”保险利益必须符合以下要件：

（一）保险利益应为合法的利益

投保人对保险标的所具有的利益必须是法律所认可的利益。很显然，只有法律上可以主张的合法利益才能得到国家法律的保护。比如，张某为其违章搭建的房屋投保房屋保险，张某认为自己一直住在搭建的房屋内，房屋的安全与否与自己有切身的利害关系，况且自己搭建房屋还花了一些钱，因此对房屋有保险利益。尽管张某对违章搭建的房屋有一定的经济利益，但这种经济利益是非法的利益，不被法律所认可，因此也不可能成为保险利益。保险是不会保障非法利益的，非法利益也不会通过保险成为合法利益。又比如李某每天上班的最佳线路是走越江隧道，路近且省钱省时间，可以说隧道的安全与否与李某存在一定的利害关系，因为如果隧道塌方，李某就要绕道上班，不仅路远，而且费时费钱。但李某与隧道的这种经济利害关系是不可能推定李某对隧道有保险利益，李某不可能作为投保人投保隧道保险，否则，所有过隧道的人都可以为隧道投保了。因此，李某对隧道的利益是不被法律认可的，不会受到法律的保护，自然也不能成为保险利益。

（二）保险利益应为经济上有价的利益

由于保险的经济保障和补偿职能是通过货币支付的形式来实现的，也就是说投保人的保险利益必须是可以用货币来衡量的，否则就无法实施真正的经济保障和补偿。所以，无法用货币计量的利益不能成为保险利益。比如你拥有一本家族历代相传的家谱，尽管从感情上来说家谱对你是弥足珍贵的，但从真正的市场经济价值来衡量，你的家谱对别人也许就不值钱，或者是无法用金钱来衡量的，因此家谱不能成为可保财产。另外日记、账簿、纪念品等也因无法用货币衡量价值而不能成为可保财产。在人寿保险中，尽管人的生命无法用货币衡量，但是人的生命确实与一定的经济利益相关，如作为家庭经济支撑的父亲突然因车祸过世，其结果不仅给家庭其他成员带来了沉重的感情打击，也带来了巨大的经济困难。又如，债权人会因为债务人的意外死亡而遭受经济损失。因此，人寿保险的特殊性决定了人寿保险利益是定额的，其保险金额由保险人和投保人共同商定。

（三）保险利益应为确定的利益

保险利益的确定性是指投保人对保险标的具有客观上或事实上已经存在的利益，或者根据法律、法规或合同的约定在将来可以实现的利益。它包含两个层次：一是现有利益；二是期待利益。这种客观存在的现有利益或期待利益是确定的、可以实现的，而不是投保人主观臆断的、不可实现的利益。比如，张三购买了价值100万元的房屋，则张三因对房屋的所有权所产生的100万元的现有利益是客观存在的、确定的。同时，张三对房屋还可能有期待利益，如将房屋出租所获得的租金收入。保险利益的确定性还强调保险利益必须是可以实现的，比如，80岁的王燕是王刚的姐姐，王刚有3个儿子、2个女儿、5个孙子、4个孙女。如果根据《继承法》的继承顺序，王燕是有继承王刚遗产的资格和权利，但是要实现这种权利几乎是不可能的，前提条件是王刚的所有子孙都已死亡或者都放弃继承权。很显然，由王燕获得王刚遗产的利益是不可能实现的。所以，投保人对保险标的具有的保险利益不仅应为可以确定的利益，还应为可以实现的利益。

（四）保险利益应为具有利害关系的利益

投保人对保险标的的保险利益应是一种对投保人具有利害关系的利益。这表示投保人对保险标的的利益不仅是确定的、合法的、有经济价值的，而且是与投保人息息相关的。如果保险标的受损或者保险标的不存在了，则投保人会遭受经济损失或者精神伤害。因此，投保人与保险标的之间不存在利害关系，投保人是不能为保险标的投保的，即使签订了保险合同，也是无效的。这也是保险利益原则的目的所在，否则会产生大量的道德风险。

四、各类保险的保险利益

由于各类保险所承担的风险是不同的，所以产生保险利益的原因也不一样，构成保险利益的内容也有区别。了解在财产保险、责任保险和人身保险中的保险利益，有助于加深对保险利益原则的理解，更好地在保险合同的订立和履行过程中运用保险利益原则。

（一）财产保险的保险利益

财产保险的保险利益有多种形态，构成了财产保险利益的基本内容，它包括财产所有利益，财产保管、经营和占有利益，财产债权债务利益，财产预期利益，等等。

1. 财产所有人对其所有的财产或与他人共有的财产具有保险利益

如果财产遭受损失，财产所有人就会在经济上受到损失，所以，所有权是最常见的财产保险的保险利益。

2. 财产的受托人、保管人、承租人、承包人、承运人等对暂时占有的他人财产具有保险利益

如洗衣店对顾客的衣服、汽车修理厂对维修的车辆、行李寄放处对寄放的行李、承运人对托运的货物、承建商对在建工程的财物、遗产管理人对受托的遗产等都有保险利益，因为上述受托人、保管人、承包人或承运人由于法律或合同的规定对暂时占有的他人财产负有照料、保管和运输的责任，如果托管的财产发生损失，财产的托管人要承担民事赔偿责任。所以，财产的托管人对托管的财产具有经济上的利害关系，有保险的利益。

3. 债权人对债务人的抵押财产或留置物具有保险利益

如在抵押关系中，抵押贷款的放款人对债务人的抵押财产具有经济上的利害关系。又如在留置关系中，债权人对其合法留置的债务人的财产具有经济上的利害关系。因为在债务人不能清偿债务时，债权人有权处理作为抵押物或留置物的债务人的财产，并从中优先得到补偿。所以，作为抵押物或留置物等债务人的财产遭受损失，债权人的经济利益也会受到损害，债权人对债务人的抵押物或留置物具有保险利益。

4. 财产所有人、管理人、承运人等对财产的预期利益具有保险利益

如企业经营管理人对企业财产的预期利润有保险利益，因为企业的财产遭受保险事故的损失，企业的预期利润就会丧失。又比如，房屋所有人对出租房屋的租金收入有保险利益，因为如果房屋遭受损失，房屋所有人的租金收入就会受到影响。再比如，承运人对于运输货物的到付运费有保险利益，因为倘若运输途中的货物受损，承运人的运费收入也会减少。所以，财产的损毁会导致财产的有关利害关系方预期利益的丧失，产生相应的保险利益。

（二）责任保险的保险利益

责任保险的保险利益可以由法定的或合同约定的责任利益产生，如民事赔偿责任利益、雇主责任利益、产品责任利益等。商店对因电梯故障造成顾客的人身伤害和财产丧失负有民事赔偿责任，核电站对因核污染或核泄漏造成的公众损害要承担民事赔偿责任，产品制造商或销售商对因产品缺陷造成使用者的人身伤亡或财产损失负有民事赔偿责任，工程设计人员、医生、会计师、律师等对因工作失误或疏忽造成的设计错误、医疗事故等承担法律责任。因此，凡是承担民事法律责任或合约责任的有关利害关系人对责任保险均有保险利益。

（三）人身保险的保险利益

1. 人身保险的保险利益

投保人为自己的生命或身体进行投保无疑是具有保险利益的，但是如果投保人为他人购买人身保险，则必须与被保险人存在血缘关系、婚姻关系或其他经济利益关系，才符合保险利益原则的要求。例如，夫妻之间可以互相为对方投保人寿保险，父母可以为子女购买人身保险，子女也可以为父母购买人身保险。因为被保险人的人身伤亡不仅使投保人在精神上受到伤害，而且有可能在经济上也受到损失。又例如，一家企业的老板可以为其高级职员投保人身

意外伤害保险，因为如果高级职员发生意外伤亡，企业的收入和利润就可能减少，造成企业老板经济利益的损失。所以，企业老板和高级职员之间存在着经济利益关系，有保险利益。同样，一个无担保或抵押贷款的债权人对债务人的人寿保险具有保险利益，因为如果债务人不幸身故，债权人就无法收回贷款，导致经济利益的丧失。

根据我国《保险法》第三十三条的规定，投保人不得为无民事行为能力人投保以死亡为给付保险金条件的人身保险，保险人也不得承保。父母为其未成年子女投保人身保险，不受此规定限制。但是，因被保险人死亡给付的保险金不得超过国务院保险监督管理机构规定的限额。

根据我国《保险法》第三十四条的规定，以死亡为给付保险金条件的合同，未经被保险人同意并认可保险金额的，合同无效。按照以死亡为给付保险金条件的合同所签发的保险单，未经被保险人书面同意，不得转让或者质押。但父母为其未成年子女投保的人身保险不受此规定限制。

我国《保险法》的上述规定，都是为了防范人身保险中的道德风险。

2. 人身保险的保险利益的表达方式

人身保险的保险利益表达方式有两种：一是“定义式”；二是“列举式”。英美法系国家的保险立法多采用“定义式”表达，大陆法系国家的保险立法多采用“列举式”表达。

3. 人身保险利益的确认原则

正因为人身保险的特殊性和复杂性，世界各国的保险立法对人身保险利益的确认原则有不同的说法。比如，英、美等国采用“利害关系原则”，也称“利害关系论”，即只要投保人与被保险人之间存在利害关系，则视投保人对被保险人具有保险利益；又比如日、德、瑞士等国采用“同意原则”，也称“同意论”，即只要投保人征得被保险人同意，则视投保人对被保险人具有保险利益；还有些国家采用“法定原则”，即通过法律形式来定义或者列举保险利益的范围；有些国家采用“混合原则”，即将上述几种确认方式结合起来，比如既要符合法定原则又要符合同意原则。

根据我国《保险法》第三十一条的规定，投保人对下列人员具有保险利益：本人；配偶、子女、父母；与投保人有抚养、赡养或者扶养关系的家庭其他成员、近亲属；与投保人有劳动关系的劳动者。除此之外，被保险人同意投保人为其订立合同的，视为投保人对被保险人具有保险利益。由此可见，我国采用“混合原则”。

五、保险利益存在的时间

对财产保险的保险利益存在时间与对人身保险的保险利益存在时间的要求规定是不同的。根据我国《保险法》第十二条的规定，人身保险的投保人在保险合同订立时，对被保险人应当具有保险利益。财产保险的被保险人在保险事故发生时，对保险标的应当具有保险利益。

(一)人身保险利益存在的时间

人身保险强调保险利益必须在订立保险合同时存在，如果订立人身保险合同时，投保人对被保险人不具保险利益，则合同是无效的。这意味着允许有些人身保险合同在保险有效期内，保险利益发生了变化，投保人不再对被保险人具有保险利益，但合同仍然继续有效。例如，丈夫为妻子投保终身寿险，丈夫为投保人和受益人，妻子为被保险人。寿险合同订立多年后，夫妻双方离婚，婚姻关系终止，丈夫对妻子不再具有保险利益，但寿险合同继续有效。这是因为人寿保险首先是定额保险，不是补偿性保险；其次，人寿保险单是有价证券，人寿保险中含有储蓄因素，并且随着保险年限的增加，保险金中保障的部分逐渐为储蓄因素替代，最终全部成为储蓄部分。所以，在人身保险中，当保险事故发生时或者保险事件出现时通常不再追究投保人与被保险人之间、受益人与被保险人之间是否具有保险利益。在此案中，夫妻离婚后，妻子作为被保险人可以选择是否变更投保人和受益人，但不影响寿险合同的有效性。

（二）财产保险利益存在的时间

财产保险强调保险利益必须在损失发生时存在，如果在损失发生时被保险人对保险标的不具有保险利益，那么被保险人不能获得保险赔偿金。这样的规定出于两种考虑：第一，在投保人与被保险人不是同一人的情况下，投保人只负有交付保险费的义务，不是受保险合同保障的人，因此，不要求投保人对保险标的具有保险利益。第二，当投保人与被保险人是同一人时，允许有些财产保险合同的投保人在订立合同时可以对保险标的不具有保险利益，但是预料在将来一定具有保险利益，即要求在损失发生时被保险人必须对保险标的具有保险利益。例如，在海洋运输货物保险中，如果买卖货物双方以 FOB 价格成交，那么是由买方购买保险，而买方在购买保险时对货物尚不具有保险利益，因为货物在装船前的所有权归卖方，货物风险由卖方承担，只有当货物过船舷时所有权才从卖方转移到买方，由买方承担货物风险。所以，按照保险利益原则，买方在投保时对货物不具有保险利益是不能成为海洋运输货物保险的投保人的，但这种否定买方作为投保人的做法又显然有碍进出口贸易的进行，因此，在海洋运输货物保险中，保险人同意买方在暂时对保险标的还无保险利益的情形下可以为保险标的投保，并确认保险合同可以生效，但可赔条件是保险人只在买方对货物拥有保险利益时才履行赔偿责任。倘若货物在装船前发生保险事故受损，买方虽然保了险，也得不到保险赔款，因为此时货物所有权仍属于卖方，货物遭受损失时对买方的经济利益不造成任何影响，买方不具备保险利益。

但在大多数保险合同中，只要投保人与被保险人是同一人，则保险利益必须始终贯穿于整个保险合同的有效期内，以防止道德风险。

第三节 损失补偿原则

一、损失补偿原则的含义

损失补偿原则是保险合同基本原则中很重要的原则，关系到保险人的赔偿责任和被保险人获得补偿的限度。损失补偿原则适用于补偿性的保险合同。损失补偿原则是指保险标的发生保险事故后，保险人仅对被保险人所遭受的实际损失在保险金额范围内予以经济补偿。这意味着被保险人得到的补偿不能超过其实际遭受的损失，保险人的赔偿责任只在于使被保险人恢复到受损前的经济原状，而非通过保险赔付使被保险人的经济状况比损失前好。损失补偿原则的规定是为了防止投保人或者被保险人通过保险而获得不当利益，减少道德风险，这也体现了保险与赌博行为的本质区别所在。

二、损失补偿原则的内容

（一）补偿是对保险责任范围内的损失进行补偿

保险人仅对被保险人因遭受保险责任范围内的危险事故所致的损失予以赔偿，而对保险责任范围以外的原因所致的损失以及保险责任期限以外的损失不承担赔偿责任。

（二）补偿以实际损失为限

保险人通常是以发生损失时保险标的的实际现金价值来作为确定保险标的实际价值的标

准，并以保险标的的实际现金价值作为衡量保险标的损失程度的基础和受损标的补偿的最高限额。保险标的实际现金价值的计算方法为：

实际现金价值＝重置成本－折旧

重置成本是指保险标的损失时的完好市场价格。假如一幢建筑物投保时的市场价格为300万元，建筑物的投保金额也为300万元。在保险有效期内建筑物不幸遭火灾而全部焚毁，损失时建筑物估计的重置成本为350万元，折旧为70万元，则建筑物损失时的实际现金价值为280万元，保险人只能赔偿被保险人实际损失280万元。又假如一套摄影设备投保时的市场价格为30万元，保险金额也为30万元。摄影设备因火灾全损时的重置成本为25万元，如果摄影设备折旧为5万元，保险人只能按被保险人的实际损失赔偿20万元，而不是按保险金额30万元赔偿。因为被保险人拿20万元就能获得一套同样的摄影设备，保险人补偿了被保险人的损失，否则，被保险人不仅可以从保险中得到损失补偿，而且还能从保险中额外获利10万元，这显然是有失公正的。但必须说明的是，以实际损失为限的规定只适用于不定值保险，定值保险是不受保险标的受损时市场价格波动的影响的。

（三）补偿以保险金额为限

保险金额是保险人支付给被保险人赔偿金额的最高限额，赔偿金额绝对不会超过保险金额。如上述例子中，如果摄影设备遭受全损时的重置价值为40万元，折旧为5万元，那么保险人根据损失补偿原则只能赔偿被保险人30万元，尽管被保险人的实际损失是35万元，但赔款必须在保险金额范围内，以保险金额为限，因为保险金额是被保险人自愿选择的需要保障的最高金额，它也是计算保险费的依据。

（四）补偿以保险利益为限

被保险人对保险标的的保险利益是被保险人索赔的最高限额，保险人对被保险人的赔偿不会超过被保险人对受损标的所具有的保险利益。比如某投保人为其所有的房屋投保了20万美元的财产保险，在保险有效期内，投保人将其房屋中价值10万美元的房屋出售给他人。房屋出售后，所有房屋遭洪水冲毁，保险人对被保险人的赔偿为10万美元，因为被保险人遭受损失时对房屋的保险利益只有10万美元，而另外10万美元的房屋保险利益已不属于被保险人，被保险人只能获得其保险利益为限的赔偿。

不管补偿是以实际损失为限，还是以保险金额为限，或是以保险利益为限，保险人对被保险人的损失赔偿以三者中的最低者为准。

（五）被保险人不能从保险补偿中额外获利

被保险人通过保险补偿能够恢复到受损前的经济状态，但不能因此获得更多的利益。被保险人可能从保险中获利的情况有：

(1)如果保险标的遭受损失后仍有残值，则保险人支付给被保险人的赔款应扣除残值。比如海上运输货物在运输途中遭遇暴风雨，造成货物进水受损，假定货物保险金额为70万美元，货物到达目的港的残值为5万美元，那么保险人的赔偿金额应为扣减残值后的65万美元。

(2)如果保险事故是由于第三者责任方造成的，那么保险人可以根据保险合同对被保险人履行赔偿责任，但被保险人必须将其向第三者责任方索赔的权利转让给保险人。被保险人不能既从保险人那儿获得损失赔偿，又从第三者责任方那儿获得损失赔偿，这样会造成被保险人遭受一份损失，却可以得到双重的补偿。比如投保人为自己的汽车投保30万元的汽车保险，投保后汽车与其他汽车发生碰撞，造成车损10万元，若碰撞责任全部由对方汽车驾驶员负责，则被保险人可以从保险人那儿获得10万元的赔款，然后由保险人代替被保险人向对方驾驶员索赔 10 万元。被保险人也可以直接向肇事驾驶员索赔 10 万元，但保险人不再履行赔偿被保险人的责任。总之，被保险人损失多少只能获得多少赔偿，不能不当得利。当然这里不包括人身保险，大多数人身保险不适用损失补偿原则。

(3)如果被保险人将同一保险标的向多家保险公司同时投保，那么保险标的遭受保险事故时，被保险人只能获得实际损失的赔偿，并且在保险总金额的范围内，赔偿总金额不得超过受损标的的实际现金价值。比如投保人先后向 3 家保险公司投保家庭财产保险，甲保险公司承保的保险金额为 20 万元，乙保险公司承保的保险金额为 40 万元，丙保险公司承保的保险金额为 30 万元。在保险有效期内，被保险人的家庭遭受火灾，财产损失 20 万元。而此时被保险人家庭财产的总价值是 90 万元。被保险人可以从 3 家保险公司中获得不超过 20 万元的总赔款，而不是从 3 家保险公司中各获得 20 万元的赔款。因为被保险人如果可以从各家保险公司中都获得 20 万元的赔款，那么就获得了超过实际损失的补偿，被保险人在保险中额外获利 40 万元。这是不符合损失补偿原则的。倘若被保险人遭受火灾的财产损失是 50 万元，则被保险人可以从 3 家保险公司处获得总赔款 50 万元，尽管赔款总额超过了各家保险公司各自的保险金额限额，但由于总赔款没有超过保险标的的总价值，即保险财产的实际现金价值 90 万元，并且也在保险总金额 90 万元的限额内，所以被保险人获得实际损失 50 万元的赔款是合理的，没有额外获利。

三、损失赔偿方式

根据不同的承保方式，损失赔偿方式可分为比例赔偿方式、定值保险赔偿方式、第一损失赔偿方式和限额责任赔偿方式等。

(一)比例赔偿方式

如果采用不定值保险承保方式，则通常适用比例赔偿方式来计算保险赔偿金额。比例赔偿方式是一种在保险金额范围内按照保险标的的保障程度来计算保险赔偿金额的方式。保险标的的保障程度是指保险标的的保险金额与出险时保险标的的保险价值的比例。由于不定值保险合同的双方在投保时没有约定保险标的的保险价值，所以，保险标的的保险价值是以保险事故发生时保险标的的实际价值来确定的，实际价值等于保险标的的重置成本减去折旧。这样，在不定值保险中就有可能出现保险金额大于等于保险价值的情况，也有可能出现保险金额小于保险价值的情况。

(1)当保险金额≥保险价值时，视为足额保险。足额保险可获得足额赔偿，即：

赔偿金额＝损失金额

(2)当保险金额＜保险价值时，视为不足额保险。不足额保险获得比例赔偿，即：

$$赔偿金额=损失金额\times\frac{保险金额}{保险价值}$$

举例说明，某企业将价值 500 万元的机器设备向保险公司投保企业财产保险，保险金额 400 万元。在保险有效期内，企业发生火灾，造成机器设备损失 40 万元，另外支付施救费用 5 万元。为此，企业向保险公司索赔。

如果损失发生时，机器设备的重置成本为 500 万元，折旧为 50 万元，则保险公司向企业支付的保险赔偿金额为：

$$赔偿金额=损失金额\times\frac{保险金额}{保险价值}+施救费用\times\frac{保险金额}{保险价值}$$

$$=(\text{损失金额}+\text{施救费用})\times\frac{\text{保险金额}}{\text{重置成本}-\text{折旧}}$$

$$=(40+5)\times\frac{400}{500-50}=40(\text{万元})$$

如果损失发生时，机器设备的重置成本为400万元，折旧为50万元，机器设备损失40万元，另外支付施救费用5万元，则保险公司向企业支付的保险赔偿金为：

赔偿金额＝损失金额＋施救费用＝40＋5＝45(万元)

因为企业投保机器设备的保险金额为400元，而损失发生时机器设备的重置价值是400万元，折旧为50万元，则机器设备的实际价值为350万元，这表示企业机器设备的保险金额大于保险价值，是足额保险。所以，保险公司在保险金额范围内根据投保企业的实际损失进行赔偿，赔偿金额为45万元。

(二)定值保险赔偿方式

如果采用定值保险承保方式，则通常适用定值保险赔偿方式来计算保险赔偿金额。这是一种在保险金额范围内按照保险标的的损失程度来计算保险赔偿金额的方式。损失程度是指保险标的的损失金额与出险时保险标的的实际价值的比例。出险时保险标的的实际价值等于出险时保险标的的重置成本减去折旧。由于定值保险合同的双方在投保时已约定了保险标的的保险价值，并且这一保险价值不受市场价格变动的影响，因此定值保险通常视为足额保险。在保险标的发生损失时，以约定的保险价值为赔偿计算的标准，保险赔偿金额与保险标的的保障程度无关，只与保险标的的损失程度有关。

(1)当保险标的发生全部损失时，损失程度为100%，则：

赔偿金额＝保险金额

在这种情况下，由于保险金额是投保时保险合同双方按照约定的保险价值而确定的，所以，有可能出现保险金额大于出险时保险标的的实际价值的现象。但不管保险金额是否大于或者小于出险时保险标的的实际价值，只要是保险标的的全部损失，保险人都按保险金额赔偿。

(2)当保险标的发生部分损失时，则：

$$\text{赔偿金额}=\text{保险金额}\times\frac{\text{损失金额}}{\text{保险价值}}$$

在这种情况下，同样有可能出现保险金额大于实际价值的现象。倘若保险金额大于保险标的的实际价值，则可能出现保险赔偿金额大于实际损失金额的情况。

举例说明，某进出口公司将其进口货物向保险公司投保水渍险，货物的保险价值约定为900万美元，保险金额为900万美元。货物在运输途中遭遇暴风雨袭击，船舱进水，货物受损600万美元，并支付救助费用20万美元。

如果出险时货物的重置价值为1 000万美元，不考虑折旧，则保险公司应该支付的保险赔偿金额为：

$$\text{赔偿金额}=\text{保险金额}\times\frac{\text{损失金额}}{\text{保险价值}}$$

$$=\text{保险金额}\times\left(\frac{\text{损失金额}}{\text{出险时保险标的的重置价值}}+\frac{\text{救助费用}}{\text{出险时保险标的的重置价值}}\right)$$

$$=900\times\frac{600+20}{1\,000}$$

$$=558(\text{万美元})$$

如果货物在运输途中遭遇保险事故，发生了全部损失，而损失时货物的重置价值是 1 000 万美元，则保险公司应该支付的保险赔偿金额为 900 万美元。尽管损失时货物的实际价值为 1 000 万美元，即实际损失为 1 000 万美元，但保险赔偿金额以保险金额 900 万美元为限。

如果货物发生了全部损失，而损失时货物的重置价值为 850 万元，则保险公司应该按照保险金额 900 万美元赔偿，而不是按照货物的重置价值 850 万美元赔偿。

(三)第一损失赔偿方式

第一损失赔偿方式也称第一危险赔偿方式。这是一种在保险金额范围内，按照保险标的的实际损失金额来计算保险赔偿金额的方式。这种损失赔偿方式不考虑保险金额与保险标的实际价值之间是否一致，也就是说无论是足额保险还是不足额保险，只要是在保险金额范围内的损失，损失多少赔多少，即：

赔偿金额＝损失金额 （损失金额＜保险金额）

赔偿金额＝保险金额 （损失金额≥保险金额）

家庭财产保险一般采用第一损失赔偿方式，这是因为家庭财产中除房屋等不动产外，大多为动产，流动性强，价值变动大，且很难有账可查。如果不采用第一损失赔偿方式，被保险人就可能因家庭财产投保时的保险金额与损失发生时的实际价值不符而得不到足额的损失补偿。所以，第一损失赔偿方式可以解决类似家庭财产保险这样流动性较强、价值变动较大的保险标的的足额补偿问题。

(四)限额责任赔偿方式

限额责任赔偿方式是指保险人在承保时对被保险人遭受保险事故所致的损失规定一个限额，而损失赔偿与否是和这一限额有关的。限额责任赔偿方式具体又分为超限额赔偿方式和不足限额赔偿方式两种。

1. 超限额赔偿方式

超限额赔偿方式是指保险人对小于规定限额的损失发生不予赔偿，规定限额称作免赔额，但当发生的损失超过规定限额时，保险人对超过规定限额部分的损失在保险金额范围内予以赔偿，这称作绝对免赔；或者保险人对发生的全部损失在保险金额范围内予以赔偿，这称作相对免赔。比如在汽车保险中规定绝对免赔额 300 元，那么凡是保险事故造成的车损在 300 元以上的，保险人才赔偿 300 元以上部分的损失，而对 300 元或 300 元以下部分的车损绝对不负赔偿责任。如果规定的是相对免赔额 300 元，则保险人对发生 300 元或 300 元以下的车损不赔偿，但发生超过 300 元的车损，则保险人对发生的损失负赔偿责任，而不再扣除 300 元的免赔额。所以，这是一种在损失超过规定限额时才履行赔偿责任的方式。

2. 不足限额赔偿方式

不足限额赔偿方式是指保险人对小于规定限额的差额部分予以赔偿，但大于或等于规定限额的就不予赔偿。这种赔偿方式在农业保险中运用较广，其实质是保障一定的收入水平。如在农作物收成保险中，规定每亩农作物的收成为 2 500 元，即每亩不足限额责任是 2 500 元。如果农作物遭受保险事故，每亩的实际收成为 1 500 元，则保险人应支付每亩不足限额2 500 元的差额 1 000 元的赔款。

有关限额责任赔偿方式，保险人还采用总和免赔额、消失免赔额以及等待期等具体的做法来有限制地承担赔偿责任。

保险人对于被保险人的损失补偿在理论上可以采取现金赔款、重置更换、修理恢复等实现形式。至于选择何种形式进行补偿，通常是由保险人根据实际承保方式和损失情况来决定，且往往是在选择承保方式时就决定了损失补偿的形式。

四、损失补偿原则的例外

损失补偿原则适用于大多数的财产保险合同，但由于其运用的特点，所以在保险实务中有一些例外。定值保险和人寿保险不适用损失补偿原则，因为定值保险和人寿保险都不是以实际现金价值作为衡量保险标的价值基础的，定值保险是以合同双方约定的保险价值作为基础的，而人寿保险是以合同双方约定的保险金额作为基础的，两者很难运用损失补偿原则。

第四节　代位求偿原则

一、权益转让与代位求偿权

（一）权益转让

保险合同的权益转让是指被保险人在获得保险人的损失赔偿以后，应该根据法律或合同的约定，将其向第三者责任方索赔的权益转让给保险人，由保险人取代被保险人的地位向第三者责任方追偿。

（二）代位求偿权

代位求偿权是指保险人在向被保险人支付全部保险赔款以后，可以取代被保险人的地位，获得向第三者责任方追偿的权利。

我国《保险法》第六十条第一款规定："因第三者对保险标的的损害而造成保险事故的，保险人自向被保险人赔偿保险金之日起，在赔偿金额范围内代位行使被保险人对第三者请求赔偿的权利。"

很明显，如果被保险人不先向责任方索赔，而向保险人请求赔偿，那么就要将向第三者责任方索赔的权益转让给保险人。但如果被保险人先向责任方索赔了，并获得了十足的损失补偿，那么就不能再向保险人提出索赔要求。总之，被保险人只能获得实际损失的补偿，不能从保险人和第三者责任方双方获得重复赔偿。代位求偿原则坚持谁有责任谁负责的原则，第三者责任方不能因为被保险人保了险而推卸赔偿责任，保险人即使先将赔款支付给了被保险人，也能通过代位求偿权向第三者责任方追回赔款。同时，保险人也不能因为有第三者责任方，不尽保险合同中对被保险人的赔偿义务。因此，被保险人可以先向保险人索赔，保险人不能推卸保险合同责任。

坚持被保险人的权益转让义务和保险人的代位求偿权利是为了遵循损失补偿原则，避免被保险人在损失中获得额外的利益。

（三）权利代位和物上代位

保险人的代位权有两种：一种是权利代位；另一种是物上代位。权利代位是由被保险人追偿权益的转让所产生，物上代位是由保险标的所有权的转让所产生。所以，一般将保险人因被保险人转让追偿权益而获得的代位权称作权利代位，将保险人因被保险人转让保险标的所有权而获得的代位权称作物上代位。

我国《保险法》第五十九条规定："保险事故发生后，保险人已支付了全部保险金额，并且保险金额等于保险价值的，受损保险标的的全部权利归于保险人；保险金额低于保险价值的，保险人按照保险金额与保险价值的比例取得受损保险标的的部分权利。"

这就是说，保险人在履行保险赔偿后，获得了对受损标的不同程度的所有权，可以得到受损标的的损余价值。但在保险实务中，保险人一般不坚持被保险人转让受损标的，而是对受损标的作价折归被保险人，即在支付给被保险人的赔款中扣减损余价值。

二、代位求偿原则的内容

(一)保险人行使代位求偿权的前提条件

保险人行使代位求偿权有两个前提条件：

1. 保险事故的发生是第三者侵权的后果

正因为是第三者侵权导致了保险事故的发生，被保险人才依法享有向第三者责任方请求赔偿的权利，也才有可能将其向第三者责任方追偿的权益转让给保险人。如果保险事故的发生不是因第三者责任方所致，那么就不存在向第三者责任方追偿的问题。

2. 保险人已经履行了全部保险赔偿义务

如果保险人没有支付保险赔偿金，那么被保险人就不会将其向第三者责任方追偿的权益转让给保险人，保险人也就不可能获得代位求偿权。

(二)保险人行使代位求偿权的限制条件

1. 保险人的代位求偿权以赔偿金额为限

保险人享有的代位求偿权不能超过其支付给被保险人的赔偿金额，这也是保险人行使代位求偿权的一个限制条件。言下之意，被保险人对超过所获赔偿金额的权益不必转让。例如，某保险汽车在行驶过程中与另一辆汽车发生碰撞，造成保险汽车损失 5 000 元，经查实，碰撞责任完全在于对方驾驶员酗酒。被保险人先向保险人索赔，由于不足额保险等因素，被保险人只获得了 90%的损失赔款，计 4 500 元。保险人在支付赔款以后获得代替被保险人向对方驾驶员索赔的权利。如果保险人向对方索赔获得赔款 5 000 元，那么保险人应将超过其支付赔款 4 500 元以上的 500 元交给被保险人。很显然，保险人也不能因保险而额外获利，损害被保险人的利益。

2. 保险人行使代位求偿权不能影响被保险人就未取得赔偿的部分向第三者请求赔偿的权利

根据我国《保险法》第六十条的规定，保险人行使代位请求赔偿的权利，不影响被保险人就未取得赔偿的部分向第三者请求赔偿的权利。这也是保险人行使代位求偿权的另一个限制条件。如果保险标的是不足额保险，那么保险人代替被保险人向第三者责任方追偿所获得的赔款要按照不足额保险的比例在保险人和被保险人之间分配。这意味着被保险人具有赔偿请求优先权，首先要弥补被保险人在保险中尚未得到的损失赔偿，保证被保险人损失补偿的权利。如在上述例子中，如果汽车碰撞双方各负 50%的责任，则保险人在支付给被保险人 4 500 元赔款后，获得向对方驾驶员追偿的权利，追偿所得赔款 2 500 元。虽然保险人行使代位求偿权所获得的追偿赔款 2 500 元没有超过其支付给被保险人的 4 500 元赔款，但是保险人还不能完全拥有这 2 500 元。保险人应该将追偿所获赔款 2 500 元的 10%，计 250 元交给被保险人，正因为保险人只承担了被保险人 90%的损失赔偿责任，所以保险人也只能拥有 90%追偿赔款的权利，计 2 250 元。

3. 保险人不能对自己的被保险人行使代位求偿权

我国《保险法》第六十二条规定："除被保险人的家庭成员或者其组成人员故意造成本法第六十条第一款规定的保险事故外，保险人不得对被保险人的家庭成员或者其组成人员行使代位请求赔偿的权利。”

保险人不能对自己的被保险人及其家庭成员或者组成人员行使代位求偿权，这是因为如果允许保险人向其被保险人行使代位求偿权，那么被保险人就失去了投保的意义。当然，被保险人或其家庭成员或其组成人员故意造成保险事故的除外。

（三）被保险人不能损害保险人的代位求偿权

我国《保险法》第六十一条第一款规定：“保险事故发生后，保险人未赔偿保险金之前，被保险人放弃对第三者请求赔偿的权利的，保险人不承担赔偿保险金的责任。”第二款规定：“保险人向被保险人赔偿保险金后，被保险人未经保险人同意放弃对第三者请求赔偿的权利的，该行为无效。”第三款规定：“被保险人故意或者因重大过失致使保险人不能行使代位请求赔偿的权利的，保险人可以扣减或者要求返还相应的保险金。”

我国《保险法》第六十三条规定：“保险人向第三者行使代位请求赔偿的权利时，被保险人应当向保险人提供必要的文件和所知道的有关情况。”

我国《保险法》对保险人行使代位求偿权的规定表明，被保险人有义务协助保险人行使代位求偿权，不得以任何行为妨碍保险人行使代位求偿权。如果被保险人豁免了第三者的赔偿责任，那么同时也就解除了保险人的赔偿责任，自动放弃了向保险人索赔的权利。保险代位求偿权是保险人的合法权利，被保险人放弃对第三者责任方的赔偿请求权，也就侵犯了保险人的利益，保险人有权免除赔偿责任，即使被保险人已得到了保险赔款，保险人也可以追回。

（四）保险人可以放弃代位求偿权

在特殊情况下，为了满足被保险人的需要，保险人可以事先使用合同条款放弃代位求偿权，也可以在损失发生后决定放弃代位求偿权。这是因为向第三者追偿所引起的法律费用及额外开支可能会超过追偿所得赔款，或者因为追偿所需人力和时间太折腾不起，有时则是因为保险人为了与社会公众建立良好的关系而放弃代位求偿权。

（五）代位求偿权原则不适于人寿保险

由于人的生命是无法用货币衡量的，所以在人寿保险中大多为定额给付型的保险合同。在约定的保险事故发生时，保险人向被保险人或者受益人支付定额保险金，而不存在像财产保险那样损失是否补足的问题。人寿保险的被保险人或者受益人在获得了保险金给付以后，仍有权向第三者责任方索赔；或者被保险人或者受益人先向第三者责任方索赔，然后再向保险人请求保险给付。被保险人或者受益人在人寿保险中不具有向保险人转让索赔权的义务，保险人也不具有向被保险人请求索赔转让权的权利。我国《保险法》第四十六条规定：“人身保险的被保险人因第三者的行为而发生死亡、伤残或者疾病等保险事故的，保险人向被保险人或者受益人给付保险金后，不享有向第三者追偿的权利，但被保险人或者受益人仍有权向第三者请求赔偿。”

虽然《保险法》规定人身保险不享有代位求偿权，但并不否定人身保险领域中有些业务适用代位求偿权原则，如费用报销型的医疗保险等。凡是属于补偿性的人身保险业务，应与财产保险业务一样，适用补偿原则，保险人享有代位求偿权。

三、委付

委付是指被保险人在保险标的处于推定全损状态时，申请将该标的的所有权转移给保险人，要求保险人按全损赔偿的法律行为。委付实质上是被保险人对保险标的所有权的放弃，随着被保险人将保险标的所有权转让给保险人，保险人不仅获得了与保险标的有关的权益，也承担了相关的义务。所以,委付不同于单纯的权益转让。

在补偿性的保险合同中,当保险标的遭受严重损失,被保险人要求按推定全损赔偿时,必须将保险标的委付给保险人。保险人可以接受委付,也可以拒绝委付,关键是要慎重权衡接受委付以后的权益和义务关系。因为保险人一旦接受委付,就不能反悔,中途不能撤回,只能按推定全损赔付,并且对保险标的承担的责任无法推诿。当然,接受委付也有吸引人的地方,保险人有可能获得大于其赔付金额的收益,而一般的权益转让最多只能取得相当于赔付金额的权益。举例说明,一艘保险船舶与另一艘船舶碰撞沉没,对方船舶负主要责任。如果保险人接受委付,那么保险人按照推定全损赔付以后,既获得了向对方代位求偿的权益,又获得了该沉船的权益,同时也承担了打捞沉船、清理航道等义务。接受委付的结果也许权益大于义务,但也可能义务大于权益。因此,保险人必须权衡利弊得失而作选择。如果保险人不接受委付,则保险人对该沉船既无权益,也无义务,但保险人放弃委付并不意味着放弃向第三者责任方请求赔偿的权利。委付时,被保险人要向保险人发出委付通知,经保险人同意接受才生效。

第五节　重复保险分摊原则

一、分摊原则的含义

重复保险分摊原则是由损失补偿原则派生出来的,主要针对财产保险的被保险人在重复保险情况下的损失补偿问题以及重复保险人的责任分摊问题。

分摊原则如同损失补偿原则一样不适用于人寿保险。重复保险是指投保人就同一标的、同一保险利益、同一保险事故分别向两个或者两个以上保险人订立数个保险合同的行为,且该数个保险合同均在同一保险期间内发生效力。由于重复保险会导致被保险人获得重复的损失补偿,从保险中额外获利,所以,为了防止这种道德风险,原则上重复保险是不允许的。

国外保险法规定,投保人恶意的重复保险是无效的。在保险实务中,因投保人或被保险人的疏忽或为寻求更大安全保障等其他原因而发生重复保险的现象是存在的,如火灾保险中,投保的家庭财产是在变动着的,财产价值也会发生很大的变化,投保人在向一家保险公司投保以后,为了获得足够的安全保障,很可能又向其他保险公司投保,或者投保人对家庭财产投了保,其工作单位作为职工福利,又为其家庭财产买了保险,或者有的企业在做产品推销时为购买其产品者赠送家庭财产保险单,这样就可能使某一家庭财产保险的被保险人手中持有两家以上保险公司的保险单,出现了重复保险问题。国外对于这些非恶意的善意重复保险做了规定,将保险金额与保险标的价值相符的部分作为有效保险部分,而将保险金额超过保险标的价值部分作为无效保险部分。

分摊原则强调两点:第一,在善意重复保险的情况下,保险标的发生保险事故损失,保险人要按法定的或约定的方式分摊保险赔偿责任;第二,各保险人承担的赔偿金额总和不得超过保险标的的保险价值。这样既保障了被保险人在善意重复保险下的保险利益,又防止了被保险人从重复保险中额外获利。

在重复保险情况下,当保险标的因保险事故发生而遭受损失时,我国《保险法》第五十六条第一款规定:“重复保险的投保人应当将重复保险的有关情况通知各保险人。”第二款规定:“重复保险的各保险人赔偿保险金的总和不得超过保险价值。除合同另有约定外,各保险人按照其保险金额与保险金额总和的比例承担赔偿保险金的责任。重复保险的投保人可以就保险金额总和超过保险价值的部分,请求各保险人按比例返还保险费。”

二、重复保险分摊方式

(一)比例责任分摊方式

比例责任分摊方式是以各保险人所承保的保险金额为基础来计算分摊责任的方式,即按各保险人所承保的保险金额与各保险人所承保的保险金额总和的比例来分摊损失赔偿责任的方式。计算公式为:

$$\text{保险人 } x_i \text{ 应分摊的赔偿责任}=\text{赔偿总金额}\times\frac{\text{保险人 } x_i \text{ 承保的保险金额}}{\text{各保险人承保的保险金额总和}}$$

式中,x_i 表示重复保险的保险人之一。

比例责任分摊方式是重复保险赔偿责任分摊的主要方式,大多数保险合同中都明确规定采用比例责任分摊方式,以避免责任分摊的纠纷。但是比例责任分摊方式需要被保险人分别向每一个保险人索赔。

(二)限额责任分摊方式

限额责任分摊方式是以各保险人在保险事故损失中的赔偿限额为基础来计算分摊责任的方式,即假设在没有重复保险的条件下,各保险人依其承保的保险金额应负责赔偿的最高限额与各保险人应负赔偿限额总和的比例分摊责任的方式。计算公式为:

$$\text{保险人 } x_i \text{ 应分摊的赔偿责任}=\text{赔偿总金额}\times\frac{\text{保险人 } x_i \text{ 的赔偿限额}}{\text{各保险人赔偿限额的总和}}$$

举例说明:某投保人向 A 保险公司投保家庭财产保险 40 万元,向 B 保险公司投保家庭财产保险 60 万元,向 C 保险公司投保家庭财产保险 20 万元。在保险有效期内,保险标的遭火灾受损 30 万元,则按照比例责任分摊方式,A、B、C 三家保险公司的赔偿责任分摊如下:

$$\begin{aligned}\text{A 保险公司的赔偿责任}&=30\times\frac{40}{40+60+20}\\&=10\text{(万元)}\end{aligned}$$

$$\begin{aligned}\text{B 保险公司的赔偿责任}&=30\times\frac{60}{40+60+20}\\&=15\text{(万元)}\end{aligned}$$

$$\begin{aligned}\text{C 保险公司的赔偿责任}&=30\times\frac{20}{40+60+20}\\&=5\text{(万元)}\end{aligned}$$

若按照限额责任分摊方式,则 A、B、C 三家保险公司的赔偿责任分摊如下:

$$\begin{aligned}\text{A 保险公司的赔偿责任}&=30\times\frac{30}{30+30+20}\\&=11.25\text{(万元)}\end{aligned}$$

$$\begin{aligned}\text{B 保险公司的赔偿责任}&=30\times\frac{30}{30+30+20}\\&=11.25\text{(万元)}\end{aligned}$$

$$\begin{aligned}\text{C 保险公司的赔偿责任}&=30\times\frac{20}{30+30+20}\\&=7.5\text{(万元)}\end{aligned}$$

（三）顺序责任分摊方式

顺序责任分摊方式是以各保险人签发保险单的时间顺序为基础来计算分摊责任的方式。首先由最早出单的保险公司在其保险金额内先行赔付，如果应赔偿的总金额超过第一家保险公司的保险金额，则由第二家保险公司在其保险金额内赔付超出部分，以此顺序类推，但赔偿责任以所有保险人的保险总金额为限。

在上述例子中，如果签发保险单的先后时间顺序为A公司、B公司和C公司，则按照顺序责任分摊方式，对于30万元的损失，A公司承担30万元，而B公司和C公司不用参与分摊。但倘若损失是110万元，则A公司分摊40万元，B公司分摊60万元，C公司分摊10万元。

第六节　近因原则

一、近因的概念

近因是指造成保险标的损失或灭失最直接、最有效、起主导或支配作用的原因，它并不是指在时间上最接近保险标的损失的原因，而是指在效果上最接近保险标的损失的原因。当一个危险事故发生引起另一个或一连串危险事故的发生，最终造成保险标的的损毁或灭失，而从最初的事故发生到保险标的损毁或灭失，其间并无其他独立的危险因素介入，那么最初的危险事故就是造成保险标的损毁或灭失的近因。例如，战争期间，由于炸弹爆炸引起房屋起火受损，房屋受损的近因不是火灾，而是战争。

近因原则是保险人履行保险合同赔偿或给付责任时遵循的原则。按照近因原则，只有当保险标的受损的近因是属于保险责任范围内的危险事故，保险人才承担保险赔偿或给付责任。也就是说，保险事故发生与损失事实形成之间存在着直接的因果关系，才能构成保险赔偿或给付的条件。例如，一装载皮革和茶叶的船舶遭遇海难，致使海水渗入船舱，皮革发生腐烂，虽然海水未直接接触茶叶，但由于腐烂皮革之恶臭，使茶叶串味变质。在这个例子中，海难对皮革和茶叶的损失均是近因，海水渗入与皮革腐烂和茶叶变质的因果关系是直接的，中间并未中断，也并未介入其他任何危险因素。所以，海难作为近因是保险责任范围内的，保险人必须支付保险赔款，补偿被保险人的皮革和茶叶损失。

二、近因原则的具体运用

保险标的遭受损失以后，被保险人能否得到保险人的赔偿，取决于该项损失原因是否在保险责任范围内。如果造成保险标的损失的原因是单一的，那么确定保险责任相对较为容易。若该损失原因属于承保风险，构成保险事故，保险人就应该给予赔偿；若该损失原因不属于承保风险，不构成保险事故，保险人就不予赔偿。但在保险实务中，往往一项损失是由多种原因造成的，其中的关系和时间顺序都很复杂，倘若多种原因都属于保险事故，则问题也简单得多，保险人都要负责赔偿，不存在寻找近因的问题。可如果有的原因属于保险责任范围，而有的原因不属于保险责任范围，就容易产生赔与不赔的争议，而近因原则就是处理多种原因造成保险标的损失赔偿的依据，只有损失的近因属于保险事故，保险人才负责赔偿。近因原则在实务运用中因损失原因状况的不同而有所不同。

（一）多种原因同时发生

多种原因同时发生是指造成保险标的损失发生的各种原因是同时发生的，互相独立，不存在因果关系。若同时发生的原因都是保险事故，保险人负责赔偿全部原因导致的损失。若同时发生的原因不都是保险事故，保险人仅负责赔偿保险事故造成的损失，当损失金额无法分别算清时，保险人与被保险人协商赔付。

（二）多种原因连续发生

多种原因连续发生是指造成保险标的损失发生的各种原因是有因果连续关系的。多种原因连续发生，且持续不断，彼此互为因果关系，形成一种因果链。在这条因果链中，最先发生并造成一连串事故的原因被称为近因，这也就是“链条原理”。其赔偿的方式有三种：一是连续发生的原因都是保险事故，则保险人对保险事故发生后造成的所有损失都负责赔偿；二是连续发生的原因中，不属于保险事故的原因在前、保险事故原因在后，且保险事故原因的发生是前者引起的，则保险人不负任何赔偿责任，即使后者是保险事故原因；三是连续发生的原因中，保险事故原因在前，不属于保险事故的原因在后，且不属于保险事故的原因是前者引起的，则保险人对损失负赔偿责任。

在具有因果关系的多种原因连续发生时，被一种新的、相对独立的原因插入而导致因果链的中断，则新插入的、致使因果链中断的原因就是近因。如果该近因属于保险事故，保险人承担损失赔偿责任，否则保险人不承担损失赔偿责任。

（三）多种原因间断发生

这是指保险标的损失的发生是由多个不相关联的原因造成的，在这种情况下，保险人根据各种原因是否属于保险事故原因而决定赔付。如果造成损失的原因中有属于保险事故的，那么保险人仅对保险事故原因造成的损失负责赔偿，对不属于保险事故原因的损失不予赔偿。

运用近因原则的目的在于保护保险人的利益，限制保险人的赔偿责任，坚持保险人对近因不属于保险责任的损失不负赔偿或给付责任，这不仅体现了损失补偿原则，也体现了公平合理精神。

三、因果关系理论的运用

在保险实践中，由于多种原因致损的近因的认定相当复杂，即使各个原因之间彼此存在因果关系，也不能简单地用链条原理去认定近因，得出“因”一定导致“果”或者“因”一定不会导致“果”这样绝对的结论。

“比例因果关系”理论强调，“因”导致“果”的程度用百分比来表示。如果承保风险与保险标的的损失存在80％的因果关系，则保险人按损失的80％赔偿被保险人。这种理论可以更为灵活地处理一些复杂的保险赔案，而且注重实事求是，具体问题具体分析，较为公平公正。

复习思考题

1. 名词解释

如实告知　重要事实　明示保证　默示保证　自动弃权　保险利益
期待利益　实际现金价值　利害关系论　同意论　第一损失赔偿方式
代位求偿权　委付　重复分摊原则　近因　绝对免赔额　相对免赔额

2. 试述违反如实告知义务的法律后果。
3. 简述保险利益成立的要件。
4. 举例说明各类保险的保险利益。
5. 试述补偿原则的具体运用。

6. 试比较各类损失赔偿方式的特点。

7. 阐述代位求偿原则的具体内容。

8. 重复保险分摊方式有哪几种?

9. 如何确定保险事故发生的近因?

10. 试评价比例因果关系理论。

第五章

保险产品

保险产品是保险公司为保险消费者提供的各种保险保障和服务。保险产品具体表现为不同类别的保险险种。根据保险产品属性和功能的不同,保险产品分为两大类:一类是财产保险产品;另一类是人身保险产品。

财产保险有狭义和广义之分。狭义的财产保险仅指以有形的物质财产为保险标的,对因自然灾害或意外事故所造成的物质财产损失进行经济补偿的财产保险,即财产损失保险。广义的财产保险承保的标的是除了人的身体、生命以外的任何保险标的,包括有形的物质财产和无形的非物质财产及其有关利益。我国《保险法》中定义的财产保险属于广义的财产保险。按保险标的来分,财产保险产品可分为财产损失保险、责任保险和信用保证保险三大类。

人身保险是以人的寿命和身体为保险标的的保险。按保险标的来分,人身保险产品可分为人寿保险、人身意外伤害保险和健康保险三大类。

第一节　财产损失保险

财产损失保险是以有形的物质财产为保险标的,以补偿这些财产损失为目的的保险。根据所承保的各种物质财产的不同特性,财产损失保险又可分为火灾保险、货物运输保险、运输工具保险及工程保险等几类险种。

一、火灾保险

火灾保险承保的标的主要是存放在陆地、基本上处于静止状态的财产,包括动产和不动产。这些财产的特性是存放地点相对固定且处于相对静止状态。火灾保险的主要险种有:企业财产保险、利润损失保险、机器损坏保险和家庭财产保险等。

(一)企业财产保险

1. 企业财产保险的定义

企业财产保险是承保企业、事业单位、机关、团体的固定资产、流动资产及与其企业经济利益相关的财产,因火灾或其他自然灾害、意外事故发生而遭受直接损失的财产损失保险。

企业财产保险是在传统的火灾保险的基础上演变和发展而来的。

2. 企业财产保险的承保标的范围

凡是对其所投保财产具有保险利益的企事业单位都可成为企业财产保险的投保人。

(1)可保财产。按照财产项目的种类,可列入企业财产保险承保范围内的财产主要有:房屋、建筑物,机器设备,工具、仪器及生产用具,原材料、半成品、在产品,账外及已摊销的财产,代保管财产等。

(2)特保财产。有些财产,如金银、珠宝、艺术品等珍贵稀有财物以及铁路、桥梁等特种财产,只有通过与保险人事先的协议约定,并在保单上予以载明,方可作为特约承保的财产。

(3)不可保财产。有些财产为不可保财产,如土地、矿藏、货币、有价证券等特殊财产,以及车辆、运输中的货物等属于其他保险险种的承保财产。

3. 企业财产保险的险别和保险责任

企业财产保险有基本险和综合险两个险别。

(1)基本险的保险责任。基本险的保险责任包括四项:①火灾、爆炸、雷击、飞行物体及其他空中运行物体的坠落所造成的财产损失;②灾害事故引起停水、停电、停气所造成的财产损失;③施救、抢救造成的财产损失;④必要的合理的费用支出。

(2)综合险的保险责任。综合险的保险责任是除承保基本险的各项责任以外,还负责企业财产由于各种自然灾害所造成的损失。这些自然灾害包括暴雨、洪水、台风、暴风、龙卷风、雪灾、雹灾、冰凌、泥石流、崖崩、突发性滑坡、地面突然塌陷12种。

4. 企业财产保险的除外责任

(1)基本险的除外责任。基本险的除外责任分为四类:①因战争行为、故意行为或纵容、核辐射、本身缺陷所造成的财产损失;②财产的间接损失;③政府执法行为等原因造成的财产损失;④各种灾害事故,包括综合险承保的12种自然灾害、水暖管爆裂、盗抢、地震。

(2)综合险的除外责任。综合险的除外责任与基本险的除外责任基本相同,区别在于综合险对基本险除外的12种自然灾害造成的财产损失负责。综合险对露堆财产损失不负赔偿责任。

5. 企业财产保险的附加险

为了满足企业不同的保险需求,对于基本险和综合险的一般除外责任,通常可以通过附加险或者加贴特约责任条款予以扩展责任。

(1)基本险的附加险。基本险的附加险有:暴风、暴雨、洪水保险;雪灾、冰凌保险;泥石流、崖崩、突发性滑坡保险;雹灾保险;破坏性地震保险;水暖管爆裂保险;盗抢保险;等等。

(2)综合险的附加险。综合险的附加险有:破坏性地震保险、水暖管爆裂保险、盗抢保险等。也有采用加贴特约条款承保的,如橱窗玻璃意外险、矿下财产险和露堆财产险等。

6. 企业财产保险的保险金额

企业财产保险的保险金额依据固定资产和流动资产区别确定。

(1)固定资产的保险金额确定。固定资产的保险金额确定方法有三种:一是按固定资产的账面原值确定;二是按固定资产的重置价值确定;三是按固定资产的账面原值加成数确定。企业可以根据自己的需要选择合适的保险金额确定方法。

(2)流动资产的保险金额确定。流动资产的保险金额可以按企业最近12个月任意月份的账面余额来确定,也可以由企业自行确定。

7. 企业财产保险的保险价值

企业财产保险的保险价值依据固定资产和流动资产区别确定。

(1)固定资产的保险价值确定。固定资产的保险价值是按出险时固定资产的重置价值来确定。

(2)流动资产的保险价值确定。流动资产的保险价值是按出险时流动资产的账面余额来确定。

8. 企业财产保险的保险费率

企业财产保险费率采用的是分类级差费率制。分类，即分为工业险费率、仓储险费率和普通险费率三大类；级差，则是指每大类再细分为不同档次的费率。

中国人保财险公司的企业财产保险产品采用了“小主险、多附加”的设计理念，对传统企业财产保险责任相对宽广的主险条款进行了“瘦身”，同时针对不同类型客户的需求开发了大量标准化的附加险条款作为“零配件”，形成了一套以基本险、综合险及一切险 3 种主险和 91 个附加险组成的差异化、组合型产品体系。

(二)利润损失保险

1. 利润损失保险的定义

利润损失保险是承保企业财产由于火灾及其他灾害事故的发生而遭受直接损失以后，企业在一定时期内停产、减产或营业中断所造成的间接经济损失，包括预期的利润损失和受灾后在营业中断期间仍必须支出的费用。

作为企业财产保险的一项附加险，利润损失保险专门针对企业财产保险不保的间接损失提供保险补偿，因此也称作间接损失保险。

2. 利润损失保险的保险期限和赔偿期

(1)利润损失保险的保险期限。利润损失保险的保险期限与企业财产保险的保险期限是一致的，一般为一年。

(2)利润损失保险的赔偿期。利润损失保险除了保险期限外，还有一个赔偿期的概念。如果投保企业在保险期限内因保险事故遭受财产直接损失，那么保险人对投保企业在赔偿期内发生的利润损失予以赔偿。赔偿期是保险人对投保企业在保险期限内遭受灾害事故后发生利润损失所承担赔偿责任的期限。这意味着超过赔偿期，即使企业仍有利润损失，保险人也不负责赔偿。赔偿期一般以月为计算单位，从受灾日起计算。

3. 利润损失保险的承保范围

利润损失保险的承保责任通常包括毛利润损失、工资和审计师费用三项，其中毛利润损失是利润损失保险承保的基本责任。毛利润损失的计算公式是：

毛利润损失＝营业额减少所造成的毛利润损失＋营业费用增加所造成的毛利润损失
－维持费用减少所减少的毛利润损失

4. 利润损失保险的保险金额

利润损失保险的保险金额是以投保企业本年度预期的毛利润为基础来确定的。投保企业预期毛利润的计算公式是：

本年度预期毛利润＝上年度营业额×(1＋营业额增长率＋通货膨胀率)×毛利润率

保险公司按照投保企业的实际利润损失金额和投保比例，在保险金额范围内支付赔款。

(三)机器损坏保险

1. 机器损坏保险的定义

机器损坏保险是承保企业的机器设备在保险期限内工作、闲置或检修保养时，由于企业财产保险除外不保的不可预见的、突然发生的事故而造成损失的保险。就其性质而言，它是一种机器设备的意外损失保险。

2. 机器损坏保险的承保范围

机器损坏保险以机械电气事故与人为事故为主要的承保风险，但不承保属于企业财产保险所负责的自然灾害以及一般的意外事故。具体承保：(1)因设计和制造错误、铸造和原材料缺陷所造成的机器设备损失;(2)因工人和技术人员操作失误或恶意行为造成的机器设备损失;(3)因离心力引起断裂造成的机器设备本身和其他财产损失;(4)因电气事故造成的机器设备损失。

3. 机器损坏保险的除外责任

机器损坏保险的除外责任是:(1)由企业财产保险所承保的自然灾害及其事故;(2)自然磨损、氧化、腐蚀、锈蚀、孔蚀、锅垢等;(3)被保险人及其代表知道或应该知道在保险开始前已存在的缺陷;(4)根据法律或有关合同应由供货商或制造商负责的损失;(5)因公共设施部门的原因引起的停电、停气和停水。

4. 机器损坏保险的承保方式和保险金额

机器损坏保险采用重置价值保险方式承保,保险金额根据机器设备的重置价值确定。重置价值由出厂价格、运输费、保费、税款、安装费用和通货膨胀率6项组成。

5. 机器损坏保险的赔偿处理

(1)部分损失。当机器设备遭受部分损失时,保险人负责赔偿将受损机器设备修复到其基本恢复到受损前状态的费用。修理费用的赔偿金额不得超过受损机器设备的保险金额,此外要扣除残值和保单所规定的免赔额。

(2)全部损失。当机器设备遭受全损时,保险人按保险金额赔偿。若保险金额高于受损前的实际价值,则按实际价值赔偿。若机器设备遭受的是部分损失,且估计所花的修理费用将等于或超过实际价值,也可以作为推定全损处理,但保险人有权不接受企业对受损机器设备的委付。

机器设备一旦发生了机器损坏保险所承保的事故损失以后,投保企业应在7天之内或经过保险人书面同意延长的期限内通知保险人。机器损坏保险的索赔时效,从损失发生之日起,不得超过2年。

(四)家庭财产保险

1. 家庭财产保险的概念

家庭财产保险是以城乡居民的家庭财产为保险对象的保险。其保险标的是坐落或存放在保单所载明地址的自有居住房屋,室内装修、装饰及附属设施,室内家庭财产。

2. 家庭财产保险的承保范围

家庭财产保险承保的风险有火灾、爆炸、雷击、飞行物体及其他空中运行物体的坠落;保单列明的自然灾害;外界建筑物倒塌;暴风、暴雨造成房屋主要结构(墙体、屋顶、屋架)倒塌以及因施救所致损失和费用。

3. 家庭财产保险的除外责任

家庭财产保险对战争、核辐射、地震以及被保险人及其家庭成员等的故意行为造成的财产损失不负赔偿责任,对家用电器本身损毁、暴风暴雨所致露堆财产损失也不负赔偿责任。

4. 盗窃险

盗窃险也称盗抢险,是家庭财产保险最为普遍的一种附加险,主要承保保险财产因遭受外来的、有明显现场痕迹,诸如撬门、破窗、翻墙、掘壁、掀顶等的盗窃,或持械抢劫所造成的破坏和损失。此外,保险人对未被盗走的财产在偷盗时所遭受的损坏也予以负责。保险财产发生盗抢事故后,被保险人应当保存现场,立即向当地公安部门如实报案,同时在24小时内通知保险人。经公安部门立案,从案发时起3个月以内仍未破案,被保险人才可办理索赔手续。被保险人获得保险赔款后,应将其对被盗财产的权益转让给保险人。若以后破案,被盗财产又全部或部分追回，被保险人如愿领回，就须退还赔款；如不愿领回，所追回的财产应归保险人所有。

5. 家庭财产保险的保险金额

家庭财产保险中的房屋、室内装修、装饰及附属设施的保险金额由被保险人根据财产的购置价或市场价自行确定，室内财产的保险金额则根据投保时的实际价值自行确定。

6. 家庭财产保险的赔偿方式

(1)对保险房屋的赔偿方式。家庭财产保险对保险房屋的损失采用比例赔偿方式，即按保险房屋的保险金额与保险房屋在损失当天的实际价值的比例，对房屋损失进行赔偿。

(2)对室内保险财产的赔偿方式。家庭财产保险对室内保险财产的损失采用第一危险赔偿方式，即不按室内财产的保险金额与室内财产在损失当天的实际价值的比例来赔偿损失，而是在保险金额范围内按室内财产的实际损失进行赔偿。

近些年来，家庭财产保险的种类越来越多，功能越来越多元化。有体现保险保障功能的传统家庭财产保险，如普通家庭财产保险、家庭财产两全保险等，也有满足城乡居民保障和投资双重需求的新型家庭财产保险，如以“财产保障＋责任保障”为特色的安居综合保险，以“财产保障＋固定投资收益”为特色的投资保障型家庭财产保险，以“财产保障＋收益与银行利率联动”为特色的理财型家庭财产综合保险等。新型家庭财产保险相对于传统家庭财产保险而言具有以下几个特点：一是保险财产范围更加广泛，将现金、金银、珠宝、玉器、首饰等也列入保障范围；二是保险责任范围扩大，新增了家庭第三者责任；三是综合保险与投资双重功能，既满足了人们对家庭财产风险保障的需求，又满足了人们通过投资获得稳定收益的心理需求，为个人投资者提供了一个稳妥的投资渠道。

二、货物运输保险

货物运输保险是以各种运输货物为保险标的，保险人依照保险合同对在运输过程中可能遭受的各种自然灾害和意外事故所造成的货物损失承担赔偿责任的保险。

货物运输保险具有两个特点：一是由于承保的标的具有流动性，一般货物运输保险都采用定值保险；二是货物运输保单只要经过被保险人背书以后可以随着保险标的转让而转让，无须征得保险人的同意。

货物运输保险包括涉外运输货物保险和国内运输货物保险。涉外运输货物保险以海上运输货物保险为主，还包括陆上运输货物保险、航空运输货物保险和邮包保险；国内货物运输保险又可分为国内水路和陆路货物运输保险、国内航空货物运输保险。

(一)海上货物运输保险

1. 海上货物运输保险的概念

海上货物运输保险是以航行于国与国之间的海轮所运输的货物为保险标的的保险。海上货物运输保险承保的标的是运输过程中的货物，还包括运费、保险费和预期利润。

2. 海上货物运输保险的承保范围

海上货物运输保险承保的风险有三类：一是海上自然灾害，如恶劣气候、雷电、地震、海啸和洪水等；二是海上意外事故，如运输工具的搁浅、触礁、碰撞、触碰、沉没以及失火、爆炸等；三是外来风险，如串味、受潮受热、渗漏、钩损、偷窃、短量、锈损、包装破裂、碰损、破碎、混杂玷污等海上发生的一般外来风险，又如战争、罢工，暴力盗窃，船长、船员的过失或恶意行为，失踪、抛弃等海上发生的特殊外来风险。

3. 海上货物运输保险的险别和保险责任

海上货物运输保险具有很强的国际性，因此既有国际通用的保险险别和保险条款，也有各个国家自有的保险险别和保险条款。如我国《海上货物运输保险条款》(*China Insurance Clause*，简称CIC)，是我国制定的保险条款，将承保的基本险分为平安险、水渍险和一切险三个险别。英国《协会货物保险条款》(*Institute Cargo Clause*，简称ICC)，是国际通用的保险条款，将基本险分为A险、B险和C险三个险别。

(1)我国海上运输货物保险的基本险别和保险责任。我国海上运输货物保险有三个基本险别，分别是平安险、水渍险和一切险，按照承保责任范围的大小，依次扩大。

平安险的正式名称是“单独海损不赔险”(Free from Particular Average，简称F. P. A)。平安险对单独海损不承担赔偿责任，仅对全损和共同海损负责。具体负责赔偿8项损失和费用：①自然灾害造成的全损；②意外事故造成的全损或部分损失；③在意外事故发生前后，自然灾害造成的部分损失；④落海损失；⑤施救费用；⑥避难港损失和费用；⑦共同海损牺牲、分摊或救助费用；⑧货方根据运输合同条款偿还船方的损失。

水渍险的正式名称是“负责赔偿单独海损险”(With Particular Average，简称WA)。水渍险除承保平安险的所有保险责任以外，还负责赔偿货物由于恶劣气候、雷电、海啸、地震、洪水等自然灾害造成的部分损失。换句话说，水渍险的保险责任是在平安险的基础上，加上货物由于自然灾害所造成的部分损失。

一切险(All Risks，简称AR)是除承保平安险和水渍险的各项责任以外，还负责赔偿货物在运输途中由于一般外来风险所造成的全部或部分损失。一切险保险责任中所指的“外来风险”并非包括运输途中的所有外来风险，而是仅仅涉及一般外来风险。也就是说，一切险的保险责任是在水渍险承保的责任范围基础上，加上11种一般附加险所承保的责任。

我国海上运输货物保险除了提供三个基本险以外，还提供三类附加险供投保人选择，以满足不同的风险转移需要。三类附加险分别是：一般附加险、特别附加险和特殊附加险。一般附加险通常包括偷窃提货不着险、淡水雨淋险、短量险、混杂玷污险、渗漏险、碰撞破碎险、串味险、受潮受热险、钩损险、包装破裂险、锈损险11种。特别附加险通常包括舱面险、进口关税险、拒受险、黄曲霉素险、交货不着险、出口到香港或澳门存仓火险责任扩张条款6种。特殊附加险通常包括战争险和罢工险等险种。

(2)英国协会货物保险的基本险别和保险责任。英国协会货物保险有三个基本险别，分别是A险、B险和C险，按照承保责任范围的大小，依次缩小。

A险采用“列明除外责任”的方式来明确其保险责任范围。A险承保除条款中规定的除外责任以外的一切风险所造成的货物的损失。同时，对保险责任范围内的共同海损分摊和救助费用，以及根据运输合同中订有的“船舶互撞责任”条款规定应由被保险人货方偿还船方的损失，保险人也负责赔偿。

A险列出的除外责任有四项，即一般除外责任、不适航不适货除外责任、战争除外责任和罢工除外责任。

B险采用“列明承保风险”的方式来明确其保险责任范围。B险只承保条款中所规定的风险造成货物的损失，没有列出的则不在其保险责任范围。此外，对保险责任范围内的共同海损分摊和救助费用，以及根据运输合同中订有的“船舶互撞责任”条款规定应由被保险人货方偿还船方的损失，保险人也负责赔偿。

B险列出的承保风险共有10项，包括：①火灾或爆炸；②船舶或驳船发生搁浅、触礁、沉没或倾覆；③陆上运输工具倾覆或出轨；④船舶、驳船或运输工具与除水以外的任何外界物体碰撞；⑤在避难港卸货；⑥共同海损牺牲；⑦抛货或浪击落海；⑧地震、火山爆发或雷电；⑨海水、湖水或河水进入船舶、驳船、运输工具、集装箱、大型海运箱或贮存处所；⑩货物在装卸时落海或跌落造成整件的全损。保险人负责赔偿因这10项风险所造成的货物损失。

C险同样采用“列明承保风险”的方式来明确其保险责任范围。C险列出的承保风险共有7项，包括：①火灾或爆炸；②船舶或驳船发生搁浅、触礁、沉没或倾覆；③陆上运输工具倾覆或出轨；④船舶、驳船或运输工具与除水以外的任何外界物体碰撞；⑤在避难港卸货；⑥共同海损牺牲；⑦抛货。保险人负责赔偿因这7项风险所造成的货物损失。由此可见，C险比B险的责任范围小，C险对于地震、火山爆发等特殊风险以及“浸水”风险不负责任，同时对于货物浪击落海和货物装卸时因落海或跌落造成的整件全损也不负责任。

英国《协会货物保险条款》规定有3个附加险，分别是战争险、罢工险和恶意损害险。其中，战争险和罢工险可以作为独立的险别承保，但恶意损害险只能作为附加险承保。

4. 海上货物运输保险的保险责任起讫

(1)我国海上货物运输保险的保险责任起讫。我国《海洋运输货物保险条款》对保险责任起讫根据正常运输和非正常运输两种情况分别做出了规定。

正常运输是指按照正常的航程、航线行驶并停靠港口，包括途中的正常延迟和正常转船。在正常运输情况下，保险责任自货物运离保单所载明的起运地发货人仓库或储存处所开始，至货物到达保单所载明的目的地收货人仓库或储存处所时终止。

在正常运输情况下，海上货运险的责任起讫以“仓至仓条款”为依据，但是在保险实务中，根据货物运抵的目的地的不同情况（有的是目的地即为卸货港，有的是目的地不在卸货港而在内陆），对保险责任的终止有以下不同的规定：一是货物运抵卸货港并全部卸离海轮后未被收货人立即运入自己的仓库，保险责任可以从货物全部卸离海轮时起算满60天为止；二是货物运抵卸货港，卸货港就是目的地，收货人提货后并不将货物运往自己的仓库，而是对货物进行分配、分派或分散转运，保险责任就从分配开始时终止；三是货物运抵卸货港，卸货港不是目的地，目的地在内陆，收货人提货后运到内陆目的地自己的仓库，保险责任即行终止。如果收货人提货后在运往内陆目的地仓库的途中将货物进行分配、分派或分散转运，即使其中有一部分货物仍运往保单上所载明的最后仓库，保险责任在开始分配时全部终止。

非正常运输是指在运输过程中由于遇到被保险人无法控制的一些情况，致使货物无法运往原定卸货港而在途中被迫卸货、重装或转运，以及由此而发生的运输延迟、绕航或运输合同终止等情况。在非正常运输情况下，要求被保险人在获知被迫卸货、重装或转运等情况时及时通知保险人，并在必要时加缴保费，以继续保持原保单的效力。但是保单继续有效的责任起讫是按以下规定处理：一是货物如在非保单所载明的目的地出售，保险责任至交货时终止，但无论何种情况，以货物在卸载港全部卸离海轮后满60天为止；二是货物如在卸载港全部卸离海轮后的60天期限内仍继续运往保单所载明的目的地或其他目的地时，保险责任仍按正常运输情况下所规定的“仓至仓条款”内容处理。

(2)英国海上货物运输保险的保险责任起讫。英国《协会货物保险条款》通过“运输条款”、“运输合同终止条款”和“航程变更条款”对正常运输和非正常运输两种情况下的保险责任起讫做出了类似的具体规定。

(二)国内水路、陆路和航空运输货物保险

1. 国内水路、陆路运输货物保险的概念

国内水路、陆路运输货物保险是承保轮船、驳船、机帆船、木船、水泥船等水上运输工具，或以火车、汽车等陆上运输工具所运输的货物为保险标的的运输货物保险。

2. 国内水路、陆路运输货物保险的险别和保险责任

国内水路、陆路运输货物保险的险别有基本险和综合险两种。基本险的保险责任有自然灾害、意外事故、装卸事故、共同海损、纷乱散失和施救保护费用；综合险的保险责任在基本险承保责任的基础上，加上被保险货物因各种原因造成破损、渗漏、盗窃和提货不着、雨淋四项损失。国内水路、陆路运输货物保险的保险责任起讫是自签发保险凭证和被保险货物运离起运地发货人的最后一个仓库或储存处所时起，至该保险凭证注明的目的地收货人在当地的第一个仓库或储存处所时终止。

3. 国内航空运输货物保险

国内航空运输货物保险是以国内航空运输的货物为保险标的，承保货物在运输途中因遭受灾害事故而造成损失的运输货物保险。国内航空运输货物保险的保险责任与国内水路、陆路运输货物保险的综合险基本一致。

三、运输工具保险

运输工具保险是以用于载人或载运货物或从事某种交通作业的各类运输工具为保险标的，承保因自然灾害和意外事故造成标的物的损失和其拥有者或驾驶者在使用它们的过程中，对他人、他物造成的损害依法应承担的民事赔偿责任作为保险责任的保险业务。运输工具保险的主要险种有机动车辆保险、船舶保险、飞机保险、铁路车辆保险等。

(一)机动车辆保险

1. 机动车辆保险的概念

机动车辆保险是承保各类机动车遭受自然灾害和意外事故造成车辆本身的损失，以及车辆在使用过程中因意外事故致使他人遭受人身伤亡或财产直接损失所依法应负的经济赔偿责任的保险。

2. 机动车辆保险的险别和保险责任

机动车辆保险是我国财产保险中业务量最大的险种，我国的机动车辆保险分为车辆损失险和第三者责任险两个基本险别。

(1)车辆损失险承保被保险人或其允许的合格驾驶员在使用保险车辆过程中，因遭受保险责任范围内的自然灾害或意外事故所致车辆本身的损失。

车辆损失险的保险责任分为三类：①意外事故。具体包括碰撞、倾覆、火灾、爆炸、外界物体倒塌、空中运行物体坠落、保险车辆行驶中平行坠落。②自然灾害。具体包括雷击、暴风、龙卷风、暴雨、洪水、海啸、地陷、冰陷、崖崩、雪崩、雹灾、泥石流、滑坡以及载运保险车辆过河的渡船遭受自然灾害。③施救、保护费用。

(2)第三者责任险承保被保险人或其允许的合格驾驶员在使用保险车辆过程中发生意外事故，致使第三者遭受人身伤亡或财产的直接损毁，依法应由被保险人承担的赔偿责任。

在车辆第三者责任保险中，保险人依照《道路交通安全法》和保险合同的规定，对被保险人在意外交通事故中依法应承担的赔偿金额给予补偿。

3. 机动车辆保险的除外责任

(1)既适用于车辆损失险，也适用于第三者责任保险的除外责任是：战争行为、非允许人员驾驶、故意行为，或从事违法活动、竞赛测试、饮酒吸毒、肇事逃逸、无有效驾驶证等。

(2)仅适用于车辆损失险的除外损失是：自然磨损、朽蚀、故障、轮胎单独损坏、地震、供油

和烘烤、自燃和不明原因火灾、受本车所载货物撞击、摩托车翻倒、受损后未修而继续使用、玻璃单独破碎、排气管被水淹后启动发动机等。

(3)仅适用于第三者责任险的除外损失是：被保险人所有或代管财产，私有、个人承包车辆的被保险人或其允许的驾驶员的家庭成员以及他们所有或代管的财产，保险车辆上的一切人员和财产。

(4)机动车辆保险对间接损失、精神损害、污染赔偿、全车被盗抢及期间附属设备的丢失与第三者责任等不负赔偿责任。

4. 机动车辆保险的附加险

正因为机动车辆保险的基本险有许多除外责任，所以为了满足投保人的需要，机动车辆保险有多种附加险供投保人选择。

(1)车辆损失险的附加险有全车盗抢险、自燃损失险、玻璃单独破碎险、新增加设备损失险、车辆停驶损失险、车身划痕损失险、他人恶意行为损失险等。

(2)第三者责任险的附加险有车上责任险、无过失责任险、车载货物掉落责任险、精神损害赔偿责任险等。

在车辆损失险与第三者责任险基础上投保的附加险有不计免赔特约险。

5. 机动车辆保险的保险金额和赔偿限额

(1)车辆损失险保险金额的确定。车辆损失险属于不定值保险，投保车辆保险金额的确定方式有三种：①按投保时车辆的新车购置价确定；②按投保时车辆的实际价值确定；③在投保时车辆的新车购置价内协商确定。投保车辆的保险价值按照新车购置价确定。

(2)第三者责任险的赔偿限额。第三者责任险的赔偿限额根据不同车辆种类分别规定了不同档次的赔偿限额，供投保人选择。如摩托车、拖拉机的赔偿限额有 2 万元、5 万元、10 万元和 20 万元等不同的档次；6 座以下客车的赔偿限额有 10 万元、20 万元、50 万元、100 万元等不同的档次。

6. 机动车辆保险的赔偿处理

(1)绝对免赔率。不论是对车辆损失及施救费用的赔偿，还是对第三者责任的赔偿，都根据车辆驾驶员在事故中所负的责任大小实行绝对免赔率。目前实行绝对免赔率的标准是：全责免赔 20%，主责免赔 15%，半责免赔 10%，次责免赔 5%。单方肇事事故的绝对免赔率为 20%。

(2)有关车辆全损的赔偿计算。当车辆发生全损时，按保险金额计算赔偿，但如果保险金额高于出险时的实际价值，则以不超过出险时的实际价值计算赔偿。具体计算公式如下：

当保险金额≤实际价值时，

赔款＝(保险金额－残值)×事故责任比例×(1－免赔率)

当保险金额＞实际价值时，

赔款＝(实际价值－残值)×事故责任比例×(1－免赔率)

(3)有关车辆部分损失的赔偿计算。当车辆发生部分损失时，对车辆损失(即修理费用)的赔偿采用以下不同的计算方法。

如果保险金额是按投保时新车购置价确定的，不管保险金额是大于、等于还是小于出险时车辆的实际价值，一律按实际修理费用计算赔偿。其计算公式如下：

赔款＝(实际修理费用－残值)×事故责任比例×(1－免赔率)

如果保险金额是按低于投保时新车购置价确定的，同样，不管保险金额是大于、等于还是小于出险时车辆的实际价值，一律按保险金额与投保时新车购置价的比例计算赔偿修理费用。其计算公式如下：

赔款=(实际修理费用－残值)×保险金额/新车购置价×事故责任比例×(1－免赔率)

(4)有关车辆多次部分损失的赔偿。如果车辆发生多次部分损失，保险人对每次部分损失都负责赔偿，只要每次事故的车辆损失金额没有超过保险金额。但如果发生一次部分损失，车辆的损失金额达到或超过了保险金额，则保险人负责赔偿以后，保险责任立即终止。

(5)有关施救费用的赔偿。保险人对车辆损失的赔偿和对施救费用的赔偿分别按两个保险金额计算，均以不超过保险金额为限。如果对车辆的损失按比例赔偿，对施救费用的赔偿也应按相同的比例计算。

(6)有关第三者责任保险的赔偿。保险人对被保险人所负第三者责任应承担的赔偿责任是在保单载明的赔偿限额内核定。

如果被保险人所负的第三者责任超过保单载明的赔偿限额，则计算赔偿的公式是：

赔款=赔偿限额×(1－免赔率)

如果被保险人所负的第三者责任低于保单载明的赔偿限额，则计算赔偿的公式是：

赔款=应负第三者责任的赔偿金额×(1－免赔率)

第三者责任险的赔偿采用连续责任制，即保险车辆发生第三者责任事故，保险人赔偿后，不论每次事故的赔款是否达到保单载明的赔偿限额，保险责任继续有效，直至保险期满时终止。

7. 机动车辆保险的保费

(1)机动车辆保险费的构成和计算。车辆损失险采用基本保费加上按保险金额乘以费率的办法来计算保费。其计算公式是：

保费=基本保费+保额×费率

第三者责任保险的保险费是按照赔偿限额的档次固定收取。但目前保险公司采用浮动保费方法，将保险费与被保险人的行车安全挂钩，以增强被保险人的安全意识，减少交通事故。

(2)机动车辆保险的无赔款优待。机动车辆保险实行无赔款优待措施，凡是保险期满一年、保险期内无赔款、保险期满前办理续保的投保人均可享受10%的费率优惠。如果投保人续保期内仍无赔款发生，则下年续保时可享受20%的费率优惠，但最多不超过30%的费率优惠。

(二)船舶保险

1. 船舶保险的概念

船舶保险是承保船舶因遭受自然灾害和意外事故造成船体和船上机器设备的损失以及碰撞责任的保险。

船舶保险根据其承保船舶航行区域不同，可分为远洋船舶保险和沿海、内河船舶保险(又称为国内船舶保险)两大类。远洋船舶保险通常被归在海上保险范畴内。

2. 远洋船舶保险与沿海、内河船舶保险的区别

我国远洋船舶保险与沿海、内河船舶保险相比主要区别有：第一，远洋船舶保险承保船舶从建造下水开始直到营运、停泊、修理和最后报废拆船为止的整个过程的风险；而国内船舶保险只承保船舶从事营运和航行作业时的风险。第二，远洋船舶保险承保被保险船舶的碰撞责任，且对每次碰撞事故负责赔偿金额的4/4，但最高不超过保额；而国内船舶保险对每次碰撞事故仅负责赔偿金额的3/4。第三，远洋船舶保险将船长的“有意损害被保险人利益的行为”

纳入承保责任范围；而国内船舶保险不承保船长的故意行为。

3. 远洋船舶保险的险别和保险责任

在远洋船舶保险实务中，通常采用两种保险条款：一种是我国自己制定的《船舶保险条款》(China Hull Insurance Clause，简称 CHIC)；另一种是英国的《协会定期船舶保险条款》(Institute Time Clause[Hull]，简称 ITC)。两种保险条款的险别、保险责任和保险责任起讫基本一致。

(1)远洋船舶保险的险别。根据我国远洋船舶保险条款，船舶保险分为全损险和一切险两个险别。船舶全损险承保本保险船舶因遭受保险范围内的风险而造成的全部损失，包括实际全损和推定全损。船舶一切险除了承保全损险责任范围内的风险所致的被保险船舶的全部损失外，还负责这些风险给船舶造成的部分损失，以及碰撞责任、共同海损分摊、救助费用和施救费用。这两个险别承保的风险是相同的，区别在于保险责任范围不同。

(2)远洋船舶保险的承保范围。我国远洋船舶保险承保两类风险：一类是传统的海上风险，包括自然灾害、意外事故、火灾或爆炸、暴力盗窃或海盗行为、抛弃货物、核动力风险事故等；另一类是“印区玛瑞”式风险，这类风险是指由于不可预料的疏忽或过失行为所造成的风险，既不属于海难范围，也不属于外来风险，主要包括：①装卸事故；②潜在缺陷；③船员的故意行为；④船员的疏忽行为；⑤政府当局的防污染行动。

(3)远洋船舶保险的除外责任。我国远洋船舶保险的除外责任共有四项：①船舶不具备适航条件；②被保险人的疏忽或故意行为；③正常磨损或保养不周；④由战争险或罢工险承保或不保的责任。

4. 远洋船舶保险的保险期限

我国远洋船舶保险的保险期限按照定期保险和航程保险而规定不同。

(1)定期保险。定期保险是以时间作为保险责任起讫期限。保险期限一般为一年，最短不能少于 3 个月。起讫时间以保单上注明的日期为准。期满时，如果船舶尚在航行途中或处于危险中，或在避难港或中途港停靠，被保险人只要事先通知保险人并按日比例加付保费后，保险责任期限可以延长到船舶抵达目的港为止。船舶若在保险责任延长期内发生损失，保险人负责赔偿。但如果在保险延长期内发生的是全损，则被保险人必须加付 6 个月的保费，包括已按日比例加付的部分。

(2)航程保险。航程保险以船舶自起运港至目的港为保险责任起讫期限。航程按保单上载明的为准，可以是一次航程、往返航程或多次航程。因为船舶有载货船舶和不载货船舶之分，它们的保险责任起讫时间也有不同的规定：①不载货船舶的起讫时间自起运港起锚或解缆时开始，至目的港抛锚或系缆完毕时终止；②载货船舶的起讫时间自起运港装货时开始，至目的港卸货完毕时终止，但自船舶抵达目的港当日午夜零时起算最多不超过 30 天，若要超过，应事先征得保险人同意并加付保费，但最长期限不能超过 90 天。

5. 船舶保险的碰撞责任条款

(1)碰撞责任的概念。碰撞责任是指船舶因航行疏忽或过失，与他船发生碰撞或触碰任何固定的、浮动的物体或其他物体所引起的被撞船舶或非船舶物体的损害(包括财产损失或人身伤亡)，依法应承担的赔偿责任。

(2)碰撞责任条款的承保范围。船舶保险碰撞责任条款负责的碰撞责任包括：①被撞船舶的损失或修理费用；②被撞船舶上所载货物或其他财产的灭失及费用；③被撞船舶因延迟或丧失使用而受到的经济损失(即船期损失)；④被撞船舶及船上财产的共同海损、救助费用和合同项下救助费用；⑤由于被撞船舶造成的污染，或污染所产生的责任或费用。

(3)碰撞责任条款的除外责任。船舶保险碰撞责任条款不负责的碰撞责任有：①人身伤亡或疾病；②清除障碍物、残骸、残货或任何其他物品的费用；③任何非船舶物体的延迟或丧失使用的间接费用。

船舶保险碰撞责任条款不负责在碰撞事故中本船所载货物的损失、本船的船期损失、本船及船上财产所造成的污染或玷污。

(4)我国《船舶保险条款》与《英国协会船舶条款》的区别。我国《船舶保险条款》(CHIC)与英国《协会定期船舶保险条款》(ITC)在承保碰撞责任的范围和程度上有较大的不同：①CHIC既承保本船对被撞船舶所负的碰撞责任，也承保因触碰非船舶物体而负的碰撞责任；ITC只承保本船碰撞他船而产生的碰撞责任，不承担对触碰非船舶物体所负的碰撞责任。②CHIC承担船舶碰撞责任的4/4，对每次碰撞事故所负赔偿金额不超过船舶的保险金额(法律诉讼费用包括在碰撞责任赔偿的保额内)；ITC承担船舶碰撞责任的3/4，对每次碰撞事故所负赔偿金额不超过船舶保险价值的3/4，对被保险人因抗辩而产生的法律诉讼费用承担3/4。因此，CHIC条款被称为"四分之四碰撞责任条款"，而ITC条款被称为"四分之三碰撞责任条款"。

6. 船舶保险的免赔额条款

我国《船舶保险条款》(CHIC)和英国《协会定期船舶保险条款》(ITC)都规定有绝对免赔额条款，保险人在赔偿船舶损失时要扣除绝对免赔额，而且强调对每次事故损失的赔偿都要扣除免赔额。但是CHIC的免赔额条款与ITC的免赔额条款在适用范围上有很大的区别。

按照CHIC的条款规定，免赔额扣除仅适用于对承保风险所致的部分损失赔偿，但对全损、碰撞责任、共同海损、救助费用和施救费用的赔偿均不适用，对船舶搁浅后专为检验船底所产生的合理费用也不扣除免赔额。

按照ITC的条款规定，免赔额适用范围较广，当船舶发生碰撞责任、共同海损、救助费用、单独海损所致部分损失，以及在遭遇部分损失时采取抢救措施而引起的施救费用，保险人在计算赔款时都无一例外地要扣除免赔额。只有对船舶全损和由同一事故造成的全损索赔以外的施救费用，以及对船舶搁浅后专为检验船底而产生的合理费用不扣除免赔额。

7. 船舶保险的海运条款

船舶保险的海运条款是一项保证条款，旨在对被保险人使用船舶做出限制，以确保船舶在未经保险人同意的情况下不得从事非商业性运输航行。

我国《船舶保险条款》中的海运条款和英国《协会定期船舶保险条款》中的航行条款都对船舶的使用做了三项限制规定：(1)不允许从事拖带或救助服务；(2)不允许与他船(非港口或沿海使用的小船)在海上直接装卸货物，包括驶近、靠拢和离开；(3)不允许从事以拆船或拆船出售为目的的航行。

如果被保险人有违反规定的情况发生，那么保险人可以不承担船舶因此而遭受损失的赔偿责任。但如果被保险人征得了保险人的同意，并接受修改后的承保条件和所需加付的保费，则保险人仍然承担赔偿责任。ITC的航行条款中，在第三项限制规定上还提出另一种缓解的条件，就是限定保险赔偿不超过船舶在事故发生日的卖价。

8. 船舶保险的修理招标条款

我国《船舶保险条款》和英国《协会定期船舶条款》都使用了修理招标条款。当船舶发生部分损失、需要修理时，CHIC的修理招标条款和ITC的修理招标条款均规定被保险人应按照保险人的要求进行招标修理。

招标条款的主要内容有：(1)规定被保险人的招标原则，即被保险人要像一个精打细算未投保的船东，对受损船舶的修理进行招标，以接受最有利的报价。(2)规定保险人可以对船舶的修理进行招标或要求再次招标，并负责自发出招标通知日起，至接受投标时止的时间损失，包括这段时间内所支出的燃料、物料以及船长、船员的工资和给养等。(3)规定保险人对"时间损失"的具体补偿。CHIC 规定此种补偿不得超过船舶当年保险价值的 30%，而 ITC 按那段时间的实际天数，以船舶当年保险价值 30%的日比例计算补偿额。(4)规定被保险人对修理地点的选择。CHIC 只规定被保险人可以决定修理地点；而 ITC 规定，先由保险人选择修理港口，然后由被保险人在指定港口选择修理地点或修理厂。(5)规定对被保险人不遵守招标要求的惩罚措施。CHIC 规定，保险人对被保险人的选择可行使否决权，或从修理费用的赔款中扣除因不合理选择而增加的费用；而 ITC 规定，保险人可以从确定的赔款中扣除 15%。

9. 船舶保险的姐妹船条款

姐妹船是指对同为一个船东所有，或由同一家管理机构经营的船舶。在海上保险实务中，船舶碰撞有时会发生在姐妹船之间，而海上救助出现在姐妹船之间的情况也不少。按照民事诉讼法律原则，它们相互之间是不必承担赔偿责任或支付救助报酬的义务的。为了不违反法律原则，我国《船舶保险条款》和英国《协会定期船舶保险条款》中都订有姐妹船条款来处理姐妹船之间的碰撞和救助的问题，以保障姐妹船船东的利益。

根据姐妹船条款规定，被保险船舶与其姐妹船发生碰撞或接受救助，应视为第三方船舶一样，保险人予以负责。这意味着保险人要按碰撞责任条款和交叉责任制来处理姐妹船碰撞责任的赔偿，并按一般救助惯例处理姐妹船救助费用的赔偿。ITC 的姐妹船条款对碰撞责任的划分或救助费用金额的确定做出了明确的规定，应由保险双方同意的一个独任仲裁员审理并作出仲裁。CHIC 的姐妹船条款无此规定，但通常是保险人以海损理算师所提交的报告为依据，与被保险人协商解决。

四、工程保险

工程保险是承保建筑工程项目、安装工程项目在工程期间及工程结束后的一定时期内，因灾害事故的发生而造成的物质财产损失，以及对第三者的损害赔偿责任的综合性保险。

工程保险承保的风险较大，涉及工程建筑、安装中的各种技术风险和非技术风险，而且承保的范围相当广，既承保工程项目本身，也承保建筑安装设备、原材料的损失、费用损失及第三者损害的赔偿责任。

(一)工程保险的基本险别

工程保险分为建筑工程保险和安装工程保险两个基本险别，这是承保工程项目的两个相辅相成的险种。

1. 建筑工程保险的概念

建筑工程保险主要承保以土木建筑为主体的工程，负责赔偿保险工程项目在整个建筑期间，由于保险责任范围内的风险造成的物质损失和列明费用损失，以及被保险人在施工过程中，因给第三者造成损害所应承担的法律赔偿责任。

2. 安装工程保险的概念

安装工程保险主要承保新建、扩建或改造的工矿企业的机器设备或钢结构建筑物，负责赔偿保险财产在整个安装、调试期间，由于保险责任范围内的风险造成的物质损失和列明费用损失，以及被保险人在安装期间因给第三者造成损害所应承担的法律赔偿责任。

(二)工程保险的被保险人

工程保险的被保险人一般包括建设单位、施工单位、分承包人、技术顾问和其他关系方。

为了避免各被保险人之间因发生责任事故而相互进行追偿,可以加贴"交叉责任扩展条款",即在一张保单下,不论哪一个被保险人对其造成其他被保险人损失所应负的责任,都由保险人承担。

(三)工程保险的保险责任

1. 承保物质损失的责任范围

(1)列明的自然灾害。包括地震、海啸、雷电、飓风、台风、龙卷风、风暴、暴雨、洪水、水灾、冻灾、冰雹、地崩、山崩、雪崩、火山爆发、地面下陷下沉等。

(2)列明的意外事故。凡不可预料的、被保险人无法控制且在保险责任范围内列出的突发事故,包括火灾和爆炸所造成的物质损失。

(3)场地清理费用和专业费用。

2. 承保第三者责任的责任范围

(1)被保险人对第三者所负的赔偿责任;

(2)被保险人的有关诉讼费用。

(四)工程保险的除外责任

1. 适用于物质损失部分和第三者责任部分的除外责任

具体有:战争行为、政府命令、罢工、被保险人的故意行为、核辐射、污染、停工、后果损失、保单上列明的免赔额。

2. 仅适用于物质损失部分的除外责任

具体有:设计错误、自然磨损、原材料缺陷或工艺不善、非外力原因引起机械的损失、维修保养费用、盘点时发现的短缺、工程已完成部分的损失。

3. 仅适用于第三者责任部分的除外责任

具体有:物质损失部分的责任,震动、移动或减弱支撑,被保险人的人身伤亡与疾病,被保险人的财产损失,领有执照的车、船、飞机肇事,被保险人的合同责任。

(五)工程保险的保险金额和赔偿限额

1. 工程保险的保险金额确定

(1)工程合同规定的工程项目的保险金额。工程合同规定的工程项目的保险金额按照工程项目完成时的总价值来确定。工程的总价值,是指工程承包价或工程承包价加上工程所有人提供的材料或设备之和。

(2)工程所有人提供的材料及项目的保险金额。工程所有人提供的材料及项目的保险金额按照这些材料和项目的重置重建价来确定。

(3)施工用机器、装置和机械设备的保险金额。施工用机器、装置和机械设备的保险金额按照施工机具的重置价值来确定。

2. 工程保险的赔偿限额确定

(1)物质损失部分的赔偿限额。在工程保险中,对于物质损失所承保的自然灾害中,地震、海啸、洪水、暴风和暴雨是作为特种风险来承保的。为了控制对这些风险的赔偿责任,除了规定免赔额以外,保险人还规定有特别的赔偿限额。赔偿限额的幅度一般在物质损失部分总保险金额的50%～85%。

(2)第三者责任部分的赔偿限额。赔偿限额的规定分为两种:一是每次事故的赔偿限额,二是保险期内累计的赔偿限额。每次事故的赔偿限额又可分为：人身伤亡的每人赔偿限额、人身伤亡的总赔偿限额、财产损失的赔偿限额，且分别规定。

（六）工程保险的保险期限和赔偿处理

1. 工程保险的保险期限

工程保险的保险期限是按工期确定的，尽管它在保单上列明保险期限，但保险人实际承担保险责任的起讫时间要根据工程项目的具体进展情况确定。因此，保险期限在按工程建造期确定的基础上，可以向前扩展到工程建造期之前的材料设备制造期和材料设备运输期，以及向后扩展到工程建造期之后的试车考核期和工程保证期。

（1）工程建造期保险责任的开始。保险责任的开始日期可以是工程项目开工之日，也可以是材料设备运抵工地之日，二者以先发生者为准。但是，在任何情况下，工程建造期保险责任的开始日期不得早于保单上列明的生效日期，因为列明的生效日期是保险期限的“上限”。

（2）工程建造期保险责任的终止。保险责任的终止日期可以是签发完工验收证书或验收合格之日，也可以是实际占有或使用之日，二者以先发生者为准。但是，在任何情况下，工程建造期保险责任的终止日期不得迟于保单上列明的终止日期，因为列明的终止日期是保险期限的“下限”。

2. 工程保险的赔偿处理

对保险财产遭受的损失，保险人可选择以支付赔款、修复或重置受损保险财产这三种赔偿方式予以赔偿。对可以修复的部分损失，保险人按照将保险财产修复至其基本恢复受损前状态所支出的修理费用扣除残值后的金额赔偿；如果修理费用等于或超过财产受损前的价值，则按保险财产受损前的实际价值扣除残值后的金额赔偿；对全损或推定全损，保险人按财产受损前的实际价值扣除残值后的金额赔偿。

被保险人就投保工程项目遭受保险事故损失提出索赔的期限，从损失发生之日起，不得超过两年。

第二节　责任保险和信用保证保险

一、责任保险

（一）责任保险的概念

责任保险是以无形的民事损害赔偿责任或经过特别约定的合同责任为保险标的，以依法应由被保险人负责赔偿的不确定的第三者为补偿对象的财产保险。

责任保险的特征主要表现在三个方面：一是以无形的民事责任为保险标的，这种民事责任包括违约责任、侵权责任和其他违反民事义务的责任；二是因在事先难以明确第三者及对其承担的责任的情况下无法在合同中确定保险金额，因此责任保险以赔偿限额作为保险人承担赔偿责任的最高限度及计算保费的依据；三是责任保险承保的标的是责任风险，法律是责任保险产生的基础，责任保险承担的保险责任有被保险人依法承担的损害赔偿责任和被保险人支付的诉讼、律师费用。

（二）责任保险的承保基础

正因为责任保险的这些特点，所以确定保险人承担责任的基础十分重要。责任保险一般采用期内发生式或期内索赔式这两种方式来确定保险人承担责任的基础。

1. 期内发生式

期内发生式是以保险责任事故(损失)发生的时间作为承保基础。只有当保险责任事故(损失)发生在保险有效期内时,保险人才承担责任,但不论受害人是在期内还是在期后向被保险人提出索赔。

2. 期内索赔式

期内索赔式是以受害人向被保险人提出索赔的时间作为承保基础。只有当受害人是在保险有效期内提出索赔时,保险人才承担责任,但不论保险责任事故(损失)是发生在期内还是期前。

(三)责任保险的承保方式

按照承保方式不同,责任保险可以分为第三者责任保险和完全独立的责任保险两类。

第三者责任保险承保的是投保特定财产损失的被保险人因为疏忽或过失致使他人财产损失和人身伤亡所负的赔偿责任。第三者责任保险的险种有机动车辆第三者责任保险、飞机第三者责任保险、建筑工程保险和安装工程保险的第三者责任保险、船舶保险的碰撞责任保险等。

完全独立的责任保险是作为独立险种承保被保险人对他人所承担的经济赔偿责任。主要有产品责任保险、雇主责任保险、职业责任保险和公众责任保险等险种。责任保险主要指作为独立险种的各类责任保险。本节阐述的是完全独立的责任保险。

(四)责任保险的保险事故和保险责任

1. 责任保险的保险事故

构成责任保险的保险事故必须具备两个条件:一是被保险人作为致害人对受害的第三者的侵权事实或违约事实存在,依法应承担民事责任;二是受害的第三者向被保险人(致害人)提出了民事索赔请求。

2. 责任保险的保险责任

责任保险承担的保险责任一般有两项:一是被保险人依法承担的损害赔偿责任。保险人负责赔偿被保险人依法对第三者的人身伤害或财产损失应承担的经济赔偿责任。二是被保险人支付的诉讼、律师费用。保险人负责因赔偿纠纷所引起的由被保险人支付的诉讼、律师费用及其他事先经保险人同意支付的费用。

3. 责任保险的除外责任

责任保险的各个险种通常都将下列原因引起的被保险人对第三者所应承担的赔偿责任不予负责:战争、罢工;核风险(核责任保险除外);被保险人的故意行为;被保险人所有或由其照管、控制的财产损失;被保险人的家属、雇员的人身伤害(雇主责任保险除外)或财产损失;被保险人的违约责任(保单有特别约定的除外)。

(五)责任保险的赔偿限额与免赔额

1. 责任保险的赔偿限额

责任保险的赔偿限额通常有两种类型:一种是事故赔偿限额,即指每次责任事故或同一原因引起的一系列责任事故的赔偿限额。它又可以分为每次责任事故的财产损失赔偿限额和每次责任事故的人身伤害赔偿限额。另一种是累计赔偿限额,即指保险期内累计的赔偿限额。它又可以分为累计的财产损失赔偿限额和累计的人身伤害赔偿限额。

2. 责任保险的免赔额

责任保险一般采用绝对免赔额。免赔额一般以一定金额来表示,也有按赔偿限额的一定比例来规定的。

（六）责任保险的主要险种

1. 产品责任保险

产品责任保险是以产品制造者或销售者等的产品责任为承保对象的责任保险。当产品制造者或销售者等因其制造或销售的产品有缺陷而造成消费者或他人人身伤害或财产损失而依法承担经济赔偿责任时，保险人根据保险合同的约定承担被保险人的经济赔偿责任。

产品责任保险具有分布广、发生频率高、索赔金额大等特点。

产品责任保险可采用“期内发生式”或“期内索赔式”作为承保基础。选择哪一种方式，一般取决于产品事故发生后是否能够马上得知或发现来确定。若产品事故一发生，受害人立即能够得知或发现其损害后果的，则一般采用“期内发生式”；若产品事故发生后，受害人要过一段时间方能得知或发现损害后果的，则一般采用“期内索赔式”。

产品责任保险通常规定每次事故的赔偿限额和保险期内累计赔偿限额两项。每项赔偿限额又可分别细分为人身伤害和财产损失两项。因产品事故同时造成消费者人身伤害和财产损失时，保险人按各自的限额处理赔偿。

2. 公众责任保险

公众责任保险是指以个人或法人的公众责任为承保对象的责任保险，其承保的民事赔偿责任可以是侵权责任，也可以是经过特别约定的违约责任。公众责任保险承保企业、团体、家庭、个人以及各种组织在固定场所或公共活动场所进行生产、经营等活动或日常生活中，因疏忽或过失等侵权行为致使他人的人身或者财产受到损害而依法承担的经济赔偿责任。

公众责任保险的主要归类有场所责任保险、承包人责任保险、承运人责任保险、个人责任保险和其他公众责任保险。

公众责任保险承保的责任包括损害赔偿责任、法律费用和施救费用三项。施救费用是被保险人在发生保险责任事故后，为减少对他人人身伤亡或财产损失的赔偿责任所支付的必要、合理的费用。

公众责任保险的除外责任有三类：一是应由其他险种承保的责任，如雇员在受雇期间从事与其职业有关的工作时所遭受的人身伤害，应由雇主责任保险承保；二是合同责任，如合同规定被保险人作为合同一方对合同另一方所雇用人员的人身伤亡负赔偿责任；三是绝对除外不保的责任，如被保险人及其代表的故意行为或重大过失引起的责任。

公众责任保险通常采用“期内发生式”作为承保基础。只要责任事故发生在保险有效期内，即使隔了一段时间才发现伤残或损失的事实，甚至发现损害的时间是在保险责任终止以后，保险人依然承担赔偿责任。

公众责任保险的赔偿限额规定有三种：一是仅规定每次事故总的赔偿限额，不再分项，也无累计；二是规定每次事故总的赔偿限额，不再分项，但同时规定累计；三是分项规定每次事故人身伤害赔偿限额和每次事故财产损失赔偿限额，再规定累计。除了规定赔偿限额以外，公众责任保险在赔偿时一般还有绝对免赔额的规定。我国的公众责任保险对人身伤害责任的赔偿不规定免赔额，只对财产损失责任的赔偿规定免赔额。

3. 职业责任保险

职业责任保险是以各种专业技术人员的职业责任为承保对象的责任保险。职业责任保险承保被保险人在其职业服务过程中因疏忽或过失行为造成服务对象或他人的人身伤害或财产损失而依法应承担的经济赔偿责任。

职业责任实际上是一种与专业技术人员的失职行为有关的责任。常见的职业责任保险有医师职业责任保险、药剂师职业责任保险、会计师职业责任保险和律师职业责任保险等。

职业责任保险的承保责任包括损害赔偿责任和法律费用两项。除外责任基本与其他责任保险的除外责任一致,但还规定了一些特有的除外责任,包括因被保险人的隐瞒或欺诈行为、不如实报告应报告的情况、对他人诽谤或恶意中伤行为等所引起的任何索赔。

职业责任保险通常采用"期内索赔式",但一般在保单上规定有责任追溯期限以控制保险人承保责任的实际期限。

职业责任保险的赔偿限额一般为累计的赔偿限额,而不规定每次事故的赔偿限额。但有的也规定每次索赔或每次事故赔偿限额,而不规定累计赔偿限额。法律诉讼费用一般在赔偿限额以外赔付。如果被保险人最终对他人损害所支付的赔偿金额超过了赔偿限额,法律诉讼费用就应按赔偿限额与被保险人最终赔偿金额的比例分摊。

4. 雇主责任保险

雇主责任保险是指以雇主责任为承保对象的责任保险,承保雇主对其雇员在受雇期间因意外事故或职业病而造成人身伤残或死亡依法应负的赔偿责任。

雇主责任是一种根据法律或雇佣合同的规定,雇主对雇员在雇佣期间的人身伤害应负的法律责任,也属于侵权行为产生的民事责任。不少国家和地区通过立法,包括民法、劳工法和雇主责任法等来确定雇主责任。

雇主责任保险由雇主投保,雇主是投保人也是被保险人,但保险的最终受益者却是雇员。雇主在投保时必须为其根据雇佣合同所雇用的全体雇员投保,还可把短期工、临时工、季节工和学徒工也全部纳入承保对象。

雇主责任保险的承保责任共有四项:一是意外伤害赔偿责任;二是职业病损害赔偿责任;三是医药费;四是法律费用。

雇主责任保险将战争、罢工、暴动或核辐射,雇员正常疾病或正常手术,雇员的故意或违法行为,被保险人的故意行为或重大过失,承包人的雇员损害责任等列为除外责任。

雇主责任保险扩展的附加责任有附加医疗费用保险、附加第三者责任保险和附加雇员第三者责任保险等。

雇主责任保险大多采用"期内索赔式"作为承保基础。

雇主责任保险以被保险人所雇用雇员的收入作为计算保费的重要依据,具体按照不同工种雇员的适用费率乘以该类雇员年度工资总额计算,且采用预收保费制。

雇主责任保险的赔偿限额分为死亡赔偿限额和伤残赔偿限额两种。它们的计算公式是:

赔偿限额=雇员月均工资收入×规定月数

纳入承保对象的雇员如果死亡,按规定的死亡赔偿限额赔偿。如果雇员伤残,则赔偿处理分为三种情况:若是永久丧失全部工作能力,按规定的伤残赔偿限额赔偿;若是永久丧失部分工作能力,按受伤部位及程度,参照所规定的百分率乘以规定的伤残赔偿限额赔偿;若是暂时丧失工作能力超过5天,根据医院出具的证明,按雇员在此期间的工资收入损失给予补偿。

雇主责任保险的索赔程序是受害雇员或其家属先向雇主索赔,雇主再作为被保险人向保险人索赔。索赔期限一般规定为从损失发生之日起,不得超过一年或两年。

二、信用保证保险

(一)信用保证保险的概念

信用保证保险是以存在于信用关系中的信用风险为保险标的的保险。保险人以保证人的身份为信用关系的一方(被保证人)向信用关系的另一方(权利人)提供信用担保,对由于被保证人未履行义务或有犯罪行为而导致权利人的经济损失负责赔偿。

(二)信用保证保险的特征

信用保证保险与其他财产保险相比,具有以下几个特征:一是信用保证保险具有类似银行担保的担保性质;二是信用保证保险承保的风险标的是信用风险;三是信用保证保险合同涉及的有关方较为复杂,有保险人、被保证人和权利人三方;四是经营信用保证保险业务的保险人必须是由政府指定的或批准的具有可靠偿付能力的专门保险人。

(三)信用保险和保证保险的区别

信用保证保险有信用保险和保证保险两种形式,两者都以信用风险为承保标的,但存在着以下明显的区别。

1. 保险的对象不同

信用保险是权利人直接向保险人投保,保险人担保的不是投保人的信用,而是被保证人的信用。信用保险的对象是权利人。

保证保险是被保证人向保险人投保,保险人担保的是投保人的信用。保证保险的对象是被保证人。

2. 承保的单证不同

信用保险是通过保险单来承保的,信用保险单包含的内容与其他财产保险单基本相同。

保证保险是通过出立保证书来承保的,保证书的内容一般很简单,仅规定担保事宜,没有财产保险单所包含的内容。

3. 保险费的性质不同

信用保险的保险费是一种实际意义上的保险费。权利人通过投保是为了把可能因被保证人不履约而使自己受到损失的风险转移给保险人,一旦这种实际损失发生,保险人就要代替被保证人赔偿权利人的损失。

保证保险的保险费就其性质来说,实际上是保险人凭其信用资格从被保证人那儿收取的担保手续费。虽然保险人担保了被保证人的信用,但履约义务仍由被保证人自己承担,风险并未转移,保险人只有在被保证人无力履约的情况下才代其对权利人履约。

4. 业务处理的方式不同

信用保险是保险人接受权利人的投保要求而为被保证人的信用提供担保。由于保险人一般难以得到被保证人的反担保,只能事后向被保证人追偿,因此信用保险对被保证人的资信调查更为严格。

保证保险是保险人接受被保证人的投保要求而为其提供信用担保。保险人为了减少风险,可以要求被保证人提供反担保。保险人获得了反担保就意味着在向权利人支付保险赔款以后拥有向被保证人再追回赔款的权利。

(四)信用保证保险的险种

1. 信用保险的险种

信用保险是保险人根据权利人的要求来担保被保证人的信用。当被保证人的作为或不作为而导致权利人的经济损失时,保险人按照保险合同的规定赔偿权利人的损失。

信用保险分为一般商业信用保险、投资保险和出口信用保险三大类险种。

(1)一般商业信用保险。一般商业信用保险是承保权利人(商业活动的一方当事人)因被保证人(另一方当事人)不履行商业信用而使权利人遭受商业利益损失的信用保险。一般商业信用保险的保险标的是被保证人的商业信用，由权利人投保。

一般商业信用保险又具体分为赊销信用保险、贷款信用保险和个人贷款信用保险等险种。

(2)投资保险。投资保险是承保去国外投资的本国投资者因东道国的政治局势动荡或政府法令变动所引起的投资损失的信用保险。本国投资者是投保人，也是权利人，要求保险人保障的是他们在国外的投资利益。

投资保险承保的风险包括战争风险、征用风险和外汇风险。投资保险一般规定有赔偿等待期。

(3)出口信用保险。出口信用保险是承保出口商在经营出口业务的过程中因进口商的商业风险或进口国的政治风险而遭受损失的信用保险。由于出口信用风险较大，所以出口信用保险通常作为政策性保险，由政府机构或受托保险机构经营，并由国家专门立法调整。

出口信用保险又具体分为短期出口信用保险和中长期出口信用保险两种。信用期在180天以内的出口信用保险一般称为短期出口信用保险，承保的出口货物通常是一般性商品，包括消费性制成品、初级产品和工业用原材料，以及农用机械、机床工具等半资本性货物。信用期在2年以上的出口信用保险一般称为中长期出口信用保险，承保的出口货物大多是大型资本性或半资本性货物，如飞机、船舶等大型运输工具，电站、工厂或矿山的成套设备，以及海外工程承包或专项技术转让或服务等项目。出口信用保险有赔偿等待期的规定。

2. 保证保险的险种

保证保险是保险人接受被保证人的请求来担保其信用，如果由于被保证人的原因给权利人造成损失，在被保证人不能赔偿权利人经济损失的前提下，由保险人代替被保证人履行赔偿义务。

保证保险分为诚实保证保险和确实保证保险两大类险种。

(1)诚实保证保险。诚实保证保险是承保雇主因其雇员的不忠诚行为而遭受经济损失的风险。该险种以雇员诚实的品德为承保对象，所以雇员是被保证人，他们的不诚实行为包括偷窃、盗窃、贪污、非法侵占、伪造单据和挪用款项等。但诚实保证保险的投保人并不是被保证人，而是由权利人雇主投保，雇主是投保人，也是被保险人，这一点与其他保证保险是由被保证人投保的情况不同。诚实保证保险一般有损失发现期的规定。

(2)确实保证保险。确实保证保险是承保被保证人不履行义务而使权利人遭受经济损失的保证保险。确实保证保险的保险标的是被保证人的违约责任，只能由被保证人自己投保。

确实保证保险具体又分为合同保证保险、产品保证保险和特许保证保险等险种。

合同保证保险主要适用于建筑工程的承包合同，是承保工程所有人因承包人不履行承包合同义务而遭受经济损失的风险。工程承包人是被保证人，是合同保证保险的投保人，工程所有人是权利人，是合同保证保险的被保险人。

产品保证保险是指因被保险人制造或销售的产品丧失效能或不能达到合同规定的效能而给使用者造成经济损失时，由保险人对质量有缺陷的产品本身及由此引起的有关损失和费用承担赔偿责任的一种保证保险。

第三节 人寿保险

人寿保险是以被保险人的死亡或生存作为保险事故的人身保险业务。投保人向保险人缴纳一定数量的保险费，当被保险人在保险期限内死亡或生存到保险合同约定年龄或者期限时，由保险人向被保险人或者受益人给付保险金。

人寿保险具体分为保障型人寿保险、储蓄型人寿保险、分红型人寿保险和投资型人寿保险四大类。

一、保障型人寿保险

保障型人寿保险有定期寿险、终身寿险和两全保险，这些险种充分体现了保险的保障功能。

(一)定期寿险

定期寿险又称定期死亡保险，是以被保险人在约定期限内死亡作为保险金给付条件的人寿保险。定期寿险是最早出现的人寿保险，可以单独购买，也可以作为其他险种的附加险购买。

定期寿险属于纯保障型寿险，当被保险人在规定的保险期限内死亡，保险人向指定的受益人给付保险金。如果被保险人期满仍然生存，保险人不给付保险金，也不退还保险费。由于定期寿险只承担一定时期内的死亡责任，费率厘定也只考虑被保险人的死亡风险，不考虑储蓄因素，因此在保险金额相同的情况下，投保定期寿险所缴纳的保险费要比投保终身寿险和期限相同的两全保险低得多。被保险人可以以较低的保险费获得较大的保险保障。

定期寿险根据给付金额的不同，可分为定额定期寿险、减额定期寿险和增额定期寿险。

1. 定额定期寿险

定额定期寿险是指在整个保险的有效期内保险金额保持不变的定期寿险。当被保险人在保险有效期内死亡，保险人按保单中约定的保险金额给付保险金。定额定期寿险的种类有每年可更新的定期寿险，5 年、10 年、15 年、20 年的定期寿险，到退休年龄满期的定期寿险。

2. 减额定期寿险

减额定期寿险是指在整个保险的有效期内保险金额不断递减的定期寿险。减额定期寿险险种主要有抵押贷款偿还保险和信用人寿保险。

(1)抵押贷款偿还保险是指保险金额与递减的未偿还抵押贷款额对应相等的减额定期寿险。保险期限由抵押贷款的期限决定，通常为 15 年或者 30 年。在整个保险期间，保额会随着抵押贷款额的递减而不断减少。

(2)信用人寿保险是指保险金额始终与债务人的贷款余额相等的减额定期寿险。与抵押贷款保险不同的是，信用人寿保险要求指定债权人为保单受益人，当作为被保险人的债务人死亡时，由债权人领取保险金用于偿还债务人未还的贷款。信用人寿保险通常要求贷款的偿还期限不超过 10 年。

3. 增额定期寿险

增额定期寿险是指在整个保险期间保单保额在初始保额的基础上按约定的金额或比例逐期递增。投保人购买增额定期寿险，可以将通货膨胀而导致的购买力下降风险转移给保险人。

为了增加定期寿险保单的灵活性，保险公司在定期寿险中设计了两个重要的条款：一是可续保条款，即允许投保人按约定的保险费率在定期寿险期满时续保，不必提供被保险人的可保证明；二是可转换条款，即允许投保人将定期寿险保单转换为终身寿险或两全保险，而且在行使转换权时，不必提供被保险人的可保证明。可续保条款和可转换条款不仅对投保人有明显的潜在价值，对保险公司也非常有利。大多数投保人续保或转换保单，并非因为健康状况不好，而是希望继续获得保险保障。因此，保险公司为投保人提供可续保和可转换的权利，既维持了保单的效力保全了当前客户，又节省了高额的新保单费用，降低了保险人的经营成本。

(二)终身寿险

终身寿险是指为被保险人提供终身保障的人寿保险。终身寿险的特征表现在两个方面：一是给被保险人提供终身的保障；二是保单具有现金价值，如果投保人中途退保，保险人必须支付退保金。

终身寿险根据保费缴付期间长短的不同，可以分为普通终身寿险、限期缴费终身寿险和趸缴保费终身寿险。不论采取哪种缴费方式，保费的现值是相等的，但是现金价值累积的速度是不同的。趸缴保费终身寿险的现金价值累积速度最快，其次是限期缴费终身寿险，现金价值累积速度最慢的是普通终身寿险。

1. 普通终身寿险

普通终身寿险又称连续缴费终身寿险，是指在被保险人死亡之前一直缴付等额保险费的终身寿险。由于采用终身缴费制，因此其每次应付的保费额低于限期缴费终身寿险和趸缴保费终身寿险的保费额。普通终身寿险是最早出现的一类终身寿险，它的主要特点是固定保额、平准保费、功能简单，适合保费缴付能力低但需要终身保障的被保险人。

2. 限期缴费终身寿险

限期缴费终身寿险是指在规定年限缴付保费或者在被保险人达到某一约定年龄之前缴付保费的终身寿险。一旦过了缴费期，保单成为缴清保险，投保人不需要缴付任何保费，但保障终身有效。限期缴费终身寿险比较适合于资金来源受时间限制但又需要长期保险保障的人。

由于缴费期限缩短，而保险公司提供的保险保障不变，因此限期缴费终身寿险的年度保费高于相同保额的普通终身寿险的年度保费，而且缴费期限越短，两者的差距越大。限期缴费的终身寿险保单能较迅速地积累现金价值，又向保险持有人提供不可没收现金价值、红利支付、保险单转换等多种选择权，因此限期缴费的终身寿险灵活性强。在终身寿险中，限期缴费终身寿险的业务量最大。

3. 趸缴保费终身寿险

趸缴保费终身寿险是指保费在投保时一次缴清的终身寿险。这种保单一经签发就成为缴清保险，以后投保人不需要缴付任何保费，也不用担心保单的失效，保证获得终身保障。趸缴保费终身寿险在保单生效时起就会有较高的现金价值，但是一次缴清全部保费数额巨大，投保人有时在经济上难以承受。因此，趸缴保费终身寿险的业务量很小。

(三)两全保险

两全保险又称生死合险，它是把定期死亡保险和定期生存保险相结合的一种人寿保险。两全保险具有以下特征：

1. 保障更为充分

两全保险不仅在保险期限内被保险人死亡时向其受益人给付保险金，而且在保险期满被保险人继续生存时也向其本人给付保险金。因此，两全保险是定期死亡保险和定期生存保险的综合，使被保险人获得更充分的保障。

2. 具有保险和储蓄双重性质

从寿险保单价值分析，两全保险保费中的危险保费随投保时间的延长逐年递减，至保险期满时为零。而储蓄保费则逐年增加，到保险期满时累积为保单的保险金额。因此，两全保险最能体现人寿保险中保险与储蓄的两重性。

两全保险按保险期限分类，有两种标准的类型：一种以特定的年期为保险期限，如 10 年、

20 年、25 年、30 年期的两全保险；另一种是以特定年龄为保险期满日，一般以被保险人生存至 60 岁、65 岁或 70 岁为保险期满日。

二、储蓄型人寿保险

随着生活水平的不断提高、生活质量的不断改善和医疗技术的日益进步，人们的预期寿命不断延长，人口老龄化已成为全世界关注的焦点。人口老龄化刺激了人们对具有养老保障功能的年金保险的巨大需求，使年金保险成为解决养老问题的一条重要途径。

(一)年金保险的定义

从广义上讲，年金是一系列定期支付的款项，例如，定期发放的工资、抵押贷款的分期付款等都构成一种年金。

从狭义上和历史上讲，年金一直被认为是一种保险产品，法律规定，只有保险公司才能签发年金。因此，在美国、加拿大，保险公司提供的年金产品习惯称为年金；而在我国，通常把保险公司以年金方式提供的年金产品称为年金保险。

(二)年金保险的分类

1. 按年金购买方式分类

按年金购买方式分类，年金可分为趸缴年金和期缴年金。

(1)趸缴年金。趸缴年金是指在购买时保费一次缴清的年金。趸缴年金可以在保费缴清后立即领取年金，也可以在约定时间开始领取年金。

(2)期缴年金。期缴年金是指在合同规定的缴费期内分期缴付保费的年金。无论是趸缴保费年金还是期缴保费年金，年金的运作基本相同，只是保险人持有保费的时间长短不同，由此产生的投资收益也不同。

2. 按年金给付的起始时间分类

按年金给付的起始时间分类，年金可分为即期年金和延期年金。

(1)即期年金。即期年金是指从购买年金之日起，满一个年金期间(通常为一个月或一年)后即开始给付的年金。即期年金必须采用趸缴保费方式购买。

(2)延期年金。延期年金是指从购买年金之日起，超过一个年金期间后才开始给付的年金。任何期缴年金都属于延期年金，它是为了满足退休后的生活费用需要而在工作期间购买的年金。

无论是即期年金还是延期年金，都是按合同的规定每期支付，但每期有期初和期末之分。若年金以每期期初支付，称为期首付年金；若年金以每期期末支付，称为期末付年金。

3. 按年金给付的终止时间分类

按年金给付的终止时间分类，年金可分为终身年金、确定年金和限期生存年金。

(1)终身年金。终身年金是指在年金领取人生存期间定期给付直至死亡停止给付的年金。

(2)确定年金。确定年金是不论被保险人生存与否，在约定期间定期给付，约定期满后停止给付的年金。确定年金既可以满足一个人在某一特定时期的收入需求，也可以为领取其他收入(如养老金)之前的一个特定时期提供收入保证。

(3)限期生存年金。限期生存年金是一种在约定期限内或年金领取人死亡之前(以先发生者为准)提供定期给付的年金。一旦约定期满或年金领取人死亡，就停止给付。购买限期生存年金的目的是满足工作收入终止之后、预期收入(如养老金)开始之前这一时间段的收入需求。

4. 按年金领取人的人数分类

按被保险人的人数分类，年金可分为个人年金和联合年金。

(1)个人年金。个人年金是指以一个被保险人的生存作为给付条件的年金。

(2)联合年金。联合年金是指综合两人或两人以上的被保险人，以他们的生存作为给付条件的年金。

联合年金包括联合生存者年金和联合最后生存者年金两大类。联合生存者年金是以两个或者两个以上的被保险人中至少尚有一人生存作为年金给付条件，但是年金给付金额随着被保险人数的减少而进行调整的年金。联合最后生存者年金是以两个或者两个以上的被保险人中至少尚有一人生存作为年金给付条件，而且给付金额不发生变化的年金。

5. 按年金给付数额是否变化分类

按年金给付数额是否变化分类，年金可分为定额年金和变额年金。

(1)定额年金。定额年金是指保险公司保证对所收取的年金保费按约定金额定期给付的年金。

(2)变额年金。变额年金是指保单累积价值和每月给付金额随分立投资账户的业绩上下波动的年金。

三、分红型人寿保险

分红型人寿保险也称分红保险。分红保险是按照相对保守的精算假设假定较高的费率，保险人除了按照保单所载明的保险责任对被保险人进行给付外，还将公司在经营中取得的一部分盈利以保单红利的方式返还给保单持有人的保险。分红保险是世界各国寿险公司规避利率风险、保证自身稳健经营的有效手段。

(一)分红保险的红利来源

分红保险的红利主要来源于保单定价时所假设的预定利率、预定死亡率和预定费用率与实际的投资收益率、实际死亡率和实际费用率之间的差异，即通常所说的死差益、费差益、利差益。

死差益是由实际死亡率低于预定死亡率，按预定死亡率收取的纯保费支付实际死亡成本后有盈余而产生的利益。其计算公式为：

死差益=(预定死亡率－实际死亡率)×风险保额

风险保额是保险金额扣除责任准备金的余额。在储蓄性寿险保单中，如终身保险、两全保险中，责任准备金是随着保单期间的增加而增加，故风险保额随着保单期间的增加而减少，满期时趋近于零。因此，死差益在每个保单期间的产生呈递减趋势，期满时为零。保险公司在保险定价时使用“经验生命表”，无论是国家颁布的经验生命表，还是保险公司依据本公司情况编制的生命表，都采取保守原则，使保险公司实际发生的赔付金额比假定时少，从而产生死差益。因此，在一般情况下，保险公司可以获得较稳定的死差益。

费差益是实际的营业费用率低于预期的营业费用率而产生的利益。其计算公式为：

费差益=(预定费用率－实际费用率)×保险费

在保单承保初期，保险公司要垫付大量的费用，如代理人佣金、体检费用、宣传费用、印制保单凭证的费用等，会产生费差损，但是一般保险公司会通过优化管理、精简流程和提高效率等方式控制费用，使实际费用支出比预计要少，从而产生费差益。

利差益是实际的投资收益率高于预定的利率时产生的利益。其计算公式为：

利差益=(实际收益率－预定利率)×责任准备金总额

为了保证寿险保单的长期有效，在保险费率厘定时，由精算师根据保险法规、公司政策和经验等设定一个预定利率，这个预定利率往往采用保守的假设，如果保险公司的实际投资收益率大于保单预定利率，就产生了利差益。

分红保险可以对利率上升而给保险人带来的现金流的压力、利率下调而给保险人带来的利差风险，通过红利的非保证性转嫁给投保人。一方面，分红保险将投保人的收益与市场利率挂钩，并且保证最低的回报，保障了投保人的利益；另一方面，虽然分红保险牺牲了保险人的部分短期利益，但是大大增强了保险人抵御利率风险的能力，有利于保险人的财务稳定。因此，分红保险成为世界各国寿险业规避利率风险的最有效的手段。

(二)红利分配的原则

红利分配就是将分红账户的盈余以红利形式分配给保单持有人。分配给保单持有人的部分盈余被称为当期可分配盈余。为了维护投保人和被保险人的利益，各个国家保险监管机构都对分红保险的分红比例做出明确规定。例如，德国保险监管机构规定，保险公司当年可分配利润至少90%要用于对投保人分红。我国保监会也明确规定，寿险公司必须至少将分红保险产生当年可分配利润的70%分配给客户。除了分红比例有规定外，在红利分配时还必须遵循效率性、公平性和简单性三个原则。

1. 效率性原则

效率性原则要求盈余分配要兼顾投保人和保险人双方的利益，既要重视保单持有人的合理预期，调动投保人投保的积极性，又要考虑红利分配对保险公司未来的红利水平、投资策略以及偿付能力的影响，发挥保险人经营分红保险的积极性。

2. 公平性原则

公平性原则必须贯穿于整个保单期间，将盈余在不同类别保单和不同保单持有人之间进行公平分配。保险人必须坚持诚信经营，将分红保单账户和其他保单账户区分开来，并依照每张保单对盈余的贡献做出分配。贡献程度越大，分的红利越多。

3. 简单性原则

简单性原则要求保险公司的红利分配政策应具有一定的连续性，以一个比较适中的水平贯穿于整个保单的期间。红利分配的方式要简单易行，便于投保人更好地理解。

(三)分红保险的红利分配方式

按照我国保监会的规定，在保险合同的有效期内，保险公司每年根据分红保险业务的实际经营状况确定红利的分配，并于保单周年日分配给投保人。投保人在投保时可选择以下任何一种红利领取方式。

1. 累积生息

红利留存于保险公司，保险公司按每年确定的红利累积利率，以复利方式储蓄生息，并于合同终止或投保人申请时给付。

2. 抵交保险费

红利用于抵交下一期的应缴保险费；若抵交后仍有余额，则用于抵交以后各期的应缴保险费。

3. 购买缴清增额保险

依据被保险人当时的年龄，以红利作为一次缴清保险费，按相同的合同条件增加保险金额。

如果投保人在投保时没有选择红利领取方式，则以累积生息方式处理。

四、投资型人寿保险

投资型人寿保险是将传统寿险的保障功能和投资理财功能融为一体的新型保险产品。这类产品现金价值和满期保险金的积累方式采用独立账户运作、投资收益浮动的方式，保单的投资账户不设固定的投资回报率，投资收益与投资账户资金的实际运作绩效直接挂钩。投资型人寿保险给予保险公司更高的投资灵活性和主动性，使保险公司通过积极的投资运作，充分发挥专家理财的专业优势，提高资金的运用效率，为保单持有人创造更大的获利空间。

（一）投资连结保险

1. 投资连结保险的定义

投资连结保险是指具有保险保障功能并至少在一个投资账户拥有一定资产价值，而不保证最低收益的人身保险。

投资连结保险兼具保险保障和投资理财功能。投保人缴纳的保费，一部分用于被保险人的保险保障，这相当于传统意义上的人寿保险，一旦被保险人在保险期间内发生保险事故，保险公司将根据合同约定给付保险金；其余部分保费以购买投资单位的方式转入保险公司设立的投资账户，由专业投资人员进行投资运作，投资收益由投保人享有，投资风险由投保人承担。

2. 投资连结保险的特征

(1)保险公司设置投资账户，提供专业理财服务。保险公司为投资连结保险产品设立单独的投资账户，投资账户中的资产单独管理，与保险公司管理的其他资产相分离。保险公司通过投资连结保险产品将保费集中起来，利用资金汇集的规模效应和自身的专业理财优势，采取稳健的组合投资方法进行资金运用，以提高资金运用的安全性与收益性，实现客户利益的最大化。

(2)投保人承担投资风险，保单利益与投资绩效挂钩。投资连结保险及投资账户均不保证最低投资回报率。由投资活动产生的投资损益及资产盈亏均计人投资账户，保单利益与之直接挂钩。若实际投资收益高，保险金给付或保单现金价值就高；若出现投资亏损，则表现为保险金给付或保单现金价值的减少。所以，投资连结保险产品有可能比传统寿险产品提供更好的投资回报，但投保人也要同时承担相应的投资风险。

(3)费用项目收取清晰，投资账户管理透明。投资连结保险的各项收费或费用项目均向投保人公开。在签订保险合同前，保险公司应说明对投资账户收取的各项费用，并得到投保人的确认。保险公司定期评估投资账户资产价值，并至少每月一次在保险监管机构认可的公众媒体上公布投资单位价格；定期公布投资账户中期报告和年度报告；每个保单周年日向投保人寄送保单状态报告。

(4)保费缴付灵活，投资选择自由。投资连结保险的投保人可以根据自己的财务状况，在投保时选择趸交或期交保费的方式确定投资计划。在期交保费方式下，保险公司在基本保费之外提供额外保费以增加投保人的可投资金额。在保险合同有效期内，投保人还可缴纳追加保费以增加保单账户的价值，或在满足保险金额所对应的最低保费要求的前提下减少缴付保费。保险公司一般提供多个投资账户供投保人选择，每个账户的投资策略与收益风险特征不同，投保人可以根据自身的风险承受能力选择投资账户和确定资产在不同投资账户之间的分配比例。

(5)需要专业的销售人员。投资连结保险由于产品比较复杂并具有证券投资性质，销售此类产品的人员除了要取得保险代理人的资格，还必须通过证券监管部门规定的证券从业人员资格考试才能注册。我国现阶段主要通过保险公司的内部资格考试来选择销售人员，或通过专业机构来销售投资连结保险产品。因此，投资连结保险产品的销售人员除了要掌握保险的基本知识外，还应当熟悉证券投资理财的相关知识和技能。

3. 投资连结保险收取的费用

(1)初始费用。保险公司在收到每笔保费后，首先要扣除初始费用，剩余的保费按照合同约定的分配比例被分配至各投资账户，用于购买相应投资账户的投资单位。

(2)买卖差价。是指投保人买入和卖出投资单位的价格之间的差价。对投保人而言，投资单位买入价，即资金进入投资账户，折算为投资单位时所用的价格；投资单位卖出价，即资金退出投资账户，将投资账户中的投资单位兑现为现金时所使用的价格。根据《投资连结保险精算规定》，“投资连结保险的买入卖出差价不得超过2%”。

(3)死亡风险保费。死亡风险保费是保单死亡风险保额的保障成本。根据《投资连结保险精算规定》，风险保费应当通过从投保人的保单账户中扣除投资单位数的方式收取。

(4)保单管理费。保单管理费是保险公司为维护保险合同向投保人或被保险人收取的管理费用。根据《投资连结保险精算规定》，保单管理费应当是一个与保单账户价值无关的固定金额，保险公司通过扣除投资单位数从投保人的保单账户中扣除保单管理费。

(5)资产管理费。资产管理费用于弥补保险公司进行投资账户运作时所承担的各种费用。按照投资账户类型，资产管理费于每个资产评估日根据上一资产评估日账户资产净值的一定比例收取。

(6)手续费。手续费是保险公司为投保人提供投资账户转换等服务时收取的费用。手续费收取金额可以按每次账户转出价值的一定比例来确定，也可以每次按固定金额收取。手续费从投资账户转出价值中扣除。

(7)退保费用。退保费用是保单退保或部分领取现金价值时保险公司收取的费用，用以弥补尚未摊销的保单获取成本。退保费用直接从投保人领取的退保金或部分领取的保单账户价值中扣除。

4. 投资账户与保单账户

投资连结保险的投资账户是指保险公司依法设立的、资产单独管理的资金账户，是保险公司提供用于保费投资的独立账户。保险公司一般会为投资连结保险产品设立多个独立的投资账户。不同的投资账户具有不同的投资策略和投资组合可供选择。投保人可以选择将保费分配进入一个或多个投资账户中，分配比例由投保人根据投资收益目标和风险偏好自行决定。保险公司收到保费，在扣除相应初始费用后，按照合同约定的分配比例将保费分配转入保险公司各投资账户，用于购买相应投资账户的投资单位。投保人可以调整保费在不同投资账户间的分配比例，也可以在不同投资账户间进行资产的转换。

投资连结保险的保单账户是保险公司为了履行投资连结保险合同的保险责任，为明确投保人或被保险人的权益而为每份保险合同的投保人或被保险人设立的个人账户，用以记录投保人选择的投资账户以及在每个投资账户中所持有的投资单位数。保单账户一般在保险合同生效后或者在保险合同犹豫期结束后的首个资产评估日设立。

5. 保单账户价值的评估

(1)保单账户的初始投资单位数。保单账户中持有公司各投资账户的初始投资单位数，等于分配至该投资账户的保费数额除以该投资账户投资单位买入价所得的值。

(2)投资单位数的增减。保单账户中各投资账户内的投资单位数将随着保险费的缴付、各种费用的收取、全部或部分保单账户价值的转换或部分保单账户价值的领取等相应增减。

(二)万能保险

1. 万能保险的定义

万能保险是一种具有保险保障功能并设立有单独保单账户,且保单账户价值提供最低收益保证的人寿保险。万能保险兼具保险保障与储蓄投资功能。

2. 万能保险的特点

(1)保单灵活性强。万能保险是一种缴费灵活、保险金额可以调整的保险产品。只要保单现金价值足以支付保障成本和保险公司规定的各项费用,投保人就可以根据自身财务状况安排缴费时间、缴费数额,即使暂时不缴纳续期保费,保单也不会失效。此外,万能保险的保险金额还可以根据投保人不同人生阶段的保障需求进行调整,有效规划人生各阶段的保险保障。

(2)保单透明度高。万能保险的费用透明度高,表现之一是保险公司在每一张万能保险保单上明确列示三大定价因素,即保险公司采用的保险保障费用、保单账户价值采用的利息率以及保险公司收取的附加费用;表现之二是保险公司必须在保险监管机构认可的主要媒体、公司网站上每个月公布的结算利率;表现之三是保险公司每年向投保人发送财务报告,显示所缴保费如何在提供保险保障、费用和账户价值之间的分配信息。

(3)投资风险由保险公司和客户共同承担。保险公司为万能保险设立万能账户,同时为万能保险保单提供一个最低保证利率。这意味着万能保险的收益由两部分构成,一部分是根据最低保证利率确定的具有储蓄性质的收益,另一部分是根据万能账户实际投资收益确定的高于最低保证利率的收益。因此,万能保险兼具投资功能。

3. 影响万能保险现金价值的主要因素

保险公司为万能保险投保人设立保单账户,保单账户用于记录投保人的保单账户价值。万能保险的保单账户价值是保费扣除风险保险费及其他各项费用后在保单账户中累积的价值。影响万能保险现金价值的主要因素有以下几种:

(1)保费。万能保险的期交保费分为基本保费和额外保费两部分。期交保费高于基本保险费的部分为额外保费。基本保费和额外保费是投保人在投保时或在保险合同有效期内按照投保单或批注上所载的缴费方式、缴费金额和缴费年限所应交付给保险公司的保费。除此之外,投保人还可以缴付追加保费。追加保费是投保人在保险合同有效期内随时向保险公司书面申请,并经保险公司同意后一次性缴付的保费,用于增加保单账户价值。基本保费、额外保费和追加保费在扣除保险公司规定的初始费用后进入保单账户,用于累积保单账户价值。

(2)初始费用。初始费用是保险费进入万能账户之前扣除的费用。初始费用在投保人所缴付的保费中扣除。万能保险的初始费用不得以减少保单账户价值的形式扣除。

(3)死亡风险保险费。死亡风险保险费即保单死亡风险保额的保障成本。死亡风险保险费是由保险公司根据被保险人的性别、年龄、身体健康状况、基本保险金额以及其他核保因素确定,通过扣减保单账户价值的方式收取,保险公司也可以通过扣减保单账户价值的方式收取其他保险责任的风险保险费。

死亡风险保险费采用预先收取的方式。死亡风险保险费每月收取一次,每月结算日为费用扣除日。在每月结算日零时,保险公司通常收取当日至下月结算日前一日期间所对应的死亡风险保险费。

(4)保单管理费。保单管理费是为维护保险合同向投保人收取的管理费用。保单管理费是一个与保单账户价值无关的固定金额,在保单首年度与续年度可以不同。保险公司不得以保单账户价值一定比例的形式收取保单管理费。

(5)保单账户结算利息。万能账户投资绩效是保险公司确定结算利率的依据。结算利率是保险公司定期宣布,在结算期末用于计算保单账户中资产增值的利率。通常保险公司规定每月第1日为结算日。保险公司每月根据保险监管机关的有关规定,结合万能账户的实际投资状况,确定上个月的结算利率,并在结算日起6个工作日内公布。该结算利率不低于最低保证利率。如果保险合同终止,按合同规定的保证利率结算当月的保单利息,保单利息计入当期的保单账户价值。因此,每期结算利息的多少将直接影响保单账户价值的大小。

(6)保证利息。保险公司应当在万能保险保单中提供最低保证利率,并根据最低保证利率计算每年的保单账户最低保证价值。如果保单账户的实际价值低于保单账户最低保证价值,那么两者之差为保证利息。保证利息由保险公司额外分配进入保单账户,保单账户价值按照保证利息等额增加为保证保单价值,即将保单账户价值调升至保单账户最低保证价值。

(7)持续缴费奖金。若投保人在万能保险合同生效日起连续每年均按时足额缴纳当期应交保费,保险公司将分配当期应缴保费的一定比例作为持续奖金,直接用于增加保单账户价值。

(8)部分领取。投保人根据自身的需要,在满足一定条件的前提下,可以领取部分保单账户价值。部分领取的手续费直接从领取的金额中扣除,保单账户价值按照领取金额等额减少。

第四节　人身意外伤害保险

人身意外伤害保险是指在保险期限内发生意外事故致使被保险人死亡或残废,由保险人按照保险合同的规定向被保险人或者受益人给付保险金的保险。

一、意外伤害的界定

人身意外伤害保险承保的风险是意外伤害。意外伤害是指在被保险人事先没有预见或违背被保险人意愿的情况下,突然发生的外来致害物对被保险人身体的剧烈的、明显的侵害的客观事实。意外伤害构成的条件可以概括为外来的、非故意的、剧烈的。

外来的,是指来源于身体外部的原因造成身体的伤害,而不是人体内部生理机制作用或新陈代谢的结果,如食物中毒、失足落水等。

非故意的,是指事故的发生及其导致的结果都是事先不能预见的或者很难预见的,如飞机坠落、车祸等。

剧烈的,是指事故的原因与伤害的结果之间具有很直接的关系,在瞬间造成伤害,来不及预防。铅中毒、汞中毒、矽肺等职业病虽然是外来致害物质对人体的侵害,但由于伤害是逐步造成的,而且是可以预见和预防的,故不属于意外伤害。

二、人身意外伤害保险的可保风险

人身意外伤害保险虽然承保意外伤害,但并非一切原因所造成的意外伤害都是可保风险。在人身意外伤害保险中,保险公司一般把意外伤害分为不可保的意外伤害、特约承保的意外伤害和可保的意外伤害。

(一)不可保的意外伤害

不可保的意外伤害是保险人不应该承保的,如果承保的话,将违反法律和社会公众的利益。因此，不可保的意外伤害在人身意外伤害保险条款中明确列为除外责任。主要包括：

(1)被保险人的自杀、故意自残行为导致的伤害；

(2)被保险人在犯罪过程中导致的伤害；

(3)被保险人在寻衅斗殴过程中遭受的伤害；

(4)被保险人在酒醉、吸食或注射毒品后发生的意外伤害。

(二)特约承保的意外伤害

特约承保的意外伤害指一般在保险条款中列为除外责任的，但是经过投保人与保险人特别约定并且加收保险费之后才予以承保的意外伤害。特约承保的意外伤害包括：

(1)战争造成的意外伤害；

(2)被保险人在从事登山、跳伞、滑雪、江河漂流、赛车、拳击、摔跤等剧烈的体育活动中遭受的意外伤害；

(3)医疗事故(如医生误诊、药剂师发错药品、动手术切错部位等)造成的意外伤害；

(4)核辐射造成的意外伤害。

(三)可保的意外伤害

除了不可保的意外伤害、特约承保的意外伤害外，凡符合意外伤害构成条件的都是保险公司可以承保的风险。

三、人身意外伤害保险的保险责任

人身意外伤害保险的保险责任是被保险人因遭受意外伤害而导致死亡、残废时，由保险人承担给付保险金的责任。构成人身意外伤害保险的保险责任必须具备以下三个条件，这三个条件缺一不可。

(一)被保险人在保险期限内遭受了意外伤害

被保险人在保险期限内遭受意外伤害是构成人身意外伤害保险的保险责任的前提条件。一方面，被保险人遭受意外伤害必须是客观发生的事实，而不是主观臆造或者推测的；另一方面，被保险人遭受意外伤害的客观事实必须发生在保险期限内。如果被保险人在保险期限开始之前遭受意外伤害而在保险期限内死亡或者残废，都不构成保险人的保险责任。

(二)被保险人在责任期限内死亡或残废

被保险人在责任期限内死亡或残废是构成人身意外伤害保险的保险责任的必要条件。

1. 被保险人死亡或残废

死亡一般都是指医学意义上的生理死亡，即机体生命活动和新陈代谢的终止。由于人身保险合同是普通的民事合同，具有法律效力，受到《民法通则》的约束，因此在人身保险中适用于法律意义上的“死亡”。在法律上发生效力的死亡包括两种情况：一是生理死亡，即心跳和呼吸永久停止、机体被证实的死亡；二是宣告死亡，即按照法律程序推定的死亡。《中华人民共和国民法通则》第二十三条规定：“公民有下列情形之一的，利害关系人可以向人民法院申请宣告死亡：(1)下落不明满四年；(2)因意外事故下落不明，从事故发生之日起满二年的。”

残废是指人体组织的永久残缺或人体器官正常机能的永久丧失。如果被保险人遭受意外伤害，但是经过治疗或自身康复在责任期限内未遗留组织器官功能障碍或缺损的，则不属于残废。

2. 意外伤害所致的死亡或残废必须发生在责任期限之内

在人身意外伤害保险中，对于在保险期限内发生意外伤害，却在保险期限结束之后死亡或被确定为残废的情况,保险公司在保单中规定了责任期限。人身意外伤害保险中责任期限条款规定,只要被保险人遭受意外伤害是在保险期间,从意外伤害事故发生之日起算的90天或180天内,被保险人因该意外伤害事故死亡或者残废,即使死亡或者残废的结果是发生在保险期限结束之后,保险人仍然承担保险责任。

责任期限对于意外伤害造成的残废,实质上是确定残废程度的一个期限。被保险人遭受意外伤害后往往需要一段时间进行治疗才能确定是否造成残废以及残废程度如何。如果治疗结束后被确定为残废时责任期限尚未结束,保险人可以根据残废程度给付残废保险金。但是如果责任期限结束时仍在治疗,还不能确定最终是否造成残废以及残废程度,那么就应该推定责任期限结束这一时点上被保险人的组织残缺和器官正常机能丧失是永久性的,并且以这一时点上被保险人的身体状况来确定残废程度,按照这一残废程度给付残废保险金,保险责任终止。

(三)意外伤害必须是造成被保险人死亡或残废的近因或者直接原因

当意外伤害事故直接造成被保险人死亡或者残废,属于保险责任的,保险人必须按保险合同规定给付死亡保险金或者残废保险金。当意外伤害是造成被保险人死亡或者残废的近因时,属于保险责任的,保险人必须按保险合同规定给付死亡保险金或者残废保险金。

四、人身意外伤害保险的给付方式

人身意外伤害保险属于定额给付性保险,当被保险人在保险有效期内遭受意外伤害,在责任期限内造成死亡或残废,由保险人按照保险合同的约定给付死亡保险金或残废保险金。

(一)死亡保险金的给付方式

当被保险人因意外伤害导致死亡,只要意外伤害是发生在保险期限内,被保险人死亡是在责任期限内,保险人按保险合同约定的保险金额作定额给付。

(二)残废保险金的给付方式

当被保险人因意外伤害导致残废,只要意外伤害发生在保险期限内,被保险人残废是在责任期限内,保险人按保险合同的规定给付残废保险金。

如果意外伤害造成被保险人全残,保险人按保险合同约定的保险金额给付残废保险金。

如果意外伤害造成被保险人部分残废,保险人按残废程度对应的给付比例给付残废保险金。其计算公式如下:

残废保险金=保险金额×残废程度对应的给付比例

残废程度对应的给付比例是指人体组织永久性残缺或人体器官机能永久性丧失对人的劳动能力影响的定量化。人身意外伤害保险的残废程度对应给付比例是根据人体各部位残废对一般劳动能力的影响判定的,除了对一些从事特定职业的人之外,对大多数人都是适用的。如果某个被保险人要求按人体某个部位的残废对其从事的特定职业的劳动能力的影响给付残废保险金,必须在投保时与保险人特别约定。

当一次意外事故造成被保险人身体不同部位多处残疾时,按各残疾给付比例之和计算残废保险金。如果被保险人身体各部位残疾程度给付比例合计超过100%,只能按保险金额全数给付保险金。尤其要注意的是:一次意外事故,在同一肢多处残疾,且以前未曾发生意外事故残疾的,保险金按残疾中最高的给付比例计算。一次意外事故残疾,合并以前残疾,保险金按合并残疾后的给付百分比减去以前残疾的给付百分比计算。如果被保险人在保险期限内多次遭受意外伤害,每次意外伤害,保险人都必须按合同规定给付保险金,但累计的保险金给付不超过保险金额。

五、人身意外伤害保险的分类

(一)普通意外伤害保险

普通意外伤害保险是以意外事故造成被保险人死亡或者残废为保险责任,但不具体规定事故发生的原因和地点,凡因意外事故导致死亡或者残废的,均按合同规定给付保险金。普通人身意外伤害保险的保险期限一般为一年,如学生团体平安保险、个人综合意外伤害保险等。

(二)特种意外伤害保险

特种意外伤害保险的保险责任仅限于在特定时间、特定地点遭受的意外伤害或者由于特定原因造成的意外伤害。特种意外伤害保险的保险期限一般较短,有的极短。特种意外伤害保险的险种有航空人身意外伤害保险、公路旅客意外伤害保险、索道游客意外伤害保险、登山运动员意外伤害保险等。

(三)多年期的意外伤害保险

意外伤害满期还本保险就是一种多年期储蓄型的人身意外伤害保险,该险种的保险期限为3年、5年、8年,被保险人可以自己选择。投保时只缴纳一笔保险本金,这笔保险本金取决于保险期限、保险金额、被保险人的职业以及相应年期的利率。当被保险人在保险期限内遭受意外伤害造成死亡或残废,保险人给付死亡保险金或残废保险金;当保险期满时,无论是否发生过保险金给付,保险本金都将返还。其实,意外伤害满期还本保险中充当保险费的就是保险本金在保险期限内所产生的利息。

第五节　健康保险

健康保险是以人的身体作为保险标的,在保险期限内因疾病、生育或意外事故导致医疗费用和收入损失时,由保险公司予以补偿或给付保险金的人身保险。按保障内容分类,健康保险可分为医疗保险、疾病保险、残疾收入保险。

健康保险虽然与人身意外伤害保险有相同之处,但是两类业务还是有区别的,主要表现在:

第一,人身意外伤害保险的保险责任仅限于意外伤害造成被保险人死亡、残废,由保险人承担给付保险金的责任,对于疾病、生育等引起的死亡、残废,不属于人身意外伤害保险的保险责任范围;健康保险不仅承保意外伤害造成的被保险人的死亡、残废,也承保疾病、生育等原因造成的被保险人的死亡、残废。

第二,人身意外伤害保险的基本责任是死亡和残废,医疗费用和收入损失属于人身意外伤害保险的派生责任,只有在投保人身意外伤害保险的基础上附加意外伤害医疗保险和意外伤害收入损失保险时,保险人才承担保险责任;在健康保险中,医疗保险、残疾收入保险属于健康保险的保险责任范围。

一、医疗保险

医疗保险是为被保险人因疾病或者伤残需要治疗支出的费用提供保险的保障。医疗保险是健康保险中最重要的险种。

被保险人在治疗疾病或伤残的过程中会发生各种各样的医疗费用,有与治疗直接相关的费用,如药费、手术费、检查费,也有间接的费用,如陪护费、膳食费、交通费,还包括与疾病或伤残治疗不相关但患者自己要求的额外费用,如假肢费、假牙费、整容费等。为了在给被保险人提供充分的医疗费用保障的同时控制自身的经营成本,保险人通常在保险合同中明确规定医疗费用保障的项目,把属于保障范围的医疗费用项目在保险责任中明确列明,把不予赔付的医疗费用项目列入除外责任。

(一)医疗费用分摊

保险人为了控制医疗保险的经营成本,同时鼓励被保险人将医疗费用支出控制在尽可能低的水平,防止被保险人可能出现的道德风险和心理风险,保险人通常在医疗保险中设置了一些限制性的条款,让被保险人也分摊一部分的医疗费用。

(1)免赔额条款。在医疗保险中规定免赔额,如果被保险人实际支出的医疗费用低于免赔额的,由被保险人自己负责;如果被保险人实际支出的医疗费用超过免赔额,超过部分由保险人予以补偿。

医疗保险中规定免赔额的意义在于:一是减少医疗保险的小额索赔,降低保险人的理算费用;二是促使被保险人加强对医疗费用的自我控制,避免不必要的浪费。

(2)共保条款。由于医疗保险的风险不易控制,一般情况下,保险人在医疗保险中设有共保条款,对超过免赔额以上的医疗费用采用保险人与被保险人共同分摊的比例赔付法。共保比例条款的规定,既有利于保障被保险人的经济利益,也有利于保险人控制医疗费用的支出,减少被保险人的心理风险。

(3)赔付限额条款。医疗保险一般规定一个保险金额,作为保险人赔付的最高限额。无论被保险人在保险期限内是一次还是多次患病或伤残,保险人只对限额内的医疗费用予以补偿,当实际支出的医疗费用超过规定的保险金额,超过部分保险人不承担赔付责任。赔付限额条款的规定,目的是加强对医疗保险的管理,保障保险人与被保险人的利益。

(二)医疗保险的赔付方式

在医疗保险中,医疗费用的赔付方式有三种,即补偿方式、定额给付方式和提供医疗服务方式。

1. 补偿方式

补偿方式又称报销方式,在保险金额的限度内按照实际支出的医疗费用进行补偿。补偿方式是一种较为普遍的医疗保险赔付方式,但是这种方式容易造成医疗费用的浪费。

2. 定额给付方式

定额给付方式是不考虑实际支出的医疗费用的多少,保险公司按约定的金额给付保险金。定额给付方式常用于手术医疗保险,根据手术的部位和危险程度确定保险金给付的比例,作定额给付。这种方式容易导致被保险人得不到充分的保障。

3. 提供医疗服务方式

提供医疗服务方式通常是保险公司与医疗机构合作,由保险公司向医疗机构或医生提供费用和报酬,由医生向被保险人提供医疗服务。这种方式特别受一些老年人的欢迎。

(三)医疗保险的种类

我国医疗保险的险种有报销型医疗保险和津贴型医疗保险。

报销型医疗保险即以意外事故或疾病产生的医疗费用作为给付条件,按约定的比例给付保险金的医疗保险。最常见的是住院医疗费用和手术费用报销型保险,也有一些门急诊费用报销保险。

津贴型医疗保险是指因意外伤害或疾病导致收入中断或减少时,由保险公司提供补偿的收入保障保险。被保险人因意外伤害、疾病需要住院接受治疗时，保险公司会按照约定的标准补偿收入损失或提供住院津贴。津贴型医疗保险最大的特点是只与住院的天数相关，不与医疗费用产生任何关系。

二、疾病保险

疾病保险是以疾病作为保险金给付条件的人身保险。当被保险人罹患合同约定的疾病时，保险公司按保险合同规定的保险金额给付保险金，而不考虑被保险人实际支出的医疗费用。疾病保险属于定额给付性的保险业务。

（一）可保疾病的满足条件

疾病是指由于人体内在原因造成的精神上或肉体上的痛苦或不健全。疾病保险中的可保疾病必须具备以下三个条件：

1. 必须是明显的非外来原因造成的

是否是明显的外来原因对身体健康构成威胁是区分疾病和意外伤害的一个重要标准。如果是明显外来原因造成的，属于意外伤害；而疾病是由身体内在的生理原因导致，即身体的某个器官、组织甚至系统病变而致功能异常，从而出现各种病理反应的情况。如病菌感染、大气污染等来源于外界的因素致病，不能简单地理解为意外伤害，因为这些外来因素只有通过人体的内部机制发生作用才会形成疾病。

2. 必须是非先天性原因造成的

疾病保险要求疾病发生在保险合同的有效期间，也就是说在投保时，被保险人的身体是健康的，在保险期间，由健康状态转入病态。因此，一切先天性的身体缺陷，如失明、耳聋、内脏位置异常、器官性能残缺等都不属于疾病保险承保的范围。

3. 必须是非规律性的生活现象造成的

人的生命周期都要经过成长和衰老的过程，在肌体衰老的过程中基于正常规律出现的一些病态属于正常的生理现象，如记忆力衰退等，不属于疾病保险承保的责任。疾病保险通常要求疾病是否发生、何时发生具有偶然性，也就是说，被保险人无法预测是否会患上某种疾病，也无法预测会患上哪一种疾病，甚至何时感染和发作都是不确定的。如果因衰老引发的其他疾病，如老年痴呆症，则属于偶然性，应当列入疾病保险的责任范围。

（二）重大疾病保险

重大疾病是指危及患者生命，需要支付高昂的医疗费用，影响患者生活质量的疾病。

重大疾病保险是指被保险人在保险期限内被确诊患有保单规定的重大疾病或因疾病身故时由保险人一次性给付保险金的保险。从保险给付的性质上讲，重大疾病保险和人寿保险都属于定额给付性的保险；但是两者最本质的区别是一般寿险产品以被保险人的死亡作为给付条件，而重大疾病保险以被保险人诊断出患有约定的疾病作为给付条件。

重大疾病保险的种类主要有三类：普通重大疾病保险、女性（男性）重大疾病保险和儿童重大疾病保险。

三、残疾收入保险

残疾收入保险又称丧失工作能力收入保险，我国称为收入保障保险。残疾收入保险是对被保险人因疾病或意外伤害导致残疾、丧失全部或部分劳动能力而不能获得正常的收入或收入水平明显下降所造成的损失提供保障的保险。残疾收入保险可分为两类：一类是补偿被保险人因疾病致残的收入损失;另一类是补偿被保险人因意外伤害致残的收入损失。残疾收入保险属于给付型险种。

大多数残疾收入保险对全残定义为:如果被保险人在致残初期,由于残疾不能履行惯常职业的基本职责,则可以认定被保险人全残,被保险人可以按规定领取收入保险金。在致残后一个约定时期(通常为 2 年或 5 年),如果被保险人仍不能从事与其所受教育、训练或经验相当的任何职业,才可以认定为全残,并继续领取残疾收入保险金,直到保单规定的给付期满。

四、长期护理保险

长期护理保险是针对那些身体衰弱、生活不能自理或者不能完全自理,需要他人辅助全部或部分日常生活的被保险人,为其在护理院、医院和家中接受的长期医疗护理或者照顾性护理服务提供经济保障的保险。

长期护理保险的保险金主要分为三种形式:一是费用补偿型的保险金。保险人按照被保险人接受长期护理服务所产生的费用发票给付保险金。二是固定型保险金。一旦被保险人满足给付保险金的条件,不管其实际发生的费用是多少,保险公司均向被保险人给付合同约定的保险金。三是提供护理服务。保险人既不补偿被保险人支出的护理费用,也不给付合同约定的保险金,而是直接向被保险人提供健康护理服务。

第六节　团体保险

自从 20 世纪初第一张现代团体保险保单问世以来,团体保险发展异常迅速,第二次世界大战以后,在西方发达国家,为了改善雇主与雇员的关系,迎合工会的要求,以及用低廉的保费获得保险保障等原因,团体保险日益发达。

团体保险是以团体为投保人,与保险公司订立一份总的保险合同,为该团体符合资格的所有员工提供有关意外伤亡、疾病、医疗、养老等保险的保障。

一、团体保险的特点

与个人保险相比,团体保险最显著的特点有:一是团体保险风险选择的对象是团体而不是团体中的个人,风险选择的重点是团体的资格要求、团体的业务性质、团体规模等要素。二是团体保险以低成本获得高保障。团体保险采用集体作业的方式,简化了承保、收费、会计等手续,提高了工作效率。三是团体保险计划的灵活性。对于较大规模的团体,投保单位可以与保险公司就保险条款设计、保障的范围、保额的确定、保险费率的厘定等进行协商。只要不违反法律,不引起严重的逆选择,不使管理手续复杂化,保险人都会充分考虑投保团体的要求,并在保险合同中体现出来。四是保费以经验费率为基础,团体保险在厘定保险费率后,还要根据团体的规模和以前的索赔经验进行调整。

二、团体保险的限制性规定

团体保险一般不需要体检或提供其他可保证明就可以承保,但这并不意味着团体保险承保时不进行风险选择和风险控制,只是其风险选择和控制的方法与个人保险不同。在团体保险中,为了保证团体保险的承保质量,防止逆选择的产生,保险公司通常对团体保险做出了以下的限制性规定。

（一）投保团体资格的限制

投保团体必须是正式的法人团体，有其特定的业务活动，独立核算，并能独立承担民事责任。团体资格的限制使得那些为了保险目的而临时集结在一起的团体不可能获得保险的保障。有资格购买团体保险的团体通常有机关、团体、企事业单位。其中，企业包括国有企业、集体企业、民营企业、中外合资企业、中外合作企业、外商独资企业，团体包括工会团体、协会团体、信用团体。

（二）被保险人资格的限制

团体保险的被保险人必须是能正常工作的团体在职人员，退休人员、长期因病全休及半休人员、兼职人员、返聘人员等均不能成为团体保险的被保险人。对被保险人资格规定的主要原因：一是能正常工作就是一种健康证明，虽然在正常工作的在职人员中，有的人体质较好，有的人体质较差，但从总体上讲，采取团体投保方式，可以消除逆选择的影响，保证承保对象总体上达到平均健康水平。二是老职工退休、新职工加入、新老职工的正常交替，使大多数团体的平均年龄趋于稳定，从而保证了死亡率和疾病发生率的稳定。

（三）投保人数的限制

团体保险对团体投保人数限制包括两个方面：一是对投保团体绝对数的限制。在早期经营团体保险时，对投保人数的要求是不少于100人，随着保险公司承保技术和风险管理技术的提高以及团体保险市场竞争的加剧，投保人数的要求逐渐降低。根据我国团体保险投保人数的规定：对一、二、三类行业，团体投保的最低投保人数为8人，如投保团体总人数不足8人，须全员投保，3人以下团体不能投保团体保险；四类及四类以上行业的团体投保，最低投保人数须达到20人。若保险条款的承保对象中包括连带被保险人，则符合条件的连带被保险人必须全员参加。二是对投保团体相对数的限制。投保团体全额负担保险费时，要求团体所有符合投保条件的在职员工都必须参加，被保险人自负部分保险费时，投保人数比例不得低于75%。若保险条款的承保对象中包括连带被保险人，则符合条件的连带被保险人的参保比例必须达到连带被保险人总数的60%以上。

（四）保险金额的限制

为了防止逆选择，团体保险的被保险人不能自行选择保险金额。团体保险中保额的确定方法有三种：一是团体所有的被保险人，不论年龄大小，采用统一保额；二是按照被保险人的工资水平的约定倍数确定每一个被保险人的保额；三是根据被保险人的职务级别分别确定保险金额。在团体保险中，为了防止保额不成比例地集中在少数人身上，团体保险中最高保额与平均保额之间要有一个合理的平衡，通常，最高保额不能超过平均保额的10倍。

在保险实务中，究竟根据哪种规定来计算保险金额，在签订保险协议时，由投保团体与保险人具体协商决定。一旦保单签发，投保团体和被保险人均无权增减保险金额。

三、团体保险的险种

（一）团体人寿保险

团体人寿保险又称团体寿险，它是以团体方式投保的定期或终身死亡保险。团体寿险分为两类：一类是团体定期寿险。团体定期寿险采用每年续保方式承保。在每年续保时，团体被保险人无须提供可保证明，保单也不具备现金价值。保险公司有权根据投保团体的年龄结构、性别等方面的变化，在每年续保时调整保险费率。另一类是团体终身寿险。团体终身寿险经常是作为补充保险签发的，由团体被保险人在团体定期寿险的基础上，选择终身保险计划，并且要缴付相当一部分的保费。团体终身寿险为雇员退休后的生活提供保险保障。

随着保险险种的不断创新和发展，团体人寿保险除了传统的业务外，还有团体分红保险、团体变额寿险、团体万能寿险等险种。

（二）团体信用人寿保险

雇主为了解决雇员因意外死亡给家庭带来的经济困难，也部分地解决依法要由雇主承担的经济责任，雇主会为雇员投保团体信用人寿保险。团体信用人寿保险是债权人为其现在和未来的债务人购买的一种定期寿险。团体信用人寿保险有两个特点：一是团体信用人寿保险是一种减额定期寿险；二是必须指定保单持有人即债权人，如商业银行、财务公司、年金机构为受益人，当团体被保险人死亡时，由债权人领取死亡保险金，以抵偿被保险人所负的债务。

（三）团体年金保险

团体年金保险是以团体的方式投保的年金保险。一般是雇主为投保人，雇员为年金受领人，保险费由雇主负担。团体年金作为雇员年老退休后的生活补助，是雇员企业福利计划的重要组成部分。

（四）团体人身意外伤害保险

团体人身意外伤害保险是以团体方式投保的人身意外伤害保险，其保险责任、给付方式与个人人身意外伤害保险相同，只是团体人身意外伤害保险中，被保险人一旦脱离投保的团体，保单效力对该被保险人自其脱离该单位之日起即行终止，但对其他被保险人仍然有效。与人寿保险、健康保险相比，人身意外伤害保险是最有条件也是最适合采用团体投保的方式。

（五）团体健康保险

团体健康保险是以团体方式投保的健康保险。团体健康保险承保的保险责任包括两大类：一是由于疾病或意外伤害所支出的医疗费用；二是由于疾病或意外伤害而丧失工作能力所致的收入损失。团体健康保险的主要险种有团体医疗保险、团体牙科费用保险、团体残疾收入保险。

复习思考题

1. 名词解释

利润损失保险　机动车辆保险　家庭财产保险　工程保险　责任保险
信用保险　保证保险　投资保险　信用人寿保险　终身寿险　两全保险
年金保险　分红保险　重大疾病保险　碰撞责任　姐妹船条款　赔偿期
赔偿等待期

2. 企业财产保险如何确定固定资产和流动资产的保险金额及保险价值？
3. 试述机动车辆保险的赔款处理。
4. 试比较我国《海上货物运输保险条款》与英国《协会货物保险条款》的异同。
5. 责任保险中，“期内发生式”与“期内索赔式”的承保基础是什么？
6. 简述信用保险合同与保证保险合同所涉及的当事人和关系人。
7. 产品责任保险与产品保证保险的区别在哪里？
8. 简述分红保险的红利来源、分配原则和分配方式。
9. 简述投资连结保险和万能保险的特点。
10. 分析人身意外伤害保险的保险责任的构成条件。
11. 阐述团体保险的特点及其限制性的规定。

第六章

保险合同条款

保险条款是保险合同的重要组成部分，是对投保人和保险人权利义务做出的具体约定。保险人根据不同的保险种类事先制定相应的保险条款。

第一节　财产保险合同的常见条款

财产保险合同条款是指财产保险合同中对于某些事项的规定。这些规定由于长期被使用，逐渐固定化和规范化。它是合同当事人履行财产保险合同的法律依据，也是处理财产保险合同纠纷的依据。财产保险合同中的条款有些在保险合同中明示，有些则在有关保险法规中明确规定。

财产保险合同的常见条款有责任免除条款、责任承担方式条款、重复保险条款、共同保险条款、代位求偿条款和保证条款。

一、责任免除条款

在财产保险合同中，除了列明保险责任外，还须对保险人不承保的危险事故作为除外责任列于合同中。一般来说，财产保险的除外责任有：(1)投保人或被保险人的故意行为；(2)地震；(3)战争、军事行动或暴力行为；(4)核子辐射和污染；(5)堆放在露天或罩棚下的保险财产由于暴风、暴雨造成的损失；(6)因保险财产本身存在缺陷、保管不善导致的损坏，保险财产的变质、霉烂、受潮、虫咬、自然磨损以及损耗；(7)因遭受保险责任范围内的灾害或事故造成停工、停业等一切间接损失，这些间接损失主要是指工资、利润、收益以及对外签订合同所需承担的各项经济责任；(8)恐怖袭击。

在财产保险合同中，由于保险人承担的保险责任通常为列明的风险责任，因此在保险条款的除外责任的最后，往往约定“其他不属于保险责任范围内的损失和费用”，以进一步明确对不是保险责任范围内的损失和费用，保险人一概不承担赔偿责任。

二、责任承担方式条款

由于财产保险标的的价值可以按账面价值、重置价值和市价等确定，所以有必要在财产保险合同中约定保险公司承担责任的方式。保险人的责任承担方式主要有比例责任承担方式、第一危险责任承担方式、免责限度（即超限额）赔偿方式和限额责任（即不足限额）承担方式等。

（一）比例责任承担方式

比例责任承担方式是指以保险金额与出险时保险标的完好的实际价值的比例来计算赔偿额，即赔偿金额不仅取决于损失金额，还和保险金额与保险价值的比例有关。其计算公式为：

$$赔偿金额=\frac{损失金额\times保险金额}{实际价值}$$

(二)第一危险责任承担方式

第一危险责任承担方式是指在保险金额的限度内按实际损失赔偿,赔偿金额等于损失金额。采用此种赔偿方式,必须明确区分第一危险部分的财产,否则容易引发道德风险。

(三)免责限度承担方式

免责限度承担方式也称超限额赔偿方式,是指对一些保险标的的损失,参考它的自然损耗,规定一个最小限度,损失额只有超过这个限度,保险人才承担赔偿责任,如果损失额没有超过这个限度,则保险人不承担赔偿责任,这一限度又称为免赔额或免赔率。免赔限度赔偿又具体分为相对免赔限度赔偿和绝对免赔限度赔偿两种,也称相对免赔额赔偿和绝对免赔额赔偿。相对免责限度赔偿金额的计算公式为:

赔偿金额=保险金额×损失率

绝对免责限度赔偿金额的计算公式为:

赔偿金额=保险金额×(损失率-免赔率)

因为免责限度赔偿方式能消除许多小额索赔,大大减少了损失理赔费用,从而降低了保费,同时也能促进投保人降低损失率,因而在财产保险合同中得到广泛使用。

(四)限额责任承担方式

限额责任承担方式也称不足限额赔偿方式,主要用于农作物保险中。一般双方预先规定一个固定的额度作为被保险人取得收益的标准,被保险人实际收益达不到规定额度的,视为发生保险事故,保险人赔偿实际收益额与标准额度之间的差额。反之,实际收益达到或超过规定额度的,视为未发生保险事故,保险人不承担赔偿责任。限额责任赔偿金额的计算公式为:

赔偿金额=限额责任-实际收获

三、重复保险条款

我国《保险法》第五十六条规定:"重复保险的投保人应当将重复保险的有关情况通知各保险人。"这是重复保险的投保人应当履行的一项重要法定义务。《保险法》规定这项义务的目的是防止投保人利用与不同保险人分别订立保险合同的方式进行保险欺诈,牟取不正当利益。投保人进行重复保险后,虽然每一个保险合同中的保险金额不超过保险标的的保险价值,但由于各个保险合同的保险标的都相同,各个保险合同的保险金额累计起来,其总和就会超过保险价值,形成超额保险。重复保险的责任分摊方式主要有以下三种:

(一)比例责任分摊

不区分同时重复保险与异时重复保险,各保险人就其保险金额与保险金额总和的比例承担赔偿责任。这种分摊法在理论上假设保险债务为可分之债,多数保险人之间彼此无连带关系,各自按承保比例单独承担保险赔偿责任。我国《保险法》采用了这种比例责任分摊,并且明确规定了责任分摊的原则和方式:"重复保险的各保险人赔偿保险金的总和不得超过保险价值。除合同另有约定外,各保险人按照其保险金额与保险金额总和的比例承担赔偿保险金的责任。"

(二)比例责任与优先承保兼顾分摊

这种分摊法将重复保险分为同时重复保险与异时重复保险。对于同时重复保险,各保险人就其保险金额与保险金额总和的比例承担赔偿责任；对于异时重复保险，根据逐次订立保险合同时间的先后，由先顺位保险人先承担损失。先顺位保险人的承担额不足以赔偿全部损失时，则由后顺位保险人承担其差额。

（三）限额责任与连带责任兼顾分摊

这种分摊法不分保险合同成立的先后顺序，推定所有的合同均为有效，各保险人就其各自保险金额为限对损失承担连带赔偿责任。超额给付保险金的保险人，就各自保险金额与保险金额总和的比例对其他保险人有求偿权。

四、共同保险条款

共同保险原本是指由两方或者多方联合提供的保险。在财产保险中，共保的另一种含义是指，如果保险金额低于保险价值，保险人和被保险人以一个特定的比例来共同分担免赔额以外的保单损失。在这种情况下，被保险人被看成是保险标的的共同保险人，这是不足额保险情况下保险人与被保险人之间按比例分配损失的一种方法。

共同保险的概念起源于海上保险，它也同样适用于以火灾保险为代表的一般财产保险。美国财产保险合同中的共同保险条款规定，被保险人应该按照共同保险条款载明的共同保险比率、根据保险标的的保险价值计算出的金额投保，保险价值是承保损失发生时保险标的的实际现金价值或重置成本或保单规定的其他价值。通常使用的共同保险比率为80%，有时也可达到90%或100%，保险人按照保险金额与共同保险条款规定的最低投保金额之间的比例承担赔偿责任。如果被保险人的投保金额没有达到共同保险条款中规定的最低比例金额，其保险标的的部分损失就不能得到足额赔偿。

共保条款在我国财产保险业务中极少体现，这与我国保险市场的实际发展状况有关。我国《保险法》第五十五条规定："保险金额低于保险价值的，除合同另有约定外，保险人按照保险金额与保险价值的比例承担赔偿责任。"即一般情况下，是以保险价值作为界定是否足额保险的依据。目前，我国财产保险中以不定值保险居多，这种不定值保险是否为足额保险，是以损失发生时财产实际价值的全值作为标准的，只要保险金额低于财产实际价值，就被视为不足额保险，只能获得比例赔偿。与美国的比例价值共保比较可以看出，我国财产保险中的不定值保险实际上就是共保比例为100%的共同保险。

五、代位求偿条款

代位求偿是指保险公司在给付赔偿金之后，接受被保险人对第三者具有的索取补偿的权利。通过向第三者索赔，保险公司便可抵消或缩小其支付赔偿金的损失。代位求偿适用于所有构成损失补偿合同的险种。保险人代位求偿权利的行使，必须以被保险人得到补偿为前提。一般认为，被保险人的这种补偿是指他的实际损失的全部补偿。保险人支付了赔偿金后，被保险人即丧失从第三人手中取得赔偿的权利。为保障保险人行使代位权，被保险人不能有任何不利于保险人的行为。

代位求偿条款是保险合同赋予保险人所特有的一项权利。保险代位求偿权的规定，从保险人的角度看，保证了保险人在出现因第三者过错所致保险事故时，不会因为支付了过多的赔款而减弱其经济实力，降低其经济补偿能力；从被保险人的角度看，避免了其获得不当得利的可能；从第三者责任人的角度看，使其不能因为有保险人的赔款而摆脱自己应承担的民事法律责任。

六、保证条款

在财产保险合同中，保证是被保险人对做或不做特定的事情，或是否履行某项条件，或是否确认某些事实的特定状态的存在的一种承诺。保证可以用明示或默示的方式。保证的事项必须切实遵守，否则不管被保险人是否违反了保证，也不管是否造成损失，保险人有权使整个合同无效。

保证条款是海上保险合同的重要条款。除《海商法》以外，我国其他有关保险的法律规范并没有对保证做出明文规定，但存在可以视为“保证”的内容。如我国《保险法》第五十一条规定：“被保险人应当遵守国家有关消防、安全、生产操作、劳动保护等方面的规定，维护保险标的的安全；……投保人、被保险人未按照约定履行其对保险标的的安全应尽的责任的，保险人有权要求增加保险费或者解除合同。”这可以看作被保险人对履行保险合同过程中特定义务的承诺。在实务中的保险条款上，也存在可归属于保证的相应内容。如中国人民财产保险公司的《机动车辆保险条款》第十二条明确规定：“被保险人及其驾驶人员应严格遵守交通规则，安全驾驶，做好车辆的维修、保养工作，按期进行检查和修理，使保险车辆经常保持适宜驾驶状况。”又如，中国人民财产保险公司的《国内货物运输保险条款》第九条规定，“凡是应当包装的货物，被保险人必须保证其包装符合政府有关部门规定的标准”。这一类规定很明显地要求被保险人在保险合同存续期间保证必须做某些行为，否则保险人可以保险合同未被恰当履行为由解除合同，并对违反该类条款后的损失不负赔偿责任。

第二节　财产保险合同的扩展条款

财产保险除了常见（基本）的条款外，还有一些扩展条款。扩展条款又称为扩展责任条款或特别约定责任条款，指在基本责任条款的基础上，还将进一步增加新的保险责任，扩大对被保险人的保障范围。扩展条款一般采用附贴的办法，即以批单的形式附贴在保险单上。财产保险合同的扩展条款所涉及的内容因保险产品种类的不同有较明显的差异。以下所介绍的仅仅是众多扩展条款中的一部分而已，包括被保险人定义条款、保护受押人权益条款、空房条款、指定公估人条款及信息技术条款等。

一、被保险人定义条款

被保险人可以是指名的被保险人及其法定代表。指定被保险人的法定代表作为被保险人的目的，是为了预防在被保险人死亡、精神错乱或破产情况下保险人拒绝赔偿的情况发生。因此，使用被保险人定义条款，将被保险人的定义扩展至被保险人的法定代表是很有必要的。被保险人的遗产管理人、监护人、财产接管人等属于法定代表。

在汽车保险中，也常常使用被保险人条款，条款将被保险人的定义扩展至被保险人的家庭成员以及被保险人认可的驾驶人员。

二、保护受押人权益条款

按照可保利益原则，受押人对抵押财产也有可保利益。受押人通常是向抵押人发放购置房地产的贷款，以房地产作为抵押贷款的担保品。一旦作为担保品的房地产遭受损失，受押人有可能得不到贷款的偿还。

保护受押人权益的办法有多种,如由受押人购买等于其可保利益的保险;或由被保险人(抵押人)把保单转让给受押人;等等。在我国,针对个人购置商品住房,保险公司相继开办了抵押商品房保险和住房抵押贷款保证保险险种。在抵押商品房保险中,受押人通过保单上的批注优先取得等于其可保利益的保险赔款权利。事实上,只要在家庭财产保险合同中设置这一条款或批单,就无须单独开办这类抵押商品房保险。如今,企业通过向银行取得抵押贷款来购置房地产也是屡见不鲜的,比较可行的办法还是在条款或合同中设置与前述的标准抵押条款类似的条款或批单。

三、空房条款

空房条款是指当建筑物无人居住或未被占有连续超过一定天数后所发生的损失,保险合同应予以除外不赔的免责条款。因为在房屋空置情况下损失发生的概率会增加,并且部分损失容易成为全损。目前,中国平安财产保险公司的家庭财产保险产品已使用该责任免除,我国的企业财产保险条款中也包括该项条款。

四、指定公估人条款

指定公估人条款是指经保险合同当事人双方同意,当发生保险责任范围内的损失,估损金额超过本保险合同中载明的相应金额时,可以指定双方认可的有合法执业资格的机构作为公估人,公估费用由保险人承担。我国多家保险公司的企业财产保险产品均提供该扩展条款的选择。

在信息不对称的保险市场中,保险人与被保险人的利益从理赔金额上来讲是矛盾的。如果实际赔偿金额大于应赔偿金额,则保险人付出了额外利益;如果实际赔偿金额小于应赔偿金额,则被保险人的损失没有得到足额补偿。由于保险双方在理赔问题上不可避免地存在着或多或少的不信任,选择让保险公估人以中立第三者的身份介入保险理赔,提供客观公正的理赔公估服务,可以有效维护保险双方的合法权益,减少保险理赔中的矛盾和纠纷。

五、信息技术条款

信息技术条款,又称信息技术明晰条款,或电子数据除外条款等。我国多家保险公司的企业财产保险合同中均有此扩展条款。此条款重申财产损失是指财产实体的物质损失。财产实体的物质损失不包括对数据或软件的损坏,特别是由于删除、破坏或改变原来结构所造成的数据、软件或计算机程序的损害性改变。如中意财产保险有限公司的财产保险产品中就有类似的条款。该条款明确对下列情况不予赔偿:(1)数据或软件的灭失或破坏,特别是由于删除、破坏或改变原来结构造成数据、软件或计算机程序的损害性改变,包括因此而导致的营业中断损失。但本条款对于因数据、软件的损坏而造成被保险财产实体的物质损失予以赔偿。(2)因数据、软件或计算机程序的功能、可用性、使用范围、可获取性遭到破坏而造成的灭失或损坏,包括因此而导致的营业中断损失。

第三节 人寿保险合同的常见条款

人寿保险合同条款是合同当事人履行人寿保险合同的法律依据,也是处理人寿保险合同纠纷的依据。人寿保险合同常见的重要条款有些在保险合同中明示,有些则在《保险法》中明确规定。

一、不可抗辩条款

不可抗辩条款又称不可争议条款，它的基本内容是：在被保险人生存期间，从人寿保险合同订立之日起满两年后，除非投保人停交续期保险费，否则保险人不得以投保人在投保时误告、漏告或隐瞒事实为理由主张合同无效或拒绝给付保险金。

在保险合同中列入不可抗辩条款，保险合同生效两年后即成为无可争议的文件，即使保险人再查出投保人在投保时隐瞒了真实情况，也不能据此主张保险合同无效。由此可见，不可抗辩条款是维护被保险人利益、限制保险人权利的一项措施，两年可抗辩期的规定是比较符合保险人对投保人申报真实性进行调查的实际情况，也符合民法对诉讼时效的规定。

根据我国《保险法》第十六条的规定，投保人故意或者因重大过失未履行规定的如实告知义务，足以影响保险人决定是否同意承保或者提高保险费率的，保险人有权解除合同。但合同解除权，自保险人知道有解除事由之日起，超过 30 日不行使而消灭；自合同成立之日起超过二年的，保险人不得解除合同；发生保险事故的，保险人应当承担赔偿或者给付保险金的责任。

二、宽限期条款

宽限期条款的基本内容是：对分期缴付保险费的人寿保险合同，如果投保人未能按时缴纳续期保险费和以后各期保险费，保险人将给予一定时间宽限（通常是 30 天或 60 天）。在宽限期内，保单仍然有效，如果发生保险事故，保险人必须按保险合同规定承担给付保险金的责任，只是在赔款中应扣除下一期的保险费。如果过了宽限期投保人仍未交付保险费，保险人有权中止保险合同。

宽限期条款实际上是保险人给予投保人的一种优惠，规定宽限期的目的是避免保险合同的非故意失效。在人寿保险合同中引入宽限期条款后，如果投保人停缴保险费，保险合同自宽限期结束的次日起失效。

我国《保险法》第三十六条规定："合同约定分期支付保险费，投保人支付首期保险费后，除合同另有约定外，投保人自保险人催告之日起超过三十日未支付当期保险费，或者超过约定的期限六十日未支付当期保险费的，合同效力中止，或者由保险人按照合同约定的条件减少保险金额。被保险人在前款规定期限内发生保险事故的，保险人应当按照合同约定给付保险金，但可以扣减欠交的保险费。"

三、复效条款

复效条款的基本内容：对于分期缴费的人寿保险合同因投保人不按期缴纳保险费后失效，自失效之日起的一定时期内（通常为两年），投保人可以向保险人申请复效，经过保险人审查同意后，投保人补缴失效期间的保费和利息，保险合同即恢复效力。

根据我国《保险法》第三十七条的规定，人身保险合同因逾宽限期而效力中止的，经保险人和投保人协商并达成协议，在投保人补缴保险费后，合同效力恢复。但是，自合同效力中止之日起满二年双方未达成协议的，保险人有权解除合同。保险人依照规定解除合同的，应当按照合同约定退还保险单的现金价值。

四、年龄误告条款

年龄误告条款的基本内容是：如果投保人在投保时错误地申报了被保险人的年龄，保险合同并不因此而无效，在合同履行过程中发现年龄误告，保险人可以调整保险费，保险事故发生时，保险人可以按照投保人实际缴纳的保险费和被保险人的真实年龄调整给付保险金的数额。如果被保险人的真实年龄超过了保险合同约定的年龄限制，保险人解除保险合同。

我国《保险法》第三十二条规定："投保人申报的被保险人年龄不真实，并且其真实年龄不符合合同约定的年龄限制的，保险人可以解除保险合同，并按照合同约定退还保单现金价值。保险人行使合同解除权，适用本法第十六条第三款、第六款的规定。投保人申报的被保险人年龄不真实，致使投保人支付的保险费少于应付的保险费，保险人有权更正并要求投保人补交保险费，或者在给付保险金时按照实付保险费与应付保险费的比例支付。投保人申报的被保险人年龄不真实，致使投保人支付的保险费多于应付保险费的，保险人应当将多收的保险费退还投保人。"

五、自杀条款

自杀条款的基本内容是：在保险合同生效后的一定时期内（通常为两年），被保险人因自杀死亡，属于保险人的法定责任免除，保险人不给付死亡保险金，对于投保人所缴的保险费，保险人按照保险单退还其现金价值。保险合同生效满两年后被保险人因自杀死亡，保险人要承担保险责任，按照约定的保险金额给付保险金。

人身保险合同的自杀条款只在以死亡为给付保险金条件的人寿保险合同中出现。同样以死亡为给付保险金条件的意外伤害保险合同，因为只承保被保险人意外事故造成的死亡，包括属于意外事故的过失自杀身亡，所以，意外伤害保险合同将被保险人故意自杀身亡列为责任免除，自杀条款对该险种不适用。

我国《保险法》第四十四条规定："以被保险人死亡为给付保险金条件的合同，自合同成立或者合同效力恢复之日起二年内，被保险人自杀的，保险人不承担给付保险金的责任，但被保险人自杀时为无民事行为能力者除外。保险人依照前款规定不承担给付保险金责任的，应当按照合同约定退还保险单的现金价值。"

六、贷款条款

贷款条款又称保单质押贷款条款，它的基本内容是：人寿保险合同生效满一定时期后，投保人可以以保险单为抵押向保险人申请贷款，贷款金额以保单累积的现金价值为限。投保人应按期归还贷款本息，如果在归还贷款本息之前发生了保险事故或退保，保险人从保险金或退保金中扣除贷款本息给付；如果贷款本息达到了保单现金价值数额时，保险合同终止。

由于人寿保险的长期性，投保人或被保险人一旦急需资金，就可能办理退保，以退保金应付资金周转的困难。退保就是终止保险合同，不仅减少了保险人的业务量，也使被保险人失去了保险的保障。如果被保险人想重新保险，必须办理投保手续，保险费率提高了，对投保人经济上也不利。因此，为了提高寿险保单的使用价值，给投保人提供方便，同时保证寿险公司业务经营的稳定，在人寿保险合同尤其是两全保险和终身寿险合同中列入了贷款条款。

七、自动垫缴保费条款

自动垫缴保费条款的基本内容是：保险合同生效满一定时期（通常为两年）后，如果投保人过了宽限期仍没有缴纳保险费，保险人则自动以保单的现金价值垫缴保险费，在垫缴保险费期间发生了保险事故，保险人从应给付的保险金中扣除垫缴的保险费和利息。当垫缴的保险费和利息超过了保单的现金价值时，保险合同终止。

自动垫缴保费条款设计的目的是为了维持保险合同的效力。它适用于分期交付的定期寿险、终身寿险和两全保险。只有当保险合同中列有自动垫缴保费条款，投保人又未对此提出异议，以及保单累计的现金价值足以交付所欠的保费时，保险人才会用现金价值自动垫缴保费。

八、不丧失的现金价值条款

不丧失的现金价值条款的基本内容是：除定期寿险以外的长期人寿保险，在保险合同生效满二年后，投保人所缴保费中的储蓄保费会累积成现金价值，而且随着时间的推移，现金价值将不断递增。这部分现金价值为保单持有人所拥有，不会因为保险合同效力的终止而丧失，投保人可以按照有利于自己的方式处理这一部分现金价值。因此不丧失的现金价值条款又称为不可没收的现金价值条款。

我国《保险法》从以下几个方面解释了不丧失的现金价值条款：

(1)投保人故意造成被保险人死亡、伤残或者疾病的，保险人不承担给付保险金的责任。投保人已交足二年以上保险费的，保险人应当按照合同约定向其他权利人退还保险单的现金价值(《保险法》第四十三条)。

(2)以被保险人死亡为给付保险金条件的合同，自合同成立或者合同效力恢复之日起二年内，被保险人自杀的，保险人不承担给付保险金的责任，但被保险人自杀时为无民事行为能力者除外。保险人应按照合同约定退还保险单的现金价值(《保险法》第四十四条)。

(3)被保险人故意犯罪或者抗拒依法采取的刑事强制措施导致其伤残或者死亡的，保险人不承担给付保险金的责任。投保人已交足二年以上保险费的，保险人应当按照合同约定退还保险单的现金价值(《保险法》第四十五条)。

(4)自保险合同效力中止之日起满二年双方未达成协议的，保险人有权解除合同，并应当按照合同约定退还保险单的现金价值(《保险法》第三十七条)。

九、保单转让条款

由于人寿保险单具有现金价值，保单持有人对其拥有财产的所有权，只要不是出于不道德或非法考虑，在不侵犯受益人权利的情况下，保单持有人可以转让人寿保险单。

人寿保险单转让可分为绝对转让和抵押转让两种。绝对转让是指投保人将其对保单的权益完全转移给他人。在大多数情况下，绝对转让是将保险单转让给被保险人，投保人通常以赠与或出售两种方式转让保单的权益。例如，父母为子女投保，当子女成年后，父母将保险单作为礼品赠与子女。又如企业为职工投保团体保险，当职工离职时，企业可以将保险单出售给职工。绝对转让以被保险人生存为条件，在绝对转让下，如果被保险人死亡，全部保险金将归受让人而不是原受益人。

抵押转让是保单持有人将一份具有现金价值的人寿保险单作为被保险人的信用担保式贷款的抵押品，受押人得到保单的部分权利。在寿险保单的抵押转让中，对抵押人(即保单持有人)的要求是履行交付保费的义务，不能让保单失效。为了避免事后受益人和受押人对被保险人的死亡保险金产生纠纷，同时使受押人在行使未到期保单权利时，不必征求受益人的同意，因此，保单转让条款规定抵押转让时，受益人必须在抵押转让证书上签名。保单转让条款还规定了转让的手续，那就是在保单转让时，保单持有人必须书面通知保险人，由保险人加注或出具批单后生效，并在保险人处存档备案。

十、受益人条款

受益人是人身保险合同所特有的主体，在保险合同中有着独特的法律地位。受益人条款一般包括两方面的内容：一是明确规定受益人；二是明确规定受益人是否可能更换。

我国《保险法》第三十九条规定："人身保险的受益人由被保险人或者投保人指定。投保人指定受益人时须经被保险人同意。投保人为与其有劳动关系的劳动者投保人身保险，不得指定被保险人及其近亲属以外的人为受益人。被保险人为无民事行为能力人或者限制民事行为能力人的，可以由其监护人指定受益人。"

我国《保险法》第四十条规定："被保险人或者投保人可以指定一人或者数人为受益人。受益人为数人的，被保险人或者投保人可以确定受益顺序和受益份额；未确定受益份额的，受益人按照相等份额享有受益权。"

我国《保险法》第四十一条规定："被保险人或者投保人可以变更受益人并书面通知保险人。保险人收到变更受益人的书面通知后，应当在保险单或者其他保险凭证上批注或者附贴批单。投保人变更受益人时须经被保险人同意。"

我国《保险法》第四十二条规定："被保险人死亡后，有下列情形之一的，保险金作为被保险人的遗产，由保险人依照《中华人民共和国继承法》的规定履行给付保险金的义务：(1)没有指定受益人，或者受益人指定不明无法确定的；(2)受益人先于被保险人死亡，没有其他受益人的；(3)受益人依法丧失受益权或者放弃受益权，没有其他受益人的；(4)受益人与被保险人在同一事件中死亡，且不能确定死亡先后顺序的，推定受益人死亡在先。"

我国《保险法》第四十三条第二款规定："受益人故意造成被保险人死亡、伤残、疾病的，或者故意杀害被保险人未遂的，该受益人丧失受益权。"

第四节　人寿保险合同的选择性条款

一、不丧失权益选择权条款

不丧失权益选择权条款的基本内容是：不丧失权益属于具有现金价值保单持有人的一种权益。如果投保人不愿意或没有能力继续缴付保费维持合同的效力时，可以在保单所提供的几种不丧失选择权中任选一种处理保单的现金价值。

（一）退保金不丧失选择权

退保金不丧失选择权是指投保人停止缴付保险费时，保单持有人可以选择退保，并以现金方式领取退保金。

（二）减额缴清保险不丧失选择权

减额缴清保险不丧失选择权是指当投保人停止缴付保险费后，保单持有人可以选择减额缴清保险来延续保险保障。减额缴清保险是以保单所累积的净现金价值作为趸缴保费购买与原保单设计相同的保险，保费根据选择权生效时被保险人的到达年龄计算。减额缴清保险的保险责任和保险期限与原保单一致，但其保险金额的大小由保单的净现金价值的大小来决定。

（三）展期保险不丧失选择权

展期保险不丧失选择权是指当投保人停止缴付保险费后，保单持有人可以选择展期保险来延续保险保障。展期保险是以保单所累积的净现金价值作为趸缴保费购买与原保单具有相同保额的定期保险，保险期限的长短取决于保险金额、净现金价值、被保险人的性别以及保单持有人行使本选择权时被保险人所达到的年龄。

二、红利选择权条款

红利选择权条款的基本内容是：分红保险的红利选择权条款为分红保险持有人领取红利提供了多种选择的方式，保单持有人可以根据自己的意愿选择其中的一种红利领取方式分享保险人的经营成果。

(一)现金红利选择权

现金红利选择权是指保单持有人以现金方式领取保险人已公布的保单红利。

(二)抵减保费红利选择权

抵减保费红利选择权是指保险公司将已公布的红利用于缴付续期保费。保险公司向保单持有人寄送一份红利通知书，列明红利金额和扣除红利后应缴的保险费。

(三)累积利息红利选择权

累积利息红利选择权是将红利留存于保险公司用于累积生息，但允许保单持有人在任何时候提取累积的红利和利息。如果保单持有人要求退保，保险人将退保金和累积保单红利一起退还给保单持有人。如果被保险人死亡，累积的红利连同保险金给付受益人。

(四)增额缴清保险红利选择权

增额缴清保险红利选择权是将红利作为趸缴保费购买增额缴清保险。购买增额缴清保险的保险费不包含营业费用，也不需要提供可保证明，而且用保单红利购买的增额缴清保险还能累积现金价值。

(五)增额定期保险红利选择权

增额定期保险红利选择权是将红利作为趸缴净保费购买一年期定期保险。但是每年可购买的一年期定期保险的最高保额不能超过保单的现金价值。

三、保险金给付选择权条款

保险金给付选择权条款的基本内容是：人寿保险单中规定了多种保险金的领取方式，当被保险人死亡时，由受益人选择合适的方法来处置保险金。

(一)一次性以现金方式给付保险金

被保险人死亡时，保险人以现金形式一次性给付保险金。

(二)利息收入方式给付保险金

由保险人将保险金进行投资，并向受益人定期支付保险金的利息。利息可以按年、按季支付，但保证支付一个最低利率的利息。

(三)按固定期限向受益人分期给付保险金

保险人在规定期间内向受益人分期给付等额保险金，每次的给付金额由保险金的数额、利率以及保单持有人或受益人选择的给付期间长度而定，保险人保证一个最低利率。

(四)按固定金额向受益人分期给付保险金

保险公司按约定金额定期进行等额给付，直到保险金本息付清为止。保险人的付款次数取决于保险金的数额、利率以及约定的等额支付金额，保险人也保证一个最低利率。

(五)按终身年金方式给付保险金

保险公司将受益人领取保险金作为趸缴保费投保一份终身年金，在受益人生存期间定期给付保险金。

四、保费缴付选择权条款

保费缴付选择权条款的基本内容是：人寿保险是长期性的保险业务，保费采用均衡保险费制，为了给投保人提供方便，保单中规定了多种保费缴付方式、缴付频率和缴付方法，由投保人根据自己的实际情况进行选择。

人寿保险保费的缴付方式有趸缴、年缴和限期缴付三种，缴费的频率可以是年付、半年付、季付或月付，投保人在投保时可以选择其中的一种方式。一般情况下，保险代理人只收取首期保险费，对于续期保险费的收取，为了节省保险人的管理费用支出和避免投保人遗忘缴费，投保人可以选择邮寄、自动转账、从储蓄账户中扣除和从薪金中扣除等缴费方法。

第五节 健康保险合同的常见条款

一、续保条款

个人健康保险中的续保条款包含两个方面的内容：一是保险人有权拒绝续保或者解除健康保险合同；二是保险人有提高健康保险保险费率的权利。

二、既存状况条款

在个人健康保险中，既存状况被定义为在保单签发前的特定时期内（通常为两年）已经发生的伤残或者首次出现或被证实的疾病，并且未曾在投保单中披露。

既存状况条款规定，在保单生效后的约定时期（通常为两年），保险人对被保险人的既存状况不负责给付保险金。只有保单生效两年之后，由被保险人的既存状况（如保单所定义）导致的费用才给予赔付。但是，如果既存状况已经以疾病名称或以具体说明方式被排除在保险责任范围之外，保险公司将不为该既存状况导致的任何费用提供给付，即使保单生效超过两年以后也不例外。

三、体检条款

体检条款规定，在被保险人提交索赔以后，保险人有权要求被保险人接受由保险人指定的医生或医疗机构的体检，以便保险人确认索赔的有效性以及具体的赔付数额。体检条款适用于疾病保险和残疾收入保险。

四、职业变更条款

在健康保险中，被保险人职业的变更直接影响被保险人所面临的意外伤害、疾病或残疾的风险。因此职业变更条款通常规定：当被保险人变更职业时，保险人可以据此调整保险费率或给付金额。

如果被保险人转到危险较大的职业，职业变更条款允许保险人在不改变费率的情况下降低保险金额；如果被保险人转到危险较小的职业，职业变更条款允许保险人在不改变保险金额的情况下，降低保单的保险费率。

五、超额保险条款

许多个人健康保险保单都包含了超额保险条款，目的是防止被保险人因疾病或伤残而额外获利。超额保险条款规定，如果被保险人已属于超额保险，保险人将减少其保单的给付金额。超额保险的情形有两种：一种是被保险人从医疗费用保险中领取的保险金超过其实际支出的医疗费用；另一种是被保险人在残疾期间领取的残疾收入保险金超过其残疾前的工作收入。超额保险条款只适用于投保人在投保时没有向保险人告知其他保险的情况。在超额保险下，保险人将降低保单规定的给付金额，并退还保单持有人为购买超额保险而支付的保险费。

六、等待期条款

健康保险，如医疗保险、重大疾病保险中都包含等待期条款，旨在减少被保险人的逆选择和控制道德风险。等待期条款规定，虽然健康保险单已经签发，但是保险人在规定的等待期内（通常为 3 个月或 6 个月），对被保险人因疾病或意外伤害支出的医疗费用或被确诊患有保单规定的重大疾病，保险人不承担给付保险金的责任。

复习思考题

1. 名词解释

空房条款　　免责限度承担方式　　保证条款　　信息技术条款　　人寿保单的绝对转让
累积利息红利选择权　　展期保险不丧失选择权　　自杀条款　　等待期条款
既存状况条款

2. 保护受押人权利条款的目的是什么？条款如何保护受押人的权利？
3. 试述共同保险条款的意义和内容。
4. 保证条款与被保险人义务条款有何区别？为什么？
5. 简述年龄误告条款的内容。
6. 列举人身保险合同复效的条件。
7. 如何从《保险法》的规定理解不丧失的现金价值条款？
8. 简述不丧失权益选择权条款的内容。
9. 简述人身保险不可抗辩条款的内容。这一条款的意义何在？
10. 财产保险合同适用不可抗辩条款吗？为什么？

第七章

保险经营与管理

保险公司的经营活动由一系列相互联系、彼此制约的环节组成,包括营销、承保、防灾防损、理赔、资金运用和再保险等。保险经营管理就是为了实现保险经营的合理化和取得最佳经济效益,从而对保险经营的各环节进行计划、组织、协调的过程。本章主要介绍保险经营的各个环节及其管理内容。

第一节　保险经营管理的特点与原则

一、保险经营管理的特点

保险业是风险管理行业,保险公司以风险作为其经营管理的对象,为社会各领域提供保障以获取利润。因此,保险经营管理具有不同于一般企业经营管理的特征。

(一)保险经营管理活动是一种特殊的劳务活动

保险经营管理活动是一种具有经济保障性质的特殊劳务活动,而不是一般的物质生产和商品交换活动。其特殊性主要表现在以下几方面:首先,保险经营管理活动以特定风险的存在为前提,以集合尽可能多的风险单位为条件,以概率论和大数法则为数理基础,以经济补偿和给付为基本职能。其次,保险经营管理的劳务活动主要体现在保险产品的质量上。最后,保险经营管理劳务活动还依赖于保险从业人员的专业素质。保险产品的质量越好、保险从业人员的素质越高,保险客户对保险公司就越满意,保险公司的市场占有率和竞争力就越高,保险公司的业务和财务经营就越稳定。

(二)保险经营管理的资产具有负债性

保险经营管理的资产中,自有资本所占的比重很小,绝大部分来自于投保人按照保险合同向保险企业缴纳的保险费和保险储金等,具体表现为从保险费中提取的各种准备金。因此,保险经营管理资产的相当部分在性质上属于保险公司对被保险人或受益人所负未来赔付责任的负债。

(三)保险经营管理活动的成本具有不确定性

相较于一般商品的成本计算,保险经营管理活动的成本具有不确定性。一般企业的产品定价等于生产、提供产品所发生的实际成本加上一定的预期利润,定价时实际成本是已知的。保险经营管理活动的实际成本在产品定价时是未知的,它是随着保险事故在未来的发生才会产生,所以保险产品的定价只能用保险经营管理的预期成本加上一定的预期利润,而预期成本是基于过去的经验数据统计资料,通过预期分析得到的。保险事故发生的偶然性决定了实际成本的不确定性,从而使得保险经营管理的实际成本与预期成本在绝大多数情况下都是不一致的，这种不一致性进而会导致保险公司所实现利润的不稳定性。

（四）保险经营管理活动的利润核算具有特殊性

保险经营管理活动同样遵循利润等于收入减去成本支出的等式。但是保险经营管理的成本支出除了已发生的保险金赔付支出、营业费用等各项之外，还包括保险公司对全体被保险人所负的未来保险赔付责任所对应的成本，这些成本会以各项责任准备金的形式存在，所以在利润核算时除了要从保险费收入中减去已发生的保险金赔付支出、营业费用等各项之外，还要减去这些责任准备金，这些准备金的数额大小将直接影响保险公司利润的高低。保险公司利润核算的特殊性决定了不同保险公司之间以及同一家保险公司在不同时期的利润缺乏可比性。

（五）保险经营管理的稳健性越来越依赖于保险投资活动

保险公司的业务主要分为承保业务和投资业务两大类。由于保险公司的保险费收取与保险金赔付支出之间存在时间差和数量差，从而在保险经营中会形成一笔闲置资金，构成了保险投资的资金来源。随着竞争的日益加剧，承保业务的利润下降甚至出现亏损，投资业务已成为弥补承保业务亏损、维持保险业继续经营的生命线，成为现代保险业的一大支柱。投资收益在保险利润中占有越来越大的比重，投资能力越强、投资活动越成功的公司，其经营就越稳健。

（六）保险经营管理活动具有分散性和广泛性

保险行业承保的风险范围之宽、经营的险种之多、涉及的被保险人之广，囊括了社会生产和生活的各个领域，是其他一般行业所无法比拟的。一旦保险公司经营不善、破产或倒闭而不能正常履行其补偿或给付职能时，不仅会影响到被保险人的切身利益，而且可能影响到整个社会的安定。

二、保险经营管理的原则

保险经营管理活动既有商品经营的一般共性，也有区别于其他行业的经营特性。因此，保险经营管理除贯彻一般商品的经营管理原则，如经济核算原则、随行就市原则、薄利多销原则等之外，还应遵循一些特殊的经营管理原则，包括风险大量同质原则、风险科学选择原则和风险广泛分散原则。

（一）风险大量同质原则

风险大量同质原则是指保险人在可保风险的范围内，根据自己的承保能力，努力承保大量具有同类性质和近似价值的危险单位与标的。

风险大量同质原则是保险经营的首要原则。原因如下：第一，保险的经营过程实际上就是风险集中和分散的过程，由于风险发生的不确定性，保险公司只有承保尽可能多的同质危险单位和标的，才能建立起雄厚的保险基金，以保证其经济补偿和保险金给付职能的履行。第二，保险经营是以大数法则为基础的，只有承保大量同质的危险单位和标的，才能使保险事故的实际发生概率更接近于损失期望值，从而保证保险经营的稳定性。第三，保险公司扩大承保数量，有利于实现规模经济，通过降低保险产品的单位固定成本，从而降低产品的单位总成本，在保险产品定价不变的情况下，可以增加利润。

（二）风险科学选择原则

风险科学选择原则，是指保险公司应当充分认识、准确评估承保标的的风险种类与风险程度以及投保金额的恰当与否，从而决定是否承保。对危险单位和标的进行科学选择：一是尽量选择同质风险的标的进行承保，以保证保险标的风险种类趋于同质；二是是淘汰那些超出可保风险条件或范围的保险标的，并在风险程度有差异的情况下体现费率的公平性。风险选择包括事前承保选择和事后承保选择两个方面。

1. 事前承保选择

保险人为避免逆选择，保证保险业务的优良质量，必须选择一组能够适当平衡的被保险人，也就是说，低于平均损失的被保险人能够抵消高于平均损失的被保险人，以便使保险费收入足以抵付保险金赔付支出。

事前承保选择包括：对“人”的选择，即对投保人或被保险人的选择；对“物”的选择，即对保险标的的选择。(1)对投保人或被保险人的选择。在整个保险经营活动中，保险标的始终处于投保人或被保险人的控制之下，投保人对保险标的是否具有保险利益、投保人的品格和行为都会直接影响到保险事故发生的可能性和损失程度的大小。人身保险的保险标的是被保险人的寿命和身体，保险公司往往通过风险评估来防止逆选择的产生。风险评估包括对被保险人身体的风险因素为中心的医务审查和对被保险人道德、职业方面的风险因素为中心的事务审查两方面。(2)对保险标的的选择。保险公司在承保业务时必须对不同性质的保险标的加以分类，承保时依据分类标准对具体的保险标的作出合理选择，剔除影响保险经营稳定的保险标的。对保险标的选择的重点应集中在保险标的本身发生损失的可能性大小上。

2. 事后承保选择

事后承保选择是保险人对保险标的的风险超出核保标准的保险合同作出淘汰的选择。具体表现为：(1)保险合同保险期满后，保险人不再续保；(2 保险人如发现被保险人错误申报重要事实或有欺诈行为，可解除保险合同；(3)按照保险合同规定的事项注销保险合同。

(三)风险广泛分散原则

风险广泛分散原则，是指保险公司为了保证经营的稳定性，而尽可能地扩大风险分散的范围。这样可以避免保险公司承保的风险过于集中而产生的责任累积，确保保险公司有能力承担保险责任。

宏观层面的风险分散包括以下三个方面：第一，风险在空间上的分散，最理想的是在全球范围内的分散；第二，风险在时间上的分散，即通过时间来减少波动；第三，通过多元化经营来分散风险，即利用多元化的保险产品组合来实现风险抵消的效应。

微观层面的风险分散包括承保前分散和承保后分散。

1. 承保前的风险分散

承保前的风险分散主要体现为：第一，合理划分危险单位，按照每个危险单位的最大可能损失确定保险金额，对超过自身承保能力以外的部分不予承保；第二，控制承保的风险责任，通过控制保险金额、限制赔偿程度来减少道德风险，通过明确保险责任范围、规定免赔率、共保比例、无赔款优待等措施来规避心理风险。

2. 承保后的风险分散

承保后的风险分散应以再保险、共同保险和保险风险证券化作为主要手段。

第二节 保险营销

保险营销的最终目的是为保险公司组织和争取保险业务。根据保险经营必须遵循的风险大量的原则，保险公司只有大量地招揽业务，才能将风险在众多的被保险人之间进行分摊，才能积累雄厚的保险基金，在保险市场上增强其竞争能力，为被保险人提供更广泛的优质服务。因此，保险营销是保险经营活动中最基本的环节，是保险公司所有活动的先导。

一、保险营销的概念

保险营销有广义和狭义之分。广义的保险营销即保险市场营销，就是在变化的市场环境中，以保险为商品，以市场交换为中心，以满足被保险人需要为目的，实现保险公司管理目标而进行的一系列整体活动，包括保险市场需求的调查研究、保险市场细分、保险商品的开发设计、保险促销策略、销售渠道及售后服务等的计划与实施等。其最终目标是提高保险公司在市场上的地位和竞争能力，以获取最大利润。

狭义的保险营销即保险销售，也称为保险展业，它仅仅是广义保险营销过程中的一个阶段，即指保险销售人员通过对客户的拜访和说明，分析其保险需求，将合适的保险商品介绍给客户，促使客户采取购买行为的活动过程。这一阶段的最终目标是将已有的保险商品尽可能地销售出去。

人们有时容易将保险营销与保险销售混同起来，这主要是由于保险商品本身的特殊性，而使得保险营销特别注重销售，或者说保险必须依赖销售。本节主要从广义的角度对保险营销进行阐述，并在此基础上对保险销售渠道作一简单介绍。

二、保险营销管理程序

在高度竞争的保险市场上，保险公司要想提高保险营销效益，就必须制定并遵循一定的营销管理程序。

（一）分析保险市场营销机会

在保险营销领域，充满着各种机会，但要及时发现和抓住机会，就要求保险公司必须注重对保险营销环境的分析。现代营销学认为，企业经营成败的关键就在于它能否适应不断变化着的环境，因此环境分析是保险营销活动的立足点。营销的微观环境由保险公司内部各部门、保险客户、保险竞争对手、保险中介人和社会公众所组成，它们影响着保险公司服务于目标市场的能力，并与保险营销形成了协作、竞争、服务和监督的关系。营销的宏观环境是由社会环境、经济环境、政治环境和法律环境所组成，它们直接或间接地对保险营销活动产生制约，对保险营销有着深远影响。保险营销管理者应首先依靠环境分析发现和抓住机会，同时还应利用环境分析避免环境威胁。

（二）保险市场调查与预测

在分析营销机会的基础上，保险公司要对保险市场进行调查和预测。营销调查和预测即指对保险市场信息进行调查，并根据调查提供的数据和资料，运用科学的定性或定量方法，对影响市场供求变化的各种因素进行测算，从而对保险市场营销的未来及其变化趋势作出判断，以便为保险公司研究制定营销计划和营销决策提供依据。

（三）保险市场细分和目标市场选择

1. 保险市场细分

保险市场细分就是保险公司在市场调查和预测的基础上分析资料，从而找出保险消费者在需求特点、投保行为上的差异性，并据此把保险市场划分为若干细分市场，每一细分市场都是由具有同类需求倾向的保险消费者构成。因此，每个细分市场又可称为同质市场。

保险市场细分的主要标准有：(1)地理区域因素，如区分城市市场和农村市场；(2)人口统计因素，即按照年龄、性别、家庭结构、收入水平、职业、文化程度等划分不同的保险消费群；(3)心理因素，即根据影响消费者购买保险的心理因素进行细分；(4)行为因素，即根据消费者的投保行为将保险市场进行细分。

保险市场细分后，还应根据各个细分市场的消费者特征，确定细分市场的名称。

2. 目标市场选择

保险公司在市场细分后要对这些细分市场进行评估，并选择目标市场。保险公司在选择目标市场时，必须首先考虑潜在目标市场的适度规模和潜力，即市场具有一定的购买力并能给公司带来足够的保费收入，且存在尚未满足的需求和尚未充分开发的潜力。其次还要考虑潜在目标市场结构是否具有吸引力，这可以通过对五个方面因素的分析进行评估，即同行业竞争、新参加的竞争者、替代产品、购买者的议价行为、供应商的议价能力。最后，保险公司仍须将其本身的目标与其所在的细分市场的情况结合在一起考虑。

3. 目标市场战略

保险公司在选择好目标市场之后，应采取适当的目标市场战略来进入并占领目标市场。一般来说，可供选择的战略有以下三种：

(1)无差异性营销战略。无差异性营销战略也称整体市场战略，即以整个保险市场为目标市场，只求满足大多数保险消费者的共同需求，而不考虑他们对保险需求的差异性，以同一条款、同一费率和同一营销方式向所有的消费者推销一种保险。保险公司的许多险种都适用于无差异性营销，如汽车第三者责任险，可在一个国家或地区内用同一营销方案和保险费率进行推销。无差异性营销战略适用于那些差异性小、需求范围广、适用性强的保险险种的营销，这种战略有利于降低成本，形成规模经营。但其忽视了保险消费者的差异性，难以满足保险需求的多样化。

(2)差异性营销战略。即在市场细分的基础上，确定了多个目标市场，针对每个目标市场，分别设计不同的险种和营销方案，根据保险消费者需求的差异性来捕捉营销机会。这种营销战略的针对性更强，有利于扩大保险销售量，提高市场占有率。适用于新的保险公司和规模较小的保险公司来不断开拓新的保险商品和使用新的营销战略，但其营销成本较高。

(3)集中性营销战略。也称密集性营销，即选择一个或几个细分市场作为目标，制定一套营销方案，集中力量争取在这些目标市场上占有较大份额，而不是在整体市场上占有较大份额。这种战略更能深入特定的细分市场，实行专业化经营，充分满足特定细分市场的需求。它适用于资源有限、实力不强的小型保险公司，使其能集中有限的力量，迅速占领市场，提高保险商品的知名度和市场占有率。但是，如果目标市场过于集中，经营险种较少，则保险公司的经营风险较大，一旦市场上保险需求发生变化，或者有强大的竞争对手介入，就会使保险公司陷入困境。

4. 市场定位策略

保险公司在进入目标市场后，还要根据市场竞争情况和本公司的条件，确定本公司险种在目标市场上的竞争地位，即市场定位。具体地说，就是要在目标消费者的心目中为保险公司和险种创造一定的特色，赋予一定的形象，以适应消费者一定的需求和偏好。这种特色和形象可以是实物方面的，也可以是心理方面的，或者是两方面兼有。总之，市场定位就是要设法建立一种竞争优势，以在目标市场上吸引更多的顾客。

(四)制定保险营销策略组合

保险营销策略主要有险种策略、费率策略、分销策略和促销策略。对这些策略要进行综合分析，选择最有效的组合以求最优化地实现保险营销目标。

1. 险种策略

险种策略包括险种组合策略、险种生命周期策略和新险种开发策略。

(1)险种组合策略。即指保险公司根据市场需求、公司经营能力和市场竞争等因素确定保险险种保障机能的结合方式,其中包括对险种组合广度、深度的有效选择。例如,扩大保险商品组合策略即把保险商品系列化,也就是把原有的保险商品扩充成系列化险种,如海洋运输货物保险在3种基本险的基础上,又有11种一般附加险、6种特别附加险和2种特殊附加险,从而达到扩大承保风险的目的,使消费者的需求获得更大的满足。而在保险市场处于饱和状态、竞争激烈和客户缴费能力下降的情况下,保险公司可以取消某些市场占有率低、经营亏损、保险消费者需求不强烈的保险商品,此为缩减保险商品组合策略。随着保险公司之间竞争的加剧,越来越多的保险公司将关联性较小的财产险和人身险进行组合,使新组合的险种更能满足消费者的需求。例如,将家庭财产保险与家庭成员的意外伤害保险进行组合、驾驶员意外伤害险与机动车辆保险进行组合等。

(2)险种生命周期策略。即区分保险商品从进入市场到退出市场所经历的导入期、成长期、成熟期和衰退期四个阶段,分别采取不同的营销策略。在导入期通常采取快速掠取、缓慢掠取、迅速渗透、缓慢渗透等营销手段。在成长期采取的营销策略包括不断完善保险商品的内涵,广泛开拓营销渠道,适时调整保险费率,保证售后服务质量,以尽可能保持险种在市场上的增长率。在成熟期应采取的营销策略有开发新的保险市场、改进现有险种和争夺客户等。在衰退期应采取的营销策略是有计划地、逐步地限制推销该险种,并有预见性地、有计划地开发新险种。

(3)新险种开发策略。即开发能给消费者带来新的利益和满足的险种。保险公司要想保持在市场竞争中的优势地位,就必须不断地开发新险种。一般而言,新险种是具有创新构思的险种,在使用性能或经济性能方面优于原有的险种或具有新的用途。例如,我国目前寿险市场上推出的投资连结保险、分红保险和万能寿险,产险市场上推出的理财型家庭财产险等,均为各公司开发的新险种。新险种可分为完全创新的险种、模仿的新险种、改进的新险种和换代新险种四类。新险种的开发有以下两种途径:

①外延型。即随着不可保风险向可保风险的变化,原来不可能承保的风险以新险种的形式承保了。例如,一项新技术从科学实验室阶段发展到广泛普及、应用阶段,使运用保险手段为之提供保障成为可能。

②内涵型。即因可保风险的不断细化和充实,保险人通过调整险种结构而衍生出的许多新险种,包括原有险种的改造和新险种的推出。例如,目前普及城乡的少儿保险、学生平安保险、母婴安康保险等,都是从人身意外伤害险中细化而来的。

2. 费率策略

费率策略一般包括定价方法、新险种费率等决策。具体而言,有以下几种:

(1)低价策略。低价策略是指以低于原价格的水平而确定保险价格的策略。这种定价策略主要是为了迅速占领保险市场,打开新险种的销路,更多地吸收保险资金,为保险公司资金运用创造条件。实行低价策略,保险公司既要从自身利益出发,考虑到保险险种的促销作用,又要考虑公司的社会效益。例如,保险公司为支持政府发展农业的政策,对农业种养两险实行低价策略。实行低价策略,要建立在提高管理效率、加强成本与管理费用的控制、降低保险推销成本的基础之上。实行低价策略,是保险公司在保险市场上进行竞争的手段之一,但是如果过分使用低价策略,就会损害保险公司的偿付能力,导致保险公司在竞争中失败。

(2)高价策略。高价策略是指以高于原价格的水平而确定保险价格的策略。保险公司实行高价策略，一般是因为某些保险标的的风险程度太高，保险公司不愿意承保，或者是因为投保人有选择地投保某部分风险程度高的保险标的。实行高价策略，保险公司可以高价获得高额利润，有利于提高自身的经济效益，同时也可以利用高价拒绝高风险项目的投保，有利于自身经营的稳定性。但是，保险公司要谨慎使用高价策略，保险定价过高，会使投保人支付保险费的负担加重而不利于开拓保险市场。

(3)优惠价策略。优惠价策略是指保险公司在现有价格的基础上，根据营销需要给投保人以折扣与让价优惠的策略。运用优惠价策略的目的是为了刺激投保人大量投保、长期投保，及时交付保险费和加强安全工作。保险公司经常采用的优惠价策略有统保优惠价、续保优惠价、趸缴保费优惠价、安全防范优惠价、免缴或减付保险费。

(4)差异价策略。差异价策略包括地理差异、险种差异等策略。地理差异策略是指保险公司对同一保险险种在不同地区采取不同的保险费率的一种策略。险种差异策略是指对各个险种采用不同的保险费率标准和计算方法的一种策略。

3. 分销策略

分销策略又称营销渠道策略，即对如何将保险商品送到顾客手中进行决策。营销渠道一般有三种：直接销售、间接销售，或是两者的结合。直接销售的手段包括邮件、媒体、电话、互联网等。间接销售主要是通过代理人和经纪人推销保单。此外，随着金融一体化和科技的发展，还出现了一些创新的营销渠道，如银行保险和网络保险等。保险公司在选择营销渠道时需要考虑的最重要的因素就是以最小的代价，最有效地推销保单。因此，对于新成立的规模较小的保险公司，由于其自身财力、承保技术及其他外部条件的限制，适合采用传统的直接销售方式，这样，既有利于保险公司的稳步成长，又有利于树立良好的企业形象。而对于规模较大、声誉较高的保险公司，可以自行选择最优的保险营销渠道组合。此外，鉴于财产保险与人身保险在性质和经营技术上的区别，财产保险特别是技术性强的大型企业财产险、工程险等宜采用经纪人营销方式；而对于分散的个人人寿保险，宜采用代理人营销方式。

4. 促销策略

保险促销方式包括保险广告、个人销售、销售促进、保险宣传四种形式。保险公司运用这些促销方式把保险商品信息传递给广大消费者，同时激励和引导他们去购买。

保险促销策略包括推动策略、拉动策略和组合策略三种。

(1)推动策略。即指直接面向保险分销商进行促销，以促进分销商通过面向消费者的渠道销售保险产品的促销策略。一般而言，推动策略主要依赖于销售促进，如竞赛、特别激励以及直接面向分销商的广告宣传等。例如，采用代理人销售渠道的保险公司可以开展销售竞赛来销售新产品，并对优胜者以旅游作为奖励；采用经纪人销售渠道的保险公司可以对经纪人支付有关特定产品的促销费用作为补偿；也可以只运用广告向保险分销商介绍产品特征。不论采用何种促销手段，所有推动策略都是面向分销渠道成员，而不是面向保险消费者。

(2)拉动策略。即指直接面向保险消费者，使消费者对产品产生需求，带动这一产品在分销渠道中的销售。通常保险公司采用拉动策略的目的是影响消费者去接触分销商并购买产品。例如，保险公司可在电视上连续做广告，介绍某产品，并附说明："由当地的代理人做详细解释。"当保险公司运用这一策略时，分销商通常负有将公司信息反馈给消费者的责任，因此信息的内容和效果会因分销商和具体情况的不同而不同。保险公司运用拉动策略可以保持其对信息传递的控制。

(3)组合策略。即指推动策略与拉动策略的组合。大多数保险公司都运用这种策略进行促销，因为组合策略创造一种使分销商和消费者都关注公司产品及服务的氛围，有助于分销商宣传和销售产品，有助于消费者搜集更多与购买产品相关的信息。

由于大多数保险公司采用个人销售方式，所以相对于拉动策略而言，它们更青睐推动策略。

（五）制定市场营销计划

保险营销管理者不仅要制定公司据以达成其预期市场营销目标的一般策略，而且还要制定支持市场营销组合的计划。营销策略与营销计划就如军事上战略与战术的关系，营销策略指明营销方向，而营销计划则勾勒出策略实施的框架，并使用各种独特的决策工具，协调和控制营销的全过程。

营销计划最重要的功能是分配营销资源，营销计划必须载明广告、工资、佣金和设备所需的资金数额，以及所需的人员数量和资格。资源配置有助于计划制定者决定每一特定营销目标是否值得花费资源。

（六）组织实施和控制营销计划

营销管理的最后一个环节是实施和控制营销活动，这是一个关键性的环节。保险公司要想贯彻执行营销计划，有效开展营销工作，必须有组织的保证，即设立专门的营销部。营销部门应能合理安排营销力量，协调全体营销人员的工作，同时还能让公司所有部门相互之间紧密配合，共同为完成营销目标而努力。营销部门的效率不仅有赖于它的组织构成，同时也取决于它对营销人员的选择、培训、指导、激励和评价。

营销组织实施营销计划过程中，可能会出现许多意外情况，公司需要建立相应的控制制度。

三、保险营销渠道

（一）保险营销渠道的种类

保险营销渠道又称保险分销渠道，是指保险商品从保险公司向保户转移过程中所经过的途径。对于保险公司来说，如果不能使保险消费者在想买的时间和地点买到自己需要的保险商品，就不能达到最终的营销目标。因此，保险营销渠道的选择直接制约和影响着其他营销策略的制定和执行效果。选择适当的营销渠道，不仅会减少保险公司经营费用的支出，而且会促成保险商品的销售。

传统的保险营销渠道可分为直接营销渠道和间接营销渠道，其中间接营销渠道又包括代理制营销和经纪制营销。

1. 直接营销渠道

直接营销渠道，亦称直销制，是指能使保险公司和保险购买者彼此进行直接交易的分销渠道。直接营销利用一个或多个媒体，诱导消费者或潜在购买者产生立即反应或适当反应，从而直接从保险公司购买保险产品。在美国和加拿大，包括团险在内，保险人从直接营销渠道所获得的保费约占寿险总保费的2％。

采用直接营销渠道的保险公司运用多种不同方法接近准客户，包括：直接邮件、印刷及媒体活动；电话营销，即直接打电话给潜在客户或为潜在客户提供向公司免费咨询的机会；网络营销，即通过互联网和其他在线服务与潜在客户联系；传真营销，包括利用传播技术来传递促销信息或者使用传真查询服务系统，它能使客户通过语音电话索取以传真发送的产品信息；无人售货中心和零售亭；交互式电视。对直销方式感兴趣的消费者通过电话、邮件、传真或互联网，与保险公司取得联系，通过电话或邮寄或传真的投保单来申请投保。采用这一营销方式的大多数保险公司也为客户提供免费电话，该电话或者接往客户服务代表，由他们回答问题，或者接往公司领薪业务员，由他们进行需求分析或为进入决策阶段的客户提供帮助。

2. 间接营销渠道

间接营销渠道，是指保险公司通过自销体系以及保险代理人和保险经纪人等中介机构销售保险商品的方法。

自销是指保险公司利用自身的业务销售人员对保险消费者直接提供各种保险产品的销售和服务。这种方式适合于实力雄厚、分支机构健全的保险公司。在保险市场不健全的时期，保险公司大都采用自销制进行保险营销。但随着保险市场的发展，保险公司仅仅依靠自己的业务人员和分支机构进行保险营销都是远远不够的，同时也是不经济的。因此，在现代保险市场上，保险公司在依靠自身的业务人员进行自销的同时，还要广泛地利用保险中介人进行间接营销。

(1)保险代理人与保险代理制度。保险代理人是从事保险代理活动的人，保险代理制度是代理保险公司招揽和经营保险业务的一种制度。根据不同的标准，保险代理人可分为不同的种类。

按代理业务不同，保险代理人可分为寿险代理人和非寿险代理人。寿险代理人是专门为保险公司代理寿险业务的保险代理人。非寿险代理人是专门为保险公司代理包括财产保险、责任保险、信用保证保险等非寿险业务的保险代理人。

按代理性质的不同，保险代理人可分为专业代理人和兼业代理人两种。专业代理人是指受保险人委托，以保险人的名义专门为保险人代理保险业务，并向保险人收取代理手续费的单位或个人。兼业代理人则是指本身有固定的职业或工作，同时又接受保险人的委托，以保险人的名义代替保险人办理保险业务，并向保险人收取代理手续费的单位或个人。

按代理对象不同，保险代理人可分为专属代理人和独立代理人。专属代理人只能为一个保险公司代理保险业务。独立代理人则可以独立的身份和名义同时为几个保险公司代理保险业务。

(2)保险经纪人与保险经纪制度。保险经纪人是代表投保人或被保险人的利益参与保险活动的人；保险经纪人制度是指保险人依靠保险经纪人争取保险业务，推销保单的一种营销方式。按险种，保险经纪人可分为人寿保险经纪人、非寿险经纪人和再保险经纪人三种。

①人寿保险经纪人是指在人寿保险市场上代理客户选择保险人，代为办理投保手续，并从保险人处收取佣金的中介人。人寿保险经纪人必须熟悉保险市场行情、保险标的(被保险人)情况，掌握较深厚的保险专业知识和法律知识，精通人寿保险费的计算等。

②非寿险经纪人主要为保险人介绍财产保险、责任保险和信用保证保险等非寿险业务。他们比人寿保险市场上的经纪人更活跃，如在海上保险中，保险经纪人的作用十分突出，他们既深谙航海风险，又通晓保险知识，能为保险人寻求最佳保险保障。

③再保险经纪人是指专门从事再保险业务的特殊保险经纪人。再保险经纪人不仅介绍再保险业务，提供保险信息，而且在再保险合同有效期间继续为再保险公司服务。

(二)保险营销渠道的选择

保险公司在选择营销渠道时需要考虑的最重要的因素，就是能否以最好的效果、最高的效率将保险商品推销出去。因此，保险公司在评价保险营销渠道、作出决策之时，需要考虑目标市场中消费者的特征、所销售保险产品的类型、所运作的营销环境、保险公司自身特征等以及保险公司对分销渠道的控制程度等因素。

一般而言,直接营销渠道适合于新成立的、规模较小的保险公司。间接营销渠道一般适合于规模较大、市场占有份额较高、营销控制能力较强的保险公司。一般对于财产保险公司,宜采用直接营销渠道,以便于保险公司减少营销成本,并加强承保控制;对于人寿保险公司而言,宜采用代理制,以便于保险公司争取更多的客户,从而不断扩大市场占有率,增强企业的竞争力。

第三节 保险承保

保险承保是指保险人接受投保人的申请并与之签订保险合同的全过程。保险承保是保险营销的继续,是在营销的基础上进入合同双方就保险条件进行实质性谈判的阶段。承保的目标包括提供适度保障、坚持选择标准、坚持定价标准、维护市场稳定、提供优质服务、维持专业竞争水平,每一个目标都支持着承保的最终目的:选择业务并保持业务增长及实现盈利。

一、保险承保的基本步骤

保险公司的承保工作包括制定承保方针、获取承保信息、保险核保、作出承保决策、实施并监控承保决策等步骤。

(一)制定承保方针

保险公司一般设有专职的承保部门,由它制定与公司目标相一致的承保方针和编制承保手册。承保手册具体规定承保的险种,展业的地区,所使用的保险单和费率厘定计划,可以接受的、难以确定的和拒保的业务,保险金额,需要得到上一级承保人批准的业务等。承保手册起到了向保险营销人员传达公司承保方针的作用,也向承保人提供作出最优承保决策的信息。

(二)获取承保信息

承保人通常是在综合各种信息和个人判断的基础上决定是否接受投保人的投保申请。为了作出准确、合理的承保决策,承保人必须从各个方面获得各种信息,以便分析和评价投保人面临的风险。承保信息可以分为主观信息和客观信息。客观信息是指可以通过某种方法检验并记录的事实,如生日、建筑种类等,承保人只需要对客观信息进行检验。而主观信息是指某人对相关风险特征(如被保险人的道德水平或建筑的状况)的意见及印象。在分析主观信息时,承保人必须考虑到信息提供者自身的偏见、不完整感知或者扭曲等。承保信息的来源主要有:

1. 投保单

投保单是投保人向保险人申请订立保险合同的书面要约。投保单是第一个,也是最重要的一个承保信息来源。

2. 中介人及其经营业绩

保险代理人、保险经纪人作为保险市场的中介人,他们通过与投保人和保险人的销售接触,或向投保人和保险人提供风险管理咨询服务,也能够提供一些投保单上未列明的信息,如风险评估报告,便于承保人更好地进行风险评估。可以说,保险中介人是第一线的承保人。

3. 体检报告

在人寿保险和健康保险中,体检报告是提供被保险人身体健康状况的重要信息来源,体检报告的内容包括身高、体重、腰围、胸围、血型、心肺和神经系统等。

4. 损失控制报告

在财产保险中，损失控制报告是重要的承保信息来源。损失控制报告是指保险公司的损失控制代表经过对被保险人设施及营运流程的考察所提交的书面总结。

5. 保险业以外的报告

在国外，有一些独立的机构会调查和提供有关未来或潜在的被保险人背景材料和信息的报告，这也是承保人获取信息的一个来源。政府机构、借贷机构、信用或财务评级机构、专业评估人和客户调查组织等都是这些报告的来源。如车辆报告是机动车辆保险投保人承保信息的一个常见来源。信用报告可以检查投保人的财务状况，并提供一些其他信息。客户调查报告是另一个可能的信息来源，从某种意义上讲，客户调查报告可以被当做个人保险投保人的损失控制报告。

承保人还可以从被保险人所保存的一些购物账单、信用卡对账单，以及企业财务报表、年度报告和信用评级机构公布的一些报告中获取有用的信息。

（三）保险核保

保险核保是指保险公司对可保风险进行评判与分类，进而决定是否承保、以什么样的条件承保的分析过程。核保是保险承保工作的核心。保险核保的内容包括承保选择和承保控制两个方面。

1. 承保选择

承保选择表现在两个方面：一是尽量选择同质风险的标的承保，从而使风险在量上得以测定，以期实现风险的平均分散；二是淘汰那些超出可保风险条件的保险标的。具体内容可参见前文所述的风险科学选择原则。

2. 承保控制

承保控制是指保险人对投保风险作出合理的承保选择后，针对承保标的具体风险状况，运用保险技术手段，控制自身的责任和风险，以合适的承保条件予以承保。承保控制的对象主要有两类：一类是控制保险责任，即保险人依据自身的承保能力进行承保控制，主要控制保险标的本身的实质风险；另一类是对投保人、被保险人和受益人的道德风险和心理风险进行控制。

(1)控制保险责任的措施。第一是保持风险分散。第二，用特殊的承保技术和经验满足某些险种的承保要求。一般来说，对于常规风险，保险人通常按照基本条款予以承保；对于一些具有特殊风险的保险标的，保险人需要与投保人充分协商保险条件、免赔额、责任免除和附加条款等内容后特约承保。特约承保是根据保险合同当事人的特殊需要，在保险合同中增加一些特别约定，满足被保险人的特殊需要，并以加收保险费为条件适当扩展保险责任；或者是在基本条款上附加限制条款，限制保险责任。通过特殊的承保控制，将使保险人所支付的保险赔偿额与其损失额十分接近。第三，安排再保险。通过再保险，保险公司可以将保险风险转移给再保险人来增加承保新保险单的数量。可见，再保险对保险公司的承保能力有直接的影响。

(2)控制道德风险因素的主要措施。道德风险因素是指被保险人或受益人故意制造保险事故以骗取赔款。道德风险因素是承保控制的重点。控制道德风险因素的主要措施包括：第一，控制保险金额，避免超额保险。控制保险金额也就意味着控制了保险损失赔偿和给付的最高限额。第二，控制赔偿程度。根据保险补偿原则，当保险事故发生时，被保险人所获得的赔偿仅限于其实际损失或者将保险标的物恢复到原有的状态，被保险人不能因保险而额外获利。

(3)控制心理风险因素的主要措施。心理风险因素是指投保人或被保险人在参加保险后产生的松懈心理,不再小心防范所面临的自然风险和社会风险;或在保险事故发生时,不积极采取施救措施,任凭损失扩大。道德风险因素在法律上是一种犯罪行为,但心理风险因素并不触及法律,所以更难控制。控制心理风险因素的主要措施有:第一,规定免赔额。免赔额是保险人对某种保险标的在一定额度内的损失不承担赔偿责任的金额。对超过免赔额以上的损失,保险人才负赔偿责任。规定免赔额既可以避免保险人承担必然的损失,又可以促进被保险人加强防灾防损,减少保险事故的发生。第二,规定共保比例。保险人常在保险条款中订入共同保险条款,让被保险人自己承担一定比例的保险损失,从而扼制被保险人心理危险因素的产生,并减少高风险承保的赔偿责任。第三,订立保证条款。一旦被保险人违反保证,保险人拒绝赔偿损失或给付保险金。第四,实行无赔款优待。对无赔款发生的保户,续保时在保险费率上给予优待。第五,其他优惠。例如,对配备先进防灾设施和防灾防损工作做得好的被保险人,在投保时给予保险费率上的优惠。

(四)作出承保决策

保险承保人员通过收集有关的信息资料,并对这些信息经过承保选择和承保控制之后,作出承保决策。

1. 正常承保

保险公司按标准费率承保保险标的的风险,出具保险单。

2. 附条件承保

保险公司通过增加限制性条件或加收附加保费的方式予以承保,出具保险单。例如,在财产保险中,保险人要求投保人安装自动报警系统等安全设施才予以承保。或者保险人采用减低保险金额、使用较高的免赔额或较高的保险费率方式予以承保。在人身保险中附条件承保有年龄增加法、保险金削减法、附加保费法。年龄增加法适用于递增型风险的人,将被保险人的年龄增加一个固定年数加以承保。保险金削减法适用于递减型风险的人,承保时按正常费率承保,但是在一定期间内按比例减少保险金给付。附加保费法适用于固定型额外风险的人,在承保时保险人征收一定金额的额外保费。

3. 拒绝承保

如果投保人投保条件明显低于保险人的承保标准,保险人就会拒绝承保。

(五)实施并监控承保决策

承保过程的最后一个步骤是实施并监控所做的承保决策。承保决策实施通常是指承保人通知业务员决策结果,通知签单员缮制保险单或保险凭证以及办理批单手续,签发并邮寄保单,整理材料制作文件或其他档案。另外,承保人也需要通知保险公司的其他部门。例如,承保人必须通知会计部门给业务员或被保险人开具保费账单,或通知损失控制部门对保险标的进行安全检查,并建立定期的检查机制。

承保人还需要监控其承保决策,主要有两个原因:首先,进行决策所依据的信息会持续不断地更新。即使按照昨天的信息所作出的决策是正确的,一旦今天发生信息更新,决策可能就不再正确。其次,决策者需要重新审视各类决策,以提高未来的决策水平。此外,由于人们一般很难客观地评价自己所作的决策,因此保险公司还需要其他人来对承保人已经作出的决策进行监控。这可以采取两种形式:一是由公司员工或高级承保人来对承保人的决策进行评估,以确定这些决策是否恰当,是否符合承保指南的要求、符合承保步骤;二是由于承保管理者要对承保结果负责,因此这些管理者需要密切监控承保结果。

二、保险承保的实务程序

保险承保的实务程序包括接受投保申请、审核验险、接受业务、缮制单证等步骤。

(一)接受投保申请

投保人购买保险,首先要提出投保申请,即填写投保单,交给保险人。投保单是投保人向保险人申请订立保险合同的依据,也是保险人签发保险单的凭证。

(二)审核验险

审核是指保险人收到投保单后,对其进行的审定和核实。审核投保单的内容包括保险标的及其存放地址、运输工具行驶区域、保险期限、投保明细表、对特殊要求的申请等。验险是对保险标的风险进行查验,以便对其存在的风险进行分类。验险的内容,因保险标的的不同而有差异。

1. 财产保险的验险

财产保险的验险内容包括:第一,查验投保财产所处的环境;第二,查验投保财产的主要危险隐患和重要防护及防护措施状况;第三,查验有无正处在危险状态中的财产;第四,查验各种安全管理制度的制定和落实情况。

2. 人身保险的验险

人身保险的验险包括医务检验和事务检验。

(1)医务检验。医务检验的内容包括健康状况、个人病史、家族病史。

(2)事务检验。事务检验的内容包括:第一,年龄。在寿险中,年龄因素是测算费率最为主要的因素。第二,性别。性别是寿险核保的重要因素,只是性别仅用作个人寿险的分类因素以确定费率。第三,财务状况。财务状况要素是用来考虑投保人的保险需求是否与其购买能力相一致。第四,职业。概括起来讲,职业至少有三种不同的方式提高死亡风险:①职业可使被保险人置身于高风险的环境之中,如经常面对暴力活动、不规律的生活或受到毒品和酒的诱惑等。②工作环境对身体健康造成的影响。③由于职业关系容易发生意外事故,如专业驾驶人员、建筑工人等。第五,吸烟。目前,某人是否吸烟以及雪茄、烟斗都是重要的风险因素。大多数保险公司将吸烟与不吸烟者的费率分别计算,以实现风险管理的目的。第六,酗酒和吸毒是核保的重要因素之一,因为酗酒和吸毒会严重危害一个人的身体而导致死亡率的提高。同时,酗酒和吸毒者往往比无此嗜好者更容易引起暴力。第七,高风险运动和度假。如果有这些附加风险的人申请保险且在一定基础上可承保,则这些人会被收取额外的保费。有些国家或地区对此规定了附加条款,将由于参与高风险活动而造成的死亡列为除外责任。第八,航空风险。即核定被保险人是否作为正常航班的乘客或飞行员从事飞行活动。第九,居住环境。第十,保险利益。

(三)接受业务

保险核保人按照规定的业务范围和承保权限,在审核验险之后,有权作出接受业务或拒保的决定。如果投保金额或标的风险超出了保险核保人的承保权限,他只能向上一级主管部门作出建议,而无权决定是否承保。

(四)缮制单证

缮制单证是在接受业务后,填制保险单或保险凭证等手续的过程。保险单或保险凭证是载明保险合同双方当事人权利和义务的书面凭证,是被保险人向保险人索赔的主要依据。

三、续保

续保是指一个保险合同即将期满时,投保人在原有保险合同的基础上向保险人提出续保申请,保险人根据投保人当时的实际情况,对原有合同条件稍加修改而继续对投保人签约承保的行为。

对保险人来说,续保可以稳定公司的业务量,利用与投保人之间建立起来的既有关系,减少展业的工作量,降低营业费用。对投保人来说,及时续保,不仅可以获得持续不断的可靠的保险服务和保险保障,而且作为保险公司的老客户,还可以在体检、服务项目以及保险费率等方面得到通融和优惠。

保险人在续保时应注意的问题有:(1)及时对保险标的进行再次审核,以避免保险期间中断;(2)如果保险标的的危险程度有增加或减少时,应对保险费率作出相应调整;(3)保险人应根据上一年的经营状况,对承保条件与费率进行适当调整;(4)保险人应考虑通货膨胀因素的影响,随着生活费用指数的变化而调整保险金额。

第四节　保险理赔

在保险经营中,保险理赔是保险赔付职能的具体体现。通过保险理赔,可以使被保险人遭受的损失及时得到补偿,从而充分发挥保险的职能和作用。通过保险理赔可以为提高承保业务质量、加强防灾防损提供依据。通过保险理赔还可以提高保险企业的信誉,扩大保险的社会影响,促进保险业的发展。因此,保险理赔是保险经营的重要环节,做好保险理赔工作,对提高保险企业的经济效益和社会效益都具有十分重要的意义。

一、保险理赔的概念

保险理赔是指保险人在保险标的发生风险事故后,根据保险合同的规定,对被保险人提出的索赔请求进行处理的行为。保险理赔涉及保险合同双方的权利与义务的实现,是保险经营中的一项重要内容。

保险理赔工作主要靠理赔人员来做。保险理赔人员可以分为四种类型:一是保险公司的专职核赔人员,是指直接根据被保险人的索赔要求处理保险公司理赔事务的人;二是保险代理人,是指接受保险公司的委托代为从事理赔工作的人;三是理赔服务机构,是指某一地区保险公司联合组织的专门处理赔案的机构,如美国的理赔局;四是独立理赔人,是指有专业技术和经验的独立的理赔人员,如检验机构、保险公估行、律师行等。

二、保险理赔的基本原则

保险公司在理赔工作中,为确保理赔质量,防止和控制理赔工作的错赔、乱赔、滥赔和惜赔现象,提高保险公司的信誉,要求严格遵循以下原则。

(一)重合同、守信用

由于保险人与被保险人之间的权利义务关系都是通过保险合同来实现的,保险合同双方当事人都必须恪守合同的规定,保证合同的顺利履行。保险理赔是保险人履行保险合同义务的具体体现,在处理各种赔案时,应严格按照保险合同中条款的规定,受理赔案、审核责任、确定损失、及时赔付,既不能任意扩大保险责任范围滥赔,也不能缩小保险责任范围惜赔,在理算赔偿金额时，应提供充足的证据，拒赔时更应如此。

（二）实事求是

保险合同条款对赔偿责任做了原则性规定，但实际情况错综复杂，这就要求保险公司必须以实事求是的精神，运用保险条款的规定，并结合具体情况合情合理地处理赔案，既要有原则性，又要有一定的灵活性。此外，实事求是的原则还体现在保险人的通融赔付方面。所谓通融赔付，是指按照保险合同条款的规定，本不应由保险人赔付的经济损失，由于一些其他特殊原因的影响，保险人给予全部或部分补偿或给付。当然，通融赔付不是无原则地随意赔付，而是对保险损失补偿原则的灵活运用。保险人对于通融赔付应从严掌握，对有利于保险业务的稳定和发展，有利于维护保险公司的信誉和提高市场竞争能力，有利于社会安定团结的案件才考虑通融赔付。

（三）主动、迅速、准确、合理

这是保险理赔工作的"八字方针"，也是理赔质量的重要标准，旨在提高保险服务水平，争取更多的保险业务。"主动、迅速"，即要求保险人在处理赔案时积极主动，不拖延并及时深入事故现场进行查勘，及时理算损失金额，对属于保险责任范围内的灾害事故所造成的损失，应迅速赔付。"准确、合理"，即要求保险人在审理赔案时，分清责任，合理定损，准确履行赔偿义务。对不属于保险责任的案件，应当及时向被保险人发出拒赔的通知书，并说明不予赔付的理由。

这一原则的宗旨在于提高保险服务水平，争取更多客户。我国《保险法》第二十三条规定就指出了保险人应当在法律规定和保险合同约定的期限内，及时履行赔偿或给付保险金的义务，即应在理赔中坚持主动、迅速、准确、合理"八字"方针。

三、保险理赔的实务程序

要保证保险理赔工作的质量，除了要遵循理赔原则和保险合同条款，还要按照保险理赔工作的程序认真负责地处理好赔案。保险理赔程序根据不同的险种和案情而定，一般需经过接受损失通知并登记立案、审核保险责任、损失调查、估算赔偿金额、赔付保险金、损余处理及代位求偿等步骤。

（一）接受损失通知、登记立案

保险事故发生后，被保险人或受益人应将事故发生的时间、地点、原因及其他有关情况，以最快的方式通知保险人或保险代理人，并提出索赔请求。发出损失通知是被保险人或受益人必须履行的义务。发出损失通知通常有时限要求，根据险种不同，对被保险人的要求也不同。例如，盗窃险的条款规定，被保险人在保险财产遭受保险责任范围内的盗窃损失后，应当在 24 小时内通知保险人，否则保险人有权不予赔偿。有的险种虽然没有明确的时限规定，但也要求被保险人或受益人在其可能做到的情况下，尽快将事故损失通知保险人。及时通知损失可以使保险公司立即开展损失调查，避免因延误造成调查的困难，可以防止道德危险因素的产生，以便保险公司及时采取施救措施，防止灾害事故的蔓延和损失的加重。

损失通知可采用电话（传真）报案、上门报案和向代理人或经纪人报案三种形式。保险公司一般都设有 24 小时的报损中心，专门接受被保险人或受益人的损失通知。被保险人或受益人及时通知保险公司，保险公司在接到通知后再请被保险人填写出险通知书。被保险人或受益人在发出损失通知后应该向保险人提供索赔必需的各种单证，如保险单、账册、发票、出险证明书、损失鉴定书、损失清单、检验报告等。

接受损失通知意味着保险人受理案件，保险人应立即将保险单与索赔内容详细核对，安排现场查勘等事项，然后将受理案件登记编号，正式立案。

（二）审核保险责任

保险人收到损失通知和索赔单证后，应立即审核该索赔案件是否属于保险人的责任。审核的内容包括以下几方面：

1. 保险单是否仍有效

例如，我国财产保险基本险条款规定，被保险人应当履行如实告知义务；否则，保险人有权拒绝赔偿，或从解约通知书送达 15 日后终止保险合同。又如，人身保险合同中，投保人过了宽限期仍未缴保费，保险合同中止，除非投保人在两年内提出复效申请，提供健康证明，补缴保险费和利息，否则保险合同终止。

2. 损失是否由所承保的风险引起

被保险人提出的损失索赔，不一定都是保险责任范围内的原因所引起的。因此，保险人在收到损失通知后，应查明损失是不是由保险风险所引起。如果不是，保险公司不承担保险责任，也就没有继续进行理赔工作的必要。

3. 损失的财产是否为保险财产

保险合同所承保的财产并非被保险人的一切财产，即使是综合险种，也会有某些财产列为不予承保之列。例如，我国财产保险综合险条款规定：土地、矿藏、水产资源、货币、有价证券等就不属于保险标的范围之内。可见，保险人对于被保险人的索赔财产，须依据保险单仔细审核。

4. 损失是否发生在保险单所载明的地点

保险人承保的损失通常有地点的限制。例如，我国的家庭财产保险条款规定，只对在保险单载明地点以内保险财产所遭受的损失，保险人才负责赔偿。

5. 损失是否发生在保险单的有效期内

保险单上均载明了保险有效的起讫时间，损失必须在保险有效期内发生，保险人才能予以赔偿。例如，我国海洋货物保险的保险期限通常是以仓至仓条款来限制的，即保险人承担责任的起讫地点，是从保险单载明的起运地发货人的仓库运输时开始，直到保险单载明的目的地收货人仓库为止，并以货物卸离海轮后 60 天为最后期限。

6. 请求赔偿的人是否有权提出索赔

索赔人一般是保险单载明的被保险人，对人寿保险保单而言，索赔人应是指定的受益人或被保险人的法定继承人。保险人在理赔时要查明被保险人或受益人的身份，以确定其有无资格领取赔款或保险金。例如，对财产保险要审核被保险人在损失发生时对保险标的有无可保利益，对保险标的无保险利益的人，其索赔无效。

7. 索赔是否有欺诈

保险索赔的欺诈行为往往较难察觉，保险人在理赔时应注意的问题有：索赔单证的真实与否；投保人是否有重复保险的行为；受益人是否故意谋害被保险人；投保时期是否先于保险事故发生的日期；等等。

（三）损失调查

保险人审核保险责任后，应派人到出险现场进行实际勘查，了解事故情况，以便分析损失原因，确定损失程度。

1. 查明出险的时间和地点

查明出险时间以核实出险时间是否在保单的有效期内，即损失时间是否发生在保险责任的起讫时间内。查明出险地点以核实出险地点是否与保单载明的财产地点一致或在保单订明的有关区域内。

2. 确定损失原因

在保险事故中，造成损失的原因通常是错综复杂的。例如，船舶发生损失的原因有船舶本身不具备适航能力、船舶机件的自然磨损、自然灾害或意外事故的影响等。只有对损失的原因进行具体分析，才能确定其是否属于保险人承保的责任范围。可见，分析损失原因的目的在于明确保险人的赔偿范围，保障被保险人的利益。

3. 确定损失程度

确定损失程度首先要确定损失发生之前保险财产的实际状况，特别在涉及不动产的损失时，保险人更需详细调查有关情况。其次，要查清受损标的的名称、数量和施救整理的过程，以核实保险标的的损失程度和范围以及支出的施救费用。

4. 妥善处理受损的保险标的和损余物资

为了获得保险事故的举证材料，保险理赔人员在勘查过程中还要取得有关主管部门，如公安局、消防部门、交通管理部门出具的事故证明。

5. 认定被保险人的索赔权利

被保险人履行保险合同中规定的义务是保险人承担赔偿责任的前提条件。如果被保险人违背了这些事项，保险人可以此为由不予赔偿。例如，当保险标的的危险增加时，被保险人是否履行了通知义务；保险事故发生后，被保险人是否采取了必要而合理的抢救措施，以防止损害扩大；等等。这些问题足以使被保险人丧失索赔的权利。

根据现场勘查和现场记录，保险理赔人员要作出保险事故的勘查报告或检验报告，为责任审定和赔偿金额的估算提供第一手资料。

（四）估算损失金额

保险公司在现场勘查后，根据勘查报告，审定损失责任。如果损失不属于保险责任，保险人必须向被保险人或受益人发出拒绝赔偿或给付保险金的书面通知；如果损失属于保险责任，就要确定保险人的赔偿责任和赔偿范围。

损失的估价是处理保险索赔中最困难的一个步骤。通常，财产保险条款都规定损失发生时如何确定保险财产价值。最常见的估价方法有实际价值、重置价值和约定价值三种。在理赔时，保险人应根据保险条款规定的估价办法来确定保险财产的价值。一旦保险人确定了保险财产的估价方法，就可以对损失金额进行估算。

（五）赔付保险金

保险事故发生后，经调查属实并估算损失金额后，保险人应立即履行赔偿给付的责任。对于人寿保险合同，只要保险人认定寿险保单是有效的，受益人的身份是合法的，保险事故的确发生了，便可在约定的保险金额内给付保险金。对于财产保险合同，保险人则应根据保险单类别、损害程度、标的价值、保险利益、保险金额、补偿原则等理算赔偿金额后，方可赔付。保险人对被保险人请求赔偿或给付保险金的要求应按照保险合同的规定办理，如果保险合同没有约定，就应按照有关法律的规定办理。赔偿的方式通常以支付货币为多，在财产保险中，保险人也可与被保险人约定其他赔偿方式，如恢复原状、修理、重置等。

（六）损余处理

一般来说，在财产保险中，受损的财产会有一定的残值。如果保险人按全部损失赔偿，其残值应归保险人所有，或是从赔偿金额中扣除残值部分；如果按部分损失赔偿，保险人可将损余财产折价给被保险人以充抵赔偿金额。

（七）代位求偿

如果保险事故是由第三者的过失或非法行为引起的，第三者对被保险人的损失须负赔偿责任。保险人可按保险合同的约定或法律的规定，先行赔付被保险人。然后，被保险人应当将追偿权转让给保险人，并协助保险人向第三者责任方追偿。

第五节 保险投资

从当代国际保险市场来看，保险公司的业务主要分为承保业务和投资业务两大类。随着竞争的日益加剧、承保利润的下降甚至出现亏损，保险投资已成为弥补承保业务亏损、维持保险业继续经营的生命线，成为现代保险业的一大支柱。

一、保险投资概述

保险投资是保险资金运用的一种形式，是保险公司为了增加公司债权或金融资产而进行的一种资金运用。随着证券市场的发展和完善，证券市场成了保险投资的主要场所，因此现代保险业的投资主要是指证券投资。此外，从保险公司的经营特点来看，财产保险公司由于保险期限短，承保风险发生的随机性大，保险资金只能作短期投资。人寿保险公司由于保险期限长，闲置资金数量大，再加上承保风险小，而且比较分散，因而成为资本市场主要的资金供应者。

（一）保险投资的必要性

保险投资的内在动因主要包括以下两方面：(1)保险市场竞争的日益加剧导致保险公司主营业务利润的下降甚至亏损是保险投资发展的直接动因。进入 20 世纪 80 年代以来，世界保险业面临严峻的挑战，这种挑战表现为保险公司内部竞争加剧、银行与保险业的合作加剧了保险业的竞争程度、保险业竞争的国际化。世界保险业竞争的加剧，使保险公司的承保利润一直呈下降趋势，甚至出现负数。为了弥补主营业务的亏损，维持保险业的生存和发展，各国都非常重视保险投资，投资收益在保险利润中占有越来越大的比重。(2)保险产品结构的创新是保险投资发展的根本动因。变额寿险、分红保险、万能寿险等投资型寿险的出现，使得投保人既能享有保险保障，又能实现投资意愿，同时还可以规避利差风险。与传统的人寿保险相比，投资型寿险更注重投资收益，投保人在享受超额投资收益的同时必须承担相应的投资风险。这些险种的实施运作需要有多样化的投资渠道，尤其是健全完善的资本市场作为保证，也要求保险公司必须进行投资。

（二）保险投资的可能性

在保险经营过程中，一般都是采取先收保费后赔付保险金的做法。因此，从任一时期来看，保险费的收取不会立即用于保险金的赔偿与给付，两者之间存在着时间差。另一方面，保险责任范围内的自然灾害和意外事故造成的损失具有不确定性，因此从某一时点来看，收取保险费的总额不可能正好等于赔偿或给付的总额，两者之间存在着数量差。由于保险资金收支时间差和数量差的存在，使保险公司的一部分资金沉淀下来成为闲置资金，从而使保险投资成为可能。

此外，资本市场的发展与完善，使得各种金融工具不断创新，政府债券、金融债券、公司债券以及股票发行的品种和数量不断增加，使保险投资有了更多的可选择的客体；世界各国对资本市场和保险投资管制的放松，也为保险业投资发展创造了有利条件。

二、保险投资的资金构成

保险公司的投资资金基本上是由自有资金和负债资金两大部分组成。

（一）自有资金

1. 资本金

资本金是指保险公司的注册资本或实收资本，是保险公司的开业资本。资本金是保险公司开业初期支付开办费用和赔付保险金的资金来源，是保险公司日后积累资本的基础，也是偿付能力额度的重要组成部分。我国《保险法》第六十九条明确规定："设立保险公司，其注册资本的最低限额为人民币二亿元。国务院保险监督管理机构根据保险公司的业务范围、经营规模，可以调整其注册资本的最低限额，但不得低于本条第一款规定的限额。保险公司的注册资本必须为实缴货币资本。"我国《保险法》第九十七条又规定："保险公司应当按照其注册资本总额的20%提取保证金，存入国务院保险监督管理机构指定的银行，除公司清算时依法用于清偿债务外，不得动用。"

2. 公积金

我国《保险法》第九十九条规定："保险公司应当依法提取公积金。"公积金是指保险公司为满足保险经营业务和发展需要而保留的盈余。它由资本公积金和盈余公积金两部分构成，是保险公司所有者权益的重要组成部分。资本公积金来源于资本溢价、接受捐赠的实物资产、住房周转金转入等。资本公积金可按法定程序转增资本金。盈余公积金包括法定盈余公积金和任意盈余公积金，都是依法从历年税后利润中提取的，同样也是保险公司偿付能力的重要组成部分。我国《保险公司财务制度》第五十八条第三款规定，保险公司应提取法定盈余公积金。法定盈余公积金按税后利润（减弥补亏损）的10%提取，法定盈余公积金累计达到注册资本的50%时，可不再提取。提取法定盈余公积金后，按公司章程或经股东会议决议，可以提取任意盈余公积金，其中包括保险总准备金，它是用于应付特大灾害事故损失的一项专用准备金。

保险公司的资本金和盈余公积金余额作为公司的所有者权益部分，是保险公司的自有资金，正常情况下，这些资金基本上处于闲置状态。这部分资金具有较强的稳定性和长期性，一般可进行长期投资。

（二）负债资金

为了保证保险公司履行经济补偿或给付的义务，确保保险公司的偿付能力，保险公司按规定应从保费收入中提存各种责任准备金。责任准备金是保险公司对被保险人的负债，是保险投资主要的资金来源。这些责任准备金主要包括以下几项：

1. 非寿险未到期责任准备金

由于保费的收取总是早于未来义务的履行，加之保险年度与会计核算年度不相吻合，对会计核算年度内收取的保费不能全部作为当年已赚得收入处理，而应按权责发生制原则将部分保费以责任准备金的方式提存起来，作为未来履行赔偿或给付责任的资金准备，这种资金准备称为未到期责任准备金。

2. 赔款准备金

赔款准备金是用于赔付所有已经发生但尚未赔付的损失的金额，它包括未决赔款准备金和已发生未报告赔款准备金两种。为准确核算保险公司当年的损益，应根据已报告未决赔款和已发生但尚未报告未决赔款的预计数从当年保费收入提存赔款准备金，保证以后年度这部分赔款的资金需要。

3. 寿险责任准备金

寿险责任准备金是经营人寿保险和长期健康险业务的保险人为了履行未来的给付责任而提存的准备金，包括人寿保险责任准备金和长期健康险责任准备金。由于寿险期限一般较长，在短时期内不会有大量的保险金给付，即使有时需要给付较大数量的保险金和退保金，往往当年的保费收入就足以承担支出，因而平常很少动用责任准备金。随着寿险业务的不断扩大，责任准备金的规模也不断增大。据估计，寿险责任准备金的90%可用作长期投资。

4. 存入分保准备金

除了上述的几种准备金外，存入分保准备金也是保险公司投资的资金来源。存入分保准备金，是指保险公司的再保险业务按合同约定，由分保分出人扣存分保接受人部分分保费以应付未了责任的准备金。存入分保准备金通常根据分保业务账单按期扣存和返还，扣存期限一般为12个月，至下年同期返还。

5. 储金

储金业务是一种返还型的保险形式，它以保户存入资金的利息充当保险费，在保险期限内发生保险事故，保险公司给予赔偿，并且到期偿还本金。财产保险公司为了拓展保险业务和扩大资金来源，大力发展储金业务。

6. 长期责任准备金

长期责任准备金是指财产保险公司对长期财产保险业务如工程保险和保证保险提存的准备金。由于长期财产保险业务按业务年度而不是会计年度结算损益，所以长期责任准备金按业务年度营业收支差额提存。

保险资金的负债性决定了保险公司不能把这些资金作为业务盈余在股东之间分配，也不能作为经营利润上缴所得税，只能进行投资运作，使之不断增值，以履行未来的赔付责任。从保险投资资金的构成来看，稳定性是保险投资资金的又一特点。就资本金和公积金而言，它们是保险公司的自有资金，是股东对保险公司的投资，是保险公司最稳定的资金来源。责任准备金虽然属于保险公司的负债，但由于保险公司的持续经营，使之始终会拥有一笔巨额的责任准备金。

三、保险投资的原则

保险投资的根本目的在于提高收益，增强保险公司的偿付能力，所以各国保险公司在投资时都遵循以下几项原则。

（一）安全性原则

安全性是指保证保险投资本金的返还。由于保险资金具有负债性的特点，所以保险公司在投资时首先要保证投资本金的绝对安全，否则会影响保险经济补偿和保险金给付职能的实现，影响社会稳定。因此，安全性原则是保险投资的首要原则。

（二）流动性原则

流动性是指在不损失资产价值的前提下投资资产的变现能力。由于保险的基本职能是经济补偿和给付保险金，而在保险期限内保险事故的发生具有随机性，为随时满足保险赔偿和给付的需要，保险投资必须具有较强的流动性。财产保险由于保险期限短、风险发生的随机性大，对保险投资的流动性要求更高。而人寿保险的风险小且分散，在正常情况下，每年的业务收入和各项给付都有一定的规律，异常情况较少，因此寿险资金往往可以做中长期投资，对投资的流动性要求不高。

（三）收益性原则

收益性是指获取投资收益的能力，它由保险投资的目的所决定。但在具体实践中，收益和风险往往成正比，收益率越高，风险也就越大，这就要求保险公司在保险投资时把风险限制在一定程度内来实现收益的最大化。

值得一提的是，随着寿险业务从传统保障型业务向投资型业务发展，它们对保险投资原则也提出了不同的要求。由于在投资型寿险业务中保险人只承担死亡率风险和费用风险，投资风险全部转嫁给保单持有人，所以在进行投资型寿险业务的保险投资时，应把收益性作为首要原则。

（四）社会性原则

保险投资的资金主要是保险责任准备金，它来源于众多的保户，具有广泛的社会性，这要求保险投资还要注意社会性原则。社会性原则要求在保险投资时既要注意经济效益，也要注意社会效益，增加公众福利，扩大保险的社会影响和提高保险业的声誉。例如，购买市政建设债券、公用事业部门发行的债券和发放不动产抵押贷款等直接或间接有利于被保险人的投资项目。

（五）合法性原则

保险经营的特殊性使得国家对保险投资的监管更加严格，合法性原则不仅意味着保险投资需要遵守一般企业投资所须遵守的法律法规，更要遵守保险法律法规的要求。我国《保险法》第一百零五条对保险企业的资金运用做了规定："保险公司的资金运用必须稳健，遵循安全性原则。"

保险经营的特殊性决定了保险投资首先要保证安全性和流动性，同时兼顾社会性和合法性，在此基础上追求收益，增加利润。

四、保险投资的形式

从国际保险市场来看，保险投资的形式主要有银行存款、债券（包括政府债券、金融债券、公司债券）、股票、抵押贷款、保单质押贷款、不动产等，保险资金还可以投资于各类基金、同业拆借、黄金、外汇等。随着证券市场的发展和完善，债券、股票大量发行，贷款的投资比例下降，有价证券逐渐成了保险投资的主要方式。但是为保证保险资金运用的安全，各国对股票投资和不动产投资都作了严格的比例限制。

根据我国《保险法》第一百零六条的规定，保险公司的资金运用限于下列形式：银行存款；买卖债券、股票、证券投资基金份额等有价证券；投资不动产；国务院规定的其他资金运用形式。

目前，我国保险资金运用的具体形式与规定如下：

（1）银行存款，包括长期大额协议存款。长期大额协议存款指存款期超过5年（含5年）、每笔起存金额超过3 000万元的存款。长期大额协议存款仅限于中资保险公司法人机构（总公司）向商业银行法人机构（总行）办理。长期大额协议存款的利率水平、存款期限、结息和付款方式、违约罚款标准等由双方协商确定。保险监督管理部门对此投资形式并没有比例限制。

（2）投资债券，包括政府债券、金融债券，保险监督管理部门对此并没有投资比例限制。保险资金也可以投资于信用评级达到AA＋以上的所有企业债券。保险公司持有的各种企业债券余额一般不得超过本公司总资产的20%,持有的同一期债券余额一般不得超过该期债券发行额的10%或本公司资产的3%,两者以低者为限。此外,保险资金可投资的债券类型还包括央行票据、可转换债券以及无担保企业债等。

(3)债券回购。作为全国银行间同业市场成员的保险公司可与其他全国银行间同业市场成员在银行间同业市场上进行债券回购交易。交易的券种为中国人民银行批准交易的国债、中央银行融资债券、政策性银行金融债券等债券。保险公司在全国银行间同业市场交易的债券必须在中央国债登记结算有限责任公司托管和结算,不得转托到证券交易所。

(4)投资银行次级债券、银行次级定期债务。保险公司投资的银行次级债券应当是经中国人民银行和中国银行业监督管理委员会批准发行,符合《商业银行次级债券发行管理办法》规定的银行次级债务,并纳入债券管理。保险公司投资次级债券的余额按成本价格计算不得超过该保险公司上月末总资产的15%,投资一家银行发行的次级债券比例累计不得超过该保险公司上月末总资产的3%,投资一期次级债券的比例不得超过该期次级债券发行量的20%。保险公司投资一家银行发行的次级定期债务累计占该保险公司上月末总资产的比例由1%调整为2%。

(5)买卖证券投资基金。保险公司买卖证券投资基金,应由总公司统一进行,分支机构不得买卖证券投资基金。此外,保险公司买卖证券投资基金必须向中国保监会申请,经批准后才能买卖证券投资基金。保险公司持有的证券投资基金总额占总资产的比例,由中国保监会根据各保险公司资产负债率、资产结构、资产质量、资金运用收益率等因素,并以上年末的总资产为基准来核定。单个保险公司投资基金的余额按成本价格计算不得超过本公司上月末总资产的15%;经批准开办的投资连结保险可以设立投资基金比例为100%的投资账户,万能寿险可以设立投资基金比例最高为80%的投资账户。保险公司持有的单一基金按成本价计算,不得超过保险公司可用于购买证券投资基金的资产的20%。

(6)保险外汇资金境外运用。2004年8月18日,保监会与中国人民银行正式公布了《保险外汇资金境外运用管理暂行办法》。按照办法规定,保险外汇资金海外投资范围主要集中在银行存款、债券、银行票据、大额可转让存单等。根据规定,保险公司的可投资总额不得超过公司上年末外汇资金余额的80%。

(7)股票投资。2004年10月,经国务院批准,中国保监会联合中国证监会下发了《保险机构投资者股票投资管理暂行办法》,允许保险公司直接投资股票,这是我国保险资金运用管理体制上的一个重大改革。保险资金直接投资股票市场是保险机构投资者有效分散资金运用风险,增加市场投资机会,促进保险盈利模式改革的重要途径之一,对加强保险市场与资本市场互动发展具有重要而深远的意义。2007年7月,保监会正式下发《关于股票投资有关问题的通知》,对保险机构股票投资的比例和范围做了明确限定:保险机构投资者股票投资的余额,传统保险产品按成本价格计算,不得超过本公司上年末总资产扣除投资连结保险产品资产和万能保险产品资产后的10%;投资连结保险产品投资股票的比例,按成本价格计算,最高可为该产品账户资产的100%;万能寿险产品投资股票的比例,按成本价格计算,最高不得超过该账户资产的80%。保险资金投资基金的比例为10%,但不包括货币市场基金和债券型基金,所以保险资金投资股票型基金上限可为10%。即保险公司直接或间接投资股票的比例上限总计不超过公司总资产的20%。

(8)非标资产投资。包括基础设施项目投资、未上市股权投资和不动产投资等。2005年3月21日,经国务院批准,中国保监会正式发布《保险资金间接投资基础设施项目试点管理办法》,这是目前国内第一部基础设施项目投资的管理规章,对规范基础设施投资的运作,探索多样化直接融资方式,优化保险资产结构具有重要的现实意义。该管理办法规定保险资金可以投资交通、通信、能源、市政、环境保护等国家级重点基础设施项目,试点初期,投资范围仅限于已建成项目。2006 年 10 月,保监会正式发布《关于保险机构投资商业银行股票的通知》,尽管开放的行业和领域还受到严格限制,但毕竟揭开了保险资金参与实体经济、进行实业投资的序幕。

由于每种资金运用方式,在性质、风险、收益性等方面各不相同,因此保险公司在资金运用时必须将投资项目、投资结构、投资比例合理地加以配置。

第六节 保险防灾防损

防灾防损是保险经营过程中不容忽视的重要环节。实施防灾防损、维护人民生命和财产安全、减少社会财富损失,既是提高保险企业经济效益和实现社会管理功能的重要途径,也是强化社会风险管理和安全体系的必要措施。

一、保险防灾防损的概念

保险防灾防损,简称保险防灾,是指保险人与被保险人对所承保的保险标的采取措施,减少或消除风险发生的因素,防止或减少灾害事故所造成的损失,从而降低保险成本、增加经济效益的一种经营活动。

保险防灾只是社会防灾工作的一部分,两者有着明显的区别。保险防灾与社会防灾的区别主要表现在以下几个方面:第一,防灾的主体不同。保险防灾的主体是保险企业,社会防灾的主体则是社会专门防灾部门或机构。第二,防灾的对象不同。保险防灾的对象是保险企业所承保的保险标的,社会防灾的对象则遍及社会所有团体和个人。可见,保险防灾的对象是特定的,与社会防灾相比,它的覆盖面要窄。第三,防灾的依据不同。保险公司是企业形式的经济组织,它是根据保险经营的特点,依据保险合同关于权利和义务对等关系的规定开展防灾工作的。社会防灾部门则是各级政府主管防灾工作的行政或事业单位,它可根据国家法令和有关规定,对防灾对象的防灾工作提出要求,督促检查。第四,防灾的手段不同。保险企业是向被保险人提出防灾建议,促使其采取措施进行风险防范,否则不予以承保或不承担赔付责任。社会防灾部门则在开展防灾活动时,可以运用行政手段促使单位和个人采取措施消除危险隐患,对不执行或违反规定的单位和个人可以给予一定的行政或经济处罚。

同时,保险防灾与社会防灾又密切相关,互为补充,其共同之处表现在:一是两者都是处理风险的必要手段;二是两者都是为了减少损失,达到保护社会已有财富、保障社会安定的目的。

二、保险防灾防损的内容

(一)加强与社会各防灾部门的联系与合作

保险企业作为社会防灾防损组织体系中的重要一员,以其特有的经营性质和技术力量,发挥着越来越大的作用。因此,保险人一方面要注意保持和加强与各专业防灾部门的联系,并积极派人参加各种专业防灾部门的活动,如公安消防部门对危险建筑的防灾检查、防汛指挥部对防汛措施落实的检查、商检部门对进出口货物的商品检验等;另一方面要充分利用保险企业的信息和技术优势,向社会提供各项防灾防损服务,如防灾技术咨询服务、风险评估服务、社会协调服务、事故调查服务、灾情信息服务和安全技术成果推广服务等。

（二）进行防灾宣传和检查

保险人应运用各种宣传方式，向投保人和被保险人宣传防灾防损的重要性，提高安全意识，普及防灾防损知识。保险防灾宣传的内容包括保险与防灾的关系，消防条例和有关法律规定，防灾防损的基本常识（如救火、抗洪、防震的常用措施）。

保险防灾检查应以所承保的单位和个人为主要对象，具体做法有：第一，借助防灾主管部门的行政手段，对投保人提出切实可行的整改建议。第二，配合行业的主管部门，根据该行业的特点，进行针对性的风险防范检查。第三，聘请专家和技术人员对某些专业性强、技术要求高的投保单位进行重点防灾检查。第四，保险人在承保前和出险时应对投保单位进行风险查验，尤其是对一些重点防灾企业。例如，有些保险公司规定，保险金额在 1 亿元以上，保险费超过 10 万元以上，或是五六级工业险的企业都属于防灾检查的重点单位。

（三）及时处理不安全因素和事故隐患

通过防灾防损检查，发现不安全因素和事故隐患时，保险人要及时向被保险人提出整改意见，并在技术上予以指导和帮助，将事故隐患消灭在萌芽状态。同时，保险人在接到重大保险事故通知时，应立即赶赴事故现场，直接参与抢险救灾。抢险救灾的主要目的在于防止灾害蔓延并妥善处理好残余物资。

（四）提取防灾费用，建立防灾基金

我国《保险公司财务制度》第四十六条第五款规定，防预费是指公司为防止保险事故发生，经被保险人同意，对保险标的采取安全防御措施所发生的费用支出。保险公司支付防预费的标准：财产保险业务、意外伤害保险业务和短期健康保险业务按不超过当年自留保费收入的 1%控制使用；寿险业务和长期健康险业务按不超过当年自留保费收入的 0.8%控制使用。

此外，保险企业每年要从保险费收入中提取一定比例的费用建立防灾基金，主要用于增强社会防灾设施和保险公司应付突发性的重大灾害时急用。例如，用于资助地方消防、交通、航运、医疗卫生部门，帮助它们添置公共防灾设备，奖励防灾部门和人员。这一内容充分体现了保险企业对社会防灾工作的积极参与。

（五）积累灾情资料，提供防灾技术服务

保险人除了搞好防灾工作以外，还要经常对各种灾情进行调查研究并积累丰富的灾情资料，掌握灾害发生的规律性，提高防灾工作的效果。例如，有的保险公司要求对资产在 500 万元以上的投保人建立防灾档案。此外，保险人还应开展防灾技术服务活动，帮助事故发生频繁、损失额度大的投保人开展防灾技术研究。

三、保险防灾防损的方法

（一）法律方法

法律方法是保险防灾管理的方法之一。它是指通过国家颁布有关的法律法规来实施保险防灾管理。例如，有些国家的法律规定，投保人如不加强防灾措施，保险人不仅不承担赔偿责任，而且还要追究其法律责任。我国《保险法》第五十一条规定："被保险人应当遵守国家有关消防、安全、生产操作、劳动保护等方面的规定，维护保险标的的安全。保险人可以按照合同约定对保险标的的安全状况进行检查，及时向投保人、被保险人提出消除不安全因素和隐患的书面建议。投保人、被保险人未按照约定履行其对保险标的的安全应尽责任的，保险人有权要求增加保险费或者解除合同。保险人为维护保险标的的安全，经被保险人同意，可以采取安全预防措施。”

(二)经济方法

经济方法是当今世界普遍运用于保险防灾的重要方法。保险人在承保时,通常根据投保人采取的防灾措施情况决定保险费率的高低,从而达到实施保险防灾管理的目的。换句话说,在相同条件下,保险人通过调整保费来促进投保人从事防灾活动。对于那些防灾设施完备的投保人采用优惠费率,即少收保险费,以资鼓励;反之,对于那些懈怠于防灾、缺乏必要防灾设施的投保人,则采用较高的费率,即多收保费,以促进其加强防灾。

(三)技术方法

保险防灾的技术方法可以从两个角度来理解:一是通过制定保险条款和保险责任等技术来体现保险防灾精神,具体表现在三个方面:首先,在设计保险条款时订明被保险人防灾防损的义务;其次,在保险责任中确定防止道德风险的规定;再次,在保险理赔上提出抢救和保护受灾财产的要求。二是运用科学技术成果从事保险防灾活动,即保险企业专门设立从事防灾技术研究部门,对防灾进行有关的技术研究。防灾部门运用有关的技术和设备对承保风险进行预测,对保险标的进行监测,研制各种防灾技术和设备以及制定有关的安全技术标准。由于这些保险防灾技术领先于社会防灾技术,因此会促进社会防灾技术的发展。

第七节 再保险

再保险是保险人分散风险、均衡业务,从而达到经营稳定的一种有效方法,也是世界各国保险监管机构确保保险人偿付能力的一种有效手段。随着社会经济和科学技术的不断发展,社会财富日益增长,保险人承担的保险责任也日趋增大。为了转移保险经营风险,保险人通过再保险,将超过自身承保能力的业务和责任转移给其他保险人,以实现保险责任与财务能力的匹配。所以,在现代保险经营活动中,再保险已成为不可缺少的重要环节。

一、再保险概述

(一)再保险的基本概念

根据我国《保险法》第二十八条第一款的规定,再保险的定义为:“保险人将其承担的保险业务,以分保形式,部分转移给其他保险人的,为再保险。”再保险关系是通过再保险双方订立再保险合同而建立的。在再保险合同中,将保险业务分出的一方称为原保险人,或叫分出公司;分入保险业务的一方称为再保险人,或叫分入公司或接受公司。分出公司自留的那部分保险业务或保险责任称为自留额,或叫自负责任;分出公司分出的那部分保险业务或保险责任称为分保额,或叫分保责任。原保险人因将保险责任转移给再保险人所付出的相应代价称为再保险费,或叫分保费。由于再保险人通常将保险业务的各项事宜交由原保险人单独处理,因此对于原保险人的业务费用开支,再保险人要参与分摊,这种由再保险人支付给原保险人的费用报酬称为再保险佣金,或叫分保手续费。再保险人对于分入的再保险业务,还可以通过订立转分保合同的方式,将其再转分给其他保险人,这种行为被称为转分保。

(二)再保险的作用

再保险对保险人在业务上的作用主要有以下几个方面。

1. 扩大保险人的承保能力,增加业务量

保险人的承保能力受其资本金和公积金总额(或其偿付能力)的限制。如我国《保险法》规定，保险公司对每一危险单位的自负责任不得超过其实有资本金加公积金总和的10%。这就使得小型保险公司无法承保大额业务。即使是大型保险公司其资本额也是有限的。大多数保险人都不希望受到自身资金的限制，而是希望尽量多承保些保险标的，增加业务量，这样有利于风险的进一步分散。保险人通过再保险，将超过自身财力部分的业务分给其他保险人，这样就可以在不增加资金的条件下，扩大保险人的承保能力，使原本没有能力承保的保险标的可以予以承保，同时又不影响保险人的偿付能力。保险人的承保能力扩大了，承保业务量也相应增加，承保风险得到了更彻底的分散。

2. 控制保险人的责任，保证经营的稳定性

保险人在承保选择中，对风险大的保险标的可以拒绝承保，也可以采取各种承保控制措施有条件地予以承保。但是在保险实务中，保险人往往考虑到与投保人的长期合作关系，或者希望得到一项较大的保险项目，不得不接受一些风险大、质量差的保险业务，或者某一保险险种的业务经营在年度间有波动性，会出现亏损。针对这些情况，保险人要避免或减少承保风险，可以通过再保险的方式，将自己已经承保的业务再分给其他保险人，使风险控制在合理的范围内，达到经营稳定的目的。保险人利用再保险，可以对每个危险单位的责任加以控制，也可以对一次事故中的累积责任加以控制，还可以对某一保险险种的赔付率加以控制。

3. 均衡保险人的业务结构，分散风险

保险经营的数理基础是大数法则和概率论。根据大数法则的要求，保险标的的数量越多，保险金额越均匀，风险就越分散，保险经营的稳定性就越好。但在保险实务操作中，保险人承保的保险标的往往达不到保险金额均匀的要求，有的保险金额高，有的保险金额低。业务结构的不均衡，容易导致保险经营的不稳定。为了达到保险业务结构的均衡化，保险人可以通过再保险，将同类业务中超过平均保险金额水平的业务分给其他保险人，以获得保险金额的相对均匀，减少保险经营中的不稳定因素，分散风险。

此外，再保险对保险人在财务上的作用，是再保险可以降低保险人的经营成本，增加保险人的佣金收入和可运用资金。再保险还能促进保险人加强风险管理、提高业务管理水平。

二、再保险的业务种类

按照责任限额计算的基础不同来分类，再保险可分为比例再保险和非比例再保险。比例再保险是以保险金额为基础来确定分出公司自留额和分入公司分保额的再保险方式。非比例再保险是以赔款金额为基础来确定分出公司自负责任和分入公司分保责任的再保险方式。

（一）比例再保险

比例再保险按保险金额的一定比例来分配分出公司的自留额和接受公司的分保额，分出公司和接受公司对于保险费的分配及赔款的分摊也按分配保险金额的同一比例进行。比例再保险又可细分为成数再保险、溢额再保险以及成数和溢额混合再保险三种。

1. 成数再保险

成数再保险是指原保险人将每一危险单位的保险金额，按照固定比例分给再保险人的再保险方式。按照成数再保险方式，不论分出公司承保的每一危险单位的保险金额大小，只要是在合同规定的限额内，都按照双方约定的比例来分担责任，每一危险单位的保险费和发生的赔款，也按双方约定的固定比率进行分配和分摊。假定一份成数再保险合同的双方约定，每一危险单位的最高限额为500万元，分出公司自留40%，分出60%，则此合同被称为60%的成数再保险合同。成数再保险的分出公司和分入公司有着一致的利害关系，这种分保方式具有合

伙经营的性质。

在成数再保险合同中，对再保险人的数量一般没有限制，各个再保险人接受的份额也不必相同，但分出公司的自留比例一般较高，达40%～50%。由于成数再保险对每一危险单位均按约定的固定比例分配责任，所以在遇到巨额风险责任时，原保险人和再保险人承担的责任仍然很大。为使再保险双方的责任控制在一定的范围内，在成数再保险合同中都对每个危险单位或每一张保单规定了最高责任限额，分出公司和接受公司在此最高限额内各自承担一定的份额。

2. 溢额再保险

溢额再保险是指原保险人将每一危险单位的保险金额，超过约定自留额的部分（即溢额部分）分给再保险人的再保险方式。按照溢额再保险方式，原保险人事先确定一个自留额，再保险人以自留额的一定倍数（或称线数）约定分保限额。如果某一危险单位的保险金额在约定的自留额之内，分出公司就无须办理再保险，而当保险金额超过约定的自留额时，分出公司将超过部分分给再保险人。溢额再保险的比例由自留额、分保额和保险金额来确定。自留额与保险金额之比称为溢额再保险的自留比例，分保额与保险金额之比称为溢额再保险的分保比例。由于分出公司的自留额是固定不变的，而各个危险单位保险金额是变化的，所以，溢额再保险的比例会随每一危险单位保险金额的不同而不同。但对于某一具体危险单位来说，保险金额是确定的，因自留额不变，分保额也就确定了。由此确定的自留比例和分保比例既是双方责任分配的比例，也是同一危险单位保险费分配和赔款分摊的比例，故溢额再保险属于比例再保险。

在溢额再保险中，合同的限额就是再保险人约定的分保限额，通常以自留额的一定倍数（或称线数）计算，合同的容量是自留额与分保限额之和。假定一份溢额再保险合同，双方约定，分出公司自留额为50万元，接受公司的分保限额为10线，则此合同称为10线的溢额再保险合同，合同的限额为500万元，合同的容量为550万元。

3. 成数和溢额混合再保险

成数再保险和溢额再保险是比例再保险中最为基本且最为常用的两种方式，在实际应用中，成数再保险和溢额再保险还可以组织在一个再保险合同内，以成数再保险的限额作为溢额再保险的起点，再确定溢额再保险的限额。成数再保险和溢额再保险的混合使用，可以集中发挥成数再保险和溢额再保险的优点，克服两者的缺点。

（二）非比例再保险

非比例再保险是以赔款金额为基础来确定分出公司自负责任和接受公司分保责任的再保险方式。非比例再保险也称超额损失再保险，当分出公司的赔款超过约定的额度或标准时，其超过部分由接受公司在一定的额度或标准内负责。由此可知，非比例再保险合同有两个赔偿责任限额：一是分出公司的自负责任额，即非比例再保险的起赔点；二是接受公司承担的最高责任额。这两个限额通常由再保险双方在合同中约定，一旦发生保险事故，就依照合同规定的限额进行赔付。非比例再保险又可细分为超额赔款再保险和赔付率超赔再保险两种。超额赔款再保险又有险位超赔再保险和事故超赔再保险之分。

1. 险位超赔再保险

险位超赔再保险是以每一危险单位所发生的赔款为基础来确定分出公司自负责任额和接受公司分保责任额的再保险方式。合同双方约定，对每一危险单位所发生的赔款，分出公司自负一定的金额，接受公司负责超过部分的一定金额。如果发生的赔款在自负责任额之内，则由分出公司自行赔付，如果发生的赔款超过分出公司的自负责任额，则由接受公司对超过部分在一定限额内进行赔付。

在险位超赔再保险中，对一次事故中的赔款计算有两种情况：一是按危险单位分别计算，只有险位限额，没有总赔款的限制；二是有每次事故总赔款的限制，一般为险位限额的 2～3 倍，即每次事故再保险人只赔付 2～3 个危险单位的损失。

2. 事故超赔再保险

事故超赔再保险是以一次事故中所发生的总赔款为基础来确定分出公司自负责任额和接受公司分保责任额的再保险方式。按照事故超赔再保险方式，不论一次事故中涉及的危险单位有多少、保险金额有多大，只要总赔款是在分出公司自负责任限额内，就由分出公司自行赔付。当总赔款超过分出公司的自负责任额时，则超过部分由接受公司负责赔付至一定额度。事故超赔再保险的目的是保障一次事故造成的责任累积，常用于异常灾害或巨额风险的再保险，具有防范巨灾的作用，故又称异常灾害再保险。

在事故超赔再保险中，最为关键的问题是对一次事故的划分，只有明确一次事故的范围，才能确定分出公司和接受公司的责任。为此，在事故超赔再保险合同中通常订有"时间条款"，以作为划分"一次事故"的标准。例如规定台风、飓风、暴风连续 48 小时内为一次事故，地震、洪水连续 72 小时内为一次事故。有的还有地区规定，如洪水是以河谷或以分水岭来划分洪水地区的。

3. 赔付率超赔再保险

赔付率超赔再保险是以某一业务在特定时期内的赔付率为基础来确定分出公司自负责任和接受公司分保责任的再保险方式。按照赔付率超赔再保险方式，分出公司对某一业务在特定时期内（通常为一年）的赔付率超过一定标准时，由接受公司就超过部分负责至某一赔付率或金额，两者以先达到者为限。由于这种再保险可以将分出公司某一年度的赔付率控制在一定的标准之内，即对于超过预定赔付率以上的损失，分出公司可以不再负责，所以，赔付率超赔再保险又称停止损失再保险或损失中止再保险。

假定一赔付率超赔合同规定，赔付率在 70％以下由分出公司负责，超过 70％至 120％，即超过 70％以后的 50％，由接受公司负责，并规定 60 万元为赔付限额，两者以较小者为准。如果分出公司的净保费收入为 100 万元，已发生赔款为 80 万元，则赔付率为 80％，分出公司负责 70％赔付率的赔款，即 70 万元，接受公司负责超过 70％赔付率部分的赔款，即 10％赔付率的赔款，计 10 万元。但倘若已发生赔款为 135 万元，赔付率达到 135％，则分出公司先负责 70％赔付率的赔款，计 70 万元，接受公司负责超过 70％以后的 50％赔付率的赔款，计 50 万元（小于 60 万元），超过 120％赔付率以上部分的赔款仍归分出公司负责，计 15 万元。

三、再保险的安排方式

再保险安排是指分出公司运用各种再保险形式与接受公司建立再保险关系。再保险安排的基本方式有临时再保险、合约再保险和预约再保险。另外还有集团分保、转分保、分保交换等其他安排方式。

（一）临时再保险

临时再保险是分出公司根据承保业务的需要，将有关风险或责任进行临时分出的再保险安排。临时再保险在安排时需要将分出业务的具体情况和分保条件逐笔告知对方，接受公司是否接受和接受多少均可自主决定。同样，分出公司也可自主决定是否分出和分出多少。

临时再保险安排主要适用于新开办的或不稳定的业务、合同规定的除外业务或不愿列入合同的业务、超过合约限额或需要超赔保障的业务。

(二)合约再保险

合约再保险是分出公司和接受公司预先订立分保合同,分出公司按照合同的规定将有关风险或责任转让给接受公司的再保险安排。合同将业务范围、地区范围、除外责任、分保佣金、自留额、合约最高限额、账单编制和结付等分保条件用文字予以固定,明确双方的权利和义务,所以,合约再保险也称固定再保险。

由于合约双方的关系是固定的,因此,对原保险人来说,可以保证风险和责任的及时转移,有利于经营稳定;而对再保险人来说,则可以得到数量较多且较为均衡的稳定业务来源,有利于风险的分散。合约再保险的优越性决定了合约再保险具有广泛的适用性,既可以用于比例再保险方式,也可以用于非比例再保险方式。

(三)预约再保险

预约再保险是介于临时再保险和合约再保险之间的一种再保险安排。对分出公司来说,预约再保险具有临时再保险的性质,分出公司可以选择是否分出;对接受公司来说,预约再保险具有合约再保险的性质,接受公司必须按预约再保险的规定接受分入,没有选择余地。预约再保险通常是合约再保险的补充。

预约再保险业务的不确定性决定了预约再保险常常是作为合约再保险的补充。分出公司对于一般业务可由合约再保险处理,如遇大额业务,合约再保险不能满足,则可用预先订立的预约再保险作补充,不用与接受公司临时磋商,及时有效地分散风险。预约再保险多用于火险和水险的比例再保险。

四、再保险合同

再保险合同又称分保合同,它是分出公司和接受公司为实现一定经济目的而订立的一种在法律上具有约束力的协议。再保险合同规定了再保险关系双方的权利和义务,双方必须遵守并互受约束。

(一)再保险合同的特征

再保险的基础是原保险,再保险的产生是基于原保险人经营中分散风险的需要,是风险的第二次转嫁。再保险合同和原保险合同的主要区别如下:

1. 合同当事人不同

原保险合同的双方当事人是投保人和保险人;再保险合同的双方当事人都是保险人。

2. 保险标的不同

原保险合同的保险标的既可以是财产及其利益、责任和信用,也可以是人的生命或身体;再保险合同的保险标的只能是原保险人所承保保险合同的保险责任的一部分。

3. 合同性质不同

原保险合同中的财产保险合同属于补偿性合同,人寿保险合同属于给付性合同;再保险合同全部属于补偿性质,即再保险人对原保险人的承保责任进行分摊。

(二)再保险合同的基本条款

再保险合同的种类繁多,条款根据不同的再保险方式和业务类别也多有差异,但是除了一些再保险合同约定的条款外,有一些国际上通用的基本条款,这些条款为保险界所熟知,所以不用事先约定,而只需在合同中列明。这些基本条款包括比例再保险合同中的共命运条款、错误和遗漏条款、保护缔约双方权利条款和仲裁条款等。

1. 共命运条款

共命运条款通常表述为："兹特约定凡属本合约约定之任何事宜，再保险人在其利害关系范围内，与原保险人同一命运。"原保险人与再保险人往往处在不同的国家或地区，尽管再保险人承担的是原保险人的赔偿责任，但实际上根本无法介入原保险业务，所以由条款约定将有关承保对象的选择、费率的制定、保费的收取、赔款的处理、对受损标的的施救、损余的收回、向第三者追偿、法律诉讼或仲裁等事宜授权原保险人单独处理，只要原保险人是为了维护双方的共同利益，因此而产生的一切权利和义务都由双方达成的协议共同分享和分担。这就使原保险人能够在合同约定的范围内积极灵活地开展业务，正确合理地制定费率，恰当谨慎地处理赔款，从而获得更多的保险利润。

再保险人所跟随的命运是保险上的命运，而非商业上的命运。保险上的命运是指原保险人按照原保险合同约定所承担的必须责任，再保险人因接受其责任转移，所以必须与原保险人同一命运。商业上的命运是指原保险人本身财务上的问题，诸如原保险人因员工或经纪人侵吞保险费或被保险人不缴付保险费等所致的损失。对于原保险人这些商业上的损失，再保险人不承担责任，原保险人不能以被保险人不缴付保险费为由拒绝向再保险人支付再保险费。

2. 错误或遗漏条款

由于再保险手续颇为繁琐，从再保险协商、保险责任的分配与安排，到账单编制、再保险费的缴付等一系列具体工作中，难免有错误、遗漏及延迟等情况发生。如果以此作为违反合同的依据，不仅不近情理，而且容易引起纠纷。为保证再保险交易的正常进行，在再保险合同中普遍订有错误或遗漏条款。条款规定，订约双方的一方不能因另一方在工作中发生错误、遗漏或延迟而推卸其对另一方原应承担的责任。错误、遗漏和延迟只要不是故意造成的，就不影响合同的有效性。所以，本条款也称为"过失或疏忽条款"。合同双方应本着同一命运的精神，负责到底。但错误或遗漏等一经发现，就应当立即采取相应措施予以更正。

3. 保护缔约双方权利条款

再保险合同赋予缔约双方不同的权利，这些权利用条款形式加以明确，以保护双方权利的实现。再保险人给予原保险人选择承保对象、制定费率和处理赔款等权利，原保险人给予再保险人查阅其账册、单据和文件的权利。再保险人给予原保险人独立处理原保险合同诸多保险问题的权利，主要是出于对原保险人的充分信任，避免双方出现反复周折，使再保险交易有效顺利地进行。原保险人给予再保险人检查的权利，主要是出于公平交易，既然保险标的是处在原保险人的控制下，由原保险人全权处理，再保险人就有了解其承保风险、经营管理、赔款处理等情况的权利，防止出现对再保险人不利的后果。所以，本条款也可称为"检查条款"。但是在实务中再保险人一般不使用这种权利，特别在友好公司之间，只有在缔约双方发生争执，有可能付诸诉讼时才运用本条款。

4. 仲裁条款

在再保险交易中，交易双方往往分处在不同的国家或地区，合同的履行在很大程度上受各国政治、经济和自然条件等因素的影响，情况复杂多变，双方当事人在执行合同的过程中发生各种各样的争议是难以避免的。为解决争议，再保险合同中通常订有仲裁条款。仲裁条款的订立，一是表明双方当事人希望通过仲裁来解决争议的意愿；二是对仲裁的各项事宜作具体规定，如仲裁地点、仲裁机构、仲裁程序和仲裁效力等内容。

第八节 保险经营管理的财务评价指标体系

保险公司作为自主经营、独立核算、自负盈亏的市场竞争主体，需要运用一定的财务指标对自身的财务状况和经营成果进行分析，以反映公司经营管理的绩效，并为公司的经营管理决策提供重要的财务信息。

一、保险经营财务稳定性指标

(一)财务稳定性的含义

保险经营财务稳定性是指保险公司积累的保险基金是否足以履行可能发生的保险金赔付责任。它包含两层含义：一是保险公司的纯保费收入与发生的保险金赔付支出之间的对比关系；二是保险公司所积累的总准备金与突发特大风险时所需的保险金赔付支出之间的对比关系。如果保险公司所积累的保险基金足以履行可能发生的赔付责任，说明保险公司的财务稳定性良好；反之，则表明保险公司的财务稳定性较差。

财务稳定性要求保险公司科学合理地厘定和执行费率，保证资金运用的安全性，避免恶性价格竞争和高风险的投资。财务稳定性也是保险监管的一项重要内容。

(二)财务稳定性指标

财务稳定性指标是衡量保险经营财务稳定性程度的一项重要技术指标，通常用保险赔付金额的均方差与预期赔付金额的比率指标 K 来表示。保险赔付金额的均方差是指保险实际赔付金额与预期赔付金额之间的偏差范围值。预期赔付金额在经营中则表现为保险赔付基金，即纯保费总额。

1. 基本系数(K)

假设某保险公司承保了 n 个相互独立的同类保险标的，每个标的的保险金额均为 a 元，损失概率为 p，纯费率为 q，则标的的损失服从二项分布，其损失期望值 $\mu=np$，均方差 $\sigma=np(1-p)$，则赔付金额的均方差就是 $a\sqrt{np(1-p)}$，用 Q 来表示，纯保费总额就是 anq，用 P 来表示。基本系数的计算公式如下：

$$K=\frac{Q}{P}=\frac{a\sqrt{np(1-p)}}{anq}=\frac{\sqrt{np(1-p)}}{nq}$$

财务稳定性基本系数要求相互独立的同类标的、同样风险、相同的或近似相同的保险金额、同一等级的损失概率，因而适用于反映同类标的同样风险下不同保险金额或不同损失概率的分组业务的财务稳定性。例如，6 人座以下的小轿车的车辆损失保险，根据保险金额可划分为 20 万元、50 万元、100 万元、150 万元等组别，其损失概率也不相同，可以进一步进行划分，然后分组计算各自的财务稳定性系数。

2. 险种系数

险种系数是把某一险种(如车辆损失险)不同组别业务的财务稳定性系数值加以综合，计算得到该险种的综合财务稳定性系数，以 K_A 来表示。

$$K_A=\frac{Q_A}{P_A}=\frac{\sqrt{Q_1^2+Q_2^2+\cdots+Q_n^2}}{P_1+P_2+\cdots P_n}$$

表 7—1

组别	标的数量（个）	每个标的的保险金额(万元)	总保额（万元）	纯保费总额（万元）	赔付金额的均方差	财务稳定性系数 K
1	1 400	1	1 400	2.8	1.67	0.6
2	2 000	0.8	1 600	3.2	1.60	0.5
3	4 000	0.5	2 000	4.0	1.41	0.35
合计	7 400	—	5 000	10.0	—	0.27(K_A)

如表 7—1 所示，该险种不同组别业务的综合财务稳定性系数为 0.27，明显优于各组单独的财务稳定性系数。这是因为保险赔付金额的均方差指的是正负偏差范围，有的组别发生正偏差，有的组别发生负偏差，正负抵消的结果使该险种在财务上更趋于稳定。

3. 综合系数

综合系数是把公司各险种的财务稳定性系数值加以综合，计算得到保险公司全部业务的财务稳定性系数，以 K_T 来表示，用以衡量公司总体业务的财务稳定性状况。综合系数的效果与险种系数相同，计算公式如下：

$$K_T=\frac{Q_T}{P_T}=\frac{\sqrt{Q_A^2+Q_B^2+\cdots+Q_X^2}}{P_A+P_B+\cdots P_X}$$

（三）财务稳定性分析

保险经营的稳定性问题最终都要归结到财务稳定性状况，而财务稳定性分析必须围绕稳定性系数 K 来进行。

1. 财务稳定性系数值的合理区间

由于 K 值是赔付金额的均方差与纯保费总额的比率，因此财务稳定性良好或不利的可能性就各占 50%。当 K 值为 0.4 时，正负偏差各为 0.2，那么每 5 年中就有 1 年对保险人是不利的；当 K 值为 0.2 时，每 10 年中有 1 年对保险人不利；当 K 值为 0.1 时，每 20 年中有 1 年对保险人不利；当 K 值为 0 时，说明各年度的实际赔付金额都等于预期赔付金额，则财务稳定性最好。因此，K 值越小，说明保险经营的财务稳定性越好。对于 K 值达到什么程度才能保证保险公司的财务稳定性，目前并无统一的标准；但一般认为，不超过 0.1 的 K 值是比较理想的。

2. 财务稳定性系数值的影响因素

由上述财务稳定性基本系数的计算公式可知，K 值为因变量，受到自变量 p、n、q 的影响。

(1)在损失概率一定的情况下，要降低 K 值有两种办法：一是提高纯费率 q，但此举可能会导致保险需求减少，并使保险公司在市场竞争中处于不利地位，进而导致纯保费总额的减少，因此其使用要受到限制。二是增加保险标的的数量 n，这正好符合大数法则的要求。依据大数法则，大量的承保风险单位，可以保证预期损失概率计算的准确性和可靠程度，从而有利于提高财务稳定性。

(2)如果损失概率可以降低，则也能降低 K 值，但损失概率低了，相应的费率也会降低。如果能在保持费率不变的情况下，通过加强防灾防损来降低实际损失率，就不失为提高财务稳定性的好办法。

(3)承保风险单位的独立性也会影响 K 值的大小。风险单位的独立性是指一个风险事件的发生不影响另一风险事件的发生。如果承保风险单位不独立，会使保险公司遭受连锁反应带来的损失，使实际赔付支出与预期赔付支出的偏差增大，从而提高 K 值，降低财务稳定性。

(4)承保风险的同质性也是影响财务稳定性的一个因素。同质性是指承保风险单位具有相似或相等的出险频率和损失幅度。风险单位的同质性越差，则高额损失的发生必然使财务稳定性变差。

如果在上述因素都无法改变的情况下，公司的财务稳定性仍然很差，则必须通过办理再保险来稳定业务经营。

二、保险经营管理的财务评价指标

保险公司应该根据利益相关者的要求以及自身经营管理的需要定期对公司的经营状况和经营成果进行总结、评价和考核。保险经营的财务评价指标包括经营状况指标、盈利能力指标、偿债能力指标和营运能力指标。具体的指标体系又因财产保险公司和人寿保险公司而有所差异。

(一)财产保险公司的财务评价指标

1. 经营状况指标

经营状况指标包括反映承保业务发展能力和承保业务质量的各项指标。

(1)承保业务发展指标，包括各项保费收入增长率和市场占有率等指标，集中反映了人身险业务的规模、结构、质量等信息，并且在很大程度上反映了各公司的经营策略和管理风格

保费收入增长率＝(本期累计保费收入－上年同期保费收入)÷上年同期保费收入×100%

该指标反映公司本期全部保险业务的增长速度。

$$市场占有率=\frac{本期公司保费收入总额}{本期市场保费收入总额}\times 100\%$$

该指标反映公司在整个保险市场中所占份额的大小。

(2)承保业务质量指标，包括综合费用率、综合赔付率、综合成本率、应收保费率等指标

$$综合费用率=\frac{本期综合费用}{(本期自留保费-本期未到期责任准备金提转差-本期长期责任准备金提转差)}\times 100\%$$

$$综合赔付率=\frac{本期综合赔款支出}{(本期自留保费-本期未到期责任准备金提转差-本期长期责任准备金提转差)}\times 100\%$$

综合成本率＝综合费用率＋综合赔付率

上述公式中：

综合费用＝营业费用＋手续费及佣金支出＋分保费用支出＋营业税金及附加＋保险保障基金－摊回分保费用

综合赔款支出＝赔款支出＋未决赔款准备金提转差＋分保赔款支出－摊回分保赔款－追偿款收入

自留保费＝保费收入＋分保费收入－分保费支出的净额

应收保费率＝本期应收保费÷本期保费收入×100%

应收保费是保险公司按照合同约定应向投保人收取但尚未收到的保费收入。应收保费率正常为不大于8%。应收保费率过高，会导致现金流紧张、坏账损失以及保费资金被挪用的风险。应收保费还成为虚列保费、支付手续费的一大手段。

2. 盈利能力指标

盈利能力指标包括各种利润率指标和投资收益率指标。

(1)利润率指标。利润率是企业一定时期的利润总额相对于有关经济指标值的比率，反映

企业一定时期利润水平的相对指标。利润率指标既可考核企业利润计划的完成情况，又可比较各企业之间和不同时期的经营管理水平。常见的利润率指标有承保利润率、营业利润率、资本金利润率、总资产利润率、净资产利润率、成本费用利润率等。

$$承保利润率=本期承保利润\div(本期自留保费-本期未到期责任准备金提转差-本期长期责任准备金提转差)\times 100\%$$

$$营业利润率=\frac{营业利润}{营业收入}\times 100\%$$

$$资本金利润率=\frac{利润总额}{注册资本金}\times 100\%$$

$$净资产利润率=\frac{净利润}{平均净资产总额}\times 100\%$$

$$总资产利润率=\frac{利润总额}{平均资产总额}\times 100\%$$

$$成本费用利润率=\frac{营业利润}{营业支出}\times 100\%$$

(2)投资收益率指标。投资收益率包括净投资收益率、总投资收益率、综合投资收益率等指标，这些指标将在下文人寿保险公司部分具体讨论。

3. 偿债能力指标

偿债能力指标包括保险监管机构关注的偿付能力指标和保险公司的投资者及一般债权人所关心的偿债能力指标这两个方面。

(1)偿付能力指标。

$$偿付能力充足率=\frac{实际资本}{最低资本}\times 100\%$$

式中：实际资本＝认可资产－认可负债。认可资产即易变现资产，是指保险监管机构对保险公司进行偿付能力考核时，按照一定的标准予以认可，纳入偿付能力额度计算的资产。认可负债是指保险监管机构对保险公司进行偿付能力考核时，按照一定的标准予以认可，纳入偿付能力额度计算的负债。最低资本是指保险监管机构根据保险公司的风险和业务规模要求其必须具备的资本数额。按照我国现行的《保险公司偿付能力管理规定》，保险公司的偿付能力充足率不得低于100%。

(2)偿债能力指标。反映保险公司短期和长期偿债能力的常见指标包括流动比率、融资回购比例、资产负债率、负债与所有者权益比率、经营现金净流量对负债比率和资本固定化比率等。

$$流动比率=\frac{流动资产}{流动负债}\times 100\%$$

该指标衡量保险公司在某一时点偿还即将到期债务的能力

$$融资回购比例=\frac{融资回购市值}{(上季度末总资产-上季度末投连资产市值-上季度末融资回购市值}$$

式中，“融资回购”为资产负债表中的“卖出回购金融资产”。

$$资产负债率=\frac{负债总额+少数股东权益}{资产总额}\times 100\%$$

该指标反映保险公司的长期偿债能力，衡量保险公司在清算时对债权人利益的保护程度。

$$负债与所有者权益比率=\frac{负债总额}{所有者权益总额}\times 100\%$$

该指标反映保险公司的财务结构以及债权人的资本受到所有者权益的保障程度。

$$经营现金净流量对负债比率=\frac{经营现金净流量}{负债总额}\times100\%$$

其中的负债总额可以是年末负债总额，也可以是全年平均负债总额。该项比率反映了公司用年度经营活动产生的现金净流量偿还公司全部债务的能力，体现了公司偿债风险的高低。一般而言，该比值越大，说明公司偿债能力越大，相应的风险越小；该比值越小，表明公司偿债能力越小，相应的风险越大。

$$资本固定化比率=\frac{资产总计-流动资产合计}{所有者权益平均余额}\times100\%$$

该指标反映保险公司自有资本的固定化程度。该指标值越低，表明公司自有资本用于长期资产的数额相对较少；反之，则表明公司自有资本用于长期资产的数额相对较多，公司日常经营所需资金需靠借款筹集。

4. 营运能力指标

通过保险公司经营资金周转的速度来反映资金利用的效率，表明保险公司管理人员经营、管理、配置企业资源并充分发挥企业资源效率的能力和运用资金的能力。营运能力的大小对于提高企业盈利能力和偿债能力有着重要的影响。

$$资产的经营现金流量回报率=\frac{经营活动净现金流量}{资产总额}\times100\%$$

该指标表明每一元资产通过经营流动所能形成的现金净流入，反映保险公司资产的经营收现水平。一般来说，该指标值越高，表明公司资产的利用效率越高，它也是衡量公司资产综合管理水平的重要指标。

$$经营现金净流量与净利润的比率=\frac{经营活动产生的现金流量净额}{净利润}\times100\%$$

该指标表明每一元净利润中经营活动所产生的现金净流入，反映保险公司净利润的收现水平。该指标值越高，可供公司自由支配的货币资金增加量越大，有助于提高公司的偿债能力和付现能力。

$$经营现金净流量与保费收入的比率=\frac{经营活动产生的现金流量净额}{保费收入}\times100\%$$

该指标表明每一元保费中经营活动所产生的现金净流入，反映保险公司保费收入的收现水平。该指标值越高，可供公司自由支配的货币资金增加量越大，有助于提高公司的偿债能力和付现能力。

（二）人寿保险公司的财务评价指标

人寿保险公司经营的财务评价指标有些与财产保险公司的指标是相同的。此外还具有一些独特的财务指标。

1. 经营状况指标

经营状况指标包括反映承保业务发展能力、承保业务质量的各项指标。

（1）承保业务发展指标，除了包括上述的保费收入增长率和市场占有率，还包括标准保费增长率、长期险保费增长率、短期险自留保费增长率等。

$$标准保费增长率=\frac{本期累计标准保费收入-上年同期标准保费收入}{上年同期标准保费收入}\times100\%$$

标准保费是指将报告期内不同类别的新业务按对寿险公司利润或价值的贡献度大小设置一定系数进行折算后加总形成的保费收入。

标准保费=1年期以上新单期交保费收入×折算系数+1年期以上新单趸交保费收入×0.1

+1年期及以内短期险保费收入×1.0

对于1年期以上10年期以下期交保费的折算系数为“缴费年限/10”，10年期以上期交保费收入折算系数为1.0。对于月缴、季缴的保费收入将其折算为年缴保费后再根据缴费年期依上述系数折算。

$$长期险保费增长率=\frac{本年长期险保费收入-上年长期险保费收入}{上年长期险保费收入}\times 100\%$$

$$短期险自留保费增长率=\frac{本年短期险自留保费-上年短期险自留保费}{上年短期险自留保费}\times 100\%$$

(2)承保业务质量指标。该指标包括退保率、几个月保单持续率(或保费继续率)、个人业务新单折标率、短期险赔付率、承保费用率等指标。

$$退保率=\frac{本期退保金}{期初寿险和长期健康险责任准备金+本期寿险和长期健康险保费收入}\times 100\%$$

$$n个月保单持续率=\frac{评估月前n个月生效的保单在评估月仍有效的件数}{n个月前生效的保单件数}\times 100\%$$

或：

$$n个月保费继续率=\frac{签单后n个月继续有效的寿险保单保费收入}{当期生效的寿险保单保费收入}\times 100\%$$

$$个人业务新单折标率=\frac{个人业务新单标准保费}{个人业务新单保费收入}\times 100\%$$

$$短期险赔付率=\frac{赔款支出+未决赔款准备金提转差+分保赔款支出-摊回分保赔款-追偿款收入}{本期短期险自留保费-本期未到期责任准备金提转差}\times 100\%$$

$$承保费用率=\frac{业务及管理费+手续费及佣金支出+分保费用支出-摊回分保费用}{本期自留保费}\times 100\%$$

2. 盈利能力指标

盈利能力指标包括各种利润率指标和投资收益率指标。

(1)利润率指标，与上面所述财产保险公司的利润率指标相同。

(2)投资收益率指标，包括净投资收益率、总投资收益率、综合投资收益率等。

$$净投资收益率=\frac{投资收益-投资业务营业税金及附加}{[(期初投资资产+期末投资资产)\div 2]}\times 100\%$$

总投资收益率=(投资收益-投资业务营业税金及附加+已实现金融资产损益净额及减值+通过净利润反映的公允价值损益净额)÷[(期初投资资产+期末投资资产)÷2]×100%

综合投资收益率=(投资收益-投资业务营业税金及附加+已实现金融资产损益净额及减值+通过净利润反映的公允价值损益净额+当期计入其他综合收益的可供出售证券公允价值变动净额)÷[(期初投资资产+期末投资资产)÷2]×100%

(3)内含价值和一年新业务价值。内含价值可以提供对人寿保险公司价值和盈利性的另一种衡量。内含价值是基于一组关于未来经验的假设，以精算方法估算一家保险公司的经济价值。一年新业务价值代表了基于一组关于未来经验的假设，在评估日前一年里售出的新业务所产生的经济价值。内含价值不包含评估日后未来新业务所贡献的价值。人寿保险公司的内含价值和一年新业务价值能够从两个方面为投资者提供有用的信息。第一，公司的有效业务价值代表了按照所采用假设，预期未来产生的可分配利润总额的贴现价值。第二，一年新业务价值提供了基于所采用假设，对于由新业务活动为投资者所创造的价值的一个指标，从而也提供了公司业务潜力的一个指标。

特别需要指出的是，计算内含价值的精算标准仍在演变中，迄今并没有全球统一采用的标准来定义一家保险公司的内含价值的形式、计算方法或报告格式。因此，在定义、方法、假设、会计基准以及披露方面的差异，可能导致在比较不同公司的结果时存在不一致性。此外，内含价值的计算涉及大量复杂的技术，对内含价值和一年新业务价值的估算会随着关键假设的变化而发生重大变化。

根据中国保险监督管理委员会颁布的《人身保险内含价值报告编制指引》的规定，我国人寿保险公司的内含价值的计算公式如下：

内含价值＝经调整的净资产价值＋扣除偿付能力额度成本之前的有效业务价值－偿付能力额度成本

一年新业务价值＝扣除偿付能力额度成本之前的一年新业务价值－偿付能力额度成本

式中：

经调整的净资产价值＝净资产（资产减去中国偿付能力准备金和其他负债）
＋对于资产的市场价值和账面价值之间税后差异所做的
相关调整以及对于某些负债的相关税后调整

由于受市场环境的影响，资产市值可能会随时间发生较大的变化，因此经调整的净资产价值在不同评估日也可能发生较大的变化。

“有效业务价值”和“一年新业务价值”在这里分别是指在评估日现有的有效业务和截至评估日前一年的新业务预期产生的未来可分配税后利润贴现的计算价值。可分配利润是指那些反映了中国偿付能力准备金和以法定最低标准计算的偿付能力额度之后产生的利润。

有效业务价值和一年新业务价值是采用传统确定性的现金流贴现的方法计算的。这种方法通过使用风险调整后的贴现率来对投资保证和保单持有人选择权的成本、资产负债不匹配的风险、信用风险、运营经验波动的风险和资本的经济成本作隐含的反映。

在使用内含价值作为人寿保险公司的业绩度量时，保险公司还要关注内含价值的变化。实际上，保险公司认为这一价值的变化要比这一价值本身更为重要。保险公司希望自身的内含价值能以一个必要的比率来增长，同时也希望能够确定内含价值增减的原因。

期末内含价值＝期初内含价值＋内含价值的预期回报＋本期内的新业务价值＋营运经验的差异
＋投资回报的差异＋评估方法、模型和假设的变化＋市场价值和其他调整
＋汇率变动－股东红利分配＋其他

保险公司还会通过改变内含价值计算中的一系列假设，比如风险贴现率、投资回报率、费用率、死亡率、退保率、发病率、短期险赔付率和偿付能力额度，来对内含价值进行敏感性测试，以了解各项因素对公司内含价值的影响程度。

复习思考题

1. 概述保险经营管理的特征。
2. 概述保险经营管理的原则。
3. 概述保险营销的概念。
4. 概述保险营销管理程序。
5. 简述保险公司进入目标市场的策略种类。
6. 简述保险营销策略组合的内容。
7. 简述保险营销渠道的种类及其选择。
8. 保险承保的基本步骤有哪些？

9. 保险公司的承保信息来源于哪些渠道?

10. 概述承保控制的内容和措施。

11. 承保决策有哪几类?

12. 简述审核验险的内容。

13. 概述保险理赔的概念和基本原则。

14. 概述保险理赔的一般程序。

15. 试述保险投资的必要性和可能性。

16. 可供保险公司投资的资金有哪些?

17. 简述保险投资的原则。

18. 比较国际上和我国保险投资形式的区别。

19. 概述保险防灾防损的概念、内容及方法。

20. 概述再保险的概念和作用。

21. 再保险的业务种类有哪两类? 两者最大的区别是什么?

22. 再保险的业务安排方式有哪些? 各有什么特点?

23. 再保险合同具有哪些特征?

24. 什么是保险经营的财务稳定性? 财务稳定性如何来衡量? 财务稳定性会受到哪些因素的影响?

25. 概述保险经营管理的财务评价指标及其内涵。

第八章

保险市场及其监管

保险商品作为一种特殊的商品，只有通过市场交换，才能实现其使用价值和价值。又因为保险商品的特殊性，使得国家对保险市场的监管尤为必要。本章将简要介绍保险市场的基本内容以及对保险市场的监管情况。

第一节　保险市场概述

一、保险市场概念

保险市场是保险商品交换关系的总和，或者是保险商品供求关系的总和。它既可以是固定的交易场所，也可以是所有实现保险商品让渡的交换关系的总和。保险市场有狭义和广义之分：狭义的保险市场是保险商品交换的固定场所；广义的保险市场是保险商品交换关系的总和，包括原保险市场业务的交易、再保险市场业务的交易，以及国内保险市场和国际保险市场的业务交易活动。

二、保险市场特征

作为现代市场经济的有机组成部分，保险市场除遵循商品交换的一般规律外，还具有其自身的特点。

(一)保险市场交易的对象与风险直接相关

由于认识能力所限和信息不对称，任何市场交易都存在风险，保险市场也不例外。一般商品市场的交易对象本身并不与风险联系，市场风险来自于交易行为。保险市场的交易行为同样也存在经营风险。此外，保险市场的交易过程实际上是保险人集聚并分散风险的过程，保险交易对象是为各类风险提供保障，与风险本身直接相关联。可见，风险的客观存在是保险市场形成和发展的前提，没有自然灾害和意外事故导致损失的可能性，就不可能形成保险需求。可以说，保险市场是一个直接经营风险的市场，这一特点决定了其交易行为和方式的特殊性。

(二)保险市场是一种特殊的“期货”交易市场

由于保险市场交易的对象是风险，而风险的发生具有不确定性，所以交易的结果并不能完全由保险合同确定，而是在相当程度上取决于风险发生的情况。换言之，保险人是否履约取决于在保险合同约定的时间内是否发生约定的风险事故以及这种风险事故造成的损失是否达到保险合同约定补偿条件。只有当约定的保险事故发生并导致经济损失，保险人才有可能对被保险人进行经济赔偿或给付。可见，保险交易在某种程度上具有期货交易的性质，保险市场是一种特殊的“期货”交易市场。

(三)保险市场是非即时结清市场

由于风险的不确定性和保险合同的射幸性,决定了保险交易的结果在交易完成时仍无法确定,因此不能立刻结清。在一般商品交易中,合同的签订往往意味着交易的完成,而保险合同的订立则意味着交易的开始。保险交易的完成或结清,往往需要较长的时间,尤其是一些责任险种,其追溯期很长,保险双方权利义务关系要在保险合同期满后多年才能了结。

三、保险市场要素

在保险市场发展初期,保险产品主要采用直销方式,此时保险市场由三个要素构成:一是提供各类保险商品的卖方或供给方;二是各类保险商品的买方或需求方;三是具体的交易对象,即各类保险商品或保险经济保障及其价格。随着保险业的不断发展、承保技术的日益复杂、承保竞争的日趋激烈、保险营销的全球化,仅有买卖双方直接参与的交换关系已远远不能适应保险市场发展的需要,此时保险中介应运而生。保险中介的参与使得保险交换关系更加复杂,也使得保险市场更加成熟和完善。保险市场的构成要素可归为以下几类:

(一)保险市场的主体

保险市场的主体是指保险交易活动的参与者,包括保险商品的供给方——保险人,保险商品的需求方——投保人,以及为供求双方提供辅助服务的中介方——保险代理人、保险经纪人、保险公估人等。

1. 保险供给方

保险供给方是指保险市场上提供各类保险商品,承担、分散和转移投保人风险的各类保险人。这里需要指出的是,保险人并非等同于保险公司,保险公司只是保险人组织形式中最常见的一种,保险人还可以采取其他各种组织形式,包括国营保险组织、私营保险组织、合作保险组织、专业自保组织和个人保险组织等。保险人按其承保方式的不同,可分为原保险人和再保险人;按经营目标不同,可分为营利性保险人和非营利性保险人;按设立性质不同,可分为政策性保险人与商业性保险人;按经营的业务范围不同,可分为寿险保险人、非寿险保险人和专业保险人;按经营的地域范围不同,可分为地区性保险人、区域性保险人、全国性保险人和国际性保险人。

2. 保险需求方

保险需求方是指保险市场上所有现实和潜在的保险商品购买者,也就是保险市场上的各类投保人。不同投保人有不同的保险需求和消费行为,这要求保险供给方按不同的保险需求开发不同的保险商品。一般保险公司在开发新险种之前都要进行市场调研和预测,将投保人按不同的需求作一些分类。例如,按照保险消费者不同的需求特征,可划分为个人投保人和团体投保人;按照保险消费者的收入层次,可划分为低收入投保人和高收入投保人;按照保险需求的层次,可划分为当前投保人和潜在投保人;按投保人的年龄结构,可划分为青年投保人、中年投保人和老年投保人;按照投保人的需求效应,可划分为保障型投保人、储蓄型投保人和投资型投保人;等等。

3. 保险中介方

保险中介方是指为保险供求双方之间的保险交易提供辅助服务的各类机构及其从业人员,其中,既包括促成供求双方保险合同成立的保险代理机构及保险代理人、保险经纪机构及保险经纪人,也包括接受保险供求双方委托,以独立公正的第三者身份进行保险标的的估价、定损、理算等并出具证明的保险公估机构及保险公估人。此外,保险中介还包括保险信用评级机构、保险律师事务所、保险精算师事务所、保险会计师事务所、保险理算师等提供其他与保险相关辅助服务的机构与个人。保险中介人是保险市场中不可或缺的要素。

(二)保险市场的客体

保险市场的客体是指保险市场上供给方和需求方交易的对象,即保险商品。保险商品是一种特殊的服务商品,它的特殊性表现为:保险商品是一种无形商品,对保险消费者来说只是一纸承诺,只有在约定的保险事故发生或约定的保险期满,这种承诺才得以履行,才能让人真正感受到保险的存在;保险商品是一种非渴求商品,即保险商品是一种消费者不会主动去购买的商品;保险商品是一种隐性消费商品,即消费者在消费保险商品的过程中,无法像其他有形物质商品那样实质性地感受其价值和使用价值。正是由于保险商品所具有的这些特性,才使得营销在保险业务经营中非常重要,并要求政府严格监管。

此外,保险商品作为市场的客体,还必须确定价格。保险费率是保险商品的价格,它是被保险人为取得保险保障而由投保人向保险人支付的价格。

(三)保险监管机构

由于保险经营涉及众多被保险人和社会公众的利益,而且由于保险市场和保险交易的特殊性,在完善的保险市场中,应设立保险监管部门,并作为保险市场的要素之一。保险监管部门对市场监管的主要目的是维护保险市场的正常交易秩序,保护被保险人和社会公众的利益。

四、保险市场分类

保险市场按不同标准可分为很多不同的类别,在此介绍几种较为常见的分类。

(一)按照承保标的不同划分

1. 国际上

保险市场可分为寿险市场和非寿险市场。寿险市场中主要包括人寿保险、年金保险和长期健康保险,非寿险市场主要包括各类财产险、意外伤害险和短期健康险。

2. 我国

保险市场可分为人身保险市场和财产保险市场。人身保险市场又可以细分为人寿保险市场、意外伤害保险市场、年金保险市场和健康保险市场。财产保险市场主要提供财产损失保险、责任保险、信用保证保险等,其中财产和责任保险市场是重要组成部分。

(二)按照保险交易的层次不同划分

1. 原保险市场

原保险市场是指直接向社会公众和各类工商企业销售保险产品的市场。原保险市场是保险业的核心,是再保险业务的源泉。

2. 再保险市场

再保险市场主要由专业再保险公司、兼营再保险业务的公司以及区域性、国际性的再保险集团公司组成。再保险市场通过原保险人分出部分业务,达到全世界或区域性范围内分散原保险人风险的目的,是原保险的重要支持。

3. 专业自保市场

专业自保市场由专业自保公司构成,专业自保公司是由某一行业或公司为本公司或本系统提供保险保障的组织形式。目前,全世界大约有 3 000 多家专业自保公司,《财富》500 强中已有 48%的公司建立了专业自保公司。专业自保公司大多设在百慕大、开曼、巴哈马等地,主要原因是这些地方的投资环境极好,对注册公司的资本和税收要求极为优惠,因而形成了一个较大规模的专业自保市场。

（三）按照经营主体与投保人的关系划分

1. 保险人市场

保险人市场是保险市场的基础，由直接与客户发生业务关系、承担风险责任的各类保险经营主体组成，包括各类保险公司和其他保险组织。

2. 保险中介市场

保险中介市场是保险市场的辅助力量，是联系保险公司和客户的桥梁。在一个成熟的保险市场中，保险中介市场往往发挥着十分重要的作用，它有利于提高保险资源的配置效率，为保险人和投保人提供更便捷的服务。保险中介市场主要由保险代理市场、保险经纪市场和保险公估市场组成。

（四）按照保险活动空间划分

1. 国内保险市场

即指保险活动发生在一国范围内的保险市场。国内保险市场又可分为地区性的保险市场和全国性的保险市场。

2. 国际保险市场

除国内保险市场以外的保险市场统称为国际保险市场或国外保险市场。国际保险市场又可分为区域性的国际保险市场和全球性的国际保险市场。

五、保险市场模式

市场模式又称为市场结构，它反映的是竞争程度不同的市场状态。保险市场模式所涉及的因素包括保险企业的规模及规模的分布、市场进入障碍和进入条件、产品差异和政府管制的程度。根据现代西方产业组织理论，市场模式一般可分为完全竞争、完全垄断、寡头垄断、垄断竞争四种基本类型。

（一）完全竞争型保险市场

完全竞争型保险市场由数量众多且规模相对偏小并共享市场份额的保险公司组成，投保人与保险人参加市场交易活动是完全自由的，价值规律和供求规律会充分发挥作用，市场自发地调节保险商品的价格。保险市场实行开放政策，保险企业的设立没有严格限制，保险企业可自由地进出该市场，保险企业的数量基本由市场自发调节。国家保险监管机构对保险企业的管理相对宽松，保险行业协会在市场管理中发挥重要作用。

完全竞争型保险市场存在于发达国家保险市场的发育初期，目前在实际中较为少见，因为它不利于市场稳定，因此这种保险市场模式只具有理论上的研究价值，而无现实意义。我国香港地区的保险市场有 214 家保险公司，市场份额由各规模相对较小的保险公司共享，大致接近于完全竞争型市场。

（二）完全垄断型保险市场

完全垄断型保险市场，又称为独家垄断型保险市场，这类保险市场完全由一家或少数几家保险公司操纵，这些公司既可以是国营性质的，也可以是私营性质的。在完全垄断型保险市场上，价值规律、供求规律和竞争规律均受到极大限制，市场上不存在竞争，没有可替代的产品，没有可供选择的保险人。我国从新中国成立后到 1986 年以前的保险市场就属于这一类型。

完全垄断型保险市场还有两种扩展形式：一种是专业型完全垄断，即在一个保险市场上同时存在两家或两家以上的保险公司，各自垄断经营某类保险业务，相互间业务绝不交叉，从而保持完全垄断性质；另一种是地区型完全垄断，是指在一国保险市场上同时存在两家或两家以上的保险公司，各自垄断经营某一地区的保险业务，相互间业务没有交叉。我国的出口信用保险属于政策支持性保险，按规定只能由中国出口信用保险公司承保，这一市场领域就属于专业型完全垄断市场。

（三）寡头垄断型保险市场

寡头垄断型保险市场是指被为数较少但规模较大的保险公司所分割的一种市场。在这种市场中，保险经营依然以市场为基础，但市场具有较高的垄断程度，竞争仅限于国内保险垄断企业间的竞争。

寡头垄断型的保险市场有一个十分明显的特点，即国家保险监管机构对市场规模的控制十分严格，新公司难以进入市场，保险市场的结构较为稳定。这种市场类型既存在于发达国家，也存在于发展中国家。

（四）垄断竞争型保险市场

垄断竞争型保险市场模式，是指保险市场上存在大量的保险公司，并且大型公司与小型公司并存，少量大型保险公司占有大量市场份额的市场模式。竞争的特点表现为：同业竞争在大垄断公司之间、垄断公司与非垄断公司之间、非垄断公司彼此之间激烈展开。这种垄断竞争模式较为多见，如位居世界第一位的美国保险市场就是这种模式，还有以英国为主的欧洲国家大多具有垄断竞争型的保险市场模式。

美国学者贝恩以绝对市场集中度指标为依据，将市场模式进行分类，从而把市场集中度与垄断竞争程度之间的关系进行了量化。从海外保险市场模式的发展趋势来看，垄断竞争模式已经成为主流，这是因为在开放型经济条件下，一方面保险公司的数量不断增加，另一方面全球购并浪潮掀起，导致了保险公司的规模化经营。此外，在开放型经济条件下，由于世贸组织成员负有市场准入的义务，因此寡头垄断型市场将逐渐消失。随着经济全球化、保险公司购并的加剧，完全竞争型市场也将消失，代之以垄断竞争型的市场模式。

六、我国保险市场模式选择

（一）我国保险市场的发展阶段

1. 起步阶段（1949～1985 年）

中国人民保险公司（PICC）于 1949 年 10 月 20 日成立，作为新中国唯一一家保险公司经营各类保险业务，此时的中国保险市场处于完全垄断阶段。

2. 垄断打破阶段（1986～1991 年）

1985 年，国务院颁布了《保险企业管理暂行条例》，条例明确规定，只要具备相关条件并经批准便可设立保险机构经营保险业务。1986 年 7 月 15 日，新疆兵团农牧业保险公司成立；1986 年 10 月，交通银行上海分行成立保险部开展保险业务；1988 年 3 月，深圳平安保险股份有限公司成立；1991 年 4 月，交通银行按分业经营的要求撤销保险部，出资入股组建了中国太平洋保险股份有限公司。从此，中国人民保险公司独家垄断经营的局面被打破。

3. 对外开放与扩大市场准入阶段（1992～1998 年）

自 1992 年美国友邦保险公司作为第一家进入中国保险市场的外资公司落户上海以来，我国保险市场的对外开放不断扩大。截至 1998 年底，我国已有 14 家外资保险公司的 22 个机构获准在中国营业。从此，一个以国有商业保险公司为主体、中外资保险公司并存、多家保险公司竞争的市场多元化新格局逐步形成。

4. 重组改制阶段(1999～2003 年)

为了适应国际竞争的需要,近年来我国对部分保险公司进行了内部重组或改制。1996 年 7 月 23 日,为适应我国《保险法》中规定的保险公司不得兼营人身保险和财产保险的要求,中国人民保险公司重组为中国人民保险(集团)公司,下设中保财产保险、中保人寿保险、中保再保险三个子公司。1999 年 1 月 18 日,中国人民保险(集团)公司撤销,原下设的三家子公司分别成为独立经营的中国人民保险公司、中国人寿保险公司和中国再保险公司。从 2002 年起,这三家国有独资公司开始探索股份制改革。2003 年 7 月 19 日,经国务院批准,中国人民保险公司更名为中国人民保险控股公司,同年,中国人寿保险公司和中国再保险公司分别改制组建为中国人寿保险集团公司和中国再保险集团公司。

5. 市场全面开放阶段(2004 年至今)

根据中国加入世贸组织保险业对外开放承诺的内容,2004 年底中国保险市场全面开放,大量海外保险公司进入中国市场。截至 2014 年 12 月底,已有 124 家外资保险公司在我国设立了 177 个代表处,其中有 50 家已注册开业,包括 22 家财产保险公司和 28 家人寿保险公司。

截至 2014 年 12 月,我国保险市场上保险公司的数量已达 173 家,并且种类多样化,包括财产保险公司 56 家,人寿与健康保险公司 65 家。此外,还有 24 家专业性保险公司,其中养老保险公司 6 家,汽车保险公司 3 家,责任保险公司 1 家,农业保险公司 4 家,专属保险公司 1 家,信用保险公司 1 家,再保险公司 8 家;另有保险集团控股公司 10 家,保险资产管理公司 18 家。

(二)我国保险市场的模式选择

从以上分析可知,我国的保险市场已由解放初期的完全垄断模式发展为由几家大型保险公司主导市场的寡头垄断模式。2013 年全年和 2014 年 1～10 月份的保费收入统计数据显示,国寿股份、平安寿险、新华人寿、太保寿险和人保寿险这五家公司的市场份额就达 70%和 63%(见图 8—1 和图 8—3);2013 年产险市场人保股份、平安财险、太保财险、国寿财产和中华联合这五家公司的市场份额达 75%(见图 8—2),2014 年 1～10 月份这 5 家公司的市场份额达 76%(见图 8—4)。但这一市场模式并非稳定,随着对外开放的扩大,特别是市场主体的增加,市场垄断程度将逐渐下降,在开放型经济条件下,中国保险市场模式的理想选择将是垄断竞争型模式。

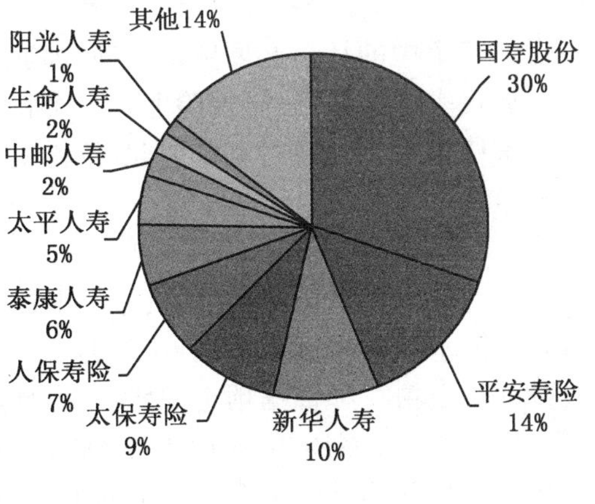

资料来源:中国保险监督管理委员会网站,http://www.circ.gov.cn。

图 8—1　2013 年中国寿险市场份额分布

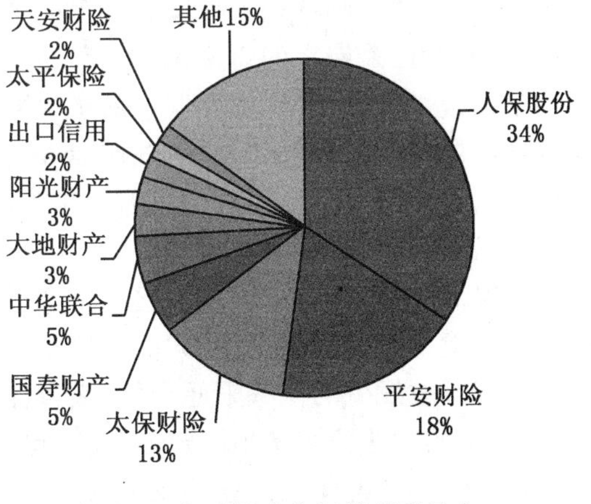

资料来源:中国保险监督管理委员会网站,http://www.circ.gov.cn。

图 8—2　2013 年中国产险市场份额分布

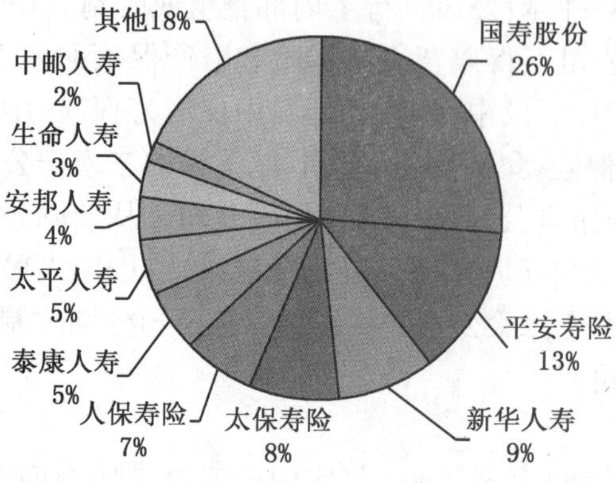

资料来源:中国保险监督管理委员会网站,http://www.circ.gov.cn。

图 8—3　2014 年 1～10 月中国寿险市场份额分布

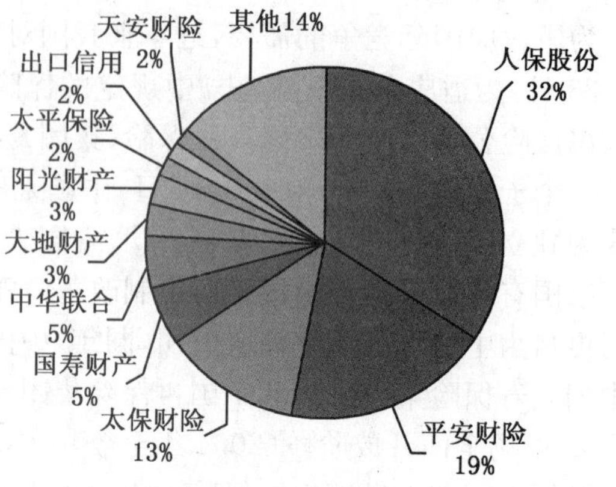

资料来源:中国保险监督管理委员会网站,http://www.circ.gov.cn。

图 8—4　2014 年 1～10 月中国产险市场份额分布

七、保险市场机制

在市场经济条件下,市场实质上是以市场机制为主体进行经济活动的系统和体系。市场机制是指在市场经济运行中形成的以价格、供求和竞争三位一体的互动关系为基础的经济运行和调节的机理。市场机制的构成要素包括价格机制、供求机制和竞争机制。保险市场同其他商品市场一样,同样存在并需要市场机制的发挥,但是由于保险市场和保险商品的特殊性,价格机制、供求机制和竞争机制在保险市场上表现出特殊的作用。

(一)价格机制

虽然价格机制也是保险市场的基本机制,但其作用却受到一定程度的限制。保险商品是一种特殊商品,其价值表现在两个方面:一是保险人提供的保险经济保障所对应的等价劳动的价值;二是保险公司员工所花费的社会必要劳动时间。保险商品的价格——保险费率,是由纯费率和附加费率构成的,其中纯费率是精算师依据过去大量的损失统计资料测算出来的未来损失概率,附加费率则是依据保险公司的营业费用率、利润率和安全系数等制定的费率。很显然,价格机制对保险费率的自发调节仅限于凝结在附加费率中的社会必要劳动时间,即通过要求保险公司改进经营技术、提高服务效率等来降低附加费率。此外,由于保险业是一个特殊的行业,所以许多国家通过保险监管部门对保险商品的价格进行干预或管制。因此,价格机制对保险商品的价值形成及价格调节具有一定的限制作用。

(二)供求机制

对一般商品而言,供求状况直接决定商品的价格。但在保险市场上,保险费率的形成一方面取决于风险发生的频率,另一方面取决于保险商品的供求状况。例如,财产保险的费率是根据以往灾害事故发生的概率来厘定的,人寿保险的费率是由精算师根据预定的死亡率、预定的利息率、预定的营业费用率来厘定的,而不可能完全根据供求关系由市场决定。因此,尽管厘定保险费率时要考虑保险市场的供求状况,但供求状况本身并不是确定保险费率的主要因素。

(三)竞争机制

市场竞争分为价格竞争和非价格竞争。在一般商品市场竞争中,价格竞争是最有力的竞争手段。价格竞争确实也存在于保险市场上,但并不占据主要地位,而且进行价格竞争必须具备两个前提条件:一是保险公司要重视与专业技术部门的合作,将风险管理工作作为保险经营活动的重要环节,通过承保时严格的风险选择和承保后的风险管理,将风险事故发生的概率控制在最低限度内,降低损失赔付和理算费用,从而降低保险费率。二是要有完善的资本市场,依靠灵活多样的投资工具,获得较高的投资收益率,以弥补保险费率降低后的损失。即使如此,保险市场上价格竞争的幅度还是非常有限的,因为保险商品的价格即保险费率中的纯费率主要取决于风险损失发生的概率,即风险成本,它对于保险公司而言是一种不可控的成本,而附加费率通常是用于满足保险公司的经营费用支出和利润实现的要求,它属于经营成本,是一种可控成本。当保险公司运用价格竞争手段时,仅限于经营成本部分,因为这部分成本可以通过提高经营管理水平来降低。一旦保险公司以低于纯费率的价格进行竞争,必将严重削弱其偿付能力,导致保险公司的破产倒闭,最终影响被保险人的利益。

因此,价格竞争在保险市场上受到一定程度的限制,从而限制了竞争机制的作用发挥。此外,保险市场上主要的竞争手段是保险质量竞争、保险服务竞争和保险人才竞争等非价格竞争手段。非价格竞争的重要性大于价格竞争的重要性是竞争机制在保险市场上体现的特征之一。

八、保险市场发展程度的衡量指标

(一)一国保费收入总额及其占世界保费收入总额的比重

一国保费收入总额越大、占世界保费收入总额的比重越高,该国的保险市场就越发达。根据瑞士再保险公司出版的《Sigma》杂志 2014 年第 3 期所作的统计,2013 年,美国的保费收入总额为 12 592.55 亿美元,占世界保费收入总额的 27.13%,排名世界第一位;日本的保费收入总额为 5 315.06 亿美元,占世界保费收入总额的 11.45%,排名世界第二位;英国的保费收入总额为 3 296.43 亿美元,占世界保费收入总额的 7.10%,排名世界第三位;中国的保费收入总额为 2 779.65 亿美元,占世界保费收入总额的 5.99%,排名世界第四位。

(二)保险密度

保险密度是按一国(地区)的常住人口计算的人均保费收入,也就是每个人花费在购买保险上的平均支出,它衡量一国(地区)国民受到保险保障的程度。根据瑞士再保险公司出版的《Sigma》杂志 2014 年第 3 期所作的统计,2013 年世界平均的保险密度为 652 美元,其中寿险密度为 366 美元,非寿险密度为 285 美元。保险密度排名世界前三位的国家分别是瑞士、荷兰和丹麦,其保险密度分别为 7 701 美元、6 012 美元和 5 780 美元。2013 年中国的保险密度为 201 美元,排名世界第六十位。

(三)保险深度

保险深度是指一国(地区)的保费收入总额占该国(地区)国内生产总值(GDP)的百分比,它衡量一国(地区)的保险业在国民经济中的地位和重要性程度。根据瑞士再保险公司出版的《Sigma》杂志 2014 年第 3 期所作的统计,2013 年世界平均的保险深度为 6.3%,其中寿险深度为 3.5%,而非寿险的保险深度是 2.8%。保险深度排名世界前三位的国家(地区)分别是中国台湾、南非和中国香港,其保险深度分别为 17.6%、15.4%和 13.2%。2013 年中国的保险深度为 3.0%,排名世界第四十九位。

从以上指标数据可以看出,就保费收入总额而言,我国的相对排名较为靠前,但绝对数额与发达国家差距巨大。就保险深度和保险密度而言,我国与世界平均水平以及发达国家水平的差距更大。虽然我国的保险业自改革开放以来取得了巨大发展,但与发达国家相比仍然存在着较大差距，我国保险业仍然处于初级发展阶段。

第二节 保险市场的组织形式

保险市场的组织形式是指在一国或一个地区的保险市场上，保险人在经营保险业务时所采取的组织形式，也就是保险人的存在方式。根据不同的分类标准，保险市场的组织形式有各种不同的形态：就经营主体而言，有国营保险组织和私营保险组织之分；就设立形式而言，有股份保险公司和相互保险公司之分；按公司资本是否为等额股份，又有股份有限公司和有限责任公司之分。按以上标准划分的保险组织之间是交错而非平行的关系。本节首先根据经营主体的不同，介绍保险市场上一般的组织形式，包括国营保险组织、私营保险组织、合作保险组织、个人保险组织和专业自保组织，然后简要介绍我国保险市场上现有的保险组织形式。

一、保险市场的一般组织形式

（一）国营保险组织

国营保险组织是由国家和政府投资设立的保险经营组织。国营保险组织既可以由政府机构直接经营，也可以通过国家法令规定由某个团体来经营。根据各国的社会经济制度不同，国营保险组织又可分为政策垄断型国营保险组织和商业竞争型国营保险组织两类。政策垄断型国营保险组织是指为了保证国家某种社会政策的实施，垄断经营一些强制性或专门性保险业务的组织。例如我国的出口信用保险公司、农业保险公司和美国的联邦存款保险公司都属于这一类型的国营保险组织。商业竞争型国营保险组织是指经营各类保险业务、开展公平市场竞争并以营利为经营目标的保险组织。例如我国的中国人寿保险公司和中国人民保险公司等在股份制改革前都属于这一类型的国营保险组织。

对一些关系到国计民生的行业，适合由国营保险组织来为其提供保险保障。在保险业发达的国家，一般如社会保险、政治风险保险、犯罪保险、罢工保险以及一些私营保险公司不愿承保的巨灾保险，如地震保险、洪水保险等，往往都是由国营保险组织来经营的。

（二）私营公司保险组织

私营保险组织是指由除国家和政府外的投资者投资设立的公司制保险经营组织。在保险业发达的国家，90％的保险经营组织是私营公司保险组织。私营公司保险组织的两种典型形式是保险股份有限公司和相互保险公司，并且保险股份有限公司是现代公司制度下最为典型的一种组织形式。

1. 保险股份有限公司

保险股份有限公司是一种由购买该公司股票的个人和组织所拥有的保险公司。它是由一定数量以上的股东发起设立的，其全部资本分为等额股份，通过发行股票（或股权证）来筹集资本。保险股份有限公司一般简称为股份保险公司，股东以其所认购的股份金额为限对公司的债务承担有限责任。各国的公司法都具体规定了公司发起人的人数、公司债务的限额、发行股票的种类、税收、营业范围、公司的权利、申请程序和公司执照等。

股份保险公司作为一种现代保险公司制度，因其严密而健全的组织形式而备受各国保险业的推崇。股份保险公司具有以下一些特点：

（1）股份保险公司通过发行股票（或股权证）筹集所需的大量资本。由于入股人数多，股份保险公司比较容易筹集到大额资本，使经营资本充足，资金实力雄厚，有利于业务扩展和风险的更广泛分散，使保险经营更安全，从而增强对被保险人的保障能力。

(2)股份保险公司采用所有权与经营权相分离的方式，并以营利为经营的首要目标，这就促使公司不断改善内部经营管理，开发适销对路的新险种，提高保险服务质量，提高经营管理效率，增加保险公司的利润，增强偿付能力，使保险经营步入正规化、科学化的良性循环轨道。

(3)股份保险公司采用确定保费制，使投保人的保费负担确定，排除了向被保险人追补的情况，既符合现代保险的特征和投保人的需要，又便于保险业务的扩张。

由于股份保险公司的经营目的是为了营利，因此比较适用于那些风险较大、投机性较强的财产保险业务。

2. 相互保险公司

相互保险公司是一种由保单持有人所拥有的保险公司，是由所有参加保险的人自己设立的保险法人组织，是保险业特有的一种非营利性的公司组织形式，它在西方国家的保险业中占有特别重要的地位。相互保险公司具有以下几个特点：

(1)相互保险公司的投保人具有双重身份，它既是公司的所有者，又是公司的客户；既是投保人或被保险人，又是保险人。在相互保险公司这一组织形式下，投保人只要缴纳保险费，即可成为公司的成员。成员关系与保险合同关系结合在一起，保险合同关系一旦终止，成员关系也就消失。

(2)相互保险公司是一种非营利性组织。相互保险公司没有资本金，公司创立时所需的经营资金称为基金，由各成员以缴纳保费的形式筹集，用以承担将来的全部保险责任，不足额可以向外筹借。相互保险公司采用不确定保费制，如果经营有盈余，在支付借入基金的利息及成员所缴基金的利息扣除提留外，剩余部分将分配给成员或作为以后的保费。如果经营出现亏损，则要向成员增收保费或减付保险金、减少公积金来弥补。

(3)相互保险公司的加入者同时成为公司成员，可以参与公司的经营和盈余分配，成员的利益也就是被保险人的利益，利益关系密切，相互依存，彼此监督，可以有效避免保险人的不正当经营和被保险人的欺诈行为。此外，由于相互保险公司不以营利为目标，因此保费内不包括预期利润，保费负担较轻。

相互保险公司比较适合于人寿保险业。作为现代人寿保险开端的英国公平保险公司于1962年以相互公司的形式成立。美国最大的人寿保险公司，如谨慎人寿保险公司、大都会人寿保险公司等都是相互保险公司。随着寿险业的发展，相互保险公司最初的相互性正在逐渐消失，与股份保险公司之间的区别已不再明显。一方面，由于激烈的市场竞争和股份保险公司开办分红保险，使股份保险公司与相互保险公司接近；另一方面，相互保险公司可以不提供分红保险，使它与股份保险公司的区分标志不复存在。此外，由于相互保险公司大量招揽投保人，随着成员数量的增加，公司自治与成员意识逐渐削弱，成员已不能直接参与公司的经营，成员对相互公司的责任变成仅以保费为限度的有限责任。事实上，股份保险公司和相互保险公司可以相互转化，不少相互保险公司最初也是以股份公司形式设立的，然后通过退股实现相互公司化。

(三)私营合作保险组织

私营合作保险组织是由社会上具有共同风险的个人或单位，为了获得保险保障，共同筹资设立的非公司保险组织形式。合作保险组织可分为消费者合作保险组织和生产者合作保险组织。消费者合作保险组织是由保险消费者组织起来并为其组织成员提供保险的组织，包括相互保险社、保险合作社。生产者合作保险组织大多是由医疗机构或人员为大众提供医疗与健康服务而组织起来的，如美国的蓝盾和蓝十字会医疗保险组织等。

1. 相互保险社

相互保险社是同一行业的人为了应付自然灾害和意外事故所造成的经济损失而自愿组合起来的非公司组织，它是最早出现的保险组织，也是最原始的保险组织形态，其中每个社员为其他社员提供保险，每个社员又同时获得其他成员提供的保险。相互保险社在当今欧美国家仍相当普遍，如美国的“互助会”(Fraternal Benefit Society)，是一种为其会员提供社会福利和保险给付而成立的组织。尽管相互保险社的会员资格向一般公众开放，但这种互助会的成员通常具有共同的种族、宗教信仰或职业背景。美国约有50个这样的保险合作组织，大多数规模较小，但也有几个规模较大的，如洛杉矶的农民保险合作社和专门经营汽车保险的联合服务汽车保险协会。

2. 保险合作社

保险合作社是由一些对某种风险具有相同保险需求的人自愿集股设立的保险组织。保险合作社与相互保险社很相似，而且相互保险社通常又是按照合作社的形式建立起来的，因此人们常常将两者互相替代。其实保险合作社和相互保险社还是存在很大区别的。

(1)相互保险社无股本，而加入保险合作社，社员必须缴纳一定金额的股本。也就是说，社员是保险合作社的股东，其权利和义务以其认购的股金为限。

(2)相互保险社的经营资金来源于社员缴纳的分担额，保险社与社员之间是为一时目的而结合的，如果保险关系终止，那么双方则自动解约。保险合作社的资金来源于社员的股金和向社员或非社员借入的基金，保险关系的建立必须以社员为条件，但社员不一定必须建立保险关系，保险关系消灭也不影响社员关系的存在。因此，保险合作社与社员的关系比较长久，只要社员认缴股本后，即使不利用合作社的服务，仍然可以与合作社保持联系。

(3)相互保险社采取保费事后分摊制，依据实际需要和实际损失分摊，事先并不确定。而保险合作社采用确定保费制，事后不再补缴。

(4)保险合作社的承保范围仅局限于合作社的社员，只承保合作社社员的风险。

3. 美国的蓝十字会和蓝盾医疗保险组织及保健组织

美国的蓝十字会和蓝盾医疗保险组织(Blue Cross and Blue Shield)是非营利性的医疗保险组织，它们以州或社区为经营范围。蓝十字会提供住院医疗费用保险，蓝盾提供非住院的内外科医疗费用保险。美国各地共有70个这样的组织，大约2/5的美国居民是蓝十字会成员，1/3的美国人参加了蓝盾保险。这两种组织都是由医院和合作的承保组织联合向成员提供医疗保险。美国的保健组织是一种健康保险合作组织，又称为管理式医疗保险组织，向其成员提供综合的医疗和保健服务。虽然其重要性不如商业性人寿保险公司和非营利的蓝十字会和蓝盾组织，但它在20世纪70年代以后得到了迅速发展。

4. 日本的农业合作社

日本的农业合作社是日本办理人寿保险最活跃的合作社。它是根据昭和二十二年(1947年)的农业合作社法，由农民组织建立的互助组织。互助组织的种类有人寿互助、建筑物互助、人寿保险、损害保险等。社员与基层社签订互助契约，再由部、道、府、县的联合会提供再保险，联合会再把超过自留额部分向全国互助农业合作社联合会再保险，即转分保，实际上基层社不负有互助责任。费率和条款在全国是统一的，所聚集的资金大部分存入农业合作社系统的信用农业合作社联合会或农林中央金库，或用来购买农林公债和金融机构发行的债券。

（四）私营个人保险组织

个人保险组织是以自然人的名义承保保险业务的一种组织形式。英国的“劳合社”是当今世界上唯一的一家个人保险组织。

劳合社是从劳埃德咖啡馆演变而来的。劳合社不是一家保险公司，而是一个社团，更确切地说，它是一个保险市场。它与证券交易所相似，本身并不承保业务，只是向其成员提供交易场所和有关的服务。劳合社的每个成员就是一个保险人，为增强承保能力，他们往往组成若干个承保组合，以组合为单位对外承保。在历史上，劳合社设计了第一张盗窃保险单，为第一辆汽车和第一架飞机出立保单，近年又是计算机犯罪保险、石油能源保险和卫星保险的先驱。劳合社承保的业务十分广泛，简直无所不保，尤其在海上保险和再保险方面占有重要地位。

（五）专业自保组织

专业自保组织是由某一行业或公司为本公司或本系统提供保险保障的组织形式，常以公司命名。专业自保组织在第一次、第二次世界大战期间，首先出现在英国。到了20世纪50年代，美国也开始出现这种专业自保组织。欧美国家的许多大型企业集团都有自己的专业自保公司。

专业自保公司一般是由母公司为保险目的而设立并拥有的保险公司，它主要向母公司及其众多子公司提供保险服务，同时也承保外界的风险和接受再保险业务。专业自保公司主要分为纯粹的专业自保公司（Pure Captive Company）、协会的专业自保公司（Association Captive Company）和营利导向的专业自保公司（Profit-oriented Captive Company）三种。

纯粹的专业自保公司的设立，主要是考虑自保的保险成本较低，另外可以减轻税负，在资金流动方面也较为便利。协会的专业自保公司是由多家企业共同设立的，主要目的是解决大家共同面临的风险和责任问题，而这些风险和责任通常是商业保险公司不予承保的。营利导向的专业自保公司的设立，尽管也解决企业内部的保险问题，但更多考虑是通过自设保险公司，作为企业营利的新途径，所以，这类自保公司承保大量外来保险和再保险业务。

专业自保公司的主要优点包括：(1)有利于公司加强风险管理。(2)有利于减少公司的保险费用。专业自保公司在对其母公司及其他子公司提供保险时，往往基于非营利的目的，因此收取的保费要低于商业保险公司所收取的保费。(3)有利于获得再保险。许多再保险公司只与保险公司打交道，而不会与投保人或被保险人直接进行交易。通过组建专业自保公司，使得投保企业能够非常容易地获得再保险。(4)增加公司利润的来源。专业自保公司除了向母公司及其子公司提供保险外，也向其他单位提供保险业务以获取利润。(5)有利于公司合理避税。母公司及其子公司向专业自保公司缴付的保费可以从它们的应纳税收入中扣除，从而为公司节约了税收支出。专业自保公司收到的保费虽然仍要缴纳各项税收，但适用的税率极低，最终可以为公司带来避税效应。

专业自保公司也不可避免地存在着先天不足，如资金实力有限、业务量有限、业务较为单一且质量较差、组织机构简陋、专业人员少等问题。

二、我国现行的保险组织形式

我国《保险法》第六条规定：“保险业务由依照本法设立的保险公司以及法律、行政法规规定的其他保险组织经营，其他单位和个人不得经营保险业务。”我国保险市场在近几年的发展中，主要采取的保险组织形式包括国有独资公司、股份有限公司、相互保险公司、中外合资保险公司和外国保险公司在我国境内设立的分公司等。

（一）国有独资公司

国有独资保险公司是一种典型的国营保险组织形式，它是由国家授权投资的机构或国家授权的团体或部门单独出资设立的有限责任公司。

在我国保险市场上，1949 年 10 月 23 日成立的中国人民保险公司及其在 1996 年 7 月 23 日经重组后下设有中保财产保险、中保人寿保险、中保再保险三个子公司的中国人民保险（集团）公司都是国有独资保险公司。1999 年 1 月 18 日，中国人民保险（集团）公司撤销，原下设的三家子公司分别成为独立经营的中国人民保险公司、中国人寿保险公司和中国再保险公司，这三家公司也都是国有独资保险公司。从 2002 年起，这三家国有独资公司开始探索股份制改革。2003 年 7 月 19 日，经国务院批准，中国人民保险公司重组改制为中国人保控股公司，旗下设有多家子公司。同年，中国人寿保险公司和中国再保险公司分别改制组建为中国人寿保险集团公司和中国再保险集团公司。中国人寿保险集团公司下设中国人寿保险股份有限公司、中国人寿资产管理有限公司、中国人寿保险（海外）股份有限公司等多家公司和机构。中国再保险集团公司在坚持再保险主业的同时实施多元化，作为主发起人和投资人，相继与多家国内外著名保险和非保险企业共同发起设立了中国财产再保险股份有限公司、中国人寿再保险股份有限公司、中国大地财产保险股份有限公司、中再资产管理股份有限公司等子公司。

（二）股份有限公司

1988 年，我国成立了第一家股份制保险公司——深圳平安保险股份有限公司。之后，在 1990 年又成立了第一家全国性的股份制保险公司——中国太平洋保险股份有限公司。除了国有独资保险公司外，我国保险市场上主要是保险股份有限公司。

保险股份有限公司具有以下法律特征：(1)它是典型的合资公司；(2)有利于股东行使权力；(3)股东不得少于法定人数；(4)股份公司的最高权力机构是股东大会。

我国的保险股份有限公司已经纷纷开始寻求公开上市，以募集更多的资本金，增强保险公司以及整个保险业的偿付能力。中国人民财产保险股份有限公司作为国内第一家海外上市的金融企业，于 2003 年 11 月 6 日在中国香港成功发行股票，募集资金 62.2 亿港元。中国人寿保险股份有限公司也于 2003 年 12 月 17 日、18 日分别在纽约、中国香港两地同步上市，成为第一家在境外上市的中国寿险公司和第一家在境外两地同步上市的中国金融企业，并创下当年全球最大融资规模纪录，募集资金 34.8 亿美元。2004 年 6 月 24 日，中国平安保险（集团）股份有限公司在香港联合交易所首次公开发行股票，募集资金 140 多亿港币。此后，中国太平洋保险（集团）股份有限公司和新华人寿保险股份有限公司也都相继在我国 A 股市场上市。

（三）相互保险公司

相互保险公司是保险业特有的一种公司组织形式。如前所述，相互保险公司在美、英等保险业发达国家相当普遍，但在我国《保险法》中并无相关规定，因此在很长一段时间内，我国保险市场上并不存在这种公司形式。2003 年底，中国保监会开始筹划农业保险，深入探索建立政策性农业保险制度，充分发挥保险社会管理功能，服务于“三农”。2004 年 11 月，经保监会批准，我国第一家相互制保险公司——阳光农业相互保险公司获准筹建。

阳光农业相互保险公司是在原黑龙江农垦总局风险互助体系的基础上筹建的，是由黑龙江垦区农户发起设立的，以投保人作为法人组成成员、以从事相互保险为目的的法人机构，现下设 1 个分公司、9 个中心支公司、104 个保险社、2 000 个保险分社。公司在经营中实行会员制，会员根据合同约定向公司缴纳保险费，公司对合同约定可能发生的事故因其发生所造成的损失承担赔偿责任，以合同约定进行保险金给付的形式从事相互保险活动。

阳光农业相互保险公司的成立，不仅填补了我国相互制保险公司的空白，也标志着我国保险企业体制的重要创新。阳光农业保险公司选择相互制主要基于以下考虑：一是相互制保险公司是国际上比较成熟和广泛采用的组织形式，占有约 2/5 的全球市场份额，发达国家的农业保险大多采用这种形式。建立相互制农业保险公司，符合国际上利用 WTO 中的“绿箱政策”保护农业的通行做法，有利于增强农业保险保障能力，有利于探索和完善农村社会保障体系。二是原有的风险互助形式和其他体制难以适应垦区日益增长的保险需求。而相互制保险公司是所有参保的人为自己办理保险而成立的法人组织，在组织形式、资金来源、经营模式、经营目标和分配机制等方面与股份制公司有很大区别，具有经营灵活、成本低、适用于道德风险较高的保险业务等优势。三是符合我国保险业创新的形势要求，充分体现了四个结合：法人组织与社团组织相结合，公司制与会员制相结合，依法管理与会员自治相结合，公共利益与会员利益相结合。四是黑龙江农垦总局风险互助体系已经有 12 年农业风险互助的基础，积累了很多有益的经验。

（四）其他保险组织形式

1. 中外合资保险公司

中外合资保险公司是我国政府或组织与外商共同投资建立的合营保险组织。目前我国保险市场上已有 27 家这样的保险公司，这是外资人寿保险公司进入中国保险市场的唯一方式。其中第一家中外合资保险公司是 1996 年 11 月 26 日由中化集团对外贸易信托投资公司与加拿大宏利人寿保险公司合资设立的中宏人寿保险有限公司。

2. 外国保险公司分支机构

外国保险公司通常是指公司国籍隶属于本国以外国家的保险公司。外国保险公司分支机构是指外国保险公司依照本国公司法和保险法的规定，在本国境内设立的经营性保险组织。外国保险公司分支机构的具体形式在法律上并无特别的限制，但不论何种形式设立的外国保险公司分支机构，都具有以下几个特点：第一，隶属于外国保险公司；第二，依据本国的法律规定设立；第三，在本国境内设立；第四，除属于法律明确规定不允许外国保险公司分支机构从事的保险经营活动之外，外国保险公司分支机构与我国保险公司享有同样的从事保险经营活动的权利；第五，不具有独立的法人资格，外国保险公司分支机构在中国境内进行经营活动所产生的民事责任，应当由设立该分支机构的外国保险公司承担。

自从 1992 年 9 月 29 日，美国国际集团（AIG）全资附属的子公司美国友邦人寿保险公司在上海设立全国第一家分公司开始，迄今，我国保险市场上已有多家外国保险公司的分支机构。其中，除了友邦保险公司是唯一的一家人寿保险公司外，其他外国保险公司分支机构均为财产保险公司。在中国设立分支机构是外资财产保险公司目前进入中国保险市场的主要形式，随着我国保险市场对外开放的扩大，外资财产保险公司也可通过设立合资公司或独资子公司等形式进入中国保险市场。

此外，在我国保险市场上也存在着合作保险组织以及专业自保组织等保险组织形式。我国《保险法》第一百八十三条规定：“保险公司以外的其他依法设立的保险组织经营的商业保险业务，适用本法。”

第三节　保险市场的供给与需求

保险市场的供给与需求分析，对于提高市场效率、促进保险业的发展具有重要意义。

一、保险市场的供给分析

(一)保险市场供给的概念

保险市场的供给是指在一定时期内、一定的费率水平上,市场上各家保险公司愿意并且能够提供的保险商品的数量。在不同的费率水平上,保险市场的供给是不同的。保险供给可以用保险市场上的承保能力来表示,它是各个保险公司的承保能力之总和。此外,保险供给不应被简单地视为保单的销售、签单、承保过程,而应将其视为包括保单设计、合同订立、理赔服务等一系列以保障为核心的保险活动。

保险市场的供给有两种表现形式:一是有形的保险供给,即对投保人遭受的保险事故导致的损失给予经济或物质上的补偿;二是无形或精神方面的保障供给,保险产品可以使被保险人遭受的事故损失得到补偿,从而提供一种安全感。

保险市场的供给包括质和量两个方面:质的方面是指各保险产品的品种、质量及产品结构;量的方面是指一定时期内保险市场能够提供的保险商品数量,一般用保单数量和保险费总量来衡量,也指供给的保险商品所能实现的保障水平,这可以用保险金额或赔付总额来衡量。

(二)影响保险市场供给的因素

保险供给是适应保险需求而产生的,因此保险需求是制约保险供给的基本因素。在保险需求既定的条件下,保险市场供给受到下列因素的影响:

1. 保险费率

在市场经济条件下,保险费率是决定保险供给的主要因素。保险供给与保险费率呈正相关关系,保险费率提高,保险供给会增加;反之,保险供给则会减少。

2. 偿付能力

由于保险经营具有特殊性,各国法律对于保险公司都有最低偿付能力标准的规定,如果保险公司的实际偿付能力低于法定最低偿付能力标准,监管机构就会限制保险公司签发新的保单,因而保险供给会受到偿付能力的制约。此外,保险公司的业务容量比率,即净保费收入与净资产的比率,也制约着其保险供给。

3. 互补品与替代品的价格

当某一险种产品的替代险种费率提高或替代产品的价格上升时,保险公司就会转向涨价的险种,相应地减少原有险种的供给,因此替代品的价格与保险供给呈负相关关系;当某一险种的互补险种费率提高或互补产品价格上升时,会导致这一险种费率上涨,保险人就会增加该险种的供给,互补品的价格与保险供给呈正相关关系。

4. 保险技术

保险产品的开发与供给,是以风险处理技术的发展为前提的,因而保险技术对保险供给有着极其重要的影响。一方面,由于技术水平的限制,保险企业无法设计出相应的保险产品来满足多方面的保障需求,需求不能导致相应的供给;另一方面,保险技术的进步,也可能使原来不可保的风险转化为可保风险,或降低风险处理的成本,导致保险供给的增加。

5. 市场的规范程度

竞争无序的市场会抑制保险需求,从而减少保险供给;规范的市场则会刺激保险需求,扩大保险供给。

6. 政府监管

由于保险业的特殊性,各国对其都有相对于其他行业更为严格的监管。在此情况下,即使保险费率上升，由于政府的严格监管，保险供给也难以扩大。

（三）保险供给弹性

保险供给弹性是指保险供给对其影响因素变动的反应程度。一般来说，有多少个影响保险供给的因素，就有多少个供给弹性。在保险市场中，保险供给弹性主要包括价格弹性、资本弹性、利润弹性、人才弹性、物资弹性和管理弹性等。在影响保险供给的众多因素中，费率处于重要地位，它与保险供给的关系如图 8－5 所示。由于费率的重要影响，故实践中主要采用供给的价格弹性系数来分析保险供给弹性，其计算公式为：

$$E_s=\frac{\Delta S/S}{\Delta P/P}$$

式中：S 为保险产品供给量；ΔS 为其变化量；P 为保险费率；ΔP 为其变化量。

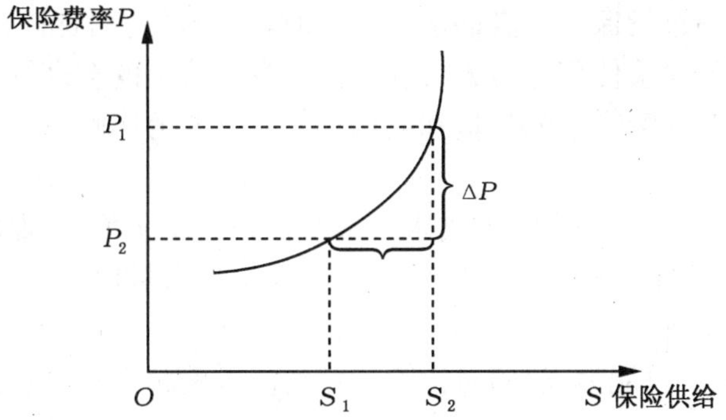

图 8－5 保险费率与保险供给之间的关系

由于保险产品的供给与保险费率同向变化，因此保险供给弹性系数为正数。

由于保险产品的结构、保险对象、涉及的难易程度等诸多因素的影响，不同的保险公司的同类产品、同一保险公司的不同产品，其供给的价格弹性系数各不相同，呈现出多种情况：

(1)$E_s=0$，即供给无弹性，此时保险产品供给量不受保险费率变化的影响；

(2)$E_s<1$，即供给缺乏弹性，此时保险产品供给量的变动程度小于保险费率的变动程度；

(3)$E_s=1$，即供给单位弹性，此时保险产品供给量与保险费率同比例变动；

(4)$E_s>1$，即供给富有弹性，此时保险产品供给量的变动程度大于保险费率的变动程度；

(5)$E_s\to\infty$，即供给无限弹性，此时保险费率的微小变动会导致保险供给量无限增加。

保险商品的供给弹性具有其自身的特殊性：首先，保险供给弹性较为稳定。由于保险商品提供的是风险保障，并且其供给与需求几乎同时存在，因此保险供给不易受经济周期的影响，比较稳定。其次，保险商品供给弹性较大。由于保险业属于第三产业，生产中的固定资产比例较低，供给不必通过调整固定资产规模就能适应市场需求，因此保险供给弹性相对于其他行业更大。

二、保险市场的需求分析

（一）保险市场需求的概念

保险市场需求是指在一定时期内、一定的费率水平上，保险消费者愿意并有能力购买的保险商品的总量。保险需求实际上是投保人对保险保障的需求，可以用投保的保险金额总量来计量。保险市场需求由三个要素构成：有保险需求的人、为满足保险需求的购买能力和购买意愿。这三个要素相互制约，缺一不可。由于保险交易的特殊性，保险需求除须具备上述条件外，还必须满足：(1)投保人对保险标的必须具有保险利益；(2)投保人必须具备完全的民事行为能力和民事权利能力。

与保险供给一样，保险需求表现为两个方面：一是体现在物质方面，当发生意外事故和自然灾害时，人们的经济损失能得到合理补偿；二是体现在精神方面，即在投保以后，人们减轻了后顾之忧，可以提高工作效率和生活质量。

(二)影响保险市场需求的因素

影响保险市场需求的主要因素包括：

1. 风险状况

"无风险，无保险"，风险的客观存在是保险需求产生的前提条件。风险越大，对保险的需求越大。只有当风险超过投保人自身的承受能力时，才会产生对保险的需求，而且只有"损失频率低、损失程度大"的风险使用保险方式处理才具有经济上的合理性和技术上的可行性。投保人面临的风险状况对保险需求的数量和结构都有着重要的影响。

2. 保险费率

费率即保险商品的价格，而商品的需求一般与价格呈反向关系，保险商品也是如此。当保险费率上升时，保险需求量减少；保险费率下降时，保险需求量增加。

3. 消费者的收入水平

消费者收入越多，支付能力越强，对保险产品的需求就越大；消费者的收入水平越低，对保险产品的需求就越小。

4. 互补品与替代品的价格

保险需求一般与其互补品的价格呈负相关关系。如汽车保险是汽车的互补品，附加险是基本险的互补品，所以，汽车价格的升降，会引起汽车保险需求量的减少或增加；而基本险费率的增减，也会引起附加险需求量的减少或增加。保险需求一般与其替代品的价格呈正向变化关系。如铁路货物保价运输是铁路货物运输保险的替代品，储蓄是某些人寿保险产品的替代品。因此，铁路货物保价运输费率的增减会增加或减少铁路货运险的需求，而存款利率的升降会减少或增加某些寿险产品的需求。

5. 人口状况

保险业的产生和发展依赖于社会环境，其中人口状况又是影响保险市场需求的重要因素。表现为：

(1)人口总量影响市场需求总量。一国的人口总量构成保险尤其是人身保险需求的潜在市场，在其他影响因素既定的条件下，人口规模越大，保险市场需求总量越大。

(2)人口构成影响保险需求的结构。人口构成分为：

①年龄结构。由于不同年龄的人口面临的风险具有不同特点，故人口的年龄结构会影响保险需求的结构。比如老年人口的特点是生理机能不断下降，收入来源减少，所以老龄人口越多，对社会保险和商业健康保险的需求就越大；而青少年人口面临意外伤害的可能性相对较大，故对意外伤害保险的需求也较强烈。可见，人口的年龄构成对保险需求的险种结构有着重要影响。

②职业结构。不同的职业，面临的风险不同。从事危险职业的人越多，对相应险种意外伤害保险、雇主责任保险的需求就越大；专业人员(如律师、医生、建筑师等)所占比例越大，对职业责任保险的需求就越大。

③素质构成。人口素质主要体现在人口的受教育程度，一般来说，文化程度越高，对保险这一处理风险的方式认同度越高，人们的保险需求就越强；反之，文化程度较低者，往往侥幸心理强，而对保险持排斥态度，其保险需求也较弱。

6. 经济和法律制度

在计划经济体制下，企业不是独立的经济主体，其风险损失由财政兜底，故企业没有投保的动机；而职工个人的生、老、病、死均由国家负责，也没有保险的必要。而在市场经济条件下，企业和个人都必须自担风险，从而产生保险需求。同时，社会保障制度和强制保险的实施，也会影响保险需求的总量和结构。

（三）保险需求弹性

保险需求弹性是指保险需求对其各种影响因素变动的反应程度，可用弹性系数加以衡量，即：

$$E_d=\frac{\Delta D/D}{\Delta F/F}$$

式中：D 为保险需求量；ΔD 为 D 的变动量；F 为影响保险需求因素的指标值；ΔF 为 F 变动量。

在影响保险需求的因素中，保险费率和消费者收入水平具有重要和直接的影响，且容易量化，因而对保险需求弹性的研究主要集中在费率弹性和收入弹性及交叉弹性上。

1. 保险需求的费率弹性

保险需求的费率弹性是指由于保险费率的变动而引起的保险需求量的变动，它反映了保险需求对费率变动的反应程度。

保险费率与保险需求之间呈负相关关系，如图 8－6 所示。

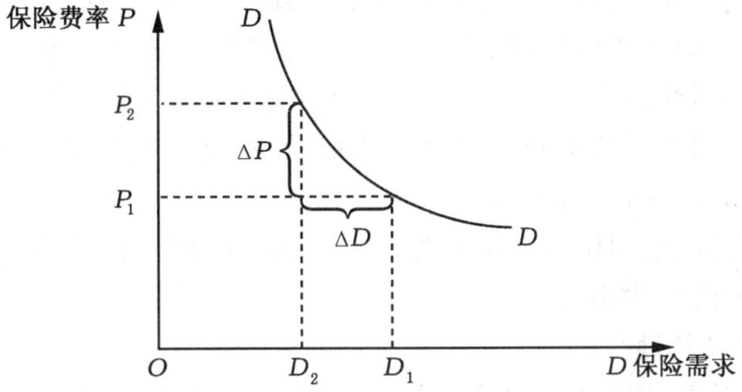

图 8－6　保险费率与保险需求之间的关系

由于保险需求与费率呈反向变动关系，所以保险需求的费率弹性为负值。为讨论方便，一般研究需求费率弹性绝对值的变化。研究保险需求的费率弹性，基本目的是了解保险费率与保费收入之间的关系。当保险费率变动时，会引起保险需求量的变动，从而引起销售量的变动，进而影响到保费收入。当 $|E_p|=0$ 时，为完全无弹性，保险需求量不因保险费率的变化而发生变动（如强制保险），此时保险需求曲线为一垂直线；当 $|E_p|<1$ 时，为缺乏弹性，即保险需求量的变化幅度小于保险费率的变化幅度，这主要发生在一些消费者需求十分强烈的险种中，如航空旅客人身意外伤害保险、职业责任险等；当 $|E_p|>1$ 时，为富有弹性的情况，即保险需求的变动幅度大于保险费率的变化幅度，如车辆损失险；当 $|E_p|=1$ 时，为单位弹性的情况，保险

需求与保险费率同比例变化；当$|E_p|\to\infty$时，为完全富有弹性，此时保险费率的微小变化会引起保险需求量无穷大的变化，保险需求曲线为一水平直线。

2. 保险需求的收入弹性

保险需求与消费者收入呈同向变动关系，如图8－7所示。

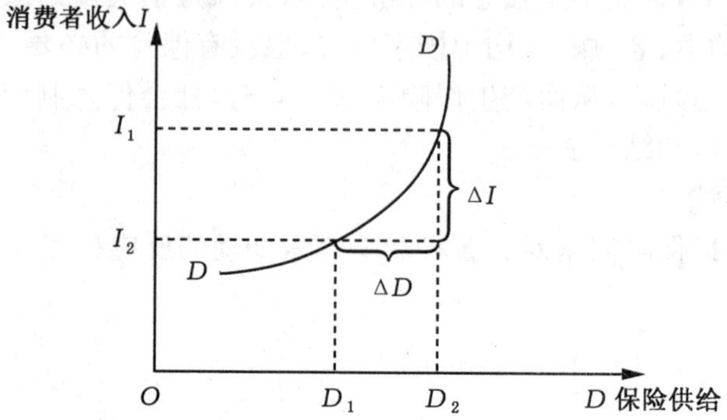

图8－7　保险需求与消费者收入之间的关系

保险需求的收入弹性是指保险消费者的货币收入变动所引起的保险需求量的变动，它反映了保险需求量对消费者收入变动的反应程度。由于保险需求随消费者收入的增加而增加，故保险需求的收入弹性E_i为正，并随消费者绝对收入水平、险种的不同而不同。根据需求层次理论，人的需求满足是循序渐进的，只有当低层次的需求满足以后，才能顾及较高层次的需求，而生存较安全是更低层次的需求。因此，只有当消费者的温饱问题解决以后，才能更多地考虑保险的需要。消费者收入处于较低水平时，在增加的收入中，仅很小一部分用于购买保险，保险需求的收入弹性较小；而消费者收入水平达到某一绝对水平以后，增加的收入中将有相当部分用于转移风险即购买保险，保险需求的收入弹性将增大。我国居民的收入正处于由温饱型向小康型转换的阶段，因而保险市场正经历需求的收入弹性增大的变化。此外，不同的险种，对收入水平不同的人具有不同的效用，即同比例的收入增长用于各险种的比例不同，也必然导致随险种而异的需求收入弹性。

保险需求的收入弹性也同样存在富有弹性、单位弹性、缺乏弹性、完全无弹性、完全富有弹性等情况，其含义与价格弹性相同。

3. 保险需求的交叉弹性

保险需求的交叉弹性是指某一保险产品的需求对其替代品和互补品价格变化的反应程度，其大小取决于产品间的替代程度和互补程度。由于保险产品需求与替代品价格同向变化，故对替代品的交叉价格弹性E_r为正；而保险产品需求与互补品的价格变动呈反向关系，故互补品间的交叉价格弹性E_r为负。

三、保险市场的供求均衡

在保险商品的需求和供给函数既定不变的情况下，在某一费率水平上，保险企业愿意供给和消费者愿意购买的保险商品的数量将达到相等，费率也不再有变动的趋势，则保险市场就处于均衡状态。这种使得需求量恰好与供给量相等的费率，称为均衡费率，与均衡价格相应的供求量即为均衡销售量。

保险市场的均衡包括总量均衡和结构平衡两方面的内容，前者是指市场总供给或承保能力总规模与全体消费者各类保障需求总量间的平衡，后者则是指保险供给的结构与保险需求的结构相适应。

第四节　保险市场的监管

与其他具有公共性的行业一样，为提高效率、维护公平、保持稳定，各国政府对保险市场均实行严格的监管。

一、保险市场监管概述

保险市场监管，即保险监督管理，简称保险监管，是指政府的保险监督管理部门为了维护保险市场秩序，保护被保险人及社会公众的利益，通过法律和行政手段对保险业实施的监督和管理。

（一）保险市场监管的必要性

在市场经济条件下，保险监管的必要性一方面在于保险市场运行中可能出现的“市场失灵”情况，为减少或消除这些“市场失灵”的情况及其影响，保险监管无疑具有必要性；另一方面在于保险业的性质及其经营具有的特殊性，这些特殊性包括以下方面：

1. 保险经营的公共性

保险经营的公共性主要体现在保险业对整个社会有较大的影响和渗透。一方面表现为保险公司的投保人或被保险人是社会上的千家万户；另一方面保险公司能否持续经营将会广泛长期地影响到其客户的绝大部分利益。因此，保险公司经营不善、破产或倒闭而不能正常履行其补偿或给付职能，其负面影响将比一般企业大得多，影响社会稳定。

2. 保险经营的负债性

保险经营的负债性是指保险公司通过收取保费建立保险基金来履行其赔偿或给付职能，而保险基金中很大一部分是以保险准备金的形式存在，保险准备金则是保险公司的负债。保险公司提取责任准备金所形成的负债是确定的，但其承担义务所形成的负债则因风险事故的随机性而不确定。因此，保险公司的负债管理不同于一般企业的负债管理，保险经营本身就是一种负债经营。

3. 保险合同的特殊性

保险合同的特殊性在于其本身具有附合性和射幸性。保险合同的附合性表现为投保人一般只能在保险人提供的不同险种的标准合同中进行选择，而难以对合同内容提出异议。再加上保险合同条款较为复杂，专业性强，投保人或被保险人难以理解和掌握。所以，保险合同往往是在一种信息不对称、交易力量不对等的基础上建立起来的。保险监管从保护被保险人权益的角度出发，对保险合同的条款、保险费率等内容进行严格审核，以达到公平合理的目的。保险合同的射幸性使得从个体的角度而言，保险人的保险责任远远高于其所收取的保费，这种关系也需要保险监管来确保保险合同交易的公平合理。

4. 保险交易过程的特殊性

保险公司的生产和销售是同步发生的；现代保险采取的是损失事先分摊的方式，即先收费后赔付；保险交易过程的时期较长，使得保险公司的经营风险具有隐蔽性、累积性和社会性。

（二）保险市场监管的原则

1. 依法监管的原则

保险监管机构必须以法律法规为依据履行监管职能，即在法律授予的权限内，按照法律规定的内容和程序进行监管。也就是说，保险公司必须依法接受保险监管机构的监管，而监管机构也必须依法进行监管，才能保持监管的权威性、严肃性和一贯性，进而达到监管的有效性，促进保险业的发展。

2. 适度竞争原则

从理论上讲，市场竞争越充分，交易效率就越高，因而完全竞争的市场模式被认为是最理想的市场结构。然而，竞争的市场并不等于健全的市场，市场失灵也会导致资源配置失误。同时，保险经营的特殊性要求保险企业具有相当的规模。所以，保险市场不宜完全放开，否则无序竞争会导致盲目降低费率、变相退费等恶性竞争现象出现，危及保险企业自身的偿付能力和整个保险业的稳定。可见，为了维持保险市场的稳定发展，保险监管必须遵循"管而不死、放而不乱"的原则，着力创造和维护适度竞争的市场环境。

3. 公开公平原则

公开原则是指与保险企业有关的法律应当向社会公布，各保险企业的业务经营和财务状况等信息，包括资产负债情况、盈亏状况、偿付能力状况、资本金变动等情况，应当向社会披露。保险监管机构对保险企业的违规、违法行为的处罚，凡不涉及其商业机密的，也应向社会公布。为此，保险监管机构应建立相关信息披露制度，明确披露的内容、方式、口径及时限。这样，既可发挥公众和舆论的监督作用，又可为投保人选择提供依据，改善保险市场信息不对称的情况。公平原则是指保险监管机构对各监管对象要公平，采取同样的监管标准。

4. 不干预监管对象自主经营的原则

这一原则是依法监管原则的合理引申。保险公司、保险中介等监管对象都是自主经营、自负盈亏的独立企业法人，它有权在法律允许的范围内独立开展经营。保险监管机构对保险企业的监管必须依法进行，凡法律允许保险企业自主决策的、属于保险企业经营自主权以内的事项，就应由其自己决策，监管机构可以通过制定政策加以引导，但不得直接干预。如果保险监管机构干预了保险企业正当的、合法的经营，就是一种越权行为，也是不合法的行为。坚持不干预监管对象自主经营的原则，有利于保险业的发展，也使监管机构可以集中精力管好该管的事，并避免承担不必要的责任。

（三）保险市场监管的目标

1. 保护被保险人的利益

保险业是经营风险的行业，投保人缴费在前，保险人赔付在后，一旦保险人偿付能力不足甚至破产，就会使得被保险人在保险事故发生时不能得到补偿，从而极大地损害投保人和被保险人的利益。因此，保证保险人具有足够的偿付能力以保护广大被保险人的利益是保险市场监管的核心内容和首要目标。为保证保险人具有足够的偿付能力，各国保险法规对保险公司的最低资本金、资本充足性、保证金及各项责任准备金的提取、业务分保、偿付能力的计算标准等都作出了明确规定。

2. 防止保险欺诈

保险欺诈可能产生于市场主体和其他组织及个人。一是保险人方面的欺诈。保险的复杂性，使得保单本身就是一份很复杂的合同。如果缺乏监管，保险人就可能通过玩弄技巧和误导等方式对被保险人进行欺诈。此外，保险经营具有很强的专业性，一般消费者难以分辨保险人的实力和经营状况，也使得保险人利用虚假广告蒙骗消费者成为可能。二是投保人方面的欺诈，是指投保人利用自己在信息方面的优势牟取不当利益，如投保人隐瞒对于签订保险合同具有重要影响的事实，伪造或故意夸大保险事故的损失以谋取赔款等。三是其他组织或个人的欺诈，如保险公司以外的单位或个人未经批准非法从事保险经营活动等。因此，为了保护投保人和保险人的利益，各国政府都设立专门机构对保险市场进行监管。各国保险法和刑事法规都对保险市场主体和社会其他方面的欺诈行为规定了具体的处罚措施。

3. 维护保险市场秩序

实行保险监管，不仅在于维护保险人和被保险人之间的公平，保护被保险人的利益，还在于为保险人之间的竞争提供良好的环境。因此，保险监管机构对保险公司采取不正当竞争手段的行为，必须采取处罚等措施，纠正不规范的竞争行为。

（四）保险市场监管的方式

在不同的历史阶段和不同的市场结构条件下，各国监管保险市场的方式有所不同，概括起来有以下三种。

1. 公示管理

公示管理也称公示主义，是指政府不直接干预保险人的经营活动，仅规定保险人必须按照政府规定的格式和内容定期将营业成果呈报主管机关并予以公布，由社会公众自己判断其经营状况。至于保险企业的组织形式、保险合同的格式和内容、保险资金的运用，均由保险人自主管理，政府不加干预。这是国家对保险市场最为宽松的一种监管方式，有利于保险企业在宽松的环境中自主经营和自由发展，但保险经营的复杂性会妨碍公众对保险企业的经营状况做出合理判断，从而难以对保险人进行有效监督。采用这种监管模式的国家必须具备一定的条件，如经济发达、保险市场较为成熟、保险企业具有一定的自我约束能力、国民文化水准较高、具备一定的判断和选择能力等。1994 年以前，英国曾采用这一监管方式，但 20 世纪六七十年代许多保险公司的破产，表明这一方式难以有效地保护投保人的利益，因而为一些国家所放弃。

2. 规范管理

规范管理也称准则主义或形式监督主义，它是指国家制定一系列有关保险人经营的基本准则，并要求保险人遵守执行的一种监管方式。在这种方式下，政府对于最低资本金要求、资产负债表审查、保险资金运用、信息披露、处罚等重要事项均加以明确，但对保险人的业务经营、财务管理及人事等方面则不加干预。规范管理仅注重保险经营形式上的合法性，但未触及保险企业经营的实质内容。荷兰自 1922 年以后采用这一监管方式，目前仍有不少国家采用。

3. 实体管理

实体管理也称批准主义，是指国家制定完善的保险监管法规，法律赋予监管机关较大的权力，监管机构对保险市场进行全方位、全过程的监督管理。在这种方式中，国家通过立法，明确保险人从设立到经营乃至破产清算所应遵循的原则和制度。实体管理是最为严格的监管方式，产生于瑞士，为当今大多数国家所采用，我国也采用该种方式。但在保险市场秩序良好的国家，对原来较为严格的监管方式有着放松的趋势。

（五）保险市场的监管机构

保险监管机构是指享有监督和管理权利并实施监督和管理行为的政府部门或机关。世界各国的保险监管机构，形式多样，名称不一，但其设置大致可分为两种情况：一是部分国家的保险监管机构是财政部、贸工部、中央银行等，在这些部门下设立专门的部门从事保险监管，如日本、英国等；二是有些国家设立独立的保险监管机构从事保险监管，如美国。

我国保险市场的监管职能自 1984 年以来一直由中国人民银行担任。1998 年 11 月 18

日，中国保险监督管理委员会成立，从此以后，我国的保险监管开始走向专业化和规范化的道路。中国保险监督管理委员会是国务院的直属事业单位，是全国商业保险的主管机关。根据国务院的授权履行行政管理职能，依照法律法规统一监管中国保险市场。

二、保险公司市场监管的内容

保险市场监管的对象主要包括保险公司和保险中介。鉴于这两类市场主体的不同作用和地位，各国均把保险监管的重点放在对保险公司的监督管理方面，对保险公司监管的具体内容也因各国经济体制、保险业发展状况、社会背景的不同而有所不同，但概括起来主要有三个方面：偿付能力监管、市场行为监管和公司治理监管。我国在发展过程中逐步建立了现代保险监管框架，在市场行为监管的基础上，偿付能力监管不断完善，公司治理监管从无到有，形成了三支柱的监管框架。2003 年初发布 1 号令《保险公司偿付能力额度及监管指标管理规定》，保险监管逐步过渡到市场行为和偿付能力并重，再到以偿付能力监管为核心。2004 年开始至 2008 年为止，陆续颁布了共 15 条偿付能力报告编报规则，构成了一套较为完整的监管会计体系。在此基础上，中国保监会于 2008 年 7 月废止了 5 年前的"2003 年 1 号令"——《保险公司偿付能力额度及监管指标管理规定》，同时实施新 1 号令——《保险公司偿付能力管理规定》，提出了以风险为基础的动态偿付能力监管。2006 年初发布《关于规范保险公司治理结构的指导意见(试行)》，提出了保险公司治理监管。

(一)偿付能力监管

保险公司偿付能力监管是保险监管的核心内容。所谓偿付能力，是指保险公司清偿到期债务的能力。偿付能力大小以偿付能力额度表示，偿付能力额度等于保险人的认可资产与认可负债的差额。从偿付能力额度的角度来看，保险公司的偿付能力一般可分为实际偿付能力额度和最低偿付能力额度。实际偿付能力额度即为某一时点上保险公司认可资产与认可负债的差额。最低偿付能力额度是指由保险法或保险监管机构颁布的有关规章中规定的、保险公司必须满足的偿付能力要求，也称为法定最低偿付能力标准。如果保险公司的实际偿付能力额度低于最低偿付能力额度，即被视为偿付能力不足。我国《保险法》第一百零一条规定："保险公司应当具有与其业务规模相适应的最低偿付能力。保险公司的认可资产减去认可负债的差额不得低于国务院保险监督管理机构规定的数额；低于规定数额的，应当按照国务院保险监督管理机构的要求采取相应措施达到规定的数额。"当然，偿付能力监管并不仅仅局限于偿付能力额度监管，还包括对所有影响偿付能力的因素(如资本和盈余、定价和产品、资产负债匹配、公司管理等)的监管。此外，有关保险公司保证金的提存和法定再保险业务安排等规定，都是对保险公司偿付能力监管的重要措施。

2008 年的《保险公司偿付能力管理规定》明确了保险公司、保监会及其派出机构在偿付能力监管体系中的职责，构建了一个职责明确、统一协调，以公司偿付能力管理为内因，以保监会监督为外力的偿付能力监管机制。

1. 保险公司的内部偿付能力管理

保险公司的综合风险管理、影响公司偿付能力的因素都应当纳入公司的内部偿付能力管理体系。保险公司偿付能力管理体系应当包括资产管理、负债管理、资产负债匹配管理和资本管理。

(1)资产管理。保险公司应当建立有效的资产管理制度和机制，重点从以下方面识别、防范和化解集中度风险、信用风险、流动性风险、市场风险等资产风险：加强对承保、再保、赔付、投资、融资等环节的资金流动的监控；建立有效的资金运用管理机制，根据自身投资业务性质和内部组织架构，建立决策、操作、托管、考核相互分离和相互牵制的投资管理体制；加强对子公司、合营企业及联营企业的股权管理、风险管理和内部关联交易管理，监测集团内部风险转移和传递情况；加强对固定资产等实物资产的管理，建立有效的资产隔离和授权制度；建立信用风险管理制度和机制，加强对债权投资、应收分保准备金等信用风险较集中的资产的管理。

(2)负债管理。保险公司应当重点从以下方面识别、防范和化解承保风险、担保风险、融资风险等各类负债风险：明确定价、销售、核保、核赔、再保等关键控制环节的控制程序，降低承保风险；建立和完善准备金负债评估制度，确保准备金负债评估的准确性和充足性；建立融资管理制度和机制，明确融资环节的风险控制程序；严格保险业务以外的担保程序，遵循法律、行政法规和中国保监会的有关规定，根据被担保对象的资信及偿债能力，采取谨慎的风险控制措施，及时跟踪监督。

(3)资产负债匹配管理。保险公司应当加强资产负债管理，建立资产负债管理制度和机制，及时识别、防范和化解资产负债在期限、利率、币种等方面的不匹配风险及其他风险。保险公司应当建立健全资本管理制度，持续完善公司治理，及时识别、防范和化解公司的治理风险和操作风险。

(4)资本管理。保险公司应当建立资本约束机制，在制定发展战略、经营规划、设计产品、资金运用等时考虑对偿付能力的影响。保险公司应当建立与其发展战略和经营规划相适应的资本补充机制，通过融资和提高盈利能力保持公司偿付能力充足。偿付能力充足率不高于150％的保险公司，应当以下述两者的低者作为利润分配的基础：根据企业会计准则确定的可分配利润；根据保险公司偿付能力报告编报规则确定的剩余综合收益。

2. 保监会的外部偿付能力监管

中国保监会对保险公司偿付能力的监管包括对保险公司偿付能力的评估以及保险公司报送的偿付能力报告的审核。

(1)偿付能力评估。保险公司应当按照中国保监会制定的保险公司偿付能力报告编报规则定期进行偿付能力评估，计算最低资本和实际资本，进行动态偿付能力测试。保险公司应当以风险为基础评估偿付能力。

保险公司的最低资本，是指保险公司为应对资产风险、承保风险等风险对偿付能力的不利影响，依据中国保监会的规定而应当具有的资本数额。

保险公司的实际资本，是指认可资产与认可负债的差额。认可资产是保险公司在评估偿付能力时依据中国保监会的规定所确认的资产。认可资产适用列举法。认可负债是保险公司在评估偿付能力时依据中国保监会的规定所确认的负债。

保险公司应当按照中国保监会的规定进行动态偿付能力测试，对未来规定时间内不同情形下的偿付能力趋势进行预测和评价。

(2)偿付能力报告。保险公司应当按照中国保监会制定的保险公司偿付能力报告编报规则及有关规定编制和报送偿付能力报告，确保报告信息真实、准确、完整、合规。保险公司偿付能力报告包括年度报告、季度报告和临时报告。保险公司应当按照中国保监会的规定，及时报送偿付能力报告。

保险公司在定期报告日之外的任何时点出现偿付能力不足的，保险公司董事会和管理层应当在发现之日起5个工作日内向中国保监会报告，并采取有效措施改善公司的偿付能力。

保险公司发生下列对偿付能力产生重大不利影响的事项的，应当自该事项发生之日起5

个工作日内向中国保监会报告：重大投资损失；重大赔付、大规模退保或者遭遇重大诉讼；子公司和合营企业出现财务危机或者被金融监管机构接管；外国保险公司分公司的总公司由于偿付能力问题受到行政处罚、被实施强制监管措施或者申请破产保护；母公司出现财务危机或者被金融监管机构接管；重大资产遭司法机关冻结或者受到其他行政机关的重大行政处罚；对偿付能力产生重大不利影响的其他事项。

保监会可以根据监管需要，调整保险公司偿付能力报告的报送频率。保险公司应当根据国家法律、行政法规和中国保监会的规定，公开披露偿付能力状况。

(3)偿付能力的监督检查采取现场监管与非现场监管相结合的方式。中国保监会对保险公司偿付能力的监督检查采取现场监管与非现场监管相结合的方式。非现场监管是指，中国保监会对保险公司报送的偿付能力报告进行审查，或中国保监会委托中介机构对保险公司报送的偿付能力报告及相关信息实施审查，以及中国保监会在每季度结束后，根据保险公司报送的偿付能力报告和其他资料对保险公司偿付能力进行分析。

此外，中国保监会还会定期或者不定期对保险公司偿付能力管理的下列内容实施现场检查：①偿付能力管理的合规性和有效性；②偿付能力评估的合规性和真实性；③对中国保监会监管措施的执行情况；④中国保监会认为需要检查的其他方面。

(4)对偿付能力实施分类监管。中国保监会根据保险公司的偿付能力状况将保险公司分为三类，实施分类监管。

①不足类公司，指偿付能力充足率低于100%的保险公司。对于不足类公司，中国保监会应当区分不同情形，采取下列一项或者多项监管措施：责令增加资本金或者限制向股东分红；限制董事、高级管理人员的薪酬水平和在职消费水平；限制商业性广告；限制增设分支机构，限制业务范围，责令停止开展新业务、责令转让保险业务或者责令办理分出业务；责令拍卖资产或者限制固定资产购置；限制资金运用渠道；调整负责人及有关管理人员；接管；中国保监会认为必要的其他监管措施。

②充足Ⅰ类公司，指偿付能力充足率在100%～150%之间的保险公司。对于该类保险公司，中国保监会可以要求其提交和实施预防偿付能力不足的计划。该类公司中存在巨大偿付能力风险的，中国保监会可以要求其进行整改或者采取必要的监管措施。

③充足Ⅱ类公司，指偿付能力充足率高于150%的保险公司。充足Ⅱ类公司存在重大偿付能力风险的，中国保监会可以要求其进行整改或者采取必要的监管措施。

对于未按本规定建立和执行偿付能力管理制度的保险公司，中国保监会可以要求其进行整改，情节严重的，可以采取相应的监管措施，并依法给予行政处罚。

(5)外国保险公司在华分支机构的并表监管。《保险公司偿付能力管理规定》要求在中国境内设有多家分公司的外国保险公司应当合并评估境内所有分支机构的整体偿付能力；在中国境内有多家分公司的外国保险公司应当指定一家在华分公司作为主报告机构，负责履行本规定的报告责任。此外，中国保监会对外国保险公司在境内分支机构的偿付能力实施合并评估，偿付能力监管措施适用境内所有分支机构。

3. 以风险为基础的动态偿付能力监管框架

《保险公司偿付能力管理规定》还建立了与国际趋同的、以风险为基础的动态偿付能力监测、防范系统。

新规定要求偿付能力评估、报告、管理、监督都是以风险为导向：在评估方面，要求保险公司应当以风险为基础评估偿付能力；在报告方面，要求保险公司披露内部风险管理情况和面临的风险;在管理方面,明确提出偿付能力管理是保险公司的综合风险管理,要求保险公司建立内部风险管理机制,防范各类风险;在监督方面,通过对公司风险进行综合评价,采取不同的监管措施。

新规定建立了动态偿付风险监测、防范体系,确立了由年度报告、季度报告和临时报告组成的偿付能力报告体系,并要求保险公司进行动态偿付能力测试,对未来规定时间内不同情形下的偿付能力趋势进行预测和评价,从而使监管部门可以及时监测保险公司偿付能力变化情况,采取监管措施。

2012 年 4 月,保监会正式启动了第二代偿付能力监管制度体系(该体系的中文全称为“中国风险导向的偿付能力体系”,以下简称“偿二代”)的建设工作,计划用 3～5 年的时间建设一套既与国际接轨,又符合国情的中国第二代偿付能力监管制度体系。2013 年 5 月 3 日,中国保监会正式发布《中国第二代偿付能力监管制度体系整体框架》(以下简称《整体框架》),《整体框架》由制度特征、监管要素和监管基础三大部分构成,这三大部分密切联系、相互依恃,构成一个有机统一的完整体系。

1. 制度特征

制度特征包括统一监管、新兴市场、风险导向兼顾价值三大部分。

(1)统一监管。我国保险市场是全国统一监管,这与美国以州为单位和欧盟以成员国为单位的分散保险监管体制有重要区别,我国偿二代不用考虑分散监管导致的复杂技术和制度安排,可以简化监管机制,提高监管效率;与此同时,偿二代也会考虑到地区之间的差异和协调。

(2)新兴市场。《整体框架》充分考虑了我国作为新兴保险市场的特征,更加注重保险公司的资本成本,提高资本使用效益;更加注重定性监管,充分发挥定性监管对定量监管的协同作用;更加注重制度建设的市场适应性和动态性,以满足市场快速发展的需要;更加注重监管政策的执行力和约束力,及时识别和化解各类风险;更加注重各项制度的可操作性,提高制度的执行效果。

(3)风险导向兼顾价值。偿二代以风险为导向,全面、科学、准确地反映风险,识别和守住行业不发生系统性和区域性风险的底线。同时,资本要求标准将兼顾保险业资本使用效率,有效提升保险公司的个体价值和保险行业的竞争力。

2. 监管要素

监管要素包括定量资本要求、定性监管要求、市场约束机制三个支柱。

(1)第一支柱——定量资本要求。主要防范能够量化的风险,通过科学地识别和量化各类风险,要求保险公司具备与其风险相适应的资本。主要包括五部分内容:第一支柱量化资本要求、实际资本评估标准、资本分级、动态偿付能力测试和第一支柱监管措施。在第一支柱中,引入了宏观审慎监管资本要求和调控性资本要求,在技术原则中建立了体现新兴市场特征的资产负债评估原则。

(2)第二支柱——定性监管要求。这是在第一支柱的基础上,进一步防范难以量化的风险。主要包括四部分内容:风险综合评级、保险公司风险管理要求与评估、监管检查和分析、第二支柱监管措施。在第二支柱中,建立风险综合评级制度,将操作风险纳入第二支柱。

(3)第三支柱——市场约束机制。引导、促进和发挥市场相关利益人的力量,通过对外信息披露等手段,借助市场的约束力,加强对保险公司偿付能力的监管。一是通过对外信息披露手段,充分利用除监管部门之外的市场力量,对保险公司进行约束;二是监管部门通过多种手段,完善市场约束机制,优化市场环境,促进市场力量更好地发挥对保险公司风险管理和价值评估的约束作用。在第三支柱中，不仅强调公开信息披露要求，同时注重对市场约束机制相关主体的培育和引导。

3. 监管基础

监管基础是指公司内部偿付能力管理，建立外部偿付能力监管与公司内部偿付能力管理之间的激励相容机制。

《整体框架》坚持国际接轨与中国国情相结合的原则，遵循国际保险监督官协会的核心原则，借鉴欧美等国成熟有效的经验，坚持与国际监管接轨的大方向，主要体现在两个方面：一是监管的基本理念和基本原则与国际趋同；二是三支柱的主要内容包括定量监管、定性监管和市场约束，体现了国际偿付能力监管模式的变革趋势与共识，也与银行业的资本监管体系保持一致。同时，《整体框架》也充分考虑了我国保险业的发展实际，与我国国情相结合，建立了一套具有新兴市场代表性的偿付能力监管模式。

（二）市场行为监管

保险市场行为监管是指对保险人的经营活动过程所进行的监管。包括以下几方面：

1. 保险机构监管

国家对保险机构的监管主要体现在对保险机构组织形式、设立许可、市场退出以及外资保险公司的管理等方面，其依据是保险业法。

(1)保险机构的组织形式。保险机构的组织形式，各个国家和地区根据本国国情均有特别规定。如日本规定有株式会社（股份有限公司）、相互会社（相互公司）以及互济合作社三种组织形式，英国除股份有限公司和相互保险公司之外，还允许劳合社采用个人保险组织形式，中国台湾地区的保险机构组织形式包括股份有限公司和合作社两类。

(2)保险机构申请设立的许可。根据保险业专营的原则，任何机构和个人未经批准不得经营保险业，这是当今世界各国的普遍做法。根据我国《保险法》和《保险公司管理规定》，非经中国保监会批准，任何单位、个人不得在中华人民共和国境内经营或变相经营商业保险业务。在保险市场准入方面，目前各国大致有两种制度：一是登记制，即申请人只要符合法律规定的进入保险市场的基本条件，就可以提出申请，经政府主管机关核准登记后进入市场。对于符合条件的申请，政府主管机关必须予以登记。二是审批制，即申请人不仅必须符合法律规定的条件，而且还必须经政府主管机关审查批准后才能进入市场。对于符合条件的申请，主管机关不一定予以批准。我国《保险法》第六十七条规定："设立保险公司应当经国务院保险监督管理机构批准。国务院保险监督管理机构审查保险公司的设立申请时，应当考虑保险业的发展和公平竞争的需要。"可见我国对于保险市场准入采用的是审批制。

根据我国《保险法》和《保险公司管理规定》，设立保险公司需要经过申请、筹建和开业三个阶段。申请设立保险公司，申请人首先要向保险监管部门提出申请，提交相关文件资料，经批准后进行筹建。筹建完毕，再向保险监管部门提出开业申请，并提交相关文件资料。开业申请经核准后，由保险监管部门颁发经营保险业务许可证和法人机构许可证，并向工商行政管理机关办理登记，领取营业执照，才可营业。

(3)保险机构的停业解散监管。保险监管机构对保险企业监督管理的基本目标是为了保证保险公司的稳健经营、始终具备充足的偿付能力和避免保险企业破产，以保障被保险人的合法权益。当保险监管机构发现保险公司存在某些违法行为时，可以责令其限期改正，若保险公司在限期内未能改正，保险监管机构可以决定对保险公司进行整顿；对于严重违法违规的保险公司，保险监管机构可对其实行接管；被接管的公司已资不抵债的，经保险监管机构批准可依法宣告破产。一些国家的公司法、破产法对公司解散和清算的规定基本上都适用于保险业。保险公司依法破产的，破产财产优先支付其破产费用和共益债务后，按照下列顺序进行清偿：①所欠职工工资和劳动保险费用；②赔偿或者给付保险金；③所欠税款；④清偿公司债务。破产财产不足清偿同一顺序清偿要求的，按照比例分配。保险公司依法终止其业务活动，应当注销其经营保险业务许可证。

(4)外资保险机构的监管。外资保险机构是指外国保险机构在本国设立的分公司和合资设立的保险公司。对外资保险机构的监管，一般发达国家对此限制较少，而发展中国家为保护民族保险业，对外资保险机构的开业条件、经营业务范围、投资方向及纳税等都有严格要求。依据《中华人民共和国外资保险公司管理条例》和《中华人民共和国外资保险公司管理条例实施细则》对境内的外资保险公司进行监管。

2. 保险业务监管

保险业务监管主要包括经营范围的监管、保险条款和费率的监管、再保险监管等内容。

(1)经营范围监管。经营范围监管，是指政府通过法律或行政命令，规定保险机构所能经营的业务种类和范围，一般表现为以下两个方面：

一是金融业间(银行、保险、证券、信托业之间)的兼业问题。即是否允许保险人兼营保险以外的金融业务，或非保险机构经营保险业务；自美国颁布实施《1933年银行法》以后，世界上大部分国家均实行银行业、证券业和保险业之间分业经营、分业监管的体制，禁止混业经营。进入20世纪80年代以后，英国、日本、美国先后通过法案，取消或放宽跨行业经营的限制。但多数国家仍实行严格的分业经营制度。依我国现行法律规定，保险、证券、银行和信托必须分业经营。但随着银行与保险业的相互融合，金融产品的不断创新，我国金融市场上已出现一些金融控股公司，以设立银行、证券、保险子公司的形式进行兼业经营。例如，中国平安保险(集团)股份有限公司是中国第一家以保险为核心的，融证券、信托、银行、资产管理、企业年金等多元金融业务为一体的综合金融服务集团。

二是保险业内不同业务的兼营问题。即同一保险人是否可以同时经营性质不同的保险业务。目前，多数国家禁止保险公司同时从事性质不同的保险业务，具体规定随各国保险类别的划分标准不同而不同，但一般都是实行人寿保险和财产保险分业经营原则，即同一保险人不得同时兼营财产保险与人寿保险业务。原因在于财产保险与人寿保险的风险基础不同，导致两者的经营技术、承保手续、费率厘定、准备金计提、保险金给付、资金运用等迥然不同。为避免业务混乱，保证偿付能力，有必要实施产寿险分业经营。此外，各国一般不限制保险公司同时经营原保险和再保险业务，也在理论和实践上认可专业再保险人同时经营人寿再保险和财产再保险业务，我国也是如此。

我国《保险法》第八条规定："保险业和银行业、证券业、信托业实行分业经营、分业管理，保险公司与银行、证券、信托业务机构分别设立。国家另有规定的除外。"《保险法》第九十五条又规定："保险公司的业务范围：(一)人身保险业务，包括人寿保险、健康保险、意外伤害保险等保险业务；(二)财产保险业务，包括财产损失保险、责任保险、信用保险、保证保险等保险业务；(三)国务院保险监督管理机构批准的与保险有关的其他业务。保险人不得兼营人身保险业务和财产保险业务。但是，经营财产保险业务的保险公司经国务院保险监督管理机构批准，可以经营短期健康保险业务和意外伤害保险业务。"《保险法》第九十六条规定："经国务院保险监督管理机构批准，保险公司可以经营本法第九十五条规定的保险业务的下列再保险业务：(一)分出保险；(二)分入保险。"

2013 年 5 月 2 日，为规范保险公司业务范围管理，建立健全保险市场准入和退出机制，促进保险行业专业化、差异化发展，引导保险公司集约化、精细化经营，中国保监会以保监发[2013]41 号文印发《保险公司业务范围分级管理办法》，对保险公司的原保险业务范围实施监督管理。根据保险业务属性和风险特征，保险公司业务范围分为基础类业务和扩展类业务两级。

- 财产保险公司基础类业务包括以下五项：(一)机动车保险，包括机动车交通事故责任强制保险和机动车商业保险；(二)企业/家庭财产保险及工程保险(特殊风险保险除外)；(三)责任保险；(四)船舶/货运保险；(五)短期健康/意外伤害保险。财产保险公司扩展类业务包括以下四项：(一)农业保险；(二)特殊风险保险，包括航空航天保险、海洋开发保险、石油天然气保险、核保险；(三)信用保证保险；(四)投资型保险。
- 人身保险公司基础类业务包括以下五项：(一)普通型保险，包括人寿保险和年金保险；(二)健康保险；(三)意外伤害保险；(四)分红型保险；(五)万能型保险。人身保险公司扩展类业务包括以下两项：(一)投资连结型保险；(二)变额年金。

新设保险公司，只能申请基础类业务。保险公司获得基础类前三项业务经营资质后，方可申请增加扩展类业务，且每次不得超过一项，两次申请的间隔不少于六个月。

(2)保险条款监管。保险条款是保险人与投保人关于双方权利与义务的约定，是保险合同的核心内容。由于保险的专业性以及保险合同的附合性，对保险条款的监管有利于保护被保险人的利益；另一方面也可以避免保险人因竞争压力而被迫对投保人作出不合理的承诺，确保保险人的偿付能力。对保险条款的监管，首先是对条款内容的监管，即对保险标的、保险责任与责任免除、保险期限、保险价值与保险金额、保险费及缴费方式、保险赔款及保险金给付办法、违约责任和争议处理等内容的监管。此外，有些国家的监管机构还对条款的格式、文字和表述进行监管，要求保险条款用词准确，表述清晰。对保险条款的监管，主要是根据不同险种的重要性和技术特点，以保险条款的审批或备案方式实施。具体方式有以下几种：①由保险监督管理部门制定条款，所有经营该项保险业务的保险公司必须执行该条款；②由保险公司自行拟订条款，报经保险监督管理部门审批或备案后使用；③由保险公司自行拟订条款并使用，在使用一定时间后，报保险监管部门备案，保险监管部门接到备案后对条款进行审查，如发现其中有法律禁止项或危害社会公共利益项或显失公平项，则有权要求保险公司修改或终止执行该条款；④由保险同业协会依法制定保险条款。

(3)保险费率监管。各国保险监管机构对保险费率监管的目标是保证费率：①充足性，即费率必须充分反映实际损失和经营成本，不能因费率过低而影响保险公司的偿付能力；②合理性，即保险公司不能因追求过高利润而使用损害消费者利益的高费率；③公平性，即费率只能以风险为基础，相同的风险不得使用差别费率。因费率计算基础不同，各国对人寿保险和财产保险的费率监管采用不同的方式。对于寿险费率，多数国家并不直接加以控制。虽然各公司费率因竞争而略有高低之差，但制定寿险费率的数理基础是相同的，监管机构只要规定统一生命表及所依据的利率，并规定其提存准备金的计算方法，这样即便由各公司自定费率，差别也不会太大，监管机构只需加以间接控制即可。而对于财产保险，多数国家的费率监管要远比寿险来得严格，一般均规定经监管机构核定后方可使用。

我国《保险法》第一百三十六条规定："关系社会公众利益的保险险种、依法实行强制保险的险种和新开发的人寿保险险种等的保险条款和保险费率，应当报国务院保险监督管理机构审批。国务院保险监督管理机构审批时，应当遵循保护社会公众利益和防止不正当竞争的原则。审批的范围和具体办法,由保险监督管理机构制定。其他险种的保险条款和保险费率,应当报保险监督管理机构备案。”《保险公司管理规定》还进一步明确规定:保险公司拟订的长期人身保险条款保单预定利率等定价因素,应当符合中国保监会的有关规定。保险公司使用的保险条款和保险费率所采用的语言应当通俗易懂、明确清楚,便于理解。保险行业协会可以颁布财产保险或者人身保险条款示范文本。保险行业协会可以根据实际情况,公布指导性保险费率。

(4)再保险监管。一般而言,经济发达国家的保险业比较发达,保险市场比较成熟和完善,保险公司自律能力比较强,因此,国家对再保险很少直接干预,一般也没有法定再保险的规定。相反,发展中国家保险业较为落后,为控制保险公司的经营风险、防止保费过度外流,并扩大本国保险市场的承保能力,减少对外国公司再保险的依赖,一般都对法定再保险做出了规定。如我国 1995 年颁布实施的《保险法》曾规定,国内除人寿保险业务外的其他保险业务一律都要向中国再保险公司办理 20%的法定分保。根据我国加入 WTO 的承诺,我国将逐步取消法定再保险业务,并且在 2002 年修订的《保险法》中取消了法定再保险的规定。我国《保险法》第一百零二条规定:“经营财产保险业务的保险公司当年自留保险费,不得超过其实有资本金加公积金总和的四倍。”第一百零三条规定:“保险公司对每一危险单位,即对一次保险事故可能造成的最大损失范围所承担的责任,不得超过其实有资本金加公积金总和的百分之十;超过的部分,应当办理再保险。”《保险法》同时规定,保险公司应当按照国务院保险监督管理机构的规定办理再保险,并审慎选择再保险接受人。

3. 财务监管

保险公司的财务监管即对其资产和负债的监管,其中资产监管又涉及保险公司的资产价值认定和资金运用两个方面。负债监管则主要是针对准备金的监管。

(1)保险公司资产价值的认定一般遵循由财政部制定的通用会计准则以及行业会计制度,包括 2006 年我国新颁布的《企业会计准则》以及 1998 年颁布的《保险公司会计制度》。新的会计准则引入了公允价值计量的方法,规定对分红保险、投资连结保险、万能寿险、变额保险等保险合同衍生产品、投资性房地产、非共同控制下的企业合并、债务重组和非货币性交易等方面应采用公允价值进行计量。从而改变了原有会计准则下对资产认定所遵循的“历史成本”原则。

此外,基于偿付能力监管的考虑,保险公司应当按照中国保监会制定的保险公司偿付能力报告编报规则定期进行偿付能力评估,计算最低资本和实际资本,进行动态偿付能力测试。保险公司的实际资本,是指认可资产与认可负债的差额。认可资产是保险公司在评估偿付能力时依据中国保监会的规定所确认的资产,认可资产适用列举法。保险监管部门对保险公司认可资产的价值认定监管主要依据监管会计准则,即从 2004 年至今,保监会陆续颁布的偿付能力报告编报规则。

(2)资金运用监管。由于经济体制、金融市场、保险公司管理水平不同,各个国家对保险资金运用的监管方式和内容也不尽相同,但都强调安全性、流动性和收益性相结合的原则,并且保险资金运用监督管理的主要内容都是规定资金运用的范围、形式及投资形式的比例限度等。在国际上,保险资金运用的监管可分为两大类:一是以英国为代表的宽松型监管,主要由保险公司进行自我管理,国家对保险公司的资金运用不做具体规定,只要保险公司满足最低偿付能力标准,并依法按时将有关财务报表呈交贸工部,就可自行确定投资项目和范围。另一类是以美国为代表的严格型监管,一般通过立法来规定保险公司资金运用的方式与限额。美国各州都通过法律约束保险公司的投资行为，但各州的规定略有不同，如资金投向方面，有些州仅规定许可的投资品种；有些州则不仅列举允许投资的领域，而且明确禁止涉足的领域；有些州则仅列举禁止投资的范围。在各种投资工具的比例限额等方面，州与州之间也存在差别。

(3)准备金监管。由于准备金是履行未来债务的资金准备，如果计提不充足，就不能保证被保险人及时得到赔偿和给付。可见，准备金的提取直接关系到保险公司未来的偿付能力，因而各国监管机构均把对保险准备金的监管作为负债监管的核心内容。在各国的保险法规中，都有准备金提取的明确规定，且内容大体一致。我国《保险法》和《保险公司管理规定》都规定：保险公司应当根据保障被保险人利益、保证偿付能力的原则，提取各项责任准备金。保险公司提取结转责任准备金的具体办法由国务院保险监督管理机构制定。保险公司应当按照已经提出的保险赔偿或者给付金额，以及已经发生保险事故但尚未提出的保险赔偿或者给付金额，提取未决赔款准备金。

(三)公司治理及内控监管

国际保险监督官协会(IAIS)在2004年年会上首次提出将公司治理与偿付能力和市场行为并列为保险监管的三大支柱。完善保险公司治理结构是提高监管实效的需要。监管部门制定的防范化解风险的各项措施，最终要靠保险公司来执行，从而达到促进保险公司稳健经营的目的。国际保险监管的实践表明，公司自身的内控是有效监管的基础。只有保险公司具有健全的内控机制，保险监管才能达到事半功倍的效果。而完善的公司治理结构又是内控机制有效运行的前提，只有在完善的公司治理结构下，董事会和经理层才会更加重视内控机制，内控机制才能真正发挥作用。

我国保险公司的治理问题研究是随着改革开放以来我国保险业的飞速发展才逐渐开始的。在此期间，有些保险公司因为治理机制不完善而引发了“内部人控制”问题，威胁到公司的正常经营。2006年《国务院关于保险业改革发展的若干意见》中，公司治理结构监管与偿付能力监管、市场行为监管一并被列为保险监管的三大支柱。保险监管机构也开始高度重视保险公司的治理问题，随后颁布了一系列有关公司治理的法规文件。

中国人寿、中国人保和中国平安等大型保险公司的改制和境内外上市，促进了我国保险公司治理机制的不断完善。近十年来，我国保险公司在治理结构建设上取得了长足的成绩，主要表现为：初步建立了保险公司治理结构监管的制度体系；各保险机构已经初步建立了相对完善的公司治理机构；保险理论界致力于对公司治理的研究。与此同时，也不可否认，目前我国保险公司的治理结构仍然存在一些问题，包括：股权结构不合理，国有股比例过高、国有股所有者缺位所致的委托代理问题，严重影响公司治理机制的作用发挥；董事会的作用没有完全发挥，尤其独立董事形同虚设；监事制度不健全、执行不到位；激励约束机制不完善；外部治理机制的作用发挥有限等。

鉴于以上存在的公司治理问题，我国保险监管机构对规范保险公司治理结构提出如下意见：

(1)强化主要股东义务，对保险公司经营管理有较大影响的主要股东，应当具有良好的财务状况和持续出资能力，支持保险公司改善偿付能力，不得利用其特殊地位损害保险公司、被保险人、中小股东及其他利益相关者的合法权益。保险公司股东之间形成关联关系的，应当主动向董事会申报。保险公司应当及时向中国保监会报告股东之间的关联情况。

(2)加强董事会建设，包括明确董事会职责；强化董事职责；建立独立董事制度；设立专业委员会，包括董事会下设的审计委员会和提名薪酬委员会。

(3)发挥监事会作用。保险公司应当制定监事会工作规则,明确监事会职责,为监事会提供必要的工作保障。监事应当具备与其职责相适应的专业知识和工作经验,审慎勤勉地履行职责。监事会发现董事会决议违反法律法规或公司章程时,应当依法要求其立即改正。董事会拒绝或者拖延采取改正措施的,监事会应当提议召开临时股东大会。股东大会不接受监事会意见的,监事会应当向中国保监会报告。监事会应当每年将监事的尽职情况向股东大会报告,并同时报送中国保监会。

(4)规范管理层运作。包括健全运作机制;强化关键岗位(总精算师和合规负责人)职责;建立相关工作部门,包括审计部门、风险管理部门和合规管理部门。

(5)加强关联交易和信息披露管理。保险公司应当制定关联交易内部管理制度,并报送中国保监会备案。关联交易内部管理制度包括关联方的界定、报告与确认,关联交易的范围和定价方式,关联交易的内部审批程序、表决回避制度和违规处理等内容。保险公司应当按照相关法律、法规和监管规定披露财务、风险和治理结构等方面的信息,并保证披露信息的真实性、准确性和完整性。保险公司应当建立信息披露内部管理制度,指定专人负责信息披露事务。

(6)治理结构监管。包括对保险公司股东的资质以及董事、监事和高管人员的任职资格管理和培训;采用现场检查与非现场检查相结合的监管方式等。

三、保险中介市场的监管

保险中介市场主要是由保险代理人、保险经纪人和保险公估人等构成,他们充当保险人与投保人之间的桥梁,为相当部分的保险交易提供媒介,在保险市场上发挥着重要的作用,因而对中介人的监管也是保险监管的重要内容。对保险中介的监管主要包括机构管理、资格管理和业务经营管理三方面。

(一)保险代理人监管

我国《保险法》第一百一十七条规定:“保险代理人是根据保险人的委托,向保险人收取佣金,并在保险人授权的范围内代为办理保险业务的机构或者个人。保险代理机构包括专门从事保险代理业务的保险专业代理机构和兼营保险代理业务的保险兼业代理机构。”对保险代理机构主要进行机构管理,包括代理机构的设立、变更和终止。我国 2009 年 10 月 1 日起施行《保险专业代理机构监管规定》,其中规定:保险专业代理机构应当采取有限责任公司和股份有限公司的组织形式;设立保险专业代理公司,其注册资本的最低限额为人民币 5 000 万元,中国保监会另有规定的除外。保险专业代理公司的设立必须具备下列条件:(一)股东、发起人信誉良好,最近 3 年无重大违法记录;(二)注册资本达到《中华人民共和国公司法》和本规定的最低限额;(三)公司章程符合有关规定;(四)董事长、执行董事、高级管理人员符合本规定的任职资格条件;(五)具备健全的组织机构和管理制度;(六)有与业务规模相适应的固定住所;(七)有与开展业务相适应的业务、财务等计算机软硬件设施;(八)法律、行政法规和中国保监会规定的其他条件。对保险代理个人的监管一般采用资格管理制度,即要求个人代理人、保险代理机构的代理从业人员通过考试取得执业资格。如美国和加拿大均有严格的保险代理人考试制度,考试合格才能从事代理业务。美国除考试外,还要求保险代理人接受再教育,即每年参加由保险公司组织的培训,时间一般为 50 个工作时。我国已建立了保险代理人资格考试制度。此外,各国还就保险代理行为做出了规定,如代理人必须在授权范围内开展业务,越权代理造成的损失由代理人负责,代理人必须履行及时通报的义务等。我国《保险专业代理机构监管规定》第二十九条规定:“保险专业代理机构可以经营下列保险代理业务:(1)代理销售保险产品;(2)代理收取保险费;(3)代理相关保险业务的损失勘查和理赔;(4)中国保监会批准的其他业务。”

(二)保险经纪人监管

各国都十分重视对保险经纪人的监管,并就保险经纪人的从业资格、执业管理作了详尽的规定。我国《保险法》第一百一十八条规定:“保险经纪人是基于投保人的利益,为投保人与保险人订立保险合同提供中介服务,并依法收取佣金的机构。”2009 年 10 月 1 日《保险经纪机构监管规定》的施行,为我国保险经纪人制度的建立进一步奠定了法律基础。在这两部法规中,明确规定保险经纪人的组织形式为有限责任公司或股份有限公司,保险经纪公司的注册资本不得少于人民币 5 000 万元,且必须为实缴货币资本。保险经纪公司的设立条件与保险专业代理机构基本相同。从事保险经纪业务的个人必须参加保险经纪人员资格考试并取得“保险经纪从业人员资格证书”。保险经纪机构与保险代理机构一样,必须按注册资本的 5%缴存营业保证金,或按保监会的规定投保职业责任保险。保险经纪机构必须按规定向中国保监会定期报送业务和财务报表;在保险经纪活动中,经纪人必须遵守国家的有关法律、行政法规,遵循自愿、诚实信用和公平竞争的原则,不得损害委托人利益,不得兼营保险代理业务,不得使用不正当竞争手段和挪用、侵占保险费、赔款、保险金。《保险经纪机构监管规定》第三十条规定:“保险经纪机构可以经营下列保险经纪业务:(1)为投保人拟订投保方案、选择保险公司以及办理投保手续;(2)协助被保险人或者受益人进行索赔;(3)再保险经纪业务;(4)为委托人提供防灾、防损或者风险评估、风险管理咨询服务;(5)中国保监会批准的其他业务。”经中国保监会批准设立的外资保险经纪机构也适用《保险经纪机构监管规定》。

(三)保险公估人监管

世界各国对保险公估人都实施严格的监管,要求保险公估机构必须经保险监管机构审核批准,并向有关部门申请注册;具有法律规定的最低资本金。要求保险公估人员必须通过专门的资格考试,取得资格证书。我国 2009 年 10 月 1 日施行的《保险公估机构监管规定》规定:保险公估机构的组织形式为合伙企业、有限责任公司或股份有限公司,中国保监会依法对保险公估机构实施监督管理;保险公估机构的注册资本或者出资不得少于人民币 200 万元,且必须为实缴货币资本。其他设立条件与保险代理机构和保险经纪机构基本相同。在开展业务时,保险公估公司必须严格遵守国家的有关法律、行政法规,坚持独立、客观、公平、公正的原则,不得有弄虚作假、与客户串通等行为,不得向当事人出具虚假的公估报告。《保险公估机构监管规定》第三十条规定:“保险公估机构可以经营下列业务:(1)保险标的承保前的检验、估价及风险评估;(2)保险标的出险后的查勘、检验、估损理算及出险保险标的残值处理;(3)风险管理咨询;(4)中国保监会批准的其他业务。”

四、保险行业的自律管理

(一)保险行业自律的作用

保险行业自律是指保险行业通过行业协会或同业公会制定行业规范,要求协(公)会成员共同遵守,从而达到自我管理、自我约束的目的。行业自律能弥补政府行为的不足,协助政府对保险业的监督,保险行业协会因其特有的横向协调功能而在保险监管中发挥着重要作用。例如,英国政府认为必须对保险经纪人进行管理时,保险经纪人同业就自发成立了行业自律组织——保险经纪人(注册)委员会。在日本,民间的保险公会组织有“损害保险赔偿协会”和“人寿保险人协会”等。协会定期召开会议,互相交流经营经验,商讨形势,以便统一步骤,协调经营方针，维护保险市场秩序并改善经营成果。各保险协会或同业公会下设各专业小组，对不同专业进行更具体、更细致的研究，进一步规范业务的做法，在业务管理上增进协调和统一。有效的行业自律机制可以使保险市场既充满活力，又保持良好的市场秩序。同时，还可以避免国家过分强制性的干预。行业自律在保险市场监管中的作用主要表现在以下几个方面：

(1)代表会员对议会或政府的有关保险业管理立法施加直接或间接的影响；

(2)协调会员在市场竞争中的行为规范；

(3)制定统一的保单和条款；

(4)制定最低保险费率标准，避免破坏性竞争，政府亦往往以这种保险费率标准为其监督和管理的依据。

鉴于行业自律的独特优势，各国政府都十分重视发挥行业组织在保险监管体系中的作用。

(二)香港保险同业公会

香港保险业非常注重“自律管理”方式，并且取得了比较好的效果。目前，香港有 11 个保险同业组织，它们是香港保险联会、香港保险总会、香港寿险总会、华商保险公会、水险公会、火险公会、意外险公会、寿险公会、医疗保险公会、再保险论坛和经纪人公会，以上同业组织由各专业保险公司根据所需自由参加。各公会的会员公司必须依照所加入公会制定的费率、条款及其章程，出立保险单。根据习惯，公会会员公司不能接受非公会会员公司的分保业务。行业自律使同业营运有章可循，违章受罚，协调相互间的营运活动。

(三)中国保险行业协会

中国保险行业协会于 2000 年 11 月 16 日成立，它是一个经民政部门登记注册的社团法人，由具有法人地位的国有保险公司、股份制保险公司和中外合资保险公司组成，其职责是：(1)制定保险行业共同遵守的行业自律规则；(2)督促会员贯彻执行各项金融法规、政策，辅助国家保险监管部门实施国家对保险业的监督和管理；(3)规范同业间的竞争，协调各会员之间的矛盾和争议，接受保险当事人的咨询；(4)代表保险人利益沟通与保险监管部门及其他政府部门的联系，反映保险人的共同愿望和建议；(5)促进中国保险业和国外保险业联系和交往；(6)组织对中国保险业发展的调查研究和信息交流活动；(7)初审保险条款和保险费率；(8)接受保险监管部门委托办理的事项。协会下设寿险、产险、中介、精算师四个工作委员会。

目前在我国，除了中国保险行业协会外，有 3 家以上保险公司分公司的地区也可以成立地区保险行业协会。目前，全国已有 2/3 以上的省、自治区、直辖市成立了地区保险行业协会。这些协会对于沟通保险信息、加强行业自律，起着越来越重要的作用。

复习思考题

1. 概述保险市场的特点和构成要素。
2. 试述保险市场模式的一般种类以及我国保险市场的模式选择。
3. 简述价格机制、供求机制和竞争机制在保险市场上的特殊作用。
4. 衡量一国保险市场发展程度的四个指标是什么？
5. 比较股份保险公司和相互保险公司的主要区别。
6. 我国保险市场上现行的保险组织形式有哪些？
7. 试述外国保险公司分支机构的法律特征。
8. 概述影响保险市场供给和需求的因素。
9. 利用需求弹性来分析费率变动对保费收入的影响。

10. 概述保险市场监管的目标、原则和方式。

11. 概述保险公司市场监管的主要内容。

12. 简述我国对保险公司偿付能力监管的主要内容。

13. 概述保险中介人市场监管的主要内容。

14. 简述保险行业自律的概念和作用。

第九章

保险经济学

第一节 保险经济学概述

一、保险经济学的发展概况

虽然经济学已经有悠久的发展历史，但保险经济学的起步却相当晚，理论还不太成熟，正处于不断发展和推广的过程中。

从时间上看，规范的保险经济学研究开始于20世纪60年代。虽然人们早已认识到经济活动普遍存在风险性，但传统的经济学理论中，确定性模型占主导地位。比如，在1960年之前，经济学文献中就缺乏对保险市场各种经济主体行为的分析和研究。在60年代初，肯尼斯·阿罗(K. J. Arrow)等人关于经济中风险和不确定性的研究著作揭开了保险经济学研究的序幕，而且阿罗关于在不确定条件下的分析框架和理论成为了保险经济学的先驱。

从发展进程及其研究内容方面来看，保险经济学起始于不确定性经济的研究，随着不确定性经济理论在保险市场相关领域中的应用和深入而不断完善。从这一角度看，保险经济学最早可追溯到20世纪40年代。事实上，下面的这些事件可以列为保险经济学发展的重要里程碑：

1947年，现代效用理论的创始人冯·诺依曼和摩根斯坦提出了期望效用理论。如同效用理论是一般经济学的分析基础一样，期望效用理论提供了不确定环境下的一种基本分析思路，也成为保险经济学的基本原理。

1948年弗里德曼和萨维奇将期望效用理论应用于对人们的风险态度的分析。我们将在下一节扼要介绍这些分析方法及其在保险市场的直接应用。

1953年阿罗进行了不确定条件下的一般均衡分析，并在1963年进一步分析了道德风险、逆向选择和交易成本对风险转移的影响。

1962年卡尔·博尔奇(Karl Borch)提出了关于帕累托最优风险交易的理论——博尔奇定理，该理论为帕累托最优风险交换提供了条件。博尔奇以后的工作还将期望效用理论应用于保险业，论证了怎样用保险人的风险厌恶特征来解释部分投保人的保险需求行为。

1964年，普拉特深入研究了风险厌恶问题。

1968年，莫森(Mossion)提出了莫森悖论，由此，保险经济学的研究一步步走向深入。

1973年，国际保险经济学研究会(日内瓦协会)成立。

之后，保险经济学的研究得到快速的发展，而且保险经济学与其他各种学科开始互相渗透、互相推进，比如，博弈论、信息经济学的研究方向的引入，精算技术和计算机技术的发展为保险经济学的研究提供了强劲的推动力。

2002年普林斯顿大学心理学系丹尼尔·卡尼曼教授与乔治·梅森大学的实验经济学家弗农·史密斯教授分享了当年的经济学奖。其中卡尼曼教授的主要工作是探讨不确定条件下人的决策行为。

二、保险经济学及其主要内容

究竟什么是保险经济学？保险经济学与一般经济学是什么关系？保险经济学所研究的对象和内容是什么？保险经济学的研究具有什么意义？我们认为认识保险经济学最简单的方法就是将保险经济学与一般经济学进行对比分析，了解它们的相似之处与不同方面。

(一)保险经济学的含义

保险经济学是经济学的一个分支，是用一般经济理论研究有关保险领域问题的一门学科。一般经济学研究的是社会中的个人、厂商、政府和其他组织是如何进行选择、如何使用相对稀缺的资源来满足无限的、多样化的需求。保险经济学主要是研究社会中的个人、保险公司、非保险类企业、政府及其他组织如何在保险市场上进行选择，如何在各种风险条件下或者在各种不确定环境中来有效配置各种稀缺资源(包括物质资源和人力资源)，实现保险市场相关资源的最优配置。

一方面，就像其他经济学分支一样，保险经济学的重要内容之一就是一般经济学的思想和原理在保险市场的应用；另一方面，保险市场具有自身的特殊性和规律性，需要引入新的思想和理论。可以说，一般经济学与保险市场研究的新思想的融合便形成了独特的保险经济学。

1. 保险经济学是有关保险市场中的“选择”科学

我们有时简称经济学是有关“选择”的科学，它研究各种经济主体如何在一般商品市场进行选择，如何决策。类似的，保险经济学的核心就是研究保险市场中各种经济主体如何在不确定性条件下进行“选择”，如何用科学的思想来分析影响选择决策的方面。

一般商品市场中的商品是多种多样的，可以是有形商品，如食品、电脑、图书，也可以是服务，如看电影、足疗、银行存款等；保险也是一种特殊的服务型商品。在保险市场，保险公司是保险这种服务性产品的供给者；个人、企业及其他组织机构(包括政府机构)是保险产品的需求者。保险公司与政府机构在保险市场的角色具有两重性。在原保险市场，保险公司是保险产品的提供者；在再保险过程中，保险公司则充当着保险产品的需求者。政府是保险产品及其市场行为的监管者，当然有时政府作为消费者也可能是保险产品的需求者。

如同一般商品市场，保险市场也涉及各种各样选择问题，需要人们找到最佳的解决方案。例如：

作为保险产品供给者的保险公司(类似于一般产品的生产者)将面对的选择问题主要有：应该提供什么样的保险产品？所提供的保险产品应该面向哪些顾客群体，或者保险市场应如何定位？发行的保险产品数量应该多少？或者承保规模或保费自留规模应多大？如何设计、开发和销售这些保险产品？通过什么途径或由谁来代理销售保险产品？……

作为保险产品需求者的个人、企业及其他组织，他们将面临的选择问题有：如何根据自身的风险程度和经济状况选择购买什么样的保险产品？什么样的保险组合是最好的？如何在不同的风险转移工具(包括保险)间进行取舍？比如，对于某种特定风险，是应该购买保险来转移还是应该采取风险自留方式自己承担损失后果？……

政府主要是作为保险市场的监管者，经常是充当维护保险消费者(即投保人)的利益的角色。作为监管者，政府应为保险市场设立什么样的监管制度？应采取什么样的监管方式？是直接控制还是间接调控？或者什么样的监管方式和监管机制是有效的？由谁来监管最合适？等等。

这些决策问题或者选择性问题都是保险经济学应该研究的基本问题。

2. 保险经济学的特殊性

(1)保险商品的特殊性。保险产品与一般商品具有许多不同的方面。

一般商品在人们的消费过程中产生使用价值。比如，食品消费让我们养精蓄锐、支持生命；服装消费让我们防寒保暖、产生美感；咨询服务让我们获得智慧和技术，更加精明能干。然而，保险没有消费过程，是通过转移风险带来安全感而产生使用价值。保险是在现时支付一定货币，换取未来财务安全、免遭损失的一种承诺协议，被保险人没有消费过程，只有立即支付和回报的等待；未来的损失是不确定的，因此现时的付出能否获得回报也是不确定的。

一般商品和服务是等价商品，然而保险合同是不等价交易合同，是一种射幸合同。在订立保险合同时，只有投保人一方交付保险费，而保险人只承诺对未来保险事故承担合同约定的赔偿责任；未来是否会发生保险事故是不确定的，因此保险人是否履行赔偿或给付的义务也是不确定的；如果被保险人没有发生保险事故，那么保险人获得保费收入，但不会有赔付或给付支出；当然如果保险事故确实发生了，保险赔付可能远远大于投保人所支付的保费支出。

保险合同的不对价性，使保险市场产生一些固有的风险，如道德风险、逆向选择风险。这些风险极大制约着保险市场运行的机制和发展。因此，保险经济学需要研究这些风险产生的机理，需要研究控制这些风险滋生的机制和方法。

(2)研究方法的特殊性。保险市场交易的对象是风险，其核心职能就是转移风险。承保对象是否发生保险事故是不确定的；即使发生保险事故，损失的大小以及索赔发生的时间也是不确定的。因此，保险市场涉及的问题就是不确定性条件下的决策问题，不确定经济学在保险市场就具有应用空间，尤其是随机分析和随机模型也就成为了保险经济学的关键技术。

总之，保险市场由于其自身的特殊性和规律性，需要特定的分析方法，因而保险经济学又具有许多自身的研究思想和原理。这些原理包括随机控制理论、期望效用理论(expected utility theory)、序效用理论(rank-dependent utility theory)和对偶理论(yaari'dual theory)等。这些理论不但给出了在一般不确定环境下的决策原则，而且也为保险经济学的发展与完善提供了理论基础，为保险市场相关问题的研究提供了基本的分析框架，为各种条件下的保险精算定价提供了一般原则，为再保险和分保方式的选择提供了基本的思路，也为解决巨灾风险的可保性问题提供了理论上的支持。

(二)保险经济学的主要内容

保险经济学研究的内容是宽泛而复杂的。现有的研究包括(而不局限于)以下方面：保险需求行为的研究；保险市场供给理论的探讨；保险中介市场及其行为分析；保险市场及其资源有效配置的研究；保险市场的道德风险、逆向选择和交易成本及其影响问题的研究；保险定价、价格行为的变化规律的研究；保险市场周期的研究；保险市场结构与保险规模经济的研究；保险市场的竞争性及其一般均衡问题的研究；保险市场与外部市场(如资本市场、货币市场、商品市场、衍生品市场)的互相制约关系的研究；保险、消费和投资组合决策的综合研究；自保和保险最优选择问题的研究；保险市场监管体制及其有效性的研究；等等。

不过在本章中，我们只简单介绍期望效用理论及其在保险需求方面的应用；对于其他理论及其应用，读者可以参阅专门的保险经济学或其他有关风险管理方面的文献。

本章其余部分的内容安排是：在第二节，介绍有关期望效用理论的基本概念，主要涉及效用、效用函数和风险偏好；在第三节，介绍几种在不确定条件下的决策准则以及它们的直接应用；在第四节，简要介绍如何使用期望效用理论来分析个人保险需求行为；在最后一节，阐述企业保险需求与个人保险需求的差异，并分析企业保险需求的动机和影响因素。

第二节　效用函数与风险偏好

如同效用理论是一般经济理论的分析基础一样，期望效用理论是不确定状态下经济分析的基础，也是保险经济学的分析基础。在此，我们先介绍与期望效用理论相关的基本概念——效用和效用函数，然后用这些概念来定义消费者（在保险经济学中，主要指投保人）的风险偏好，最后介绍期望效用理论及其在不确定状况下风险管理决策中的应用。

一、效用与效用函数

（一）效用

为了叙述方便，这里只考虑个体决策主体，称他们为消费者；在保险市场中，被消费的商品是保险，消费者就是投保人。当消费者意识到自身的资产的未来结果是不确定的，可能因遭受某种意外事故降低其价值，他该如何采取一些事前措施？是否愿意为避免这些意外事故带来经济损失而购买保险？如果希望购买保险，他将会选择什么样的保险方式？是足额保险，还是部分保险？促使消费者进行合理选择、理性决策的关键要素就是消费者的效用和效用函数。

效用是指消费者从消费某种商品中所感到的满足。如果这种商品是保险，作为投保人的消费者通过购买保险将所拥有的资产面临的风险转移给了保险公司，从而能减少忧虑、能得到一定的满足，这种满足感或满足的程度就是投保所获得的效用。比如说，一个汽车司机，有妻子儿女，是一家的经济支柱；他担心自己万一遭受意外事故而导致伤残或死亡，妻子儿女将失去生活依靠，他决定购买人身意外伤害保险，将妻子儿女作为保险受益人。一旦他真的在某一保险责任事故中伤残或死亡，他的妻子儿女将能从保险公司获得一笔保险金，能够得到部分的经济保障。这种保险将减少汽车司机的后顾之忧，增加他的效用。也就是说，保险能通过转移风险来减少投保人的忧患，增加投保人的效用。

不过保险需要缴纳保费，需要预付费用，并且，当保险责任事故不发生时，这些费用不能返还。因此，保险也可能会降低投保人的财富水平，从而部分降低投保人的效用水平。因此，消费者是否购买保险就取决于保险相应的保障水平所带给消费者的效用增加与保险支出引起的效用减少的综合效果。

（二）效用函数

消费者的财富水平和消费选择行为（如投保行为）以及所处的经济环境等都将影响消费者的效用。在简单的分析模型中，我们只考虑两个影响效用的因素，即，财富水平和相应的风险程度。导致财富水平提高的消费行为将促使效用增加；导致风险增加的消费行为则促使效用减少。也就是说，消费者的效用大小取决于消费者的财富水平和所面临的风险状况。效用水平与财富水平和风险水平的这种关系被称为效用函数。

购买保险能降低投保人的风险水平，因而保险有助于增加投保人的效用。保费支出又将降低投保人的财富水平，因而保险业具有减少投保人效用的压力。这样，投保人的效用函数有两个重要的决定因素，即保费率和保险保障水平。

为了简单起见，我们用风险资产的概念来代表这两种因素的综合结果，用风险资产大小 w 来代表一定风险状况下的财富水平，$U(w)$表示相应于一定风险资产水平 w 的效用值。一个消费者（或投资人）的任何经济决策行为可能导致他的财富水平的改变和风险程度的变化，这时 w 代表了消费者进行某种经济行为后所处的财富水平（隐含一定风险），$U(w)$是消费者从这种财富水平中得到的效用值，$U(w)$就是该消费者的效用函数。消费者面临某种风险，风险损失的结果是不确定的，消费者的财富水平将随不同的损失结果而不同，因而消费者的效用大小也随损失结果的不同而改变。

（三）简单保险效用模型

假设 w_0 是消费者（潜在投保者）的初始财富水平，是一个不变常数，x 是消费者所面临的风险可能带来的损失价值，那么 $w=w_0-x$ 就是该消费者在不确定环境下的财富水平，即风险资产的价值。x 是随机变量，从而 w 也是随机变量，并且是随机变量 x 的线性函数，其效用函数 $U(w)=U(w_0-x)$也是随机变量，并且只随损失价值 x 的变化而变化。

如果该保险消费者购买了一种足额保险，即通过支付一定保费 p，能让保险人承担这种风险的全部损失 x，那么保险使该消费者的财富免遭损失价值 x 变动的影响，维持在不变的水平：$w=w_0-p$。可见，保险能使消费者的效用水平免除损失的影响。

二、风险偏好

面对风险的消费者是否乐意购买保险来将风险转移给保险公司，取决于消费者对风险的偏好。风险偏好是用以反映一个消费者面对风险的处事态度。通常将消费者的风险偏好分为三大类，即风险厌恶型、风险喜好型和风险中立型。

用以定义和衡量风险偏好的方法有许多，例如，均值—方差方法、效用函数方法等，普遍被接受的是效用函数方法。下面我们采用效用函数的描述方法来给出这三类风险偏好的含义。

（一）风险厌恶型

如果一个消费者的效用函数 $U(W)$的两阶导数 $U''(w)$小于 0，我们就称其为风险厌恶型消费者，简称风险厌恶者。

风险厌恶者的效用函数是财富的严格凹函数（如图 9—1 所示）。而且，由 $U''(w)<0$ 很容易推知，对给定的财富状态 w 和任意一个增量 x，成立不等式：

$$U(w+x)-U(w)<U(w)-U(w-x)$$

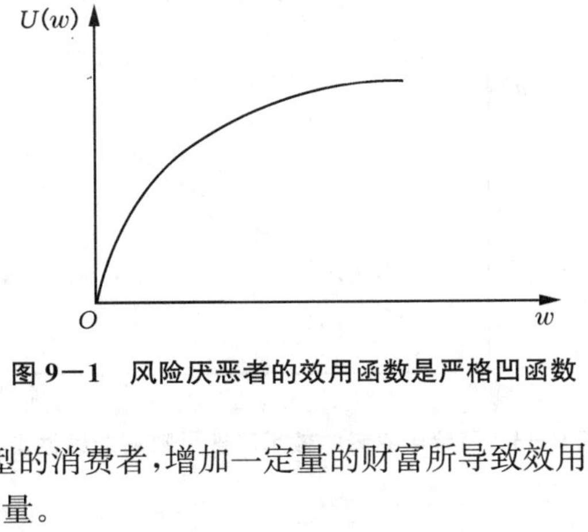

图 9—1　风险厌恶者的效用函数是严格凹函数

可见，对于风险厌恶型的消费者，增加一定量的财富所导致效用的增加量要低于减少一定量财富所导致效用减少的量。

具体来说，假设一个消费者现有财富 100 万元，在他面前有一公平的赌博：抛掷一枚均衡的硬币一次，如果正面朝上，他可获得 1 万元；如果反面朝上，他将失去 1 万元。如果他接受这场赌博，而且不需要支付其他费用，那么他的财富水平将会发生 1 万元的变化：硬币正面朝上时，财富水平达到 101 万元；硬币反面朝上时，财富水平降至 99 万元。既然是公平赌博，参与赌博者赢得 1 万元钱与损失 1 万元钱的概率都是 50%。如果该消费者是风险厌恶者，他就不会参与这种赌博。因为增加 1 万元钱所带来效用的增加将少于减少 1 万元钱导致效用的减少，他的期望效用的改变量一定是负数；或者说，如果他参与这场赌博，他的期望效用将减少。

在后面有关期望效用理论的应用中我们还将看到风险厌恶型消费者对保险产品所持有的态度。

(二)风险喜好型

风险喜好者与风险厌恶者对投资赌博收益和损失的评价截然相反。风险喜好型认为投资导致增加 1 单位财富的价值要高于减少，单位财富的价值。如果是风险喜好者面对上面的公平赌博，他会乐意参加，因为他认为增加 1 万元带来的效用增加值要大于减少 1 万元导致效用减少的价值。因此，风险喜好型的效用函数满足条件 $U''(w)>0$，是一个凸函数，如图 9－2 所示。

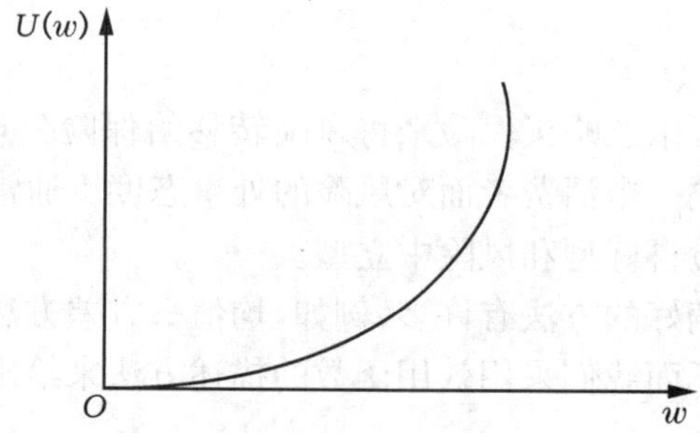

图 9－2　风险偏好者的效用函数是严格凸函数

(三)风险中立型

风险中立型投资者认为，增加一单位财富带来的效用增加的价值与减少一单位财富所降低的效用价值是相同的，因此对于是参加一个公平的赌博还是维持现状感到是无所谓的。风险中立者的效用函数满足条件 $U''(w)=0$。也就是说，中立者的边际效用是一个常数，见图 9－3。

图 9－3　风险中立者的效用函数是财富的线性函数

以上是从静态分析角度对风险偏好划分的三种类型。下面再介绍两种依赖时间和状态的风险偏好类型，即状态依赖型和整体风险厌恶型。

（四）状态依赖型

消费者的风险偏好往往随着财富水平的变化而变化。例如，经济不宽裕的消费者比那些相对富有的消费者更害怕遭受经济损失，当消费者从贫穷变为富有时，他的风险偏好也将发生改变，可能会从风险厌恶型转向风险喜好型；一个财大气粗的人遭受几次重大经济损失之后，在财富不断缩水的过程中，也可能会从风险喜好型转向风险厌恶型。

也就是说，消费者的效用函数的特点可能会发生变化。如果效用函数随消费者所处的状态和环境的变化而变化，那么我们就称这种效用函数为状态依赖型效用函数。

（五）整体风险厌恶型

如果一个消费者的效用函数满足条件：对于所有的财富状态 w，都有：$U''(w)<0$。也就是说，消费者的效用函数处处呈凹型状态，我们就称该消费者是整体风险厌恶型的。

三、风险厌恶程度

通常用效用函数的凹凸程度来描述消费者对风险的厌恶程度和喜好程度。如前所述，当效用函数是凹函数，它的两阶导数 $U''(w)<0$，相应的消费者是风险厌恶者；效用函数 $U(w)$ 凹的程度越大，我们说该消费者对风险就越厌恶。我们通常采用绝对风险厌恶度和相对风险厌恶度来描述消费者风险厌恶的程度。以下是几种表述方法。

（一）风险厌恶度的阿罗—普拉特测度方法

如果 $U(w)$ 是一消费者的效用函数，令

$$A(w)=-\frac{U''(w)}{U'(w)}$$

称 $A(w)$ 为该消费者的绝对风险厌恶度，它是效用函数的两阶导数与一阶导数之比值。

令

$$R(w)=-w\frac{U''(w)}{U'(w)}$$

称 $R(w)$ 为消费者的相对风险厌恶度。

以上称为绝对风险厌恶和相对风险厌恶的阿罗—普拉特测度方法（Arrow-Pratt measure）。虽然这种方法有些抽象而且并不精确，但是它们确实可以用来反映消费者对风险厌恶的敏感程度，是普遍接受的测度方法。

假设 $U_A(w)$ 和 $U_B(w)$ 分别是消费者 A 和消费者 B 的效用函数，$A_A(w)$ 和 $A_B(w)$ 分别是消费者 A 和消费者 B 的绝对风险厌恶度。如果它们满足条件：

$$A_A(w)>A_B(w)$$

我们就称消费者 A 比消费者 B 具有更大的绝对风险厌恶度。

如果用 $R_A(w)$ 和 $R_B(w)$ 分别表示消费者 A 和消费者 B 的相对风险厌恶度，且它们满足条件：

$$R_A(w)>R_B(w)$$

我们就称消费者 A 比消费者 B 具有更大的相对风险厌恶度。

（二）绝对风险厌恶度和相对风险厌恶度的变化

假设某消费者的效用函数为 $U(w)$，相应的绝对风险厌恶度为 $A(w)$，相对风险厌恶度为 $R(w)$。表 9－1 反映了绝对风险厌恶度和相对风险厌恶度的变化与 $A(w)$ 和 $R(w)$ 的关系。

表 9—1 绝对风险厌恶度和相对风险厌恶度的变化与 $A(w)$ 和 $R(w)$ 的关系

变化	绝对风险厌恶度	相对风险厌恶度
递增	$A'(w)>0$	$R'(w)>0$
不变	$A'(w)=0$	$R'(w)=0$
递减	$A'(w)<0$	$R'(w)<0$

这就是说：当 $A'(w)<0$ 时，称该消费者具有递减的绝对风险厌恶度；当 $A'(w)=0$ 时，称该消费者具有不变的绝对风险厌恶度；当 $A'(w)>0$ 时，称该消费者具有递增的绝对风险厌恶度；$R'(w)>0$ 对应着递增的相对风险厌恶度；$R'(w)=0$ 对应着不变的相对风险厌恶度；$R'(w)<0$对应着递减的相对风险厌恶度。

1. 不变风险厌恶

不变风险厌恶对应着 $A'(w)=0$ 或 $R'(w)=0$。或者说，绝对风险厌恶度为常数。这表明消费者资产的变化或财富水平的改变不会引起他对风险偏好的改变。特别地，对于特定的风险，消费者采用保险来转移这种风险时所愿意支付的保险费率不会随他的财富水平的变化而变化。

2. 递增(递减)风险厌恶

如果 $A'(w)>0$(或<0)或 $R'(w)>0$(或<0)，相应的消费者表现出递增(相应的，递减)风险厌恶，$A'(w)>0$ 对应递增(或递减)绝对风险厌恶；$R'(w)>0$(或<0)对应递增(或递减)相对风险厌恶。递增还是递减绝对厌恶依赖于消费者的财富水平。一般情况下，当人们越来越富裕时，会表现出递减的绝对风险厌恶度。因此，当消费者的财富越来越多时，对于给定的风险损失程度，用保险来转移这种风险，他所愿意支付的保险费率就会越来越低。不过，如果随着时间的推移，效用函数没有改变，而且相对风险厌恶度 $r(w)$ 是递减的，那么当他的财富增加时，他的资产面临的总体风险也会增加，因而他的实际保费支出就会增加。

第三节 风险决策准则与保险购买决策

人们如何在风险环境下、在不确定状态下进行决策？如何确定是否购买保险？如何衡量保费的合理性？如何选择保险消费方案或其他风险管理工具组合？这些问题就是不确定状态下经常要考虑的决策问题。

具有影响力的决策准则有期望值决策准则、期望效用决策准则、均值方差原则、随机控制原则等等。在这里，我们扼要阐述最基本的原理，简要介绍两种典型的决策准则——期望值决策准则和期望效用决策准则。

一、确定等价性与精算公平保费

(一)确定等价

假设有三种消费方案(例如，三种保险计划)A、B、C，其中对应方案 A 的效用大于对应方案 B 的效用，同样，对应方案 B 的效用大于对应于方案 C 的效用。那么存在唯一的一个概率 p，使得方案 B 与这样的组合没有区别：该组合使方案 A 发生的概率为 p，使方案 C 发生的概

率为 $1-p$。

也就是说，如果 $U_A>U_B>U_C$，那么存在 p 满足条件：

$$pU_A+(1-p)U_C=U_B,0<p<1$$

这里的方案 B 就称为该组合的确定等价方案。

特别地，如果消费者的初始财富为 w，他面临一项公平交易，比如抛掷一枚均衡的硬币一次，如果正面朝上，他可获得 $|x|$ 元；如果反面朝上，他将失去 $|x|$ 元，其中 x 是一个随机变量，绝对值为 $|x|$，为常数。那么该消费者参与这一交易后的财富状态为 $w+x$，或者如图 9－4 所示。

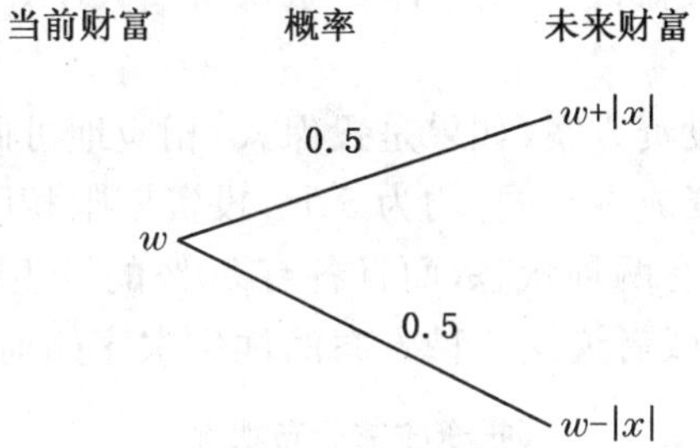

图 9－4　消费者面临的经济状态

按照效用的确定等价性，存在一个确定等价财富水平 c_w，满足条件：

$$U(c_w)=EU(w+x)$$

其中，$EU(w+x)$ 是未来财富状态的期望效用，在这里，

$$EU(w+x)=0.5\,U(w+|x|)+0.5\,U(w-|x|)$$

令 $c_x=c_w-w$。由于效用函数 $U(w)$ 是严格单调递增函数，必然有 c_x 取负值。我们称它的绝对值 $|c_x|$ 为该公平交易的确定等价值。

（二）确定等价值与最大保费价格

确定等价值 $|c_x|$ 对于分析消费者在不确定条件下的选择行为和决策行为具有重要的意义。容易证明：

（1）$|c_x|$ 增加当且仅当该消费者具有增加的绝对风险厌恶度；同样地，$|c_x|$ 减少当且仅当该消费者具有递减的绝对风险厌恶度。

（2）$|c_x/w|$ 增加当且仅当该消费者具有增加的相对风险厌恶度；$|c_x/w|$ 减少当且仅当该消费者具有递减的相对风险厌恶度。

如果这一公平交易是消费者以购买保险来转移风险损失的保险交易，那么，$|c_x|$ 代表一个风险厌恶的投保人所愿意支付的最大保费价格。

（三）保险的风险溢价

在不考虑保险交易成本和保险附加费用的情况下，保险的精算公平保费是风险损失的期望值 $E(x)$。若按照精算公平保费购买保险，$P=E(x)$；平均而言，消费者不会因购买保险而减少财富水平，保险公司也不会获得承保利润。

当保费超过精算公平保费，即 $P>E(x)$ 的时候，我们将这种超过精算公平保费的保费支出部分称为风险溢价。

一般情况下，实际保费要大于精算公平保费，而且那些风险厌恶型的消费者会愿意为足额

保险支付超过期望损失的保费。普拉特指出，一个人的风险厌恶程度越高，他就越愿意支付越高的风险溢价。

二、期望值决策准则

(一)期望值决策准则

期望值决策准则是较早出现的决策理论。该理论认为，人们是基于不确定状态的期望结果来确定自己的行动方案的。比如，在一次赌博中，你面临 n 种不确定的收益状态：在第 i 种状态，你有概率为 p_i 的可能性获得收益 $X_i(i=1,2,\cdots,n)$。那么，你是否决定参加这次赌博将依赖于这 n 种状态的期望收益 $X=\sum p_iX_i$ 的货币价值大小。下面，我们用一个简单的数字例子来说明。

假设某投资者面对 4 种投资方案(如果是投保人，相应地可假设他有 4 种被选保险方案和其他风险管理方案)：初始投资成本相同，均为 5 元；投资期限相同(比如，均为 1 年)；但投资收益状态不同，每种投资方案只有两种状态，而且各有 50%的发生概率(见表 9—2)。试问，该投资者会选择哪一种投资方案，或者说这 4 种方案的优劣次序如何排列？

表 9—2　　投资收益分布状况　　单位：元

投资方案	A	B	C	D
收益状态 1	10(0.5)	5(0.5)	0(0.5)	1(0.5)
收益状态 2	10(0.5)	15(0.5)	20(0.5)	21(0.5)

注：括号中的数字代表相应收益状态的概率。

显然，投资方案 A 没有风险，在每种状态下的收益都是 10 元，是确定的。投资方案 B 和 C 的平均收益也是 10 元，但是实际收益是不确定的，具有风险，比如方案 C 有 50%的可能性一无所获，也有 50%的可能性获得 20 元的收益，是投资成本的 4 倍。

我们先计算各种方案的期望收益。如，投资方案 B 的期望收益为：$EV_B=0.5\times5+0.5\times15=10$(元)。

投资方案 A、B、C 的期望收益都是 10 元，方案 D 的期望收益最大，为 11 元(见表 9—3)。按照期望值决策准则，D 就是最佳投资方案，A、B、C 是同等好的方案。

表 9—3　　各种投资方案的期望收益　　单位：元

投资方案 j	A	B	C	D
EV_j	10	10	10	11

(二)期望值决策准则的局限性——圣彼得堡悖论

实际上，人们是否像期望值准则所描述的那样进行决策呢？下面的圣彼得堡悖论给出了否定的答案。

圣彼得堡悖论是瑞士的数学家和物理学家丹尼尔·贝努利在 18 世纪提出的，由于当时他就任圣彼得堡俄罗斯研究院的数学教授，因而被誉为圣彼得堡悖论。这一悖论来自下面的游戏规则。

假设两人玩一个游戏：其中一人抛掷一枚均匀的硬币，直到落地时正面朝上游戏结束；如果这人第一次抛掷时出现正面朝上，对方给他 1 元钱，如果第二次抛掷才出现正面朝上，对方给他 2 元钱；第三次抛掷才出现正面朝上，对方给他 4 元钱；第四次抛掷才出现正面朝上，对方给他 8 元钱；以此类推。

问题是：是否有人愿意参与这种游戏？并且愿意出多少钱来参加这种游戏？

根据期望值决策原则，参与者应该愿意接受的公平价格是：

$$EV_j=\sum p_i Y_i=\frac{1}{2}\times 1+\frac{1}{4}\times 2+\frac{1}{8}\times 4+\frac{1}{16}\times 8+\cdots=\infty$$

这是一个无限数，意味着，对任何一个有限货币数额（不论有多大），抛掷硬币的一方按照这个数字支付游戏参与者的对方都应该是划算的，他应该愿意参与这种游戏。

然而，实际上很少有人愿意拿出一定的费用来参加这种游戏，即使将这种游戏的次数限制在 100 万次以内。

研究者发现，现实中人们并不完全按照期望收益进行不确定性条件下的决策，而是受制于许多因素的影响，这些因素包括所考察的个人的财富状况、对风险的厌恶程度以及效用函数等。期望效用理论正是考虑了这些影响因素。

三、期望效用决策准则

期望效用理论认为在风险状况或不确定条件下，消费者行为的决策取决于消费者的期望效用水平，消费者选择使期望效用最大化的财富水平所对应的消费方案。我们用一个简单例子来说明利用期望效用理论进行不确定性决策的基本过程。

表 9—4　　四种消费方案的财富分布状况　　单位：元

消费方案	A	B	C	D
财富状态 w_1	15(0.5)	10(0.5)	5(0.5)	6(0.5)
财富状态 w_2	15(0.5)	20(0.5)	25(0.5)	26(0.5)

期望效用决策准则与期望值决策准则形式上是类似的，只是将效用值取代收益（或损失）的货币值，期望效用取代期望收益（或期望损失）。下面的例题给出了期望效用决策准则的一般过程和基本原理。

假设某消费者面临四种消费方案（可以包含保险方案），每种方案都会影响到该消费者的财富水平，为简单起见，各对应两种未来财富状态，如表 9—4 所示，括号中数字代表相应财富状态出现的概率。按照期望效用理论，对于消费者来说，这些被选方案哪一个是最好，哪一个次之，其优劣如何排序？

令 $U(w_i)$ 为对应于财富水平 w_i 的效用值，p_i 为相应于财富水平 w_i 的概率，则：

$$U_j=\sum_i p_i U(w_i)$$

被称为第 j 个消费方案所对应的期望效用。

按照这一定义，方案 B 的期望效用应为：

$$U_B=0.5\times U(10)+0.5\times U(20)$$

根据期望效用理论，U_A、U_B、U_C、U_D 中最大者对应的消费方案是最佳者，消费者应选择使期望效用最大所对应的消费方案。

不同的消费者具有不同的效用函数，对未来收益状况具有不同的预期，或者说具有不同的预期收益的概率分布。因而即使都按照期望效用理论来进行消费决策，他们的选择结果也可能会存在很大差异。

我们考虑3个消费者，并假设消费者Ⅰ的效用函数为$U_I=\ln(w)$，消费者Ⅱ的效用函数为$U_{Ⅱ}=w^{1/2}$，消费者Ⅲ的效用函数为$U_{Ⅲ}=w^2$。那么这3个消费者将如何在这4种消费方案中进行取舍呢？

我们先按照上述过程分别计算各自的期望效用。例如，消费者Ⅰ相应于消费方案C的期望效用为：

$U_{IC}=0.5\times\ln(5)+0.5\times\ln(25)=2.41$

消费者Ⅲ相应于消费方案B的期望效用为：

$U_{IC}=0.5\times10^2+0.5\times20^2=250$

类似的，我们可以计算出3个消费者关于这4种消费方案的期望效用，如表9－5所示。

表9－5　　3个消费者关于4种消费方案的期望效用

消费方案	A	B	C	D
消费者Ⅰ	2.71	2.65	2.41	2.52
消费者Ⅱ	3.87	3.82	3.62	3.77
消费者Ⅲ	225	250	325	356

对于消费者Ⅰ，4种消费方案的优劣排序是A、B、D、C，最大期望效用为2.71，对应于消费方案A。因此，A是消费者Ⅰ的最佳选择方案。消费者Ⅱ的优劣排序与消费者Ⅰ的相同，最大期望效用为3.87，也对应于消费方案A。消费者Ⅲ的最大期望效用为356，对应于消费方案D，消费方案的优劣排序为D、C、B、A，几乎与消费者Ⅰ和Ⅱ的相反，最差的方案为A。

值得注意的是，消费方案A对应的财富水平均为15，是常数，意味着没有风险；其他各种方案对应的财富水平都是不确定的，都隐含一定风险；而且按方差大小衡量风险的话，方案D的风险最大。消费者Ⅰ和消费者Ⅱ的效用函数都是凹函数，或者说消费者Ⅰ和消费者Ⅱ都属于风险厌恶型消费者；相反，消费者Ⅲ的效用函数是下凸函数，消费者Ⅲ是风险偏好者。这一现象服从一般结论：风险厌恶者会尽量避免风险。保险的重要功能就是转移风险，从而能避免消费者的财富水平因某一保险事故而改变。因此，风险厌恶者往往倾向于保险方案。

第四节　个人保险需求行为分析

保险需求是指在一定的保险费率条件下，人们愿意并且在经济上承受得起的保险商品的需求量。保险需求行为的分析是保险经济学最重要的研究领域之一，其主要内容涉及影响保险需求的因素、保险消费者对保险价格的反应、保险组合的最优选择等。

根据需求者对象的不同，我们可以将保险需求划分为两大类：个人保险需求和企业保险需求。

个人保险需求是指经济社会中自然人或家庭在一定保险费率水平和自身的经济条件下，对保险商品的需求。

企业保险需求是指股份制企业或事业机构以及其他组织机构，在一定保险费率水平和自身财务水平和经济环境下，对保险商品的需求。在本节中，我们只简单介绍如何利用期望效用理论分析个人保险需求行为；而在下一节中，我们将讨论商业企业的保险需求问题。

一、不同风险偏好者的保险需求

保险是一种双边合约，是转移风险的一种工具。风险表现在事件未来结果的不确定性，也反映了损失的不确定性。保险是以确定性的费用取代不确定的损失，通过分散风险、补偿基金损失和减少忧虑来增加投保人的效用。因此，期望效用理论是我们分析个人保险需求的基本思路。更具体地说，个人保险需求决策的基本原理就是使投保人的效用最大化。

另外，保险需求问题归根结底是可接受的最高保险价格的问题。如果一种保单不需要任何费用就可以将消费者面对的风险转移给保险公司，任何一个理性的消费者都愿意接受这种保险；如果这种保单的保费不低于最大可能风险损失价值，那么消费者一定会放弃这种保险。因此，保险需求的问题主要是保费水平的合理性问题。

我们利用期望效用理论来分析保险消费者对保险价格的回应行为。

为简单明了起见，假设某消费者的初始财富价值为 120 元，其中 100 元为房产，面临单一风险——火灾；一旦发生火灾，整个房产将化为乌有，没有其他损失，使原始财富降低到 20 元；火灾发生的概率为 25％。

假设 U 是该消费者的效用函数，那么在没有投保的情况下，该消费者的期望效用为：

$EU_{NI}=0.75\times U(120)+0.25\times U(20)$

如果消费者可以购买一种足额保险，保费为 P，火灾导致房产的损失全部由保险公司赔付。那么 P 为多大时，该消费者愿意购买这种保险？

容易知道，购买保险后，消费者的预期财富状态变为 $120-P$，期望效用变为 $EU(120-P)$；这种火灾风险的期望损失为 $EL=0.25\times 100=25$。如果按照精算公平保费定价，那么该保险的纯保费为 25 元。这是在不计经营成本和其他支出情况下，保险公司愿意接受投保的最低保费。

按照这一保费水平，消费者是否愿意购买保险呢？这一问题的回答取决于消费者对风险的偏好，或取决于消费者的效用函数的特点。

（一）风险厌恶型保险消费者

如果消费者是风险厌恶者，其效用函数是凹函数，如图 9－5 中的 ODB 弧线所示。

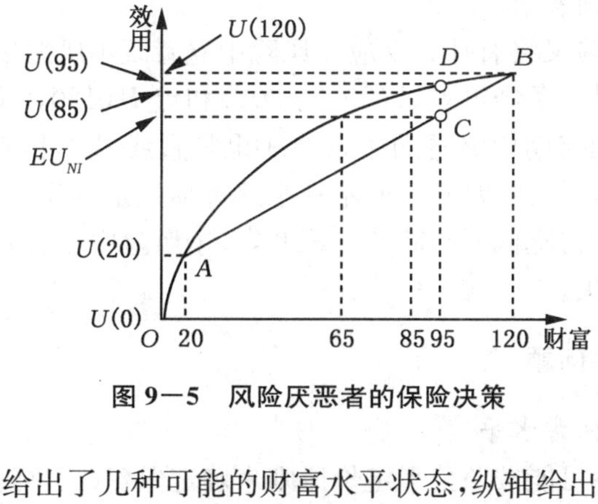

图 9－5　风险厌恶者的保险决策

图 9－5 中的水平轴给出了几种可能的财富水平状态，纵轴给出了相应于这些财富状态的效用水平。图 9－5 中的直线 ACB 表示在不购买保险情形下的期望效用与财富水平的关系：

其中，A 点是因没有购买保险而且发生了火灾的情形下的财富水平和效用状态，B 点是不发生火灾时的财富水平和效用状态；C 点代表了没有购买保险情形下的期望财富水平和期望效用水平。因为期望损失为 25 元，因此期望财富水平为 120－25＝95(元)。容易看出，D 点反映了购买保险以后的财富水平和期望效用水平 EU_I；C 点则代表没有购买保险的期望财富水平和期望效用水平 EU_{NI}，即：

$$EU_I = 1.0 \times U(95) = U(95)$$

$$EU_{NI} = 0.75 \times U(120) + 0.25 \times U(20)$$

$U(95) > EU_{NI}$，意味着购买保险以后的期望效用要大于没有购买保险的期望效用。因此，根据期望效用理论，如果按照精算公平定价确定保费，风险厌恶型消费者愿意购买保险。

一般地，可得到下面的基本结论：

(1)如果消费者的效用函数为凹函数，那么该消费者是风险厌恶者。

(2)当保费与期望损失相等时，一个理性的风险厌恶型消费者会选择购买保险。

其中第二个结论非常重要，是保险经营、保险产品开发以及产品定位与营销的一个重要原理，也为复杂的企业风险管理提供了思路和原则。

(二)风险偏好型保险消费者

对于风险偏好型消费者，可作类似分析；但是对于保险他们却会持完全相反的态度。容易看出，即使保费与期望损失相等，风险偏好型消费者也不愿意购买保险。分析思路和方法完全类似于风险厌恶型保险消费者(如图 9－6 所示)，这里从略。

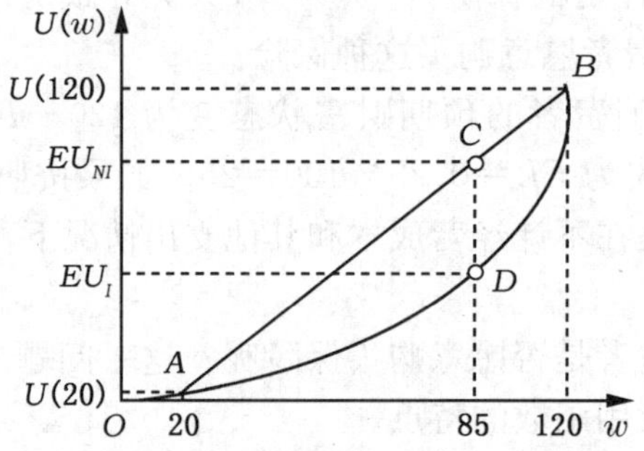

图 9－6 风险喜好者的保险决策

(三)风险中立型保险消费者

一个风险中立者对保险又将有什么反应？风险中立者既不厌恶风险，也不喜好风险，他们的效用函数是线性函数，是一条经过点 $A(20,U(20))$ 和点 $B(120,U(120))$ 的直线(见图 9－7)；不购买保险的期望效用与期望财富的关系曲线也是直线 AB，因此两者重合。这说明，一个风险中立者在意的是风险的期望损失，而不在乎这种损失是风险本身导致的，还是由于购买了保险、缴纳了保费后使财富降低所引起的。因此，一个风险中立者并不在乎按公平价格购买保险和自己承担风险的损失。

二、合理保险费率水平问题

(一)投保人可接受的保费水平

在实际中，保险公司不可能按照公平定价原则来确定保费(或称纯保费)，保险公司需要承担承保费用支出，需要建立风险准备金，需要为提供的资本获得必要的回报，需要在公平保费

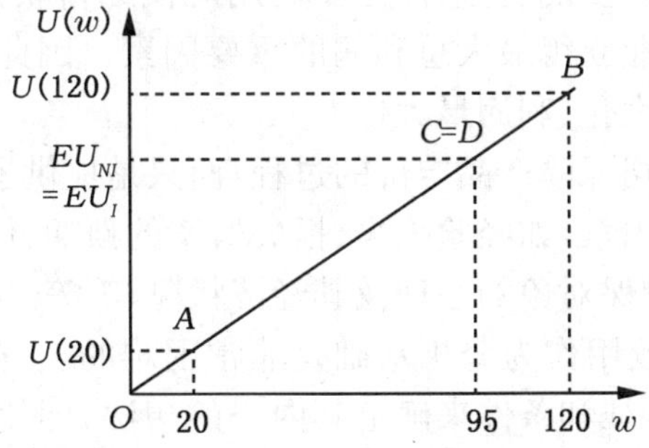

图 9—7　风险中立者的保险决策

基础上进行一定的保费加成(即附加保费)。也就是说,实际的保费是由纯保费和附加保费构成,比精算公平保费大些。

我们能否利用期望效用理论来确定投保人可接受的最大保费水平呢？回答是肯定的。

再次考察风险厌恶型消费者的行为,并以图 9—5 中所使用的数据为例来分析。假设保险公司将保费从公平价格的 25 元提高到 35 元,那么消费者购买保险后的财富水平降低到 85 元;相应的,效用水平从 $U(95)$ 下降到 $U(85)$。注意到 $U(85)$ 仍然大于不购买保险时的期望效用水平 EU_{NI}。也就是说,按 35 元的保费价格购买保险对应的财富状态的期望效用比不购买保险时的期望效用还要大些。一个理性的消费者应该愿意接受这种保费,从而愿意购买保险。可见,风险厌恶者愿意接受比精算公平价格高的保费。

那么,可接受的保费水平上限会是多少呢?

原则上说,只要保费低于 55 元,该消费者都应该愿意购买保险;当保费等于 55 元时,购买保险后的财富水平降低到 65 元。对应这一财富水平的期望效用与不购买保险时的期望效用是相同的,即 $U(65)=EU_{NI}$。这时,该消费者认为是否购买保险没有什么效用上的差异。如果保费高于 55 元,购买保险后的财富水平将低于 65 元,购买保险与不购买保险相比,期望效用将会降低。理性的消费者应该放弃购买保险,而采取风险自留。也就是说,55 元是可接受的保费水平上限。

可接受的保费水平的高低依赖于消费者对风险的厌恶程度。消费者对风险的厌恶程度越大,可接受的保费水平也越高。

(二)保险人的保费确定原则

不同消费者具有不同的风险偏好,风险厌恶者的风险厌恶程度也存在很大差别,因而对于可接受的保费水平也存在很大差异。然而,保险公司给同一险种的定价是一样的。为了能吸引足够多的投保人,附加保费不能定得太高。因此,选择合理的附加保费水平,对保险公司至关重要。那么,如何确定合理的附加保费水平呢?

假设 P 为保险公司确定的保费水平,EL 是期望损失,RPi 是第 i 个消费者可接受的最大附加保费。那么,要使消费者 i 愿意购买这种保险,保险公司确定的保费水平必须满足下列关系:

$$P-EL<RP_i$$

该不等式的含义是显而易见的。左边的 $P-EL$ 是保险公司收取的附加保费,右边 RP_i 是消费者 i 可接受的附加保费。

显然,这样确定的保费若能吸引一部分投保人,也未必能使其他消费者都接受。不过,有一条是肯定的,即,附加保费 $P-EL$ 越小,愿意购买保险的人会越多;反之则反是。保险公司不只是要从单个保单获得尽量多的利益，而是要利用规模经营获得尽量多的总利润。投保人的数量和总的保费规模是企业获得最大总利润的重要因素。因此，保险公司选择的保费水平应使整个保险项目的收益最大化、利润最大化。

这里并非给出了保险公司保险产品定价的过程，而只是提供了定价的基本思想。实际中，保险产品的定价取决于许多因素，如经验损失、损失概率的预期、保险公司经营费用率、资本的投资回报率，以及所定位的投保对象的心理及其经济状况，等等。

然而在实际中，以期望效用作为分析基础是非常困难的。首先，效用本身是一种主观因素，很难通过一个人的外部特征和条件来确定其内心的想法，即使能了解其内心的想法，也很难将这种满足感数量化。其次，对相同的事物，不同的人具有不同的看法和满足感(或效用)，获得所有人的效用函数是不可能的。因此，期望效用分析只是提供一种分析问题和解决问题的思路和一般原则。

三、影响个人保险需求的其他影响因素

除了保险消费者个人的风险偏好和效用函数是影响消费者购买保险决策的重要方面，还有许多因素也极大影响着保险需求。从保险市场内部来看，道德风险、逆向选择和交易成本应该是影响保险需求最重要的几种因素。从保险市场外部环境来看，重要的影响因素有宏观经济状况、金融市场的价格水平、商品市场的价格水平、通货膨胀率、政府的经济政策和金融政策、保险监管制度以及社会稳定局面等。

(一)道德风险与逆向选择

道德风险是由于恶意或不良企图导致他人遭受损失的风险。一般而言，保险过程中的不如实告知、保险欺诈等不符合最大诚信原则的行为都是道德风险的隐患。

逆向选择，是指投保人所作的选择有利于被保险人而不利于保险人的意向和表现。比如，在人身保险中，投保人为身体状况不好、有家族病史的人购买健康保险，为具有长寿潜能的人购买养老保险，就是逆向选择的范例。

道德风险和逆向选择可能会阻碍某些个体对某些保险险种的购买，影响到保险的总体需求。这是因为由于道德风险和逆向选择的存在，保险公司的实际赔付要高于风险的期望损失。为了弥补这一缺口，保险公司收取的实际保费就要比精算公平保费高得多。但这样做，会使一些保险消费者感到保险过于昂贵，从而放弃保险。

(二)保险的交易成本

保险的交易成本包括保险附加费用、保险咨询费用、保险代理费用等。这些费用过高，将增加保险的代价，从而减少消费者对保险的需求。

第五节　企业的保险需求

在许多国家，包括我国，保险公司大部分的保费收入来自企业保险。因此，了解企业的保险需求自然非常重要。在这一节，我们所考察的企业是指商业企业，但分析思路和结论对于一般组织机构来说也有参考价值。首先，对企业保险需求与个人保险需求进行简单比较分析；然后，利用经济学的分析方法，特别是金融理论来分析企业购买保险的动机以及影响企业保险需求的因素。

一、企业保险需求的理论及其缺陷

(一)期望效用理论

有关保险需求分析的大部分理论是针对个人消费者的,相比之下,关于企业保险需求的理论比较少,而且比较新,还不完善。尽管如此,还是可以见到许多有关企业保险需求分析的研究。

有些理论将企业的保险需求决策完全归因于企业决策者,将企业视作单个消费者,并假设是风险厌恶者,从而采取类似于个人保险需求的分析方法来研究企业的保险需求问题。

期望效用理论也成为企业保险需求分析的基本原理。企业具有多种风险管理方案,其中包括保险方案。按照期望效用理论,每种方案都将给企业(或者作为企业代理人的决策者)带来一定的效用,不同的风险管理方案、不同的保险措施和保险成本对应不同的效用水平,企业将选择有利于自己获得最大效用或最大期望回报的风险管理方案和保险方案。

(二)期望效用理论的局限性

将期望效用理论应用于企业保险需求分析显现出许多的弊端。

1. 难以获得效用函数

期望效用理论需要事先知道决策者的效用函数。然而,这一要求经常是不现实的,我们很难获得确定效用函数所依赖的信息数据,即使能够获得企业决策者的效用函数,这种效用函数也会随着时间和环境而改变。对企业而言,企业的决策者未必是单一个人,企业的决策经常是集体行为,有多个管理者影响着企业的保险购买行为。因此,确定企业的效用函数就更难了。

2. 假设过于简单

期望效用理论要求假设决策者是风险厌恶者,但实际中企业的多个决策者可能具有不同的风险偏好。而且按照这一理论,保险需求决策完全取决于决策者个人的效用函数,而忽视了对企业内部条件和外部环境因素影响的分析。

3. 结果偏离实际

按照期望效用理论,风险厌恶型的决策者偏向于购买保险,而风险喜好型的决策者排斥保险,这使得企业的保险购买行为很不稳定。再说,企业不同于个人,有许多备选的风险管理方案,而且一些非保险的管理方案比保险更适用、更具有效率。

二、企业保险需求分析的特征

虽然说企业保险与个人保险的保险目的具有类似性,如主要是转移风险,以稳定自己的财务状况;然而不论是从保险需求还是保险供给来说,企业保险与个人保险都存在着很大的差异。这些差异表现在以下方面。

(一)主体不同

作为保险产品购买者的企业不同于个人。企业是一个利益群体的关联集合,这些利益群体包括股东、债权人、管理者、雇员、顾客、销售代理人等;每个利益群体都对公司具有一定的求偿权,保险对于这些不同利益群体的利益和求偿权的影响是不一样的。因此,企业保险需求的分析要反映保险对于各种求偿权的影响。

对于一个股份制公司来说,作为公司代理人的相关经理是对风险管理方法选择的决策者。因此,最佳风险管理手段的选择和最优保险组合的选择不但与公司代理人的风险偏好有关,也与这些公司代理人的薪酬机制有关。

作为公司所有者的股东们，对于风险对付方法的选择和保险方案的确定也具有不同的回应。比如大众股东可能不会愿意通过保险手段来转移风险。这是因为：首先，大众股东关注的是企业价值，如果一种风险管理方法能提升企业价值，这种方法就会受到股东的欢迎；否则股东不愿意接受这种风险管理方法；其次，保险和其他套期工具往往是比较昂贵的风险管理手段，对于一般风险，如果这种风险并不会给企业带来财务危机或导致破产，那么采用保险等风险转移方法往往会降低企业价值；再说，大众股东可以通过投资组合的多样化来分散企业的个别风险，而且这种风险分散化方法与保险相比往往是具有较低的成本。

（二）风险特点差异

从风险特点来看，企业面临的风险更具多样化，更加复杂。具体而言，企业风险具有以下特点：

(1)企业风险具有多样性。企业存在着大量风险，而且风险之间具有关联性。许多风险可以在企业内部得到自然规避。

(2)威胁企业的风险主要是财务危机和破产风险。企业财务风险的大小依赖于各种风险损失之间的相关性和综合效应。

(3)从构成看，企业的风险可分为系统风险和非系统风险，而企业对于系统风险和非系统风险有着不同的处理方法。比如，可以利用资本市场，通过多样化的资本资产组合，在很大程度上消除非系统风险。

(4)风险的错综复杂性。企业的风险分布于各个职能部门，存在于各个经营环节和过程中，涉及各种职能部门的利益和关系。

（三）管理风险手段的差异

从管理手段来看，利用投资和套期保值手段的多样化可以分散甚至消除许多可保风险；企业也具备自保或风险自留的更强的财务能力、人力资本和其他相关资源。

三、影响企业保险需求的因素

企业对保险的购买需求，一方面出于企业自身的动机，另一方面来自外部市场的压力和监管机制的约束。下面我们简单列述一些促使企业购买保险的主要因素。

（一）税收制度与资产折旧制度

一个国家的税收制度和资产折旧制度对企业的保险需求有着必然的影响。不过，具体影响程度则依赖于税收制度和资产折旧制度的具体规定。一般而言，如果企业通过购买保险能比自保获得更多的税盾，那么企业就偏向于购买保险。通常税制下，保险费是在税前列支的，资产损失的支出也是在税前支付的。因此，企业是否会从保险中获得更高的税盾，依赖于保险赔付的税赋情况、资产折旧情况以及风险损失的实际状况等。

（二）缔约成本

企业在生产、分配、交换、消费等基本环节中需要与各种经济主体形成契约关系。这些契约方可能是作为债权人的银行和其他金融机构，可能是原材料或中间产品的供应商，可能是作为产品生产者的企业职工，也可能是企业自身产品的销售代理商和产品的购买者（顾客）。这些经济主体往往在乎企业的风险状况，尤其担心企业的破产风险会带给他们经济利益的损失和牵连。因此，企业对风险的处理措施（如是否购买保险的行为）会影响到缔约成本。比如，如果企业对于一些特定风险没有购买保险，债权人可能会提高融资的价格，并且提出比较苛刻的条件，如：要求有抵押品，并且对抵押品有质量上的要求以及使用的限制；劳工合同可能要求更高的薪金待遇；在其他条件相同的情况下，没有购买产品责任险的产品价格（产品的需求）可能要低于投保了产品责任险的产品价格（产品需求）；等等。

（三）破产成本

企业破产是因为企业资产价值不足以支付企业的负债。企业一旦破产，其净资产价值不是资产价值与负债价值的差，而是低于这一差值，我们称这种因破产而降低的价值部分为破产成本(bankrupt cost)。破产成本主要来自于聘请律师的费用、诉讼费用、金融咨询费用等直接成本。破产还带来许多间接成本，如经理们花费大量时间处理破产事务，不能正常进行决策和开展工作等。

破产成本的存在是促使企业购买保险的重要因素。如果企业不能通过企业内部来分散和化解风险，那么通过购买保险来转移特定风险，以减少破产发生的几率，就是重要的途径。

一般而言，小公司比大公司具有更大的破产可能性，因此小公司要比大公司具有更大的保险需求愿望，或者具有更强烈的保险欲望。

（四）比较优势

保险公司在风险处理和理赔方面与一般企业相比具有比较优势。比如，可以通过遍布全国的理赔师网络来调解地方上的（尤其是那些责任事故的）理赔争端和理赔事务。另外，保险公司在防损减灾方面具有丰富的管理经验。因此，企业通过购买保险来获取保险公司的专业化的风险管理服务往往要比企业自己提供这些服务效率更高一些。显然，保险公司在风险处理和理赔方面的比较优势也会促进企业的保险需求，尤其是促进中小企业的保险需求。由于上述原因，在其他条件相同的情况下，购买了保险的企业往往能获得更有效的风险管理服务，其风险管理水平往往会强于其他没有购买保险的企业。

（五）企业管理机制

对于股份制企业来说，由于所有权和管理权是分离的，公司的所有权体现在财务上的求偿权，而管理权则反映在财务风险的处置权上。企业对保险的需求，一方面会取决于保险行为对财务的影响，或对公司现金流的影响；另一方面也取决于决策者的管理权限。在一些要求控制风险水平的项目决策中，如果管理者有更大的自主权，那么这些企业更倾向于购买保险。

（六）财务杠杆

财务杠杆是指公司债务与股权的比率。该比率越大，则认为财务杠杆越高；财务杠杆越高，公司陷入财务危机的可能性就越大，或对破产风险越敏感。也就是说，一个主要靠借贷资金来维持经营的企业，相比那些以权益资金为主的公司来说，财务风险更大些。财务杠杆的高低，反映着财务危机的敏感度。对于财务杠杆高的公司来说，选择自己承担风险损失导致财务危机的可能性要比财务杠杆低的公司更大些。因此，财务杠杆高的公司更应偏向于购买保险。

（七）合同约束

除了“缔约成本”中合同约束因素之外，其他合同对保险合同的要求，也会促使对保险的需求。例如，企业间的分包合同中通常含有要求分包商投保一定金额保险的条款。如果一个独立的分包商遭到责任索赔诉讼，该分包商可以毁约，宣告破产。这样，总承包商会由于合同未能完成而遭受损失。因此，分包商购买保险合同的行为担保了他不违约的承诺。又如，企业发行的某些债券具有要求企业投保特定险种的条款，因此，如果企业需要通过这种债券来获得资金，就必须购买指定的保险产品，这种债券的发行也就增加了企业对保险的需求。

(八)监管制度

许多政策法规都要求一定特性的企业购买特定的保险。比如,汽车运输公司必须为每辆运输车购买第三责任险,旅游公司必须为顾客购买人身意外险,许多国家都要求企业为其职工提供包括人身意外、住房、医疗健康、失业、退休收入等方面的保险保障。这就促使企业不得不对职工人身意外险、医疗保险、失业保险和养老保险产生巨大的需求。

(九)企业声誉

保险可以增加企业的声誉。那些购买了产品责任保险的产品,往往比同类没有购买产品责任保险的产品更具有吸引力,带来更多的消费需求。因此,从这个角度讲,对于某些在产品使用过程中容易引起意外伤害的产品,企业会具有较强的保险需求。

(十)股权的集中度

如果一家公司是由少数几个股东合伙经营,每个股东的投资份额占去各自财产相当大的部分,那么公司经营的闪失或严重的风险损失将给他们的财产和财富造成严重影响。相比之下,一个上市公司的资产分散于众多投资者,公司的风险损失将由众多投资者来承担,因此给每个投资者带来的损失可能只是其财富的很小部分。显然,前者更担心公司的严重风险损失,更愿意放弃风险自留,偏向于购买保险来转移风险。

(十一)投资机会

一般具有很好投资机会的企业偏向于购买保险,因为风险损失发生后,保险赔付也许能够保证投资计划继续进行。

实际上,影响企业风险融资行为的因素还有很多,如风险损失与现金流的相关性和产品特点等。

总之,企业对于保险的购买行为取决于企业投保的保险价格与以上这些因素的权衡。比如,缔约价格过高,会促使企业购买保险;反之,较高的保险成本和较低的缔约成本,会促使企业放弃保险,寻求其他风险管理工具。

复习思考题

1. 填空题

(1)20 世纪 60 年代初,肯尼斯·阿罗(K. J. Arrow)等人关于经济中________和________的研究揭开了保险经济学研究的序幕。

(2)保险经济学主要是研究社会中的个人、________、政府及其他组织如何在保险市场上进行选择的学科。

(3)消费者的风险偏好分为________、________和________三大类。

(4)实际的保费由________和________构成。

(5)从保险市场内部来看,道德风险、________和________是影响保险需求的最重要的几种因素。

2. 单项选择题

(1)用 $R_A(w)$ 和 $R_B(w)$ 分别表示消费者 A 和消费者 B 的相对风险厌恶度,且 $R_A(w) > R_B(w)$。以下描述正确的是(　　)。

A. 消费者 A 比消费者 B 具有更大的相对风险厌恶度

B. 消费者 B 比消费者 A 具有更大的相对风险厌恶度

C. 消费者 A 比消费者 B 具有更大的绝对风险厌恶度

D. 消费者B比消费者A具有更大的绝对风险厌恶度

(2)假设 P 为保险公司确定的保费水平，EL 是期望损失，RP_i 是第 i 个消费者可接受的最大附加保费。要使消费者愿意购买这种保险，保险公司确定的保费水平必须满足(　　)。

A. $P-EL>RP$　　B. $P+EL<RP$

C. $P+EL>RP$　　D. $P-EL<RP$

(3)图1表示的消费者风险偏好为(　　)。

A. 风险厌恶型　　B. 风险偏好型

C. 风险中立型　　D. 以是都不是

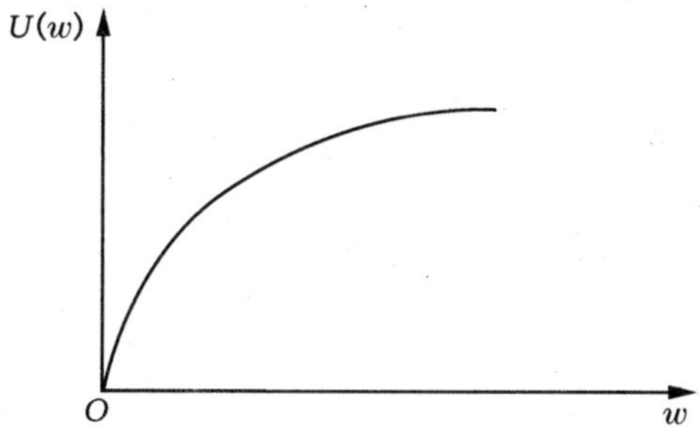

图1

(4)在人身保险中，投保人为身体状况不好、有家族病史的人购买健康保险，为具有长寿潜能的人购买养老保险，这些属于(　　)。

A. 道德风险　　B. 逆选择

C. 保险欺诈　　D. 以上都不是

(5)汽车运输公司必须为每辆运输车购买第三责任险，旅游公司必须为顾客购买人身意外险，以下选项中属于影响企业保险需求因素的是(　　)。

A. 企业管理机制　　B. 比较优势

C. 监管制度　　D. 破产成本

3. 多项选择题

(1)对于特定的风险，消费者采用保险来转移风险时，所愿意支付的保险费率不会随其财富水平的变化而变化，那么最可能的相对风险厌恶度和绝对风险厌恶度的状况是(　　)。

A. $A'(w)>0$　　B. $A'(w)=0$

C. $R'(w)=0$　　D. $R'(w)<0$

(2)根据圣彼得堡悖论，人们在进行不确定性条件下决策时，将考虑(　　)。

A. 个人财富的状况　　B. 只需要考虑期望收益

C. 对风险的厌恶程度　　D. 效用函数

(3)影响企业保险需求的因素是(　　)。

A. 税收制度与资产折旧制度　　B. 缔约成本

C. 破产成本　　D. 比较优势

4. 简答题

(1)阐述保险经济学相对于一般经济学的特殊性，并分别作出简要解释。

(2)简述保险过程中道德风险和逆选择及其差异。

(3)简述期望效用理论的概念和缺陷。

(4)概述企业保险与个人保险经济行为的差异。

5. 计算题

(1)假设消费者的效用函数为$U(w)=w^2-3w+2$，请使用阿罗一普拉特测度方法计算消费者的绝对风险厌恶值。在消费者财富$w=3$的情况下，请计算消费者的相对风险厌恶值。

(2)假设小李现有风险资产10万元，这10万元风险资产在1年后有30%的可能变为6万元，有70%的可能变为15万元，效用函数为$U(w)=w^2+w$。求期望效用EU。

第十章

保险精算

保险公司的从业人员中有一个特别的职业即精算师。一般认为，精算学是保险公司运作的科学基础，而精算师则在保险公司起着举足轻重的作用。那么究竟什么是精算学和精算师？为什么精算对保险公司很重要？精算师究竟做些什么工作呢？

一般认为，精算学是指综合运用数学、统计学和金融理论研究经济市场，特别是其中涉及保险、养老金计划中的随机现象的一门学科。因此，精算师就是指那些运用精算学知识分析研究经济风险的专职从业人员。精算师的工作范围除了保险公司外，还遍及咨询机构、政府机构、大型企业的员工福利计划部门、医院、银行和投资公司等所有需要研究经济风险的部门。

第一节　精算和精算师职业

一、精算师的工作原理和精算控制循环

精算师的职责范围虽然广泛，但其基本的工作原理都可以统一在图 10－1 的精算控制循环中。

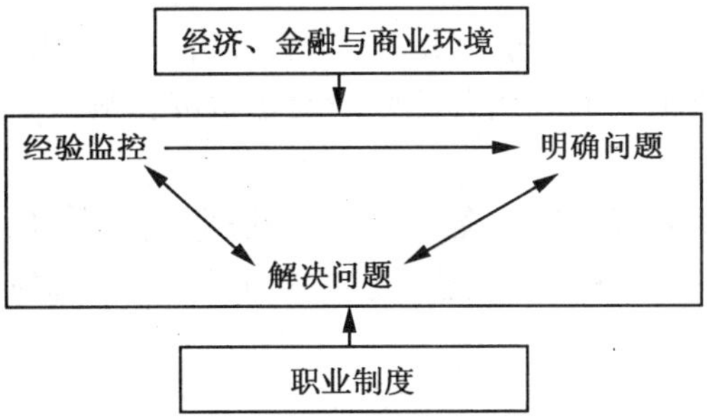

图 10－1　精算控制循环框架

精算师无论从事哪方面的工作，其工作流程都包括明确问题、解决问题、经验监控三个重要组成部分，精算师把这样的一个工作流程称为精算控制循环。与其他经济工作不同，精算控制循环中的每个环节都特别强调对风险的量化分析和管理。这个循环并非完全封闭，而是在外部经济、金融和商业环境影响下，由精算职业制度保证的内部控制循环。

精算对保险的科学运作特别重要，精算师在保险公司中也承担了特别重要的职责。原因是因为保险业是一种专门从事风险交易和管理的行业，对风险的量化分析能力是保险公司的

比较优势和利润来源。保险公司的精算工作具体表现在图 10－2 的保险公司精算控制循环中。

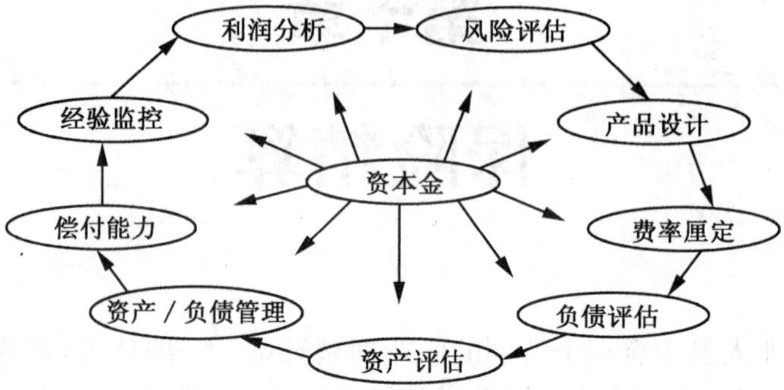

图 10－2　保险公司精算控制循环

保险公司的精算控制循环是一般精算控制循环在保险公司运作中的具体表现。可以发现，精算师的工作涉及了保险公司经营管理的所有部门。下面，我们分别从九个方面具体阐述精算师在保险公司中的职责和作用。

1. 风险评估

在这个环节，精算师要明确在保险商业活动中会遇到的各种风险并研究其对保险公司影响的大小；明确各个风险之间的互相影响并给出各个风险的定量描述。

2. 产品设计

在这个环节，精算师要研究个体以及机构投资者的保险需求；了解寿险、非寿险的主要种类，以及由其他金融机构提供的类似产品或服务；了解不同的市场营销策略对承保业务的影响。

3. 费率厘定

在这个环节，精算师要明确定价目标、定价策略以及影响定价的因素；掌握产品定价时必要的假设条件；掌握用利源分析的方法来定价；学会分析各种因素（如通胀率、利率、死亡率等）对于保险业务的影响；分析不同的利润分配政策对定价的影响。

4. 负债评估

在这个环节，精算师要明确提取准备金的必要性；明确评估负债时不同假设条件的影响；研究不可靠数据及遗漏数据对评估负债造成误差的危险性；熟练应用寿险、非寿险的准备金提存方法。

5. 资产评估

在这个环节，精算师要明确投资背景；掌握分析投资回报的模型；在设计投资方案时，考虑保险资金投资时的流动性、安全性、收益性原则以及有关法律的限制。

6. 资产负债管理

在这个环节，精算师要明确投资时的资产、负债的匹配；会使用预测模拟的方法和随机模型来确定投资方案；掌握评估现有资产价值的方法，以及与负债评估的相关性；建立防范资产负债不相匹配的准备金。

7. 偿付能力管理

在这个环节，精算师要掌握不同性质的保险公司的偿付能力标准；掌握测定偿付能力的方法；掌握公司资本持续经营原则；掌握法律法规关于公司最低偿付能力的规定；研究会计准则的变动对衡量偿付能力的影响。

8. 经验监控

在这个环节，精算师要明确经验监控的重要性，以及它与精算控制系统其余部分的关联；研究如何在一系列不同的环境中分析经验数据；能通过寿险公司的赔付率和投资业绩，非寿险公司的赔付率、风险暴露、保单分析以及养老金计划的投资业绩、工资变化、衰减因子等，分析出各自的发展过程；掌握经验数据的分析结果如何影响到最初的参数设定、使用的模型以及其他方面。

9. 利润分析

在这个环节，精算师要明确“利润”与精算控制系统其他各个部分的联系；明确保险公司和养老金基金的利润来源，以及怎样通过利润来检验定价数据的精确性；明确如何在股东和保户之间分配利润；保险控制循环对保险公司的利润贡献可用图 10—3 来表示。

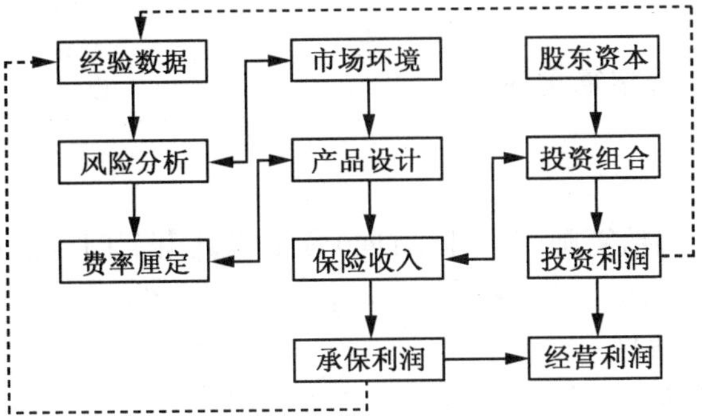

图 10—3 保险控制循环的利润贡献

二、如何才能成为合格的精算师

精算和精算师对保险公司的科学运作十分重要，那么如何才能成为一名合格的精算师呢？目前世界上精算师的资格认可体系大致有两种类型：第一种以欧洲大部分国家和拉美国家为代表，一般只要在大学取得相应的学位后，在实务领域有一定工作经验后即可由精算职业组织认可其为精算师；第二种以北美和英联邦国家为代表，主要通过参加精算职业组织举行的职业资格考试来认可精算师资格。目前，我国的精算师资格认可体系属于第二种精算师资格考试体系，也就是说必须通过专门的精算职业资格考试人才能获得中国精算师资格。

(一)精算师资格考试

中国精算师资格考试分为两个层次：第一层次为准精算师资格考试；第二层次为精算师资格考试。准精算师考试，目的在于考察考生对保险精算基本原理和技能的掌握，并涉及基本保险精算实务；考试课程共设 8 门，均为必考课程。精算师考试包括必修课和选修课，获得准精算师资格的考生，通过 5 门精算师课程的考试并满足有关精算专业培训要求，答辩合格后，方可获得中国精算师资格。

1. 准精算师

中国准精算师资格考试由 8 门专业课程和 1 门职业道德教育课程组成。

具体课程名称和主要内容如表 10—1 所示。

表 10—1 准精算师考试基础课程

课程编号	A1	A2	A3	A4	A5	A6	A7	A8
课程名称	数学	金融数学	精算模型	经济学	寿险精算	非寿险精算	会计与财务	精算管理

注：①课程 A1～A8 均为 3 小时笔试。②考生在通过了 A1～A8 全部课程后，还需参加为期 1 天的中国准精算师“A9 职业道德教育”课程的培训，方可获得中国准精算师资格。

2. 精算师

中国精算师资格考试课程分为寿险和非寿险两个方向，所有课程均为 4 小时笔试。

(1)寿险方向。中国精算师(寿险方向)资格考试由 7 门专业课程及 1 门职业道德教育课程组成，具体课程如下：

FC1 保险法及相关法规

FC2 保险公司财务管理

FC3 健康保险

FC4 投资学

FL1 个人寿险与年金精算实务

FL2 资产负债管理

FL3 员工福利计划

(2)非寿险方向。中国精算师(非寿险方向)资格考试由 7 门专业课程及 1 门职业道德教育课程组成，具体课程如下：

FC1 保险法及相关法规

FC2 保险公司财务管理

FC3 健康保险

FC4 投资学

FG1 非寿险精算实务

FG2 非寿险定价

FG3 非寿险责任准备金评估

在获得中国准精算师资格的前提下，只要满足以下其中一个系列的要求，即可获得中国精算师资格。

系列一(寿险方向)：通过 FC1、FC2 和 FL1 课程，并在 FC3、FC4、FL2 和 FL3 这 4 门课程中至少通过 2 门课程。

系列二(非寿险方向)：通过 FC1、FG1、FG2 和 FG3 课程，并在 FC2、FC3 和 FC4 这 3 门课程中至少通过 1 门课程。

在满足上述考试课程的要求后，还需参加为期 1 天的中国精算师职业道德教育课程的培训，方可获得中国精算师资格。

(二)精算师的基本素质

要成为一名合格的精算师，单纯通过考试和教育获得精算组织的会员资格是不够的。一般认为，一名优秀的精算师还应该具有下面的三项基本素质。

1. 职业道德

精算师是一种依靠精算专业技术服务于保险等金融行业的职业，责任大、权力重。为了保证精算职业形象和维护公众利益，精算师特别强调自身的职业道德要求，其基本原则有：精算师应该为公众利益服务；精算师有责任保护客户的隐私；精算师在明确自己有足够的知识和经验后才能提供精算建议；公司、客户和精算师本人的利益有冲突时，精算师应当向客户说明；精算师如果违背了职业道德的要求，将受到精算职业组织的惩罚。

2. 专业素质

精算师除了必须对资格考试要求的专业知识有深入了解外，还必须有丰富的精算实践经验。同时，精算职业也特别强调自身的继续教育并将其制度化、规范化。如前所述，精算师的专业素质主要表现为量化分析金融市场特别是保险市场中的随机现象的能力。这种专业能力是保险公司参与市场竞争的最重要的比较优势之一。

3. 沟通能力

精算职业规模较小，“门槛”却很高，有相当的专业技术含量。这些都给精算师职业带来了一定的神秘感。所以精算职业特别强调精算师和职业范围之外的公众之间沟通的能力。精算师不仅要懂得如何利用精算知识发现和解决问题，也必须懂得如何向包括政府监管部门、公司管理层和股东、投保人和其他相关公众交流自己的研究结果。

因此，精算师不仅仅只是保险公司的一种岗位工作，还是一种可以在与经济风险相关的所有领域提供咨询和服务的所谓专门职业(Profession)。

(三)精算师的基本特点

英国精算师协会曾对所谓专门职业提炼出以下一些基本特点：

(1)它的基本目的是为公众及公众利益提供服务；

(2)它为成员个人提供支持，并提高成员集体的社会地位；

(3)它是一个学习性的社团，鼓励研究，促进成员之间的交流；

(4)它的成员具有专业技能；

(5)对那些在专业技能考试中达到必需标准的成员，它经常以签名证书的形式给予资格证明；

(6)它通过提供后续职业教育，帮助并要求成员保持职业技能；

(7)它建立了成员所必须遵循的行为规范和实践标准；

(8)它拥有惩戒程序以保证成员遵守行为规范和维护职业标准。

但上述这些关于专门职业的特点还不等于给专门职业给出了一个明确的定义。一项工作要被公众认同为专门职业的一个要求是：该工作的从业人员应该在该工作领域获得垄断和控制地位。这里，“垄断”意味着专门职业的成员被视为唯一可以从事该项工作的人员，通常这需要由法律来保证。而“控制”则意味着只有专门职业的成员才能决定如何完成相关工作，或者说，专门职业是允许自我监督的。

精算师职业就是一种比较典型的专门职业。

第二节　寿险精算原理

寿险精算研究寿险公司的精算原理，内容主要包括利息理论、生存模型和寿险精算数学。

一、利息理论

利息可以看作借款人付给出借人资本的租金，而利率就是租金的价格。关于利息和利率的理论是经济学中最基本、最核心的论题之一。但精算学中的利息理论一般并不讨论由什么决定利息和利率水平，而主要介绍利息和利率的一些基本概念，以及利息理论在年金定价、项目评估和债券定价等方面的应用。

下面是利息理论中的一些常用概念。

(一)积累函数

考虑投资1单位的本金，我们定义其在时刻 t 的积累值为积累函数 $a(t)$。

如果本金不是单位金额，而是 $k>0$，我们称其在时刻 t 的积累值为积累金额函数 $S(t)$。显然有：$S(t)=k\cdot a(t)$。$S(t)-S(t_0)$ 即为时间 t_0 到 t 之间的利息。

(1)单利。如果积累函数形式为：$a(t)=1+it$，这种类型产生的利息称为单利，i 称为单利利率。

(2)复利。如果积累函数形式为：$a(t)=(1+i)^t$，这种类型产生的利息称为复利，i 称为复利利率。

除非特别申明，我们以后一概用复利。

(二)贴现函数

积累函数的倒数 $a^{-1}(t)$ 称为贴现函数。贴现和积累是相反的过程，金额 k 积累到 t 时期末的金额为 $k\cdot a(t)$；反过来，如果到 t 时期末要求得到的积累金额为 k，开始时所需的投资金额为 $k\cdot a^{-1}(t)$，我们称为 t 时刻发生的金额 k 的贴现值或现值。贴现值或现值的概念不仅用在单个时间点发生的金额，对发生在不同时间点的一连串现金流，也可类似地定义现值的概念。

如果我们记发生在时间 $t_i(i=0,1,\cdots,n)$ 的金额分别为 x_i 的现金流 $(x_0,x_1,\cdots,x_n)$，则有如下的现值公式：

$$PV=x_0a^{-1}(t_0)+x_1a^{-1}(t_1)+\cdots+x_na^{-1}(t_n)$$

(三)贴现因子

投资时期为1年的贴现函数为 $(1+i)^{-1}$，称为贴现因子，通常记为 v。投资时期为 t 的贴现函数有下述关系：

$$a^{-1}(t)=\frac{1}{(1+i)^t}=v^t$$

由上可知，利息理论的关键就是研究现金流在不同时间点的积累值或贴现值。

(四)确定年金

年金一般可以定义为相同时间间隔发生的一系列现金流。年金在经济生活中是常见的。房屋的租金、抵押贷款、汽车的分期付款以及投资的利息付款等都是年金的例子。

如果确定的时间间隔发生的现金流的金额是确定的，这样的年金称为确定年金。利息理论里讨论的年金都是确定年金。下面介绍常见的期末付确定年金。

在 n 个时期内，每期期末付款1，这种年金称为期末付确定年金。期末付确定年金所有现金流在 n 时刻的积累值记为 $S_{\overline{n|}}$，在0时刻的贴现值记为 $a_{\overline{n|}}$。我们有如下的求值公式：

$$S_{\overline{n|}}=1+(1+i)+(1+i)^2+\cdots+(1+i)^{n-1}=\frac{(1+i)^n-1}{i}$$

和

$$a_{\overline{n|}}=v+v^2+\cdots+v^{n-1}+v^n=\frac{1-v^n}{i}$$

【例1】 小李向银行住房抵押贷款10万元，5年内还清，年贷款名义利率为12%(相当于月贷款利率1%)。问：

(1)这5年中小李每月需还银行多少钱?

(2)每隔半年,小李会收到银行寄给他的对账单,请给出第一个半年的对账单。

答:(1)每月的还款现金流可以看作期末付确定年金。假定该还款金额为 X,我们有:

$X \cdot a_{\overline{60}|1\%}=100\ 000$

$X=2\ 220$(元)

注意这里的精算符号中我们加上了1%表示相应的利率。

(2)第一个半年的对账单如下(注意:在银行提供的对账单中,规定还款金额中首先归还利息,多余的才归还本金):

单位:元

期　次	还款日期	当期还款金额	当期归还本金	当期归还利息	剩余贷款本金
1	2014—01—01				100 000
2	2014—02—01	2 220	1 220	1 000	98 780
3	2014—03—01	2 220	1 232	988	97 548
4	2014—04—01	2 220	1 245	975	96 303
5	2014—05—01	2 220	1 257	963	95 046
6	2014—06—01	2 220	1 270	950	93 777

二、生存模型

利息理论主要讨论的是现金流发生的时间和金额都是确定的情形,而保险中相应的现金流一般是随机的、不确定的。其中,寿险精算研究的对象其现金流可能依赖于投保人的生存、死亡、疾病和发生意外等随机事件,而相关的概率模型称为生存模型。

(一)生存函数

新生儿未来的死亡年龄 X 是一个连续型的随机变量。描述 X 一般采用其分布函数 $F(x)$,即:

$$F(x)=\Pr(X\leqslant x),x\geqslant 0$$

但在生存模型中,更常用的描述死亡年龄随机变量的是下面的生存函数:

$$S(x)=1-F(x)=\Pr(X>x),x\geqslant 0$$

生存函数给出的是死亡发生在时间 x 以后的概率。显然,$S(0)=1$ 和 $S(\infty)=0$。

生存函数是生存模型中最基本的函数,利用它可以表述其他与死亡年龄相关的概率函数。下面,我们利用生存函数表示其他常用的一些生命函数。

(二)x 岁人的剩余寿命

用(x)表示一个 x 岁的人,$T(x)=X-x$ 表示这个人的剩余寿命,简称为余命。显然,余命也是一个随机变量。在精算学中,有一套国际通用的符号用来表示有关$T(x)$的各种概率函数,比如:

$${}_tq_x=\Pr[T(x)\leqslant t],t\geqslant 0$$

$${}_tp_x=\Pr[T(x)>t],t\geqslant 0$$

符号${}_tq_x$ 可解释为(x)将在 t 年内死亡的概率,即${}_tq_x$ 关于变量 t 是 $T(x)$的分布函数。另一方面,${}_tp_x$ 可解释为(x)活到 $x+t$ 岁的概率,即${}_tp_x$ 是(x)的生存函数。如果 $t=1$,约定允许省略上述符号中的前缀，即有：

$$q_x = {}_1q_x, p_x = {}_1p_x$$

对于(x)将生存 t 年并在其后 u 年内死亡的概率，有一个特殊的符号：

$${}_{t|u}q_x = \Pr(t < T(x) \leqslant t+u) = {}_{t+u}q_x - {}_tq_x = {}_tp_x - {}_{t+u}p_x = {}_tp_x \cdot {}_uq_{x+t}$$

与前面一样，当 $u=1$ 时，${}_{t|u}q_x$ 中的 u 可省略而写成${}_{t|}q_x$。

随机变量 $T(x)$的期望值称为平均余命，记为 $\mathring{e}$，即：

$$\mathring{e}_x = E(T(x))$$

（三）整值剩余寿命

有时生存模型中可能需要使用剩余寿命的整数部分，定义为：

$$K(x) = k \qquad 当 k \leqslant T(x) < k+1 时, k=0,1,2,\cdots$$

显然，$K(x)$是一个离散的随机变量，其概率分布函数为：

$$\Pr(K(x)=k) = \Pr(k \leqslant T(x) < k+1) = {}_{k+1}q_x - {}_kq_x = {}_kp_x - {}_{k+1}p_x$$
$$= {}_kp_x \cdot q_{x+k} = {}_{k|}q_x \qquad (k=0,1,2,\cdots)$$

随机变量 $K(x)$称为(x)的整值剩余寿命。

$K(x)$的期望值称为取整平均余命，记为 e_x，即：

$$e_x = E(K(x))$$

在适当的假设下有：

$$\mathring{e}_x = e_x + \frac{1}{2}$$

由上可知，描述生存概率最重要的是生存函数 $S(x)$。图 10－4 是 $S(x)$的图像。一般来说，整个图像是一条单调下降的曲线，在 10～20 岁之间比较平缓，70 岁后下降速度很快。

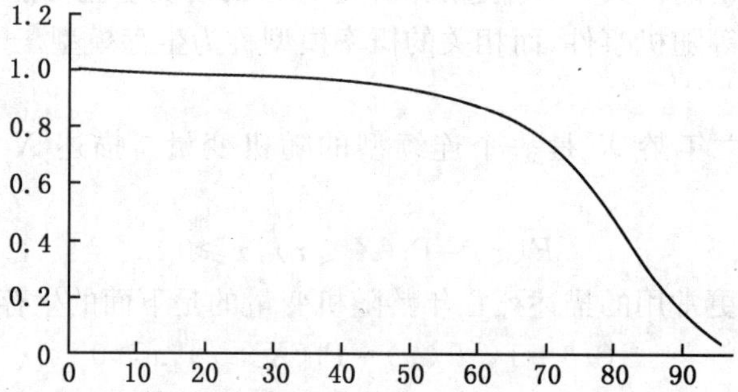

图 10－4 $S(x)$的图像

图像法可以帮助我们对生存函数有一个感性认识，但还不能精确地描述生存概率。在生存模型中最常用的描述生存函数的表达方式是表格法，也就是通常所说的生命表。常见的生命表并非 $S(x)$的离散数值表格，而是将其扩大一定倍数，譬如乘以 $l_0=100\ 000$，由此 $S(x)$就表现为整数值，并用 l_x 表示。故有：

$$l_x = l_0 \cdot S(x)$$

表 10－2 是中国人寿保险业经验生命表（2000～2003 年）（非养老金业务）男表片段。我们以此来说明生命表的结构。

表 10—2　　中国人寿保险业经验生命表(2000～2003 年)非养老金业务男表

年龄	死亡率	生存人数	死亡人数	平均余命
x	q_x	l_x	d_x	e_x
30	0.000 881 00	984 648	867	47.64
31	0.000 932 00	983 781	916	46.69
32	0.000 994 00	982 865	976	45.73
33	0.001 055 00	981 889	1 035	44.77
34	0.001 121 00	980 854	1 099	43.82
35	0.001 194 00	979 755	1 169	42.87
36	0.001 275 00	978 586	1 247	41.92
37	0.001 367 00	977 339	1 336	40.97
38	0.001 472 00	976 003	1 436	40.03
39	0.001 589 00	974 567	1 548	39.09
40	0.001 715 00	973 019	1 668	38.15
41	0.001 845 00	971 351	1 792	37.21
42	0.001 978 00	969 559	1 917	36.28
43	0.002 113 00	967 642	2 044	35.35
44	0.002 255 00	965 598	2 177	34.42
45	0.002 413 00	963 421	2 324	33.50
46	0.002 595 00	961 097	2 494	32.58
47	0.002 805 00	958 603	2 688	31.66
48	0.003 042 00	955 915	2 907	30.75
49	0.003 299 00	953 008	3 143	29.84
50	0.003 570 00	949 865	3 391	28.94
51	0.003 847 00	946 474	3 641	28.04
52	0.004 132 00	942 833	3 895	27.15
53	0.004 434 00	938 938	4 163	26.26
54	0.004 778 00	934 775	4 466	25.37
55	0.005 203 00	930 309	4 840	24.49
56	0.005 744 00	925 469	5 315	23.62
57	0.006 427 00	920 154	5 913	22.75
58	0.007 260 00	914 241	6 637	21.90
59	0.008 229 00	907 604	7 468	21.05
60	0.009 313 00	900 136	8 382	20.22

利用生命表，我们可以表示其他的生命函数。例如我们有：

$$_{k}p_{x}=\frac{l_{x+k}}{l_{x}}$$

$$_{k}q_{x}=\frac{l_{x}-l_{x+k}}{l_{x}}$$

$$_{k|m}q_{x}=\frac{l_{x+k}-l_{x+k+m}}{l_{x}}$$

$$\mathring{e}_{x}=e_{x}+\frac{1}{2}=\sum_{k=1}^{\infty}\frac{l_{x+k}}{l_{x}}+\frac{1}{2}$$

【例 2】 根据中国人寿保险业经验生命表(2000～2003 年)，计算 30 岁的男性投保人发生以下事件的概率：

(1)活过 60 岁；

(2)在 10 年内死亡；

(3)在 50 岁死亡。

答：(1)活过 60 岁的概率为：

$$_{25}p_{30}=\frac{l_{60}}{l_{30}}=\frac{900\ 136}{984\ 648}=0.91$$

(2)在 10 年内死亡的概率为：

$$_{10}q_{30}=\frac{l_{30}-l_{40}}{l_{30}}=\frac{984\ 648-973\ 019}{984\ 648}=0.012$$

(3)在 50 岁死亡的概率为：

$$_{20|}q_{30}=\frac{d_{50}}{l_{30}}=\frac{3\ 391}{984\ 648}=0.003\ 8$$

对各种不同投保对象估计其生存函数是寿险精算师的重要工作之一。当然，实际工作中不可能对每个人都编制相应的生命表，但通常会针对不同的统计范围、对象、用途等划分不同种类的生命表。

主要的生命表划分类型有国民生命表与经验生命表。其中，国民生命表是根据全国范围内的人口统计资料估计得到的，反映了一个特定时期内全体国民的寿命分布情形，在制定社会保险和医疗保健计划中有作用。经验生命表则是人寿保险公司根据其投保人统计资料编制得到的，反映的是这些公司的经验和其投保人的寿命分布情形。

寿险公司针对其投保人的不同投保类型、性别和是否有选择，编制有不同类型的经验生命表。主要有：

1. 年金生命表与寿险生命表

在寿险公司的投保人中，年金购买者和寿险购买者的寿命分布差别很大，因此常常对这两类被保险人分别构造不同的生命表，分别称为年金生命表和寿险生命表。

2. 男性生命表与女性生命表

统计显示，女性的死亡率通常比男性低。反映这种差别的方法有两种：一是对不同性别分别构造男性生命表和女性生命表；二是不分性别构造男女混合表，对男性直接使用表中的死亡率，对女性则采用所谓年龄倒退法，比如假定 50 岁女性的死亡率等于 47 岁男性的死亡率。

生命表的编制是精算师工作的主要内容之一，也是精算理论的重要组成部分，一般包括下面三个步骤：

步骤 1——粗死亡率的估计。这个过程包括数据收集和死亡率的初步估计。

步骤 2——死亡率曲线的修匀和附加安全幅度。由于观察期和观察样本的变化，上一步骤估计得到的死亡率还不能消除异常波动，还仅是粗死亡率。我们应当按某种标准对粗死亡曲线进行修正，这样的过程在精算中称为修匀。修匀后的曲线消除了异常波动的现象，但还没有消除正常的随机波动现象，要消除这种现象可以采用在修匀的死亡率上附加一个安全幅度的方法。

步骤 3——死亡率曲线的补正和生命表的估计。保险公司在估计死亡率时，由于缺乏大年龄和小年龄投保人的经验数据，不宜采用统计方法得到其估计值。经常运用的方法是利用数学插值补正得到完整的死亡率曲线。

三、寿险保费的计算原理

保险产品的定价是精算师的主要工作之一。在实践中，精算师通常首先按照精算等价原理确定纯保费和毛保费，然后按照一定的经济学原理确定保险产品的价格。

(一)趸缴纯保费的计算原理

寿险公司保险产品的现金流依赖于投保人的生存、死亡、疾病和发生意外等随机事件，其现值是一个随机变量 Z，在精算中通常称这一随机变量的期望值 $E(Z)$ 为精算现值，或称趸缴纯保费。下面我们针对不同的保险产品类型给出其趸缴纯保费公式。

1. 定期寿险

这种保险的趸缴纯保费记为 $A^{1}_{x:\overline{n|}}$，于是有：

$$A^{1}_{x:\overline{n|}}=E(Z)=\sum_{k=0}^{n-1}v^{k+1}\cdot{}_{k|}q_x=\sum_{k=0}^{n-1}v^{k+1}\cdot{}_{k}p_x\cdot q_{x+k}$$

2. 终身寿险

这种保险的趸缴纯保费记为 A_x，于是有：

$$A_x=E(Z)=\sum_{k=0}^{\infty}v^{k+1}\cdot{}_{k|}q_x=\sum_{k=0}^{\infty}v^{k+1}\cdot{}_{k}p_x\cdot q_{x+k}$$

3. 两全保险

这种保险的趸缴纯保费记为 $A_{x:n}$，于是有：

$$\begin{aligned}A_{x:n}&=\sum_{k=0}^{n-1}v^{k+1}\cdot{}_{k}p_x\cdot q_{x+k}+v^n\cdot{}_{n}p_x\\&=A^{1}_{x:\overline{n|}}+A_{x:\overset{1}{\overline{n|}}}\end{aligned}$$

式中，$A_{x:\overset{1}{\overline{n|}}}=v^n\cdot{}_{n}p_x$ 是指 n 年期的生存保险的精算现值，其保险金额的支付以被保险人生存到第 n 年为条件。生存保险的精算现值在寿险精算中起着类似贴现函数在利息理论中的作用，有时也常用符号${}_{n}E_x$ 来表示。也即${}_{n}E_x=A_{x:\overset{1}{\overline{n|}}}=v^n\cdot{}_{n}p_x$，有时又把${}_{n}E_x$ 的倒数$\dfrac{1}{{}_{n}E_x}$称为精算积累因子。

4. 期初付终身生存年金

和确定年金一样，生存年金也是等时间间隔发生的一系列现金流，但其发生是以投保人生存为条件的。其中，期初付终身生存年金在被保险人(x)活着时每年年初支付 1 单位的年金额，其精算现值记为 $\ddot{a}_x$。其公式为：

$$\ddot{a}_x=\sum_{k=0}^{\infty}{}_{k}E_x=\sum_{k=0}^{\infty}v^k\cdot{}_{k}p_x$$

5. 期初付定期生存年金

n 年的定期生存年金是指当(x)在其后 n 年内活着时支付 1 单位的年金，其精算现值记为 $\ddot{a}_{x:\overline{n}|}$，我们同样可以得到和终身生存年金类似的精算现值公式：

$$\ddot{a}_{x:\overline{n}|}=\sum_{k=0}^{n-1} {}_kE_x=\sum_{k=0}^{n-1} v^k \cdot {}_kp_x$$

给定预定利率和生命表后，我们就可以对上面这些公式进行相应的具体计算。在精算理论中还发展出换算函数的概念并编制换算函数表来帮助精算师的计算工作。主要的换算函数定义如下：

$D_x=v^x l_x$

$N_x=\sum\limits_{k=0}^{\infty} D_{x+k}=D_x+D_{x+1}+D_{x+2}+\cdots+D_\omega$（$\omega$ 为极限年龄）

$S_x=\sum\limits_{k=0}^{\infty} N_{x+k}=N_x+N_{x+1}+N_{x+2}+\cdots+N_\omega$

$C_x=v^{x+1} d_x$

$M_x=\sum\limits_{k=0}^{\infty} C_{x+k}=C_x+C_{x+1}+C_{x+2}+\cdots+C_\omega$

$R_x=\sum\limits_{k=0}^{\infty} M_{x+k}=M_x+M_{x+1}+M_{x+2}+\cdots+M_\omega$

在给定利率和生命表后，精算师就可以编制相应的换算函数表。利用上述换算函数我们可以得到趸缴纯保费和期缴纯保费简化了的计算公式：

$$A_x=\sum_{k=0}^{n-1} v^{k+1}_k p_x q_{x+k}=\sum_{k=0}^{\infty} v^{k+1}\frac{d_{x+k}}{l_x}$$

$$=\frac{\sum\limits_{k=0}^{\infty} v^{x+k+1} d_{x+k}}{v^x l_x}=\frac{\sum\limits_{k=0}^{\infty} C_{x+k}}{D_x}=\frac{M_x}{D_x}$$

同理，对其他寿险产品也有类似的计算公式，具体如下：

$$A^1_{x:\overline{n}|}=\frac{M_x-M_{x+n}}{D_x} \qquad A_{x:\overline{n}|}^{\ \ 1}=\frac{D_{x+n}}{D_x}$$

$$A_{x:\overline{n}|}=\frac{M_x-M_{x+n}+D_{x+n}}{D_x}$$

对生存年金则有：

$$\ddot{a}_x=\frac{N_x}{D_x} \qquad \ddot{a}_{x:\overline{n}|}=\frac{N_x-N_{x+n}}{D_x}$$

（二）期缴纯保费的计算原理

期缴纯保费的计算原理是下述的精算等价原理。

精算等价原理。定义保险公司的（潜在）亏损 L 为保险金给付现值的随机变量与保费现值的随机变量之差。则精算等价原理可表示为：

$$E[L]=0$$

上式等价于

$$E[\text{保险金给付现值}]=E[\text{纯保费现值}]$$

也就是说，纯保费应使得保险金给付的精算现值与纯保费的精算现值相等。

以 x 岁投保的保额为1个单位的终身寿险为例，记其年缴均衡纯保费（这里的均衡是指每年所缴保费相同）为 P_x，则这种保险在保单签发时的亏损随机变量为：

$$L=v^{K+1}-P_x\cdot\ddot{a}_{\overline{K+1|}}\quad(K=0,1,2,\cdots)$$

其中，K 是生命(x)的整值剩余寿命。由精算等价原理得：

$$E[L]=E[v^{K+1}]-P_x\cdot E[\ddot{a}_{\overline{K+1|}}]=0$$

于是：

$$P_x=\frac{A_x}{\ddot{a}_x}$$

【例3】 某保险公司出售一种两全保单“一生如意”，该保单是这样设计的：保险金额为10万元，当被保险人在60岁前死亡时或活到60岁时支付。设某男性投保人于30岁时投保购买了一份保单：

(1)试求其趸缴纯保费 X；

(2)如果改为10年内均衡缴费，问其年缴纯保费 P 为多少。

［假定预定利率为2.5%，生命表采用中国人寿保险业（2000～2003年）非养老金男表。］

答：假定预定利率2.5%及利用中国人寿保险业（2000～2003年）非养老金男表得到的换算函数表，如表10－3所示：

表10－3　　中国人寿保险业换算函数表(非养老金类男表)　　利率：2.5%

Age(x)	Dx	Cx	Nx	Mx
30	469 423.7	403.3	13 082 851.5	150 329.7
31	457 571.1	415.7	12 613 427.8	149 926.5
32	445 995.2	432.1	12 155 856.7	149 510.8
33	434 685.2	447.0	11 709 861.5	149 078.7
34	423 636.1	463.1	11 275 176.3	148 631.7
35	412 840.4	480.6	10 851 540.2	148 168.6
36	402 290.6	500.1	10 438 699.8	147 688.1
37	391 978.5	522.8	10 036 409.3	147 187.9
38	381 895.3	548.2	9 644 430.8	146 665.2
39	372 032.6	576.5	9 262 535.5	146 117.0
40	362 382.1	606.1	8 890 503.0	145 540.5
41	352 937.4	635.2	8 528 120.9	144 934.4
42	343 694.0	663.0	8 175 183.5	144 299.2
43	334 648.2	689.7	7 831 489.5	143 636.2
44	325 796.4	716.6	7 496 841.3	142 946.5
45	317 133.5	746.3	7 171 044.9	142 229.9
46	308 652.2	781.4	6 853 911.4	141 483.6
47	300 342.7	821.6	6 545 259.1	140 702.2
48	292 195.6	866.9	6 244 916.4	139 880.5
49	284 202.0	914.4	5 952 720.8	139 013.6
50	276 355.8	962.5	5 668 518.8	138 099.2
51	268 652.9	1 008.3	5 392 163.0	137 136.7

续表

Age(x)	Dx	Cx	Nx	Mx
52	261 092.1	1 052.3	5 123 510.0	136 128.4
53	253 671.7	1 097.3	4 862 417.9	135 076.1
54	246 387.3	1 148.4	4 608 746.2	133 978.8
55	239 229.4	1 214.3	4 362 358.9	132 830.4
56	232 180.3	1 300.9	4 123 129.4	131 616.1
57	225 216.5	1 412.0	3 890 949.1	130 315.2
58	218 311.4	1 546.2	3 665 732.6	128 903.3
59	211 440.6	1 697.4	3 447 421.2	127 357.1
60	204 586.1	1 858.6	3 235 980.6	125 659.7

(1)$X=100\ 000A_{30:\overline{30|}}$

$$=100\ 000\frac{M_{30}-M_{630+}D_{60}}{D_{30}}=48\ 837(\text{元})$$

(2)记${}_{10}P_{30:\overline{30|}}$为该 10 年缴费 30 岁开始的 30 年两全保单，相应的保险金为 1 元的年缴均衡纯保费，我们有

$P_{30:\overline{30|}}\cdot\ddot{a}_{30:\overline{30|}}=A_{30:\overline{30|}}$

因此，$P=100\ 000P_{30:\overline{30|}}=\dfrac{100\ 000A_{30:\overline{30|}}}{\ddot{a}_{30:\overline{40|}}}=100\ 000\dfrac{M_{30}-M_{60}+D_{60}}{N_{30}+N_{40}}=5\ 468(\text{元})$

(上面及后面例题中的具体计算也可以不采用转换函数，利用 Excel 软件得到。)

(三)毛保费的计算原理

上面利用精算等价原理来确定期缴纯保费，根据这个原理，保险公司在保险生效期间提供的保险金的精算现值与投保人缴付的纯保费的精算现值在保单签订时是相等的。然而在保险实务中，保险公司的支出除了保险责任范围内的保险金支出外，还有诸如保险展业费用、销售服务费用、保单签订后的维持费用、税收等一些必要的经营费用支出。因此，保险公司实际收取的保费除了用于保险金给付的纯保费外，还应该包括用于经营费用支出的附加费用保费，两者之和称为毛保费。

计算毛保费的基本原理仍然是精算等价原理，具体计算公式为：

毛保费的精算现值＝纯保费的精算现值＋附加费用的精算现值

【例 4】 对例 3 中的保单，如果估计其第一年费用为2 400元加上毛保费的 40%，续年的费用为 25 元加上毛保费的 10%，发生死亡给付时的理赔费用为 100 元，生存给付时不发生理赔费用。求毛保费 G。

答：毛保费 G 满足如下的等式

$$G\ddot{a}_{30:\overline{10|}}=(100\ 000+100)A^{1}_{30:\overline{30|}}+100\ 000A_{30:\overset{\ \,1}{\overline{30|}}}+2\ 400+0.4G+25a_{30:\overline{29|}}+0.1Ga_{30:\overline{9|}}$$

可得：$G=3\ 319$(元)

(四)实际保费的计算原理

本章讨论的纯保费有时又称公允保费或公平保费。公平保费有一定的经济学意义。Arrow-Lind 在 1970 年证明了，即使保险公司的股东是风险厌恶的，但随着股东人数的增加，由风险厌恶的股东汇集起来的整体(即保险公司)，将变成一个风险中性的“保险供给者”。在不

考虑保险公司的管理成本等交易费用时，其提供的保险产品的费率将等于公平保险费率，也即该保险产品的纯保费。

推广 Arrow-Lind 定理到考虑保险公司的管理费用的情形，同样可以证明此时随着股东人数的增加，保险公司提供的保险产品的费率将等于前面介绍的毛保费。

当然，实际上，保险公司的股东人数是有限的，不可能无穷多。Arrow-Lind 定理的条件是不满足的，保险公司对保险风险并不是风险中性的，其实际收取的保费也就不可能是纯保费或毛保费，通常会在此基础上再加上一定的风险安全附加。

四、寿险精算初步——保费责任准备金

上面我们引进了精算等价原理，按照这个原理，投保人缴付的一系列纯保费，在保单生效时的精算现值等于保险公司未来赔付的保险金的精算现值。也就是说，在保单契约签订日，投保人和保险公司的未竞责任是平衡的。但经过一段时间，双方未竞责任的平衡关系会被打破。比如有可能投保人的保费已全部缴付而保险合同的责任仍未到期，因此保险公司仍承担支付保险金的责任。此时就需要一个平衡项，作为保险公司的负债项来承担这个责任。这样的平衡项项目称为保费责任准备金。责任准备金的确定也是精算师的重要工作之一。

(一)纯保费责任准备金

纯保费责任准备金与前面讨论的纯年缴保费相联系，有几种等价的计算方法，这里仅介绍最常用的未来法公式。

以 1 单位保险金额、h 年限期缴费、纯保费为${}_{h}P_{x:\overline{n|}}$的 n 年两全保险为例，其 k 年末的责任准备金记为${}^{h}_{k}V_{x:\overline{n|}}$。则有如下公式：

$$
{}^{h}_{k}V_{x:\overline{n|}}\begin{cases} A_{x+k:\overline{n-k|}}-hP_{x:\overline{n|}}\cdot\ddot{a}_{x+k:\overline{h-k|}} & k<h \\ A_{x+k:\overline{n-k|}} & h\leqslant k<n \\ 1 & k=n \end{cases}
$$

这个公式称为纯保费责任准备金的未来法公式，表明责任准备金${}^{h}_{k}V_{x:\overline{n|}}$是从 $x+k$ 岁开始的 n 年两全保险精算现值与未来缴付保费精算现值之差。

【例 5】 试求例 3 中的保单第三年年末的准备金 V_1 和第 15 年年末的准备金 V_2。

答：对 1 单位保险金额的情况，${}^{10}_{3}V_{30:30}=A_{30+3:\overline{30-3|}}-{}_{10}P_{30:\overline{30|}}\ddot{a}_{30+3:\overline{10-3|}}$

和${}^{10}_{15}V_{30:\overline{30|}}=A_{30+15:\overline{30-15|}}$

利用换算函数，可以计算上面的公式，由此可得第 3 年年末的准备金和第 15 年年末的准备金分别为

$V_1=100\ 000{}^{10}_{3}V_{30:\overline{30|}}=16\ 986$(元)

$V_2=100\ 000{}^{10}_{15}V_{30:\overline{30|}}=69\ 736$(元)

(二)修正责任准备金

纯保费责任准备金是以年缴均衡纯保费为依据计算的。由于保险公司的实际支出除了保险金支出外，还有大量的附加费用支出，特别是在保单签订初年的费用(如宣传广告费、代理人佣金、体检费用等)通常远远超出其他年份的附加费用支出。如果保险公司在实际业务中提存责任准备金以纯保费责任准备金为基础，则毛保费扣除提存的责任准备金和附加费用支出后，剩余的保费收入将不足以应付保险金支出。

因此，精算师在实际决定责任准备金时，通常会对纯保费责任准备金的计算基础加以修正，使得经修正后的责任准备金第一年较纯保费责任准备金小，其差额则在以后各年提存责任

准备金时补偿。常用的准备金修正方法有一年定期修正法和德国精算师 Zillmer 提出的 Zillmer 修正法等。

第三节 非寿险精算原理

保险精算学最早起源于寿险业务;非寿险精算理论则是在第二次世界大战后才开始发展,并在20世纪70年代日趋完善的。和寿险精算理论相比,非寿险精算理论主要有以下不同特点。

首先,风险的性质和概率特征不同。寿险涉及的风险主要包括生命的死亡、伤残等,风险的测定和评估相对稳定。而非寿险承保的风险以各种自然灾害和意外事故为主,种类较多,大多数风险都存在显著的不均匀性,其统计估计是困难的,甚至是不可能的。

其次,一般的寿险产品保险金额是确定的,主要的不确定性是发生保险赔付的可能性及时间。而非寿险的保险赔付则受到损失发生的概率和损失金额两方面的影响,而这两方面又受到很多随机因素的影响,导致其预测和评估都较为困难。

再次,寿险的期限一般较长,少则5年、10年,多则几十年甚至终身,因此资金的时间价值和投资效益显得比较重要。而非寿险多属短期业务,通常在1年或1年之内,大多时候,非寿险合同的数量较少,不符合大数定律的条件,其财务稳定性较差。

最后,非寿险业务波动性大的特点使得经验费率的原理在非寿险精算中特别重要,特别是贝叶斯方法的思想在非寿险精算的费率厘定中发展出了所谓的可信度理论。

一、非寿险费率厘定

和寿险保费一样,非寿险的保费也由两部分组成,即纯保费和附加保费。纯保费 P 实际上就是赔款总额 S 的数学期望值,即 $P=E(S)=E(N)E(X)$。其中 $E(N)$ 是赔款频率 N 的期望值,$E(X)$ 是赔款金额 X 的期望值,有时又称为索赔强度。因此,非寿险精算的关键是对赔款频率和赔款额度这两种随机变量的分析和估计。和生存模型中生存函数的估计主要采用非参数估计方法不同,在非寿险精算中通常会首先设法寻找这两种随机因素分布的解析表达式,并通过统计推断对其中的参数进行评估。

描述赔款频率一般用某一特定风险在一年内发生赔款次数的离散随机变量来表示,描述赔款额度则一般采用连续随机变量。在离散随机变量分布中,比较适用于描述赔款频率的分布是负二项分布和 Poisson 分布。其参数估计的方法主要有矩方法和最大似然估计方法,可以根据经验数据计算出参数。赔款金额的分布函数则根据不同的险种各有不同。例如,火灾保险高额赔款概率可能较大,常用的火灾险的赔款金额分布函数有对数正态分布、Pareto 分布和混合指数分布等;车辆损失保险常用 Gamma 分布;等等。在确定了赔款额分布的形式以后,同样可以由经验数据估计参数值。

和寿险的情形不同,非寿险的理赔时间可能会拖延很长,因此观察期内收集的赔款案件中可能只有小部分在观察期内已理赔完毕,其赔款数称为已决赔款。其余在观察期内已发生损失但尚未处理或已处理而尚未确定赔款数量的称为未决赔款,在具体作参数估计时,要作相应的调整。在理赔时间拖延很长时,还要考虑资金的时间价值和通货膨胀等因素的影响。

在分别知道赔款次数和赔款金额的分布函数后,赔款总额的随机变量是一个复合分布。比如记 N 是给定时期中某保单的理赔次数,X_i 表示第 i 次理赔的金额,则赔款总额 S 可表示为:

$$S=X_1+X_2+\cdots+X_N=\sum_{i=1}^{N}X_i$$

如果假定 N 满足 Poisson 分布或负二项分布，S 的分布分别称为复合 Poisson 分布或复合负二项分布。

复合分布的形式比较复杂，在实际应用中，精算师通常假设赔款金额为离散分布并建立了一些计算复合分布的数学方法。另外，在满足一定条件时，也可利用正态分布和平移 Gamma 分布来近似地代替复合 Poisson 分布和复合负二项分布。

附加保费主要包括保险公司的经营业务开支及付给保险经纪人的佣金等。其中有些费用随着保单价格的变化而变化，称为可变费用；有些费用则和保单价格无关，称为固定费用。一般而言，非寿险毛保费的计算公式如下：

$$G=\frac{P+F}{1-V}$$

式中：G 为每个危险单位的毛保费费率；P 为纯保费费率；F 为每个危险单位的固定费用；V 为可变费用因子。

【例 6】 假设经估计发现，某保单的纯保费为 1 000 元，固定费用为 120 元，可变费用因子为 10%。试求该保单的毛保费。

答：$G=\frac{P+F}{1-V}=\frac{1\ 000+120}{1-0.1}=1\ 244.4$（元）

与寿险相比，非寿险的主要特点是多数非寿险险种存在风险不均匀的问题，同一险种不同标的的风险水平可能有很大不同。有一些可能经常出险，而另一些则很少或基本不出险。因此，要通过混合各种不同风险水平标的的经验数据得到该险种赔款频率和赔款金额的统计估计往往是不恰当的。为解决这个问题，一方面可以对险种做进一步分类，并对不同分类给出分类费率。比如，车辆损失险，保险公司可以按被保险人的年龄、性别、驾驶经验、车辆的品牌和款式、停车地点等再细分成不同的险种，收取不同的费率。但过细的分类可能在经济上不划算，而且单纯依靠分类，在很多时候仍然不能解决同类保单风险不均匀性的问题。此时，精算师常常采用所谓经验费率的方法来处理上述问题。

经验费率是指按照保单实际的赔付经验调整保费的费率确定方法，其基本原理是贝叶斯方法。即精算师首先对相应保单作主观的先验估计，然后利用观测数据对主观估计进行修正。这个过程实际上可以作为本章第一节介绍的精算控制循环的一种表现。精算师还相应地发展了可信度理论（credibility theory）。

从 20 世纪初到现在，可信度理论的发展经历了两个阶段：一是早期的有限扰动信度理论；二是现代以贝叶斯理论为基础的最精确信度理论。其中，有限扰动信度理论假设样本数据取自独立同分布的随机变量，误差纯粹是由随机误差引起的。此时，随着样本数的增加，由大数定律，经验估计的可信度也随之增加。数学上则表现为可信度因子 Z 的增加。其中，当 $Z=1$ 时，保单费率完全由经验估计得到，称为完全可信性；如果样本数据不够多，不满足完全可信性时，Z 的值在 0 和 1 之间，表示经验费率的可信程度。而最精确信度理论则考虑风险的异质性，常用的方法包括 Buhrmann 方法和 Buhrmann-straub 方法等。

最后需要指出，和寿险的费率厘定原理相同，非寿险公司对保险风险也不是风险中性的，其实际收取的保费也就不可能是纯保费或毛保费，通常会在此基础上再加上一定的风险安全附加。常用的安全附加的方法和前述寿险中的确定原理相同。

二、非寿险准备金

和寿险一样，非寿险准备金的计提也是精算师的一项重要任务。由于非寿险业务一般有承保时间较短、理赔时间较长等特点，其准备金的构成主要分为未到期责任准备金、未决赔款准备金和总准备金等。

未到期责任准备金也称保险费准备金，是指某年内承保的业务在会计年度末结算时，保险期限未满，在下一年度仍有效的保险合同按尚未到期时间提取的准备金。和寿险责任准备金相比，由于非寿险保险期限较短，一般不考虑资金的时间价值，因此非寿险的未到期责任准备金一般就按当年保费收入的一定比例提取，考虑到会计结算时保险合同到期时间长短不一，常采用近似估算方法，比如二分法、八分法、十六分法和二十四分法等。以八分法为例，保险公司对该会计年度第一季度的所有保单按保费收入的1/8，第二季度的所有保单按保费收入的3/8，第三季度的所有保单按保费收入的5/8，第四季度的所有保单按保费收入的7/8分别提取责任准备金。当然，在实务中，由于计算机技术的发展，按每份保单的未到期天数精确计算责任准备金已不是困难的事了。

未决赔款准备金则是指在会计年度结算时，已发生损失但尚未处理或结案的理赔案件。这是因为非寿险保险理赔往往要经历很长时间，一般在当年尚不能结清。因此，在会计年末有必要提存适当的准备金，以应付未来可能的赔款支出。未决赔款准备金是非寿险保险公司财务报表上的一项重要内容，与未到期责任准备金一起合称为保险公司的业务准备金。

保险总准备金则是指保险公司为今后较长时间内可能发生的巨额、巨灾赔款提存的准备金。一般按监管部门的规定在税前利润中提取。

由于未决赔款准备金是非寿险保险公司资产负债表构成中最大的负债项目，其估计与很多不确定因素有关，较为复杂困难，因而未决赔款准备金的评估成为非寿险精算理论中的一个重要的研究方向。下面简要介绍未决赔款准备金的估算方法。

未决赔款产生于保险理赔过程的延迟。理赔延迟的原因主要有：赔案从发生到发现并报告之间的时间延迟；报告后往往不能立即认定保险责任、达成赔付协议导致的理赔延迟。理赔延迟的时间长短往往与业务种类有关，比如车辆损失险的报损和赔款常常能在短时间内完成，一般不会超过几个月；而有些责任保险，特别是雇主责任保险和职业责任保险，理赔时间可能会延续几十年。

根据会计年度末结算时的状态，未决赔款案件主要包括三类：一是已经索赔，保险公司经过调查、审理也已确定该案的赔款额，但在年终结算时尚未支付的赔案；二是已经索赔但尚未定损的赔案；三是已经发生但尚未报告的赔案，即通常所说的IBNR (incurred but not reported)。前面的两类统称为已报告未支付赔案。

传统上，对未决赔款准备金的估计方法有逐案估算法和平均估算法。逐案估算法是有经验的精算师在会计年度结算时，对所有已知的未决赔款所需的准备金进行逐个估计的方法。这种方法需要花费大量的人力和财力，并过分依赖于精算师的主观判断。

平均估算法也称比率法，它是依据历史损失数据求出每案赔款额的平均数，进行适当修正后将其作为基础来估计未决赔款准备金的方法。平均估算法对于某些赔案发生次数较多、赔付额较小的险种(如汽车保险)比较合适，其估算的精度通常也高于逐案估算法。但对理赔时间较长、发生频率不高的险种，平均估算法不太适用。

20世纪70年代以来，精算界发展出了一些评估未决赔款准备金的新方法，它们中大多数是以流量三角形为基础，具体有链梯法、分离法、准备金进展法和B-F方法等。

复习思考题

1. 什么是精算学和精算师?
2. 精算师主要从事什么工作?
3. 什么是精算控制循环? 保险公司的精算控制循环主要有哪些环节?
4. 保险控制循环对保险公司的利润贡献主要来自哪两个方面?
5. 如何才能成为合格的精算师? 一名优秀的精算师应具备哪三项基本素质?
6. 所谓专门职业有哪些特点? 为何说精算师是一种典型的专门职业?
7. 利息理论的关键是什么?
8. 什么是生存函数?
9. 生命表的编制有哪三个步骤?
10. 什么是精算现值?
11. 什么是精算等价原理?
12. 纯保费和毛保费的区别是什么?
13. 纯保费和毛保费有什么经济学意义? 实际保费中为什么还要加上风险安全附加?
14. 保险公司为什么要提取准备金?
15. 为什么要对准备金提取进行修正?
16. 和寿险精算相比，非寿险精算理论主要有哪些不同特点?
17. 非寿险保费是如何确定的?
18. 非寿险准备金有些什么类型? 分别是如何确定的?
19. 小李向银行住房抵押贷款30万元，10年内还清，年贷款名义利率为12%(相当于月贷款利率为1%)。问:

(1)这10年中，小李每月需要还银行多少钱?

(2)每隔半年，小李会收到银行寄给他的对账单，请给出第一个半年的对账单。

20. 根据中国人寿保险业经验生命表(2000～2003年)，计算40岁的男性投保人发生以下事件的概率。

(1)活过58岁;

(2)在10年内死亡;

(3)在50岁死亡。

21. 某保险公司出售一种两全保单，该保单是这样设计的:保险金额为10万元，当被保险人在60岁前死亡时或活到60岁时支付。设某男性投保人于40岁时投保购买了一份保单。

(1)试求其趸缴纯保费 X。

(2)如果改为生存年内均衡缴费，则其年缴纯保费 P 为多少?

[假定预定利率为2.5%，生命表采用中国人寿保险业经验生命表(2000～2003年)男表。]

22. 假设经估计发现，某火险保单的纯保费为3 000元，固定费用为300元，可变费用因子为15%。试求该保单的毛保费。

参考文献

1.《中华人民共和国保险法》(2009 年)。

2. 吴定富主编:《〈中华人民共和国保险法〉释义》,中国财政经济出版社 2009 年版。

3. 钟明主编:《保险学》(第二版),上海财经大学出版社 2011 年版。

4. 许谨良主编:《保险学》,高等教育出版社 2004 年版。

5. 林宝清主编:《保险法原理与案例》,清华大学出版社 2006 年版。

6. 吴定富主编:《保险原理与实务》,中国财政经济出版社 2005 年版。

7. 应世昌编著:《中外精选保险案例评析》,上海财经大学出版社 2004 年版。

8. 应世昌编著:《新编财产保险学》,同济大学出版社 2005 年版。

9. 应世昌编著:《新编海上保险学》,同济大学出版社 2006 年版。

10. 魏巧琴编著:《新编人身保险学》,同济大学出版社 2005 年版。

11. 朱文革编著:《新编精算原理》,同济大学出版社 2005 年版。

12. 李社环编著:《新编企业风险管理》,同济大学出版社 2006 年版。

13. 魏巧琴编著:《保险公司经营管理》(第四版),上海财经大学出版社 2010 年版。

14. 钟明主编:《再保险》,上海财经大学出版社 2003 年版。

15. 魏巧琴编著:《保险企业风险管理》,上海财经大学出版社 2002 年版。

16. 周伏平编著:《企业风险管理》,辽宁教育出版社 2003 年版。

17. 张庆洪编著:《保险经济学导论》,经济科学出版社 2004 年版。

18. 王国军编著:《保险经济学》,北京大学出版社 2006 年版。

19.(美)C. 小阿瑟·威廉斯等著,马从辉、刘国翰译:《风险管理与保险》(第 8 版),经济科学出版社 2000 年版。

20. 托马斯·L. 巴顿、威廉·G. 申克、保罗·L. 沃克著,王剑峰、寇国龙译:《企业风险管理》,中国人民大学出版社 2004 年版。

21. 普拉卡什·A. 希马皮等著,王瑾瑜、郑海涛译:《整合公司风险管理》,机械工业出版社 2003 年版。

22. Scott E. Harrington、Gregory R. Niehaus 著,陈秉正等译:《风险管理与保险》,清华大学出版社 2001 年版。

23. 卡尔·H. 博尔奇著,庹国柱等译:《保险经济学》,商务印书馆 1999 年版。

24. 乔治斯·迪翁著,王国军等译:《保险经济学》,中国人民大学出版社 2005 年版。

25. Jim Bannister, *How to Manage Risk*, Second Edition, LLP Professional Publishing, 1997.

26. Scott E. Harrington and Gregory R. Niehaus, *Risk Management & Insurance*, McGraw-Hill, 2004.

27. Harold D. Skipper and W. Jean Kwon, *Risk Management & Insurance: Perspectives in A Global Economy*, Blackwell Publishing Ltd., 2007.

28. Georges Dionne, *Handbook of Insurance*, Kluwer Academic Pulishers, 2000.